LES

SOUVENIRS PROPHÉTIQUES

D'UNE SIBYLLE,

SUR LES CAUSES SECRÈTES DE SON ARRESTATION,

Le 11 Décembre 1809.

ORNÉS D'UNE GRAVURE.

PAR Mlle M. A. LE NORMAND.

Le vrai peut quelquefois n'être pas vraisemblable.
BOILEAU.

« Rien n'échappe à leur surveillance, cartes, cabale scientifique,
» manuscrits précieux, tout est confondu, bouleversé: un marc
» de café, un blanc d'œuf sont saisis par mesure de sûreté; enfin
» le cabinet de la Sibylle représente l'image du chaos, et ils firent
» mention sur leurs tablettes accusatrices que j'avois la collection
» des gravures représentant les infortunes de mon Roi et de son
» auguste famille : C'est mon brevet à l'immortalité, leur dis-je....»

A PARIS,

Chez l'Auteur, rue de Tournon, n°. 5, faub. S. G.

Et à son Magasin de Librairie, rue du Petit Bourbon
S. Sulpice, n°. 1.

M. DCCC. XIV.

LES

SOUVENIRS PROPHÉTIQUES

D'UNE SIBYLLE.

Conformément aux lois de la librairie et au droit de propriété des Auteurs, pour jouir dudit droit, il a été déposé cinq Exemplaires à la Direction générale de l'Imprimerie et de la Librairie ; et en conséquence tous Contrefacteurs seront poursuivis.

Les Exemplaires qui ne seront point signés de moi, doivent être regardés comme contrefaits, et dans le cas de la confiscation.

IMPRIMERIE DE LE NORMANT, RUE DE SEINE.

A MES VRAIS

ET FIDÈLES ADEPTES.

—

C'EST à vous, ô mes Amis! que je dédie ce foible Ouvrage. Je vous y présente l'analyse exacte de mes travaux pendant ma captivité. Je connois le tendre intérêt que vous n'avez cessé de me témoigner : aucun obstacle n'a pu ni ralentir ni diminuer votre confiance ; vous vous êtes prononcés en ma faveur d'une manière qui m'honore et me flatte encore plus. Puissiez-vous, mes généreux amis, recevoir cet Opuscule avec autant de plaisir que j'en ai à vous l'offrir ! Agréez, en même temps le tribut de ma vive et sincère reconnoissance.

Votre très-humble et très-obéissante servante,

M. A. LE NORMAND.

ombres, je me serois abstenue de leur parler de tous
ces organes périssables dont ils usoient sur la terre.
Ce n'est donc que pour rendre mon idée plus sensible, que je représente, par exemple, *Louis XIV*
posant la main de *Pierre-le-Grand* sur son cœur, etc.

Ainsi, vous allez faire imprimer votre ouvrage,
reprend mon interlocuteur.

— Pourquoi, non ? cette production de mes
délassemens n'est pas très merveilleuse, à la vérité;
mais elle a le mérite au moins de l'originalité et de
la véracité. Je sais tout ce que j'ai à craindre de nos
nombreux critiques; mais en mettant sous les yeux
du public une morale pure, quelques idées consolante., la relation exacte de faits qui m'appartiennent
et ne peuvent m'être contestés, je les attendrai de
pied ferme, non que je les défie : je tâcherai seulement de fournir le moins d'alimens possible à leur
improbation. Je me plais à croire que l'estimable
auteur des *Erreurs et des Préjugés*, voudra bien nous
passer quelques-uns de ceux dont nous n'avons pas
toujours la force de repousser la séduction, c'est
bien assez d'avoir gagné sur notre foiblesse, de ne
plus croire aux *spèctres*, aux *fantômes* et aux *maléfices*....... Mais tourner en ridicule nos *cartes*, qui
nous expliquent d'une manière si claire, si précise
nos destinées présentes et futures, ah ! c'est vraiment provoquer la révolution la plus étonnante et

la plus terrible parmi le beau sexe; c'est agiter,
troubler même nos foibles têtes. | Eh ! Monsieur,
vous qui vous créez chaque jour de nouveaux amusemens littéraires, veuillez, de grâce, nous laisser
les nôtres ; je veux bien encore passer condamnation sur la dent de saint *Amable*, l'œil du *Basilic*,
même le miroir ardent d'*Archimède ;* mais, de grâce,
laissez-nous nos *tarots*.

Tous nos oracles tomberont en désuétude, quand
le bonheur, fruit d'une heureuse et longue paix,
aura réalisé nos plus chères espérances, lorsque les
époux seront éternellement tendres et fidèles, et
que la mère de famille trouvera que sa félicité intérieure vaut mieux que les distractions de la frivolité;
quand elle s'occupera, dans ses loisirs, à filer l'habit
de son seigneur et maître, et celui de ses enfans, le
siècle d'or renaîtra. Alors, plus de ces projets chimériques, enfantés par l'ambition : chacun jouira
paisiblement de l'héritage de ses pères; on se réunira pour passer les longues soirées d'hiver, on
parlera des événemens passés ; pour le présent et
l'avenir ils n'inquiéteront guères, chacun sera heureux. Alors les *cartes* nous tomberont nécessairement
des mains; moi, la première, je promets de les
déposer sur les marches du temple de *Delphes*.

Maintenant cela est impossible, et d'ailleurs pré-
maturé : il faut rassurer et tranquilliser ceux qui

Notre visitte doit vous étonner ?
— Au contraire, ce calcul me l'annonce......

Semblable aux vrais *genethliaques*, ma plume n'est point trempée dans le fiel ; personne n'aura à se plaindre de mes citations : si quelquefois je parois divaguer, si je m'exprime en termes *cabalistiques*, ils ne renferment pas moins un sens positif, que les vrais *adeptes*, à la vérité, peuvent seuls comprendre.

Je rapporte succinctement ce qui s'est passé à mon égard, à l'époque du trop fameux *divorce ;* rien ne m'a échappé, j'ai les renseignemens les plus exacts sur cette nuit mémorable, où la sensible *Joséphine* fut délaissée par celui dont elle avoit créé la fortune.

Frondez mon art tant que vous voudrez, philosophes incrédules; mes combinaisons relatives à cet événement ont prouvé la vérité jusqu'à l'évidence : interrogez l'Europe entière, elle vous dira que depuis la perte de son *talisman*, *Napoléon* a vu l'astre de sa fortune pâlir et s'éteindre; *Joséphine* étoit, selon l'opinion de bien des gens et la mienne, son plus sûr *palladium*.

Quant à moi, mes chers adeptes, le soin de ma réputation scientifique ne m'occupe nullement ; je veux seulement vous prouver que je ne me sers parfois de l'ascendant d'une volonté libre et forte sur un esprit foible et irrésolu, que pour ramener certains consultans à l'union et à la félicité morale.

J'ai combattu avec force les principes erronés
des tartufes du siècle : quel que soit le manteau dont
ils se couvroient, ils n'ont pu trouver grâce devant
moi : combien de fois n'ai-je pas fait naître le repentir dans l'âme de grands coupables ! j'en ai vu
quelques-uns dont l'opinion et les votes avoient conduit notre vertueux *Roi* à l'échafaud, fondre en
larmes et déplorer leur foiblesse en fixant les traits de
l'immortel *Louis XVI*, dont le portrait n'a cessé
d'être le plus précieux ornement de mon salon.

J'ai vu, j'ai conversé avec la majorité des hommes
qui ont figuré sur notre grand théâtre politique, j'ai
fait sur chacun d'eux des remarques bien étonnantes,
je les ai consignées chaque jour sur mes tablettes:
tout y est présenté avec l'exactitude la plus minu-
tieuse; les choses les plus extraordinaires, les plus
incroyables et les plus secrètes y figurent, et donneront aux Mémoires que je ne tarderai pas à publier,
un degré d'intérêt capable de fixer l'attention.

C'est là que, ménageant toutes les convenances et
m'interdisant toutes personnalités, je présenterai
comme dans une espèce de miroir magique, mais
fidèle, des nuances tellement modifiées et tellement
distinctes, qu'aucun de ceux auxquels elles s'appli-
queront individuellement, ne pourra méconnoître
celles qui lui appartiennent; mais ce qui pourroit
choquer les convenances, ou nuire à la réputation

individuelle ne paroîtra jamais au grand jour; aucun *adepte* n'aura à se plaindre de mon indiscrétion ni de mon imprudence.

Le zélé *républicain*, le fougueux *démagogue* se rappelleront que dans leur temps prospère je leur disois par une sorte d'inspiration :

« Ne voyez-vous pas qu'il en est de toutes les agitations politiques, comme des orages qui troublent un moment la sérénité de l'atmosphère, et que les efforts des hommes doivent échouer tôt ou tard contre cette puissance d'équilibre qui, destinée par l'Eternel pour régir les mondes, ne reçoit des atteintes qu'on lui porte que plus de force pour reprendre son empire ?

Combien d'entre tous ces hommes égarés au moment de la réaction, de persécuteurs devenoient persécutés! Quoique d'une opinion bien contraire à la leur, je les ai plaints, je les ai sauvés en leur faisant promettre que si jamais leur foible nacelle revenoit à flot, ils ne se serviroient de leur nouvelle influence que pour réparer, par une conduite sage et modérée, leurs trop longues et trop funestes erreurs.

Que d'*émigrés*, de bons *royalistes*, d'hommes probes et modérés, ont eu à souffrir des orages de notre révolution! Ils craignoient tout du présent, et désespéroient de l'avenir: dans des momens de crise

violente, j'ai vu d'estimables militaires, de bons
pères de famille, errer de pays en pays; l'un avoit
laissé échapper quelques justes plaintes que lui arra-
choit la douleur; l'autre étoit poursuivi pour avoir
donné un asile et souvent du pain au seul fils qui
lui restoit encore ; enfin le malheur étoit à son
comble, et la persécution la plus raffinée à l'ordre du
jour.

Chacun abandonnoit ses pénates; et l'on a vu sous
le même chaume, se réfugier le délateur et souvent
la victime.

Il en est plus d'un dont j'ai eu le bonheur de diriger et de fixer les opinions que l'incertitude sembloit
égarer au moment de la crise heureuse qui préludoit
à la stabilité de notre repos et de notre tranquillité :
c'est en leur présentant le tableau fidèle de ce qu'ils
avoient à espérer, que je suis parvenue à dissiper
leurs craintes, sans jamais essayer de troubler leur
conscience; trop heureuse d'avoir pu en ramener un
grand nombre à mes principes, avec le secours de
la tolérance et de la persuasion!

Ainsi, en combattant la *chiromancie*, la *cartomancie*,
M. *Salgues* ne s'est peut être pas douté que c'étoit
le plus sûr moyen d'accréditer ces sciences : si l'envie
lui prenoit de renouveler sa critique en lisant mon
ouvrage, il pourroit bien ainsi contribuer à lui mériter plusieurs éditions; car la censure d'un littéra-

teur aussi distingué, quelle qu'elle soit, pourroît
bien lui être plus favorable que les louanges des
admirateurs et des enthousiastes. Il ne manqueroit
rien à ma future renommée, si mes Souvenirs Prophétiques pouvoient fournir aussi l'occasion d'un mot
satirique à l'ingénieux hermite de la *Chaussée-d'Antin :* déjà j'ai dû à ses agréables plaisanteries de
nombreuses et aimables prosélytes; s'il vouloit encore
s'égayer à mes dépens, peut-être alors s'arracheroit-
on ma brochure : il seroit de l'extrême bon ton de
me lire, et chacun y verroit avec certitude que *le
vrai peut quelquefois n'être pas vraisemblable.*

Mais, ô vœu indiscret! ô souhaits superflus! l'aimable *hermite,* fatigué sans doute des travers de ce
monde, s'est dégagé des liens qui l'y tenoient en-
chaîné. C'est lui-même qui nous informe de son
départ pour les régions de la spiritualité. Mais
pourra-t-il bien rester insensible aux regrets que sa
perte nous laisseroit, s'il refusoit de communiquer
encore quelquefois avec les humbles mortels? J'ai
peine à croire à tant de rigueur de sa part. Sous
quelque forme qu'il nous apparoisse, il est bien sûr
de notre accueil le plus empressé.

Nota. Comme il se trouve.un nombre de notes assez con-
lidérable, j'ai cru devoir les classer à la fin ; elles y sont
par ordre de numéros, et correspondent directement aux
remarques des pages.

LES
SOUVENIRS PROPHÉTIQUES
D'UNE SIBYLLE.

~~~~~~

MA VISION.

—

QUARANTE-HUIT heures de veilles pénibles
et de souvenirs douloureux m'avoient plon-
gée dans le sommeil le plus profond. J'en
goûtois à peine les premières douceurs ,
lorsque je me trouve transportée tout-à-coup
vers les régions astrales : j'aperçois la longue
chaîne mystérieuse qui unit la terre et les
cieux. A mesure qu'elle s'élevoit, elle me
paroissoit se nuancer avec plus d'éclat; les
annaux supérieurs que mes regards pouvoient saisir, se prolongeoient dans l'immensité, domaine éternel du puissant et suprême
arbitre de la destinée des mondes. L'har-

1

monie céleste qui exaltoit mon âme, con-
traẹtoit au plus haut degré avec l'agitation
discordante de tous les mortels.

C'est là, sans doute, que nos âmes, déga-
gées des besoins et des passions qui les
troublent et les tourmentent sur la terre,
et n'étant plus accessibles désormais qu'au
sentiment du bonheur, vont se réunir et se
confondre dans le sein de l'immortelle *Unité*.
Que n'est-il donné, m'écriai-je, à l'espèce
humaine de se rattacher au premier chaînon
qui arrive jusqu'à elle !.....

Bientôt, planant au-dessus de tous les êtres
sublunaires, je voyois s'exhaler leurs pensées les plus secrètes, leurs affections, leurs
désirs et leurs vœux. Selon la nature et la
direction de chaque mouvement de leur
intérieur, j'en saisissois d'avance le résultat
nécessaire. Ainsi donc, me dis-je, ce que le
vulgaire regarde souvent en moi comme un
acte de prévision n'est que la révélation plus
ou moins expressive qu'il me fait lui-même
du sort qu'il se prépare. /

Je vous abandonne, mes fidèles adeptes,
cette dernière réflexion comme un flambeau
qui peut servir à vous éclairer dans les dé-

tours ténébreux et compliqués qui conduisent
à la découverte de l'avenir. Dites-moi seulement si, dans le libre exercice de vos facultés intellectuelles, vous n'avez jamais éprouvé
tout ce que peut l'action de votre volonté sur
vos conceptions, ou bien, en d'autres termes,
si, réduisant vos pensées dans la méditation
d'une vérité qu'il vous importoit de découvrir, vous n'avez jamais pressenti quelqu'é-
vénement indéterminé?..... Mais je ne puis
m'expliquer plus clairement sur les secrets
de ma science : il doit vous suffire d'en avoir
la clef.........

Je me livrois tout entière à l'exercice
de cette faculté intuitive qui ne s'acquiert
que par une contention d'esprit persévé-
rante, et ne se communique jamais, lorsqu'un être (a), purement intellectuel, m'a-
vertit du sort imminent qui m'attendoit. Je
proteste de ma résignation en sa présence ;
et je trouve, dans le calme de ma conscience, l'arme victorieuse avec laquelle je
dois triompher de l'injuste persécution que
je vais éprouver.

(a) Le génie Ariel, esprit super-céleste fort puissant.

LE RÉVEIL.

Et le lundi, jour consacré à *Diane* (a), entre la onzième et douzième heure du jour, au moment où l'assemblée étoit la plus nombreuse et la plus brillante, un groupe d'inconnus se présente et veut être admis, et chacun se récrie et montre ses cartes d'entrée: vous ne pénétrerez pas avant nous, disent-ils aux *algualsils ;* depuis plus de huit jours nous avons retenu nos places.........

Ces messieurs sourient malignement, sans répondre. Je m'avance vers eux, et leur dis ironiquement, qu'avec la meilleure volonté du monde, je ne pouvois recevoir aucuns profanes. Vous voyez la foule d'adeptes qui m'environne, ajoutai-je; et je dois me gar-

(a) La lune.

der des faux frères : car, aujourd'hui même, je dois être arrêtée.

Vous ne vous trompez pas, répond l'un des commissaires, en me montrant son écharpe ; c'est pour cela que vous nous voyez.

Je me soumets à vos ordres, leur dis-je ; mais, de grâce, faites-moi connoître les motifs qui ont pu les provoquer.

Vous êtes un oracle célèbre, reprend l'un d'eux ; vous faites revivre celui de *Delphes*, et *Apollon* (a) ne cesse de vous inspirer.

Sur-le-champ, la visite la plus sévère commence ; trois blancs d'œufs (1), sur le point d'être expliqués, fixent leur attention ; alors une jeune femme, fondant en larmes, s'écrie d'une voix douloureuse : Je venois pour savoir le destin d'un époux, d'un ami, que l'honneur et l'amour de la gloire entraînent loin de moi. Je fixe furtivement le vase précieux. Soyez tranquille sur son sort, lui dis-je. Alors son air devient plus calme, et un rayon d'espérance brille dans ses regards.

(a) Fils de Jupiter et de Latone. Son temple le plus renommé étoit à Delphes, ville de la Phocide, sous le mont Parnasse.

Rien n'échappe à la surveillance de mes inquisiteurs ; un *marc de café* (2) est sur le point d'être mis sous le scellé : cependant, une autre jeune *consultante* paroît effrayée de cette mesure de sûreté toute particulière ; mais l'un de mes *adeptes* la rassure, et lui raconte assez plaisamment l'aventure du fameux *Rabelais* (3), et finit par lui démontrer clairement de quelle importance, de quelle utilité même il étoit pour l'Etat de s'assurer d'une manière directe et précise quel pouvoit être le secret important déposé au fond de la coupe enchantée.

Cependant, cette dame s'en alloit tristement, sans avoir entendu l'oracle sur le sexe de l'enfant que *Lucine* (*a*) lui promettoit.

J'examine, avec des yeux de *lynx* (*b*), la mystérieuse poudre préparée pour elle. Un fils, lui dis-je précipitamment, et à voix basse.

La foule augmentoit ; une sentinelle, posée intérieurement à la porte de mon appartement, la laissoit pénétrer, ou invitoit les

---

(*a*) Divinité qui présidoit aux accouchemens.
(*b*) Animal qui a la vue très-perçante.

nouveaux arrivans à décliner leurs noms et
qualités ; je mets le doigt sur ma bouche......
et je suis comprise à l'instant. L'aimable M.....
m'apportoit un billet de spectacle, M. D......
avoit une lettre importante à me communiquer ; une jeune fille, venue secrètement,
trembloit que cet évènement inattendu ne
donnât de la publicité à sa démarche ; un
Monsieur, qui avoit l'air de rassurer, et
même de plaisanter les autres, éprouva
bientôt la même crainte à la voix des envoyés
de la police, qui firent entendre que tous
alloient accompagner la *Sibylle* (4)...... Au
milieu du mouvement général, entre une
certaine personne éminente, tant par son
rang que par ses qualités personnelles (a) ;
elle est interrogée comme les autres ; mais
bientôt reconnue, sa présence en impose ;
elle répond, d'un ton sévère : Je viens savoir
de *l'oracle* si mon époux est allé cueillir de
nouveaux lauriers dans l'autre monde.

(a) Cette dame a jeté un coup d'œil sur ces feuilles avant
qu'elles fussent livrées à l'impression. — Elle a rendu
justice à l'exacte vérité des faits ; puisse-t-elle en me lisant
de nouveau agréer tous mes sentimens de gratitude, ainsi
que l'aimable amie qui l'accompagnoit ce jour-là !

Tout est vu, tout est examiné, *cartes;*
cabale scientifique (*a*), manuscrits précieux,
tout est confondu, bouleversé ; enfin, mon
cabinet représente l'image du chaos.

Les commissaires continuoient toutefois
leurs recherches, dont ils tempéroient un
peu la rigueur par les formes. Mais leurs
agens, que de choses je pourrois en dire !....

On me fit un crime d'avoir, au milieu de
ma nombreuse collection de tableaux, la
famille de mon *Roi.* C'est mon brevet à l'immortalité, leur dis-je.

L'émotion des assistans les touchoit peut-
être, et ils n'étoient pas loin de la partager.

O surprise ! ô bonheur ! je ne sais comment
cela s'est fait ; mais le miroir ardent du
fameux Luc *Gauric* (5), mes trente-trois
bâtons *grecs* (6), et ma *cabale* de 99 de
Zoroastre (7), dont les résultats physiques
pouvoient leur nuire essentiellement, ne sont
pas tombés entre leurs mains ; enfin, sept
énormes cartons ; quatre volumes in-4° de
la science de la *Physiognomonie* (*b*) ; neuf

(*a*) Art de commercer avec les esprits, les sylphes.
(*b*) Par Jean-Gaspard Lavater.

grandes cartes *mathématiques*, de celle des
nombres........ Ma baguette *divinatoire* (8),
mon précieux *talisman*, que j'avois, par
une négligence impardonnable, oubliés dans
mon grand porte-feuille, qui renferme les
silhouettes d'un nombre choisi de vrais
croyans, sont emportés. Allons, Mademoiselle, me dit obligeamment l'un d'eux, un
nouveau trépied (*a*) vous attend ; suivez-
nous........ Au palais de l'inquisition ? leur
dis-je........

———————————

(*a*) Petit siége à trois pieds sur lequel les prêtres et prêtresses d'Apollon rendoient leurs oracles.

LE DÉPART.

—

U<small>N</small> modeste équipage est à ma porte. A ce
mot préfecture de *police*, le cocher donne
un signe d'improbation..... Mes voisins, par
leur silence, me prouvent tout l'intérêt que
je leur inspire ; chacun se demande à l'oreille
qui a pu motiver cette arrestation, parce
que l'on craint qu'ayant la confiance universelle, Mlle *Le Normand* n'en abuse, et
ne devienne dangereuse. Oh ! vous n'y êtes
pas, répond un vieux voisin ; cette divineresse (9) possède un *génie**.... (10) Voyez les
coffres-forts que l'on emporte ; je gage qu'ils
contiennent les grandes *clavicules de Salomon* (11), le Grimoire (12), peut-être l'En-
chéridion (13), même les Prophéties de
Moult et celles de *Saint-Césaire* (14). On dit
qu'elle a étudié à fond Jean *Belot* (15),
Porta, *Romphille*, *Cardan* (16), *Nostra-*

---

* Esprit bon ou mauvais qui veilloit au sort d'un homme.

damus (17); elle interprète, dit-on, les Tablettes *théocratiques*, *maçonniques*, *philosophiques*, *cabalistiques* (18), et que, dans
les linéamens des mains, elle retrace les
événemens passés, présens et futurs. Ne
descend-elle pas, ajoute un autre, de ce
fameux astrologue qui prédit à madame
veuve *Scarron* (19) qu'elle deviendroit la
femme d'un roi? Il y a bien des choses à
dire là-dessus. Notez que ce raisonneur est
un adolescent de soixante-dix-sept ans.

Je rencontre une jeune *dame*, au moment
où je montois dans la triste voiture; elle
devine mon malheur, et dit tout haut :.....
Elle a ramené la paix dans mon ménage;
sans son talent persuasif, de perfides et dangereux conseils m'auroient fait séparer d'un
époux.....

On plaindra généralement la moderne
Pythonisse (20), ajoute une autre personne;
quelques jours de *prison* augmenteront sa
renommée...... Chacun connoît ses bonnes
intentions, et sait qu'elle a souvent versé le
baume de l'espérance dans le sein des
affligés.

Elle finissoit à peine de parler, qu'une

LA MÉDITATION.

—

Seule et abandonnée de la nature entière ,
je me livre à mes réflexions.

Que le temps se traîne lentement, lorsque
l'on n'a d'autre société que soi-même ! Mon
cœur étoit en proie aux affections les plus
pénibles ; peut-être në fus-je jamais si intimement convaincue de l'instabilité du bonheur qu'en ce moment présent, et pourtant
toute peine qui prend sa source dans la
crainte du danger, est presque une chimère.
Le sage ne redoute rien que la honte de sa
conscience. J'ai beau faire un examen réfléchi de la mienne, aucun trouble intérieur
ne s'élève dans mon âme. Qui le croiroit ?
mécontente du présent, frappée de toutes
les misères qui accablent l'humanité , je me
demande ce que c'est que la vie. Je m'af-

flige de n'en point deviner le but; je veux
sonder les voies de la *Providence*, et mon
âme flétrie tombe dans un doute funeste qui
augmente mes douleurs. Je n'étois point
encore réellement malheureuse, et déjà je
me plaignois des maux attachés à l'existence
humaine; déjà je trouvois de la douceur à
exciter des regrets.

Tout-à-coup un gardien paroît et m'a-
dresse ces mots : Vous qui ne pouvez suffire aux rendez-vous qu'on vous demande
de toutes parts, qui chaque jour êtes environnée d'une foule considérable; après vous
être occupée des affaires d'autrui, vous n'aurez que trop le loisir de penser aux vôtres.
Il m'annonce ensuite que j'allois être interrogée, non d'une manière précise, mais
très-divergente.

Quel battement de cœur j'éprouve! Ah!
mon bon ange, protége-moi, couvre mes
fautes de tes ailes. Alors je commence l'opération de la *Scyomantie* (a).

J'interroge l'avenir, le présent me paroît

_____

(a) Evocation des ombres.

orageux. Allons, mon cher, dis-je à cet homme, procure-moi une poule noire, surtout qu'elle n'ait jamais pondu. Il me répond : Je n'ai point envie de me compromettre ; votre demande couvre quelques sorcelleries (21).

Au moins de l'encre, du papier, des plumes, des crayons, des livres; point de réponse ; il ferme ma porte avec humeur ; je reste seule dans ma petite chambre, et je soupire trois fois.

_ Quoi! me dis-je, avant l'interrogatoire, que peut-on me reprocher? Que j'exerce l'art sublime de la divination; dans tous les temps, dans tous les pays du monde, n'at-on pas toujours été curieux de pénétrer les secrets de l'avenir? Les *Grecs* consultoient les *oracles* (22); les *Romains*, les *augures* (23); les *Hébreux - Talmudistes* avoient et conservent encore aujourd'hui leurs *talismans* (24) et leurs *cabales ;* le genre humain a été long-temps soumis à l'empire de la superstition, et croit encore de nos jours à l'*astrologie judiciaire* (25).

_ Je pêche donc, si c'est là commettre des fautes; mais j'ai de si aimables prosélytes, des hommes honnêtes et spirituels, des femmes douces et bienfaisantes, qui se prennent en dame de pique, de trèfle et de cœur; car, pour celle de carreau, on n'en fait aucun cas.

Maintenant supposons que quelqu'un d'une certaine importance, vienne me *consulter;* si quelque vérité le frappe, il sourit et me témoigne de la satisfaction: quoiqu'il n'avoue pas publiquement qu'il me consulte, au moins il n'en rougit jamais.

Qu'y a-t-il de nouveau? La clef s'agite d'une manière effrayante; la porte tourne lentement sur ses gonds. Le gardien paroît, et m'invite à le suivre.

———

PREMIER INTERROGATOIRE.

—

On m'introduit.... Les questions les plus vives se succèdent; je ne me déconcerte point, j'écoute paisiblement.

Demande. Vous faites les cartes (26)?

Réponse. Oui, monsieur, et à vous-même, si cela peut vous faire plaisir (*a*).

D. Vous avez tort de professer cet art; nous voulons le proscrire.

R. Impossible, vous mettriez inutilement tous vos *limiers* en campagne; les malheurs de la révolution l'ont rendu si nécessaire et si général, qu'il vous est aussi impossible de l'anéantir que d'empêcher l'homme de lettres de recueillir tous les faits qui appartiennent à l'histoire.

(*a*) Toutes les demandes et réponses contenues dans mes divers interrogatoires sont historiques.

D. Ainsi quand nous prétendons vous empêcher de rendre publiquément vos oracles, vos initiés viendront peut-être ici vous trouver au secret.

R. Vous savez que, dans mon état, j'ai acquis uue certaine célébrité. Ce sera bien autre chose, si, pendant quelques mois....

D. Eh bien, Madame *Vérité*, vous qui la dites si bien aux autres, ne deviez-vous pas la prévoir d'avance?

R. Elle m'étoit connue ; mon horoscope est dans l'un de mes cartons, vous pouvez vous en assurer.

On brise les scellés à l'instant même: O surprise! tout est prévu, tout est annoncé ; l'époque même en est précise. Mais, comme dit le docteur *Gall* (27), et grâce à mes protubérances extraordinaires, je n'ai pu fuir ma destinée.

D. Mais, entre nous, *moderne Sibylle*, le croyez-vous vraiment, ce que vous annoncez avec tant d'assurance ?

Car, moi, j'ai pour principe que l'avenir est fermé à nos yeux. Et, avec un regard scrutateur, il m'ajoute : Si nous pouvions lire dans le temps futur, nous éviterions les fausses

2.

démarches; nous préviendrions mille acci-
dens, où le motif de notre propre sûreté ne
sert souvent qu'à nous précipiter. Enfin,
nous nous arrangerions d'après la nécessité
des événemens; au lieu qu'errans dans d'é-
paisses ténèbres, la crainte de l'avenir em-
poisonne nos jours, et nous ne vivons jamais dans le moment présent.

R. Il est, lui dis-je, certaines personnes
pour qui l'avenir doit être éternellement
caché : car il leur seroit bien malheureux
de le connoître et pour elles et pour d'autres....

Cependant on déroule mes papiers : cinq
cent dix-neuf (*a*) pièces sont cotées et
mises à part.

D. Il paroît, *Mademoiselle*, que votre
réputation est parvenue jusqu'à l'*Océan
atlantique*. Voilà, sans doute, des *thèmes* (*b*)
de naissance pour tous les principaux habitans des quatre parties du globe.

R. Pour répondre avec justesse et précision aux questions qui me parviennent des
contrées les plus éloignées, il faut que je

_____

(*a*) Nombre exact.
(*b*) Position des astres au moment de la naissance.

connoisse le mois de naissance de mon
consultant, son âge, les lettres initiales de
ses prénoms et de la ville où il est né (*a*) ;
voilà, *Monsieur*, les grands moyens qui
composent ma mystérieuse *cabale* et les seuls
documens que j'exige de mes croyans.

Tout à coup sort de mes papiers une ancienne prophétie, extraite d'un livre intitulé (28) :

Mirabili Liber, *qui Prophetias*, *revela-
lationes nec non res mirandas prœteritas*,
prœsentes et futuras apertè demonstrat (*b*).

Elle fixe momentanément l'attention de
mon interrogateur, et lui paroît si éloignée
de toute vraisemblance, qu'elle n'offre qu'un
léger aliment à sa curiosité.

D. Quel est ce manuscrit intitulé : Madame Vérité; ou la Sibylle en *prison* (*c*) ?

(*a*) Même sa couleur favorite, son nombre de cabale depuis un jusqu'à quatre-ving-dix-neuf, l'animal qu'il aime,
celui qu'il hait, et sa fleur de choix.

(*b*) Imprimé à Paris, sans date et sans nom d'imprimeur,
vers l'an 1540.

(*c*) Comédie en un acte et en prose sur mon arrestation
de 1803. Ce dénoûment auroit étonné et même convaincu
les plus incrédules. De là les tracasseries sans nombre pour
m'empêcher de la publier.

Ah ! vous vous amusez à barbouiller du papier. Une femme auteur, versée dans les hautes sciences ; vous devez avoir un style piquant ! Je lirai votre ouvrage. Surtout, voyez le dénoûment, lui dis-je. Vous êtes maligne...... Oui, je conviens que vous avez rencontré juste......

A ce soir, ajoute-t-il d'un air gracieux. —J'en tire un bon augure. Il faut l'avouer, je partage un certain foible avec ma grande *aïeule ;* elle ajoutoit foi aux traits de la figure (*a*), aux linéamens tracés dans l'intérieur de la main (*b*) ; elle interprétoit les hurlemens d'un chien (*c*), les croassemens d'une corneille (*d*), les cris du hibou (*e*), les grimaces d'un chat (*f*), et surtout, elle croyoit aux pressentimens (29).

Mon gardien me reconduit dans mon boudoir du numéro 9.

(*a*) Remarques curieuses sur la physiognomonie.
(*b*) Art de la chiromancie.
(*c*) Mauvais présages.
(*d*) Signe de mort.
(*e*) Perte de biens par cas fortuit.
(*f*) Trahison insigne.

MON DINER.

—

Absorbée dans mes profondes réflexions ; je me disois : Qui pourroit deviner que je suis en *prison*, moi, Mlle *Le Normand*, l'oracle du jour, la sibylle à la mode, personne ne voudra le croire ?.....Rien.cependant n'est plus vrai.

Je me consacre aux pénibles devoirs d'éclairer et de conseiller mes semblables : j'aurois dû sonder d'avance la force de mon âme pour pouvoir être assurée de soutenir, avec fermeté, les assauts des évènemens ; mais je m'en rapporte à la déesse de la fortune (*a*) : elle est la souveraine de ce bas monde, et *Aladiah* (*b*) me sera propice.

Je frappe ; aussitôt mon gardien, nommé, *Vautour*, vient ouvrir.

(*a*) Elle préside au bien et au mal.
(*b*) Génie propice.

— Que voulez-vous ? me dit-il.

— M'entretenir avec le buvetier.

— Je vous comprends ; l'interrogatoire ne vous a pas ôté l'appétit.

— Au contraire.

Cet homme me jette un coup-d'œil qui sembloit dire : Vous êtes bien la femme la plus singulière que j'aie vue ici. — Allons ; il me faut un potage, bœuf, hors-d'œuvre, entrée, rôt, entremets, vin de *Bourgogne*, vin de *Bordeaux*. J'avois un rouleau de pièces de cinq francs ; j'en fais sonner quelques-unes, on me sert à l'instant (*a*).

Je dresse mon couvert sur une table vermoulue ; et pour l'embellir, je mets sur une nappe blanche une cruche de grès contenant trois pintes d'eau ; je prends mon potage ; je débouche ma bouteille ; je m'aperçois que mon service est incomplet, je le fais remarquer à *Vautour*, qui me sourit ; je le presse de s'expliquer plus clairement. On observe ici un ordre établi de tout temps ; les couteaux y sont défendus jusqu'à la fin de l'interrogatoire du prévenu. — Comment voulez-

_____

(*a*) Argument irrésistible, et surtout nécessaire.

vous que je dissèque ce misérable poulet ?
Mon homme baisse la tête; je le pousse à
bout; mais un coup-d'œil amical que je lui
jette nous réconcilie. — Prêtez-moi votre
couteau, je m'en servirai devant vous. —
Nouvelle objection. Enfin, j'allois dîner à la
turque, lorsqu'il me vint une idée vraiment
heureuse; je fixe l'aimable *Vautour*, et lui
dis : Vous portez au milieu du front *une étoile
de bonheur*; il se signe. — Cela est possible;
mais je ne transige pas. — Vous avez un œil
plein de feu, qui vous garantira de la goutte,
(notez qu'il l'a déjà.) — Même flegme. Enfin,
ma patience étoit à bout; je m'écriai que je
possédois un merveilleux secret de *cabale*
pour lui assurer à jamais le cœur de la *dame
de ses pensées*. Cet argument lui paroît irrésistible, et j'obtiens enfin son couteau.

Je le priai d'assurer ses supérieurs que je
ne pensois pas encore à sortir de ce bas
monde, parce que je devois y faire un pélé-
rinage de *cent huit ans*. Mon gardien éclate
de rire; les échos secrets de ces lieux répètent
ses accens...... — Ma cellule ressembleroit-elle
à l'ingénieux cabinet de *l'oreille* (3o)? J'examine tous les recoins pour trouver une petite

ouverture, je découvre un *œil vert canard*
qui me fixoit...... Ah! ah! *Messieurs*, qui
croiroit qu'en lieu de retraite et d'abnégation
absolue, on s'occupe des affaires d'autrui? et
un signe que me fait *Vautour*, m'en dit plus
que je n'en voulois entendre.

Tout à coup grand bruit dans le corridor.
—Sont-ce de nouveaux arrivans qui viennent
me remplacer? — Vous ne verrez pas la même
chose ici que dans votre rue de *Tournon*,
me dit l'aimable gardien; on n'y retient pas
ses places un mois d'avance. Soyez tranquille; vous avez tout le temps ici de vous
livrer à vos réflexions, d'ajourner, et même
de suspendre vos travaux de *nécromancie* (a).
A ce dernier mot, mon *Argus* me quitte; je
prends mon café, j'y joins cinq gouttes de la
médecine universelle et une d'or potable.

Cependant, je me promenois de long en
large; je lus, sur les murs de ma chambre,
le nom de plusieurs personnes qui l'avoient
occupée avant moi (b). Un pauvre *prison-*

(a) Art de prédire l'avenir par l'inspection des cadavres.
On appelle aussi de ce nom le pouvoir de ressusciter les
morts.

(b) J'en remarquai plusieurs, entre autres, celui de

mier y nommoit en toutes lettres son *dénon-
ciateur.* Je voudrois bien connoître le mien ;
j'y parviendrai par le moyen de ma glace
magique ; je mettrai à sa poursuite *Hécate* (*a*) ;
je le forcerai même à venir me demander
grâce ; car enfin, je puis commander à *Béel-
zébut*, *Léviathan*, *Bémoth*, *Mahhazael* (*b*),
et à toute la gent diabolique.

En examinant de plus près, je vis divers
caractères ; ici on lisoit :

Le caquet au bon sens déroge,
Attendons qu'on nous interroge,
Pour répondre en hommes prudens ;
Le silence est le lot du sage,
Et le caquet est le partage
Des insensés et des enfans.

Plus loin,

Je touche aux derniers pas de ma longue carrière,
Et mes yeux sans regret quitteront la lumière.

Sur ma cheminée je déchiffre :

Lorsque de tant d'horreurs le trépas nous délivre,
Est-ce un si grand malheur que de cesser de vivre ?

M. Alexis de Noailles, etc., et les délateurs y étoient voués
à l'infamie.....

(*a*) Génie des Egyptiens, auteur des visions et des apparitions.

(*b*) Esprits infernaux et mauvais génies.

Une autre inscription tracée avec du charbon, portoit :

J'ai fait solliciter en ma faveur tout ce que j'avois d'amis, sur le théâtre mouvant que l'on appelle la cour, où rien n'est permanent, où l'on passe en un instant de la faveur à l'exil, de la disgrâce dans l'amitié du maître, et où l'on arrive pourtant à tout avec des prôneurs.

Sur l'intérieur de ma porte étoit écrit en gros caractères et incrusté dans le bois :

J'ai vu l'homme plein de misères, vil, bas, rampant, et je l'ai méprisé.

Et moi je dis : Ainsi les grandes vérités élèvent l'âme et produisent les grandes pensées.

Les vers suivans frappèrent de nouveau mes regards :

. . . . Quand le ciel en colère
De ceux qu'il persécute a comblé la misère,
Il les soutient souvent dans le sein des douleurs,
Et leur donne un courage égal à leurs malheurs.

DEUXIÈME INTERROGATOIRE.

—

LE geôlier *Vautour* vient ouvrir, et je retourne dans le cabinet des demandes et des réponses.

On recommence à m'interroger avec un air d'intérêt ; à l'aspect de mes cartes éparses sur le bureau, je me disois : Elles furent perfectionnées (31) pour amuser Charles VI dans les momens lucides que lui laissoit sa cruelle maladie ; depuis, on a découvert les fameuses tablettes égyptiennes : elles furent trouvées, en Orient, dans un temple de *Memphis.* -

On continue l'inventaire de mes papiers :

1°. Un recueil des prédictions faites à *Alexandre* (32), à *Jules - César* (33) , à *Tibère* (34), *Dioclétien* (35), *Henri IV* (36), *Charles I*er (37), *Louis XIV* (38),

Louis XV (39), aux ducs de Biron (40), aux maréchaux de *Schomberg* (41), de *Luxembourg* (42), etc.

2°. Le porte-feuille d'une *Sibylle* (43), ouvrage rédigé par une académie aérienne, ou société choisie d'esprits élémentaires....

3°. Un rouleau de feuilles de palmier, écrit en chaldéen, sur les *sorts* (44), les *anneaux constellés* (45), les *talismans* et figures magiques (46), la *pierre philoso-phale* et la *médecine universelle* (47)....
tous secrets rares et curieux, et au-dessus de l'intelligence humaine.

A cette nomenclature, mon interrogateur fronce le sourcil, et me dit : Vous êtes bien heureuse, *Mademoiselle*, d'être née dans un siècle éclairé; car dans ceux qui l'ont pré-cédé, vous auriez couru les plus grands dangers. — J'en conviens; en effet, dans ces temps d'ignorance, *Galilée* (48) fut en butte aux persécutions; *Urbain Gran-dier* (49) et *Gofridy* (50) périrent, l'un victime de la vengeance; l'autre, de l'igno-rance et de la superstition.

Les premiers chimistes et physiciens ont

été accusés d'intelligence avec *Lucifer* (a);
on a condamné par arrêt du parlement de
Paris, un *taureau* à être pendu (5ɪ); on a
procédé contre des marionnettes, etc. (52)

Quant à moi, je conserve ces notes comme
un monument historique de la crédulité de
nos bons aïeux; nous nous imaginons être
plus éclairés qu'ils ne l'étoient; c'est un
grand problème à résoudre, et que je me
garderai bien d'aborder: cependant, entre
nous, convenez, Monsieur, qu'on ne peut
raisonnablement révoquer en doute certains
songes mystérieux (53). Il en est plus d'un
qui porte le sceau de l'authenticité; et n'a-
vons-nous pas, ajoutai-je, certains pressentimens qui sont toujours les avant-coureurs
des événemens heureux ou malheureux?

Mon interrogateur est forcé de convenir
qu'il avoit la conviction bien intime que
dans notre intérieur, il existoit quelque
chose de *surnaturel*. Souvent, me dit-il,
j'ai argumenté avec un être invisible.....
Mais revenant tout à coup sur lui-même, il
attribue au délire de l'imagination ce qui

(a) Prince des démons.

n'est en effet que la voix de l'âme qui s'explique *intuitivement*, mais qui nous laisse toujours une certaine inquiétude vague et indéfinie qui se répand sur nos moindres organes, et surtout si nous avons la conviction intime d'avoir malheureusement coopéré à des actions répréhensibles.

D. Quelles sont les personnes qui viennent le plus ordinairement vous consulter, et quels sont les motifs qui les attirent auprès de vous?

R. Depuis tant d'années, *Monsieur*, nous avons fait un si cruel apprentissage du malheur; tous les genres d'adversité ont fondu avec une telle impétuosité sur cette belle France, que vous ne devez pas être surpris que l'on vienne de toutes parts chercher des motifs de consolation. Que de *mères*, que d'*épouses*, que de *veuves* auroient expiré de douleur, si je n'avois rallumé dans leurs cœurs le flambeau de l'espérance !

D. Vous cherchez à tout justifier par de flatteuses illusions, mais craignez que le voile de la vérité ne se déchire.

R. La vérité est ma boussole; mais j'ajoute que c'est le présent qui souvent désespère ,.....

et non l'avenir : sa riante perspective doit
tous nous consoler.......

Parmi les personnes qui me *consultent*,
il en est qui ont bu jusqu'à la lie la coupe de
la douleur: elles ont perdu leur famille, leur
fortune; et sans ma voix consolatrice, qui
tarissoit la source de leurs larmes, elles
auroient terminé leur existence dans l'agonie
du désespoir.

D. Il vous seroit facile de troubler l'harmonie des ménages, de répandre la division
dans le sein des familles ?

R. Des personnes qui prétendent professer
cet art, peuvent se porter à de semblables
excès, lorsqu'elles n'ont d'autre mobile que
la cupidité; une pareille conduite est indigne
de mon caractère : comme *Minerve* (*a*), je
tiens toujours la branche d'olivier, et la
sagesse de mes conseils a souvent fait pencher la balance de *Thémis* (*b*) en faveur des
opprimés.

(*a*) Autrement *Pallas*, déesse de la sagesse, de la guerre
et des arts.

(*b*) Déesse de la justice.

3

D. Ainsi, à vous entendre, vous n'avez donc rien à vous reprocher?

R. Non, en vérité, et sans me piquer d'amour-propre, je mériterois plutôt des louanges, tant par le bien que j'ai fait, que pour celui qui me reste à faire....

D. Comment, avec de l'esprit et des connoissances, pouvez-vous exercer le même état que de certaines gens?

R. Je vous entends : je m'attache peut-être à la même *théorie* en apparence, mais la pratique est toute différente. Il est vrai que nombre de personnes de ce genre doivent exciter votre surveillance : je pourrois en citer particulièrement une, nommée *Astaroth;* elle porte un bonnet noir, surmonté d'une plume de *chat-huant.* Sa robe est parsemée de flammes. Elle fait entrer ses initiés dans une salle aussi ténébreuse que celle de la *fantasmagorie* (a); et la nouvelle *Médée* (b), armée d'une baguette magique, trace un cercle dont on ne peut sortir qu'après

---

(a) Art de faire apparoître des spectres par le moyen d'une illusion d'optique.

(b) Grande magicienne.

avoir prononcé plusieurs conjurations, et laissé ses meilleurs effets. Voilà, *Monsieur*, les gens sur lesquels l'œil de la police doit être toujours ouvert. Quant à moi, je me plais à croire que vous ne devez ni ne pouvez me comparer à de tels individus. Mon habitation n'offre rien de merveilleux ni d'extraordinaire; la meilleure société s'y rassemble journellement; ma personne et mon langage ne sont point allégoriques; je ne porte sur mes vêtemens ni l'image du soleil, ni celle de la lune, encore moins les signes des constellations. Aussi c'est à juste titre que l'on me nomme souvent le véritable médecin d'esprit.

Dix heures sonnent. A demain, me dit mon interrogateur. Sur-le-champ je fus reconduite à la chambre de réflexion (*a*); et pour m'y distraire un moment, je procède à la divination de l'*oniméracie* (*b*).

(*a*) Non comme récipiendaire. Le frère intime fut l'aimable *Vautour*.

(*b*) Par l'ongle du pouce.

3.

DEUXIÈME JOURNÉE.

—

J'ai bien peu dormi cette première nuit ; et, pourtant, j'ai la conscience pure et tranquille. Quand on n'a rien à se reprocher, n'est-on pas toujours en paix avec soi-même ? Mon imagination me transportoit sous ces voûtes et dans ces vastes bureaux où les infortunés aiment que l'on parle d'eux. Hélas ! il y a dans le souvenir même de nos maux, quelque chose qui nous console. Nous traînons jusqu'au tombeau, dit Bossuet (54), la longue chaîne de nos espérances trompées. Mais j'aime à croire que les miennes ne seront point illusoires ; d'ailleurs, la *prison* et la maladie sont des saisons qu'il faut savoir passer. A la vérité, je n'ai pas des objets bien rians sous les yeux ; le son lugubre de l'horloge (a) me remplit malgré moi de tris-

---

(a) Le 25 mars 1370, Charles V, dit le Sage, fit place

tesse, les heures se traînent avec des ailes
de plomb. — Puis, l'intérieur de mon petit
castel ne contribue que trop à me donner des
idées bien accablantes.

Voici la description de mon modeste réduit: cinq chaises nouvellement empaillées,
une glace d'un seul volume de six pouces
de hauteur, sur quatre de largeur; deux
tables, dont l'une sert à se hisser sur la fenêtre et à regarder les passans, l'autre rappelle celle de *Philémon* et *Baucis*, à laquelle des dieux daignèrent s'asseoir; des
planches grossières et hérissées d'aspérités,
entourent la cheminée; c'est le rendez-vous
général des livres, des papiers, des cha-
peaux, etc.; un lit simple, propre, est adossé
au mur: on ne craint point, pendant la
nuit, que la flèche qui suspend les rideaux (*a*) tombe et vienne vous mutiler la
figure; une grande fenêtre unie, avec un
très-gros cadenas, captive jusqu'à la curiosité
des pauvres détenus. — Dix-huit carreaux

---

par Henri de Vic, allemand, la grosse horloge du Palais,
la première de cette espèce qui ait été fabriquée en France.

(*a*) Ce luxe utile est inconnu en prison.

laissent pénétrer le jour. Avec une chaise placée sur la table, on essaie d'affoiblir l'ennui
qui vous dévore, mais il ne faut pas s'avi-
ser de passer la tête à travers le *vagistas* (*a*):
car une sentinelle impitoyable la feroit rentrer à l'instant.

A huit heures précises on ouvre votre
porte, et le cher *Vautour* est le premier
objet qui s'offre à vos regards; il jette un
coup-d'œil général dans la chambre, la referme aussitôt, de peur qu'on ne s'envole par
la serrure; il vous fait observer cependant,
que s'il vous manque quelque chose, vous
pouvez frapper avec les armes de *Vul-
cain* (*b*). Figurez-vous qu'il n'y a ni sonnette
pour avertir, ni domestique pour vous répondre.

J'ai passé très-tristement une partie de cette
journée. Les Nuits d'*Young* (55) et les Méditations d'*Hervey* (56), étoient mes seules lec-
tures. Pour sortir un peu de ma mélancolie,
j'ouvre un livre ayant pour titre: *l'Année la*

(*a*) Ce mot vient de l'allemand.
(*b*) Dieu des cyclopes et des forgerons.

plus mémorable de ma vie. Je tombe justement
sur ce passage où l'auteur avoue que, pour
se consoler et se distraire dans son exil, de
la privation où il étoit de ne pouvoir correspondre avec sa famille, il s'en dédom-
mageoit en quelque façon avec son jeu de
la grande patience (*a*).

« Je ne prétends point, dit-il, m'excuser
» d'une pareille foiblesse; mais j'en appelle à
» celui qui a été vraiment malheureux; il
» doit savoir, par expérience, qu'on n'a ja-
» mais plus de penchant à la crédulité que
» dans le sein de l'infortune ! Ce qui, dans
» une autre situation de la vie, semble puéril
» et minutieux, acquiert un degré d'intérêt
» et d'importance aux yeux de celui qui
» souffre. Le plus sot oracle devient un avis
» des *dieux;* toutes ces promesses faites par
» des cartes, offrent des certitudes ! Oui, la
» Crédulité, fille de l'Espérance, a presque
» les charmes de sa mère, quand elle vous
» présente des objets désirés. Le jeu me lais-

(*a*) Espèce de jeu d'oracle.

» soit-il entrevoir le bonheur, je me con-
» chois avec plus de tranquillité ; si le jeu,
» au contraire, ne laissoit voir qu'une suite
» de peines infinies, je ne disois rien, et mon
» sommeil étoit agité. »

Sur-le-champ, j'imite l'exemple de celui
qui parle, je charme mon ennui avec mon
jeu de *cartes*. J'avoue que j'ai cent dix-neuf
manières de les interpréter.

« Je commence à faire l'épreuve de la *grande*
» *patience*, et je dis comme *Kotzbue* (a) :
» Riez, riez, vous dont la nacelle vogue tou-
» jours sur une eau douce et tranquille ; riez
» d'un malheureux qui, jeté en pleine mer, et
» battu par les flots, cherche à s'accrocher
» aux herbes qu'il aperçoit sur les bords.
» Si vous partagez un jour son sort cruel,
» vous connoîtrez l'influence des chagrins
» sur les esprits même les plus forts, et vous
» apprendrez que les premières consolations
» d'un infortuné naissent de cette foiblesse
» de cœur qui le mène à l'espérance. »

Déjà je distribuois mes cartes en trois

(a) Célèbre auteur dramatique ; il ne trouvoit d'autres
consolations dans son exil en *Sibérie* que de jouer à la grande
patience avec un de ses amis nommé *Gravi*.

paquets égaux, pour moi, pour ma maison, et pour ma réussite. — Elles m'annoncent une profonde solitude. Je vois seulement que je serai !l'objet d'une conversation bien intime à la brune (a).

Je laisse le jeu; je pose une chaise sur ma table; je grimpe: ajustant ma lunette, je découvre quelques personnes, sans distinctement les reconnoître. Les unes alloient çà et là, promenant les yeux de tous côtés; les autres s'écrioient : C'est ici qu'on la retient. Et, comme j'ai la clef générale des signes, langage naturel de ceux qui sont privés du don de la parole, je voyois tout, j'entendois tout, et j'appréciois tout; je fus touchée de ce témoignage de l'estime publique; mes fidèles amis se retirent en silence, et je m'écrie : Digne et sainte amitié! combien ces larmes t'honorent!

Je descends du théâtre de ma curiosité, mais dans un accablement que je ne peux exprimer.

Bientôt Vautour paroît, et m'accompagne au chef-lieu des bureaux.

(a) La bonne Joséphine envoya chercher M. le préfet D. B. pour lui parler en ma faveur.

DERNIER INTERROGATOIRE.

—

A PRÈS les préliminaires d'usage, mon interrogateur, avec un air grave et composé, me dit :

D. Vous n'avez pas répondu directement à l'une de mes questions précédentes, en me désignant les personnes que vous recevez habituellement?

R. Je ne les connois point, ni ne cherche à les connoître; en vain elles gardent le silence, mon art m'apprend leurs qualités personnelles, le rang qu'elles occupent dans le monde ; et comme mon talent me donne le s moyensde tout découvrir, il me prescrit en même temps de garder le plus inviolable secret.

D. Vous vous êtes déjà refusée plusieurs fois à nous donner des renseignemens et des éclaircissemens sur les différens motifs qui conduisent auprès de vous un aussi grand nombre de personnes; vous auriez pu, en vous conformant à l'invitation qui vous en a été faite depuis plusieurs années, nous rendre de signalés services; vous auriez mérité de notre part sûreté et protection, *et même des encouragemens*, si, dégagée de vos préjugés de délicatesse, vous nous aviéz utilement servis, au lieu que vous étant renfermée jusqu'à ce jour dans une dénégation absolue, vous avez provoqué contre vous un ordre d'exil (57), qui depuis long-temps vous est connu; et qui devroit être exécuté : je vous somme, en ce moment, de nous décliner les noms et qualités de vos affiliés, et de nous dire notamment où vous avez passé la soirée du samedi 9 décembre 1809 (58).

R. J'ai des adeptes dans les quatre parties du globe; ma correspondance, que vous avez sous les yeux, vous le prouve. S. Exc. *l'ambassadeur de Perse* (59) m'a honorée de sa confiance intime. J'ai, dans les régions les plus éloignées, des personues qui me sont attachées par de nombreux rapports. On s'occupe beaucoup de moi en *Amérique*, et même un jour je pourrai me rendre aux vœux d'un grand nombre ; en *Afrique,* j'ai *quatre-vingt-dix-neuf mille* affiliés ; en *Asie*, c'est bien autre chose, ma merveilleuse *cabale* sert de boussole aux cabinets. Pour l'*Europe,* je peux mettre au nombre de mes consultans une foule de gens d'esprit et de mérite, de braves militaires, des personnages marquans, et qui ont plus d'une crainte......

Des femmes bonnes et sensibles, qui m'honorent de leur amitié et m'accordent leur confiance ; bref, toutes les classes de la société me rendent dépositaire de leurs peines et de leurs inquiétudes, me disant quelquefois confidentiellement le secret de leurs familles ; et vous voudriez que non-seulement je transigeasse ainsi avec mon honneur, mon devoir et ma conscience, en vous faisant de perfides et dangereux rapports ! Non, non, jamais ; la réputation dont je jouis par mes longs travaux m'est trop justement acquise pour supporter la seule idée de la flétrir ; j'ai juré de faire encore le bien pendant quelques années......

Bientôt mes grandes destinées seront accomplies. Si vous avez l'intention de provoquer contre moi *l'ostracisme* (60), c'est ajouter

encore à ma future renommée. Lorsque le
motif en sera connu, il ne pourra que donner
un nouvel éclat à ma gloire.'

Quant à l'autre partie de votre demande,
voici ma réponse :

J'ai porté des consolations dans l'âme d'une
personne vivement affligée ; elle est victime
d'une ingratitude insigne, son cœur ne s'ouvre
plus à l'espérance ; mais son étoile, plus forte
que le malheur dans lequel un parjure veut
l'entraîner, triomphera de ses projets liber-
ticides. Cet ange de paix et de bonté forme
des vœux pour le bonheur de celui qui la
persécute. *Samedi 16 décembre*, une œuvre
inique sera consommée.

A ces derniers mots, mon interrogateur
reste stupéfait ; lui-même ignoroit qu'un divorce d'éclat dût être prononcé le jour de
Saturne.

D. Vous pourriez bien, me dit-il, vous
trouver en défaut sur ce point ; ainsi répon-
dez oui, ou non ; si vous persistez dans vos
chimériques prédictions de soutenir que
Napoléon ait le projet de répudier Joséphine, veuillez bien nous en fixer l'époque,
et nous en dire les résultats.

R. Je m'en réfère à ma précédente réponse; mais j'ajoute que j'ai fait plusieurs
fois, et notamment en 1807, l'horoscope de
l'époux parjure, que j'ai prédit alors que le
projet qu'il avoit de se séparer de son *ange
tutélaire* auroit lieu, mais seroit différé de
deux ans; qu'un jour il seroit convaincu
douloureusement, combien cette séparation
lui auroit coûté.....

Mon interrogateur examine attentivement
la copie de ce thème (61) qu'il avoit sous
les yeux; il est frappé d'un étonnement qu'il
laisse apercevoir; après m'avoir parlé de
l'argument présent, il veut le résoudre, le
définir, ou du moins essayer de le pénétrer;
il me presse de m'expliquer clairement,
sur le sens que j'attachois aux résultats de
mes dires. Il se rejette toujours sur les
mêmes objets, et revient me fatiguer de ce
qui est étranger à son ministère; tout cela
pour m'amener à trahir la confiance de la
meilleure des femmes. Mais je reste impas-
sible.

D. Il est plus que certain que par vos
conseils et vos calculs, diverses personnes

ont été prévenues qu'elles devoient être
arrêtées, et qu'au moyen de vos *consul-*
tations, elles ont mis notre surveillance en
défaut ?

R. Vous me blâmez d'une chose qui ne
peut qu'ajouter à l'estime des gens de bien ;
oui, j'ai fait des heureux, j'ai pu empêcher
ou prévenir de grands crimes ; si ce sont là
des torts, je vais encore les aggraver à vos
yeux, en vous déclarant que depuis la *révo-*
lution j'ai sauvé la vie à un grand nombre
de personnes, et que je me propose de redoubler de zèle et de soins pour finir ce que
j'ai si heureusement commencé.

D. On a vu chez vous des prêtres. Quel
étoit le but de leurs visites ? Sans doute,
c'étoit pour vous interroger sur les affaires
de l'Eglise, notamment sur celles du Pape ?

R. Dans des temps de troubles religieux,
on voit plus d'une conscience timorée ;
comme vraie catholique, j'honore et révère
le *Saint-Père*, et je gémis d'avance sur les
maux qu'il ne peut éviter. Tout ce qui touche
au spirituel est trop sublime pour être du
ressort de ma *cabale*. Sachez, Monsieur, que

je ne m'occupe, dans mon intérieur, que des choses purement temporelles.

D. Il est constaté, par le procès-verbal rédigé chez vous, que vous avez divers tableaux représentant les infortunes de *Louis XVI*, et que vous avez en outre tous les personnages qui composent la famille des *Bourbons*. Cela paroît étrange : quel en est le motif?

R. C'est une collection rare et précieuse, à laquelle j'attache le plus grand prix; je la possède depuis plusieurs années; plus d'une fois j'ai vu pâlir le crime en fixant des princes si dignes de nos regrets..... Bref, vous pouvez insérer dans votre interrogatoire que, loin de les faire disparoître, j'ornerai encore mon salon d'un nouveau dessin représentant la tour du Temple; on y voit une princesse intéressante par ses qualités personnelles et ses hautes infortunes, pleurer sur l'urne qui devroit renfermer les cendres de son vertueux père. Ajoutez, *Monsieur*, que mes répliques actuelles me serviront de brevet pour passer à la postérité la plus reculée. Mon interrogateur me fixe; ses yeux sembloient me dire : Seriez-vous ins-

pirée, et pourriez-vous croire....? Ma réponse,
lui dis-je, est un problème que je me réserve
de résoudre le 31 *mars* 1814 (*a*).

D. Du moment que vous ne voulez point
ajouter d'autres éclaircissemens à mes nombreuses demandes, que vous refusez même
de nous transmettre tous les renseignemens
qui viendroient à votre connoissance, notamment des détails sur la personne qui vous
admet souvent auprès d'elle, veuillez bien
nous dire par quel prestige vous avez captivé,
sa confiance au point d'en recevoir des
sommes importantes ?

R. Depuis plusieurs *lustres* cette dame a
toujours su apprécier mes foibles talens : plus
d'une fois j'ai porté le calme dans son âme
agitée; quant à ses bienfaits, ils se bornent
à quelques gages d'amitié. Il en est un, surtout, qui est inappréciable; c'est une boucle
de ses cheveux (*b*) qu'elle a daigné m'offrir.

_____

(*a*) L'oracle est accompli.

(*b*) Cette réponse, comme toutes les autres, est consignée
dans mon interrogatoire qui fut présenté au ministre de la
police, et mis sous les yeux de *Napoléon*..... Joséphine leur
déclara que son contenu étoit véritable; elle dit encore.....
que le moindre souvenir de sa part avoit plus de prix à mes
yeux, que tout l'or qu'elle auroit pu m'offrir.

Cette marque signalée de son estime ne me quittera jamais.

Dans aucun temps, Monsieur, ni grande, ni petite somme d'argent ne m'a été donnée ni proposée par elle.

D. Quelle est cette bague dont on vous fait un éloge si pompeux dans cet écrit, et quel est le degré d'importance que l'on semble y attacher?

R. Depuis longues années j'en ai fait agréer l'hommage à une personne très-distinguée; elle a daigné la recevoir avec bonté, et la porte constamment au doigt du *soleil*, comme un souvenir de la confiance et de la bienveillance dont elle m'honore.

D. Quel est ce songe (*a*) dont on vous demande une interprétation précise et détaillée?

R. Je le regarde comme l'avertissement des plus grands événemens. La bonne *Joséphine*, au moment d'être délaissée, se voît environnée d'une prodigieuse quantité de serpens qui se replient en tout sens, et l'en-

_____

(*a*) J'en donnai l'explication le 28 novembre 1809; le double de cette note véridique fut trouvé dans mes papiers.

lacent de la même manière qu'on nous les représente dans le groupe si célèbre de *Laocoon*. Celui qui entoure son bras gauche et se mord la queue, lui présage l'immortalité. Peu à peu ces reptiles venimeux se détachent, se glissent et s'emparent de son époux, l'enveloppent, le serrent au point de lui ôter la respiration : cela présage que la mémoire de l'épouse sera recueillie avec intérêt par la postérité, et que l'époux, égaré par les flatteurs qui l'environnent et le conseillent, pourra bien être la victime de son ingratitude.

D. A qui s'adressent ces divers horoscopes où vous semblez prédire que les descendans d'un grand roi pourront un jour revoir.leur noble et malheureuse patrie; que de 1814 à 1815 tous leurs maux seront à leur terme ou bien près de finir (*a*)? Expliquez-vous plus clairement.

R. Diverses fois j'ai été consultée sur les infortunes des princes de l'auguste maison

_____

(*a*) Ces horoscopes ainsi que beaucoup d'autres sont déposés à la préfecture de police, comme pieces authentiques et à conviction contre la moderne *sibylle*.....

4.

d'Espagne : j'ai obtenu de mes profonds calculs la certitude que la tyrannie auroit enfin son terme; que la main puissante qui les avoit frappés feindroit un jour de vouloir réparer de grandes et horribles injustices....., mais qu'il n'étoit réservé qu'au noble courage d'une nation si fidèle de commencer et de perfectionner son bel ouvrage....., surtout étant dirigée vers la gloire par son amour constant pour ses rois légitimes, et par l'enthousiasme que saura lui communiquer de nouveau un guerrier généreux (a) qui, dans les champs arrosés du sang des anciens *Maures*, viendra cueillir des palmes immortelles.... Il n'en faut qu'une, *Monsieur, pour éterniser sa haute réputation : aussi lui sera-t-elle décernée par l'Europe entière.*

D. Quelle est-elle cette palme?

R. Mon *génie Ariel* m'impose le silence.

D. Je vais transmettre votre interrogatoire au magistrat qui doit prononcer sur votre sort.

R. Daignez ajouter, dans votre résumé ; que j'ai les protubérances de la *divination*,

---

(a) Lord Wellington.

de la *discrétion*, et que, pour peu que l'on me contrarie, je sens pousser derrière ma tête celle de la *colère*, et que je pourrois bien dire, dans un moment de folie, certaines choses que l'on n'aimeroit pas à entendre.....

Sur-le-champ je fus reconduite dans ma *chartreuse*, avec injonction de m'y tenir au secret le plus rigoureux.

On frappe à la muraille à petits coups redoublés; j'approche, et je me confirme que j'avois un voisin ; je ne trouve aucun expédient pour m'entretenir avec lui. Nous en sommes réduits l'un et l'autre à l'oraison mentale ; mais mon esprit, quelquefois assez fertile en découvertes, en trouvera une pour établir une sorte de correspondance entre deux reclus ; et je versai quelques gouttes d'eau sur ma petite *glace de Venise* pour en tirer quelques traits de lumière inconnus aux profanes (*a*).

Cette soirée est d'une longueur affreuse ; je me repose un peu plus tôt qu'à l'ordinaire :ainsi, je parviens à l'abréger.

_____

(*a*) Divination de la *captromantie* par de l'eau réfléchie dans un miroir.

TROISIÈME JOURNÉE.

—

J'ai peu reposé. Le bruit continuel des verroux, celui des voitures qui circulent dans la cour, les cris d'alarmes des sentinelles qui se succèdent sans interruption, les gémissemens des infortunés qu'on amène dans ce séjour, m'agitent et m'empêchent de fermer la paupière.

Et, pourtant, la nuit est la bienfaitrice de tout ce qui respire ; c'est pendant sa durée qu'il y a une grande somme de bonheur au milieu de ces ombres, répandues sur la terre ; les passions violentes sont interrompues. Le prisonnier, chargé de fers, oublie son cachot pendant son sommeil, et ne s'éveille que pour accuser son tyran devant les mondes assemblés.

Moi, que le repos ne peut atteindre, je prie Dieu de toucher le cœur du mien..... Mon voisin tousse ; je réponds. Mais bientôt la surveillance de Vautour suspend une conversation dont le début annonçoit quelque chose de piquant.

Je monte sur le théâtre de mon observatoire. Il faut convenir que la préfecture de police présente à l'œil un tableau bien varié.

Ici, Monsieur *Diaphorus* paroît furtivement avec des couleurs qui conviennent à son état. Sa main est armée d'un instrument dont il a l'air de menacer les passans.

Là, vous apercevez deux robustes Auvergnats, portant sur leur dos, qui ressemblent à deux montagnes ambulantes, une énorme marmite de cuivre qui renferme le repas modeste et frugal des malheureux prisonniers; plus loin, vous voyez un carrosse bleu azur, attelé de deux chevaux, jeunes et fringans, qui tressaillent d'impatience, attendant leur maître (*a*).

A midi, une troupe nouvelle remplace la garde descendante, et le son bruyant du tambour vous tire de l'assoupissement dans lequel vous veniez de tomber. Avec un pareil tintamarre, on n'a pas le temps de

_____

(*a*) Madame la comtesse D. B.

s'ennuyer, ou du moins la distraction perpétuelle dans laquelle on est peut aider à
supporter l'esclavage. Une nuée de garçons
de bureau montent et descendent perpé-
tuellement : les uns se dirigent vers les dé-
pôts (*a*), les autres vers l'endroit où l'on délivre les passeports (*b*); d'autres, enfin, pour
recevoir et exécuter des ordres. Ici, l'on
voit se réunir les états les plus respectables
de la société : c'est surtout le rendez-vous
des militaires; ils y viennent, ou appelés
par leurs propres affaires, ou pour être utiles
à des personnes auxquelles ils s'intéressent.
J'en ai surtout fait l'épreuve; les magistrats,
les artistes et les négocians affluent de toutes
parts; et, quoique la foule soit immense,
le plus grand ordre et la plus parfaite politesse règnent dans l'intérieur des bureaux.

(*a*) Où journellement et à toutes heures, l'on amène un
nombre prodigieux de personnes de tout sexe et de tout
âge ; la nuit surtout on entend leurs cris douloureux et
effrayans. C'est bien là le lieu qui offre aux yeux de l'obser-
vateur le tableau le plus touchant des grandes infortunes....
C'est là le centre et le cloaque impur et des maux et des
crimes. Là, se trouvent réunies et confondues toutes les
misères humaines.....

(*b*) Bureau de M. L.

Dans l'enfoncement de la cour ; vous trouvez la première division : le chef (a) est aussi affable que célèbre par ses connoissances : on se présente journellement devant lui pour obtenir la permission de commencer des entreprises qui ne réussissent pas toujours ; de pauvres auteurs viennent soumettre à la censure la plus sévère des ouvrages qui, trop souvent morcelés, finissent par compléter la ruine de ceux qui les entreprennent, et trompent ainsi l'attente de leurs nombreux créanciers.

On voit ici s'évanouir dans un moment les songes les plus flatteurs que promettoient des années de travaux. Le sort dispense à son gré la gloire, et ce n'est pas toujours l'écrivain distingué, celui qui en est le plus digne, qui jouit de ses faveurs inconstantes ou tardives.

Enfin, vous arrivez au centre général de tous les bureaux (b) : c'est là où l'on m'avoit fait la grâce de m'introduire ; vous y remarquez des signaux, et chacun a l'air de

---

(a) M. B.
(b) M. V. en étoit chef.

se comprendre. On fixe attentivement son voisin, et on diroit que, dans ce lieu, un langage inconnu aux mortels leur sert de truchement pour mieux interpréter la pensée.

En face habite le grand maître (*a*). Tout le monde n'a pas le bonheur de pénétrer jusqu'à lui ; mais rien ne lui échappe, et la justice administrative est distribuée par ce magistrat, sur le rapport de ses nombreux collaborateurs.

Je remarque qu'à chaque voiture qui arrive, un *sbire* se présente et ouvre la portière ; ces hommes sont muets, mais je ne les crois pas sourds : car je présume qu'ils sont chargés de découvrir l'endroit d'où l'on vient, et celui pour lequel on est destiné.

A quatre heures précises, les bureaux se ferment ; vous entendez les escaliers retentir d'un bruit extraordinaire, et vous voyez tous ces Messieurs remplir la cour et disparoître en un moment, comme des écoliers qui sortent du collége.

(*a*) M. le préfet D. B.

Les uns, me dis-je, iront en société faire leur partie, d'autres, se distraire au spectacle; les uns, nouveaux *Héraclites*, s'attendriront à une pièce de *Racine;* ou, nouveaux *Démocrites*, ils iront s'égayer aux plaisanteries de *Potier* et de *Brunet*.

Avant de me renfermer dan mon petit intérieur, j'expose de la cendre u vent du nord (*a*), et j'examine avec une double lunette magique les moindres événemens qui se passent dans *Paris;* aucun n'échappe à mes observations.

Je mets mon couvert (*b*): une oie aux contours dorés, paroît sur ma table; mais elle est plus discrète que celles du Capitole: elle n'en a pas moins, pour les gourmets, une certaine éloquence. Si j'étois en société, je l'apprécierois davantage; mais j'ai le malheur d'être tête-à-tête avec moi-même. Je prends seulement les intestins de ma volaille, j'y joins neuf grains de sel et trois d'encens

---

(*a*) Divination de la thephramantie.

(*b*) Si des oies n'avoient réveillé jadis par leurs cris les Romains qui gardoient le Capitole, les *Gaulois* s'en rendoient maîtres par surprise : *Rome* n'étoit plus.

mâle, j'en fais un parfum à *Mercure* (*a*),
ayant soin de répéter l'invocation qui se
trouve dans le livre des secrets admirables.

Je fus bien fatiguée d'être restée toute
cette journée dans une observation continuelle. J'avois le plus grand besoin de repos;
le flambeau du jour s'éteignoit, et celui de
la nuit, prêt à lui succéder, ne donnoit encore qu'une foible lumière; une aspérité
qui s'échappe de la mèche d'une chandelle,
me présente l'occasion de faire quelques
observations de *lampadomancie* (*b*); je
m'écrie: Voilà une nouvelle; quelle est-elle ?
Et je me mis à tisonner (*c*). Tout en réflé-
chissant, mon voisin se faisoit pourtant entendre; il lisoit d'une voix animée, et bientôt

---

(*a*) Fils de *Jupiter* et de *Maïa*, *dieu* de l'éloquence et du
commerce.

(*b*) Cette divination est aussi en usage en *Angleterre*.
Si le lumignon laisse échapper un petit jet de flamme, le
premier qui s'en aperçoit s'écrie : Voilà une visite à la
chandelle.

(*c*) Louis XIV et le père La Chaise prirent querelle
pour tenir les pincettes. Le confesseur jésuite les arracha des
mains de son pénitent ; et madame de Maintenon, témoin
et juge de la rixe, ordonna qu'il y auroit une paire de pincettes aux deux coins de la cheminée, et que chacun tison-
neroit de son côté.

je pus distinguer ces mots : *O toi! sorcière sombre et mystérieuse qu'enfante l'heure lugubre de minuit, que fais-tu à présent ?* Je fus comme piquée de l'apostrophe ; mais, en me rappelant que c'étoit un passage de *Shakespear* (*a*), je m'apaisai. Alors j'invoque le *dieu* du sommeil (*b*), et le prie de m'être favorable.

(*a*) Célèbre poëte anglais.

(*b*) Morphée endormoit ceux qu'il touchoit avec une plante de pavot, et présentoit les songes sous diverses figures.

QUATRIÈME JOURNÉE.

CE jour, consacré à *Jupiter* (*a*), semble m'apporter un favorable augure ; le soleil luit un peu ; des nuages, moins noirs qu'à l'ordinaire, s'élèvent sur l'horizon ; *Éole* (*b*) ne fait pas entendre sa voix effrayante ; en un mot, une température semblable à celle du printemps fait oublier les rigueurs de l'hiver. Je consacre quelques heures à la lecture, ou à examiner ce qui se passe au dehors ; cependant, je ne suis pas naturellement curieuse, mais j'aime à faire quelquefois des remarques.

(*a*) *Jupiter*, fils de *Saturne* et de *Rhée*. Les païens le regardoient comme maître absolu de tout, et le représentoient toujours la foudre à la main, porté sur un *aigle*, oiseau qu'il prenoit sous sa protection. Le chêne lui étoit consacré, et on lui éleva des temples par tout l'univers.

(*b*) Dieu des vents.

O vous, qui n'avez jamais gémi dans une prison, vous ignorez que la moindre chose allume ou éteint le flambeau de l'espérance, vous croyez lire sur toutes les figures le sort qui vous attend; sont-elles animées et ouvertes? vous en tirez un pronostic favorable; portent-elles l'empreinte de la tristesse? vous croyez en être l'objet, et qu'une nouvelle décision vient prolonger votre captivité.

Je crains d'être transférée dans un lieu (a) où jadis de jolies pénitentes pleuroient les erreurs dont l'amour étoit la cause, et peut-être l'excuse.

Je sais, par tradition, que l'on ne reste pas long-temps à l'hôtel où j'étois détenue, et pourtant je n'entends parler de rien; j'interroge *Vautour*, comme je le fais chaque matin; il se contente de me sourire; mais je n'en peux tirer aucune réponse.

Le sieur *Veyrat* me rend sa visite accoutumée, mais a l'air distrait. Il me demande, avec finesse, si l'oracle est au beau fixe; je l'assure que mon arrestation doit faire le plus grand bruit. Ma réussite du matin me donnant

_____

(a) Aux Madelonnettes.

une quinte majeure en cœur et en trèfle ;
accompagnée du huit de carreau, ce *qui veut
dire démarches pour avoir communication
de papiers.* Je vois le moment où mon interrogateur silencieux et stupéfait alloit me
faire une révélation spontanée, tant sa surprise étoit grande, tant mes rares combinaisons venoient de le frapper (*a*)!

Mais il se tint sur une réserve contractée ;
il se borne à me dire, avec bonté, que je
devois voir que tout alloit au mieux pour
moi.

Il me quitte ; je prends de nouveau un
livre, c'est *La Fontaine ;* je parcours la fable
du Vieillard et des Trois Jeunes Hommes :

.... Et quoi ! défendez-vous au sage
De se donner des soins pour le plaisir d'autrui ?
Cela même est un fruit que je goûte aujourd'hui ;
J'en puis jouir demain et quelques jours encore.

(*a*) Cette anecdote est vraiment singulière et piquante,
non-seulement dans ses détails, mais par ses résultats : aujour-
d'hui même sa publicité pourroit nuire essentiellement
à la réputation d'une certaine personne ; je m'abstiens
aussi d'en faire aucune mention...... *Honni soit qui mal
y pense ;* mais plus tard mes Mémoires pourront la faire
connoître.

Comme je récitois à haute voix, mon *valet-de-chambre Vautour* se permet une réflexion. Pour moi, me dit-il, je n'approuve pas cette morale; il ne faut, dans le siècle présent, ne penser qu'à soi. J'aime mieux placer mon argent en bonnes rentes viagères, que de l'employer à bâtir pour mes arrière-neveux.

Il continue son service; mais il a l'extrême maladresse de renverser ma salière (*a*), et de mettre un couvert en forme de croix (*b*). Je n'y tiens plus, mon imagination se monte; non, jamais je n'éprouvai une pareille anxiété; et pour finir de me mettre tout-à-fait en colère, il m'allume trois chandelles à la fois (*c*); alors je dis:

Le méchant vieillard ressemble aux rosiers

(*a*) Le sel est le symbole de l'amitié; dans l'antiquité, on s'en présentoit mutuellement au commencement du repas; mais il ne falloit pas renverser la salière, c'étoit signe de brouillerie, de vives querelles, etc.

(*b*) Mauvais présage. Le célèbre roi de Prusse, Frédéric-le-Grand, n'étoit pas exempt de cette superstition: il déplaçoit lui-même les fourchettes ou les couteaux qu'on avoit mis en croix.

(*c*) Les anciens regardoient comme le signe d'un malheur très-prochain de voir trois lumières dans le même appartement. Les modernes y attachent bien peu d'importance.

5

qui, pendant l'hiver, n'ont conservé que les
épines ; mais les anges *Uriel*, *Abdiel*,
Ithuriel (*a*), sont mes protecteurs : ils vous
poursuivront sans relâche, si vous avez eu
dessein de me nuire ; et j'ajoute :

La complaisance et l'indulgence sont des
besoins de la société ; la rudesse et la dureté
en sont les fléaux. J'étois d'autant mieux
fondée à lui faire des reproches, que le matin
même il avoit ri aux éclats en voyant épars
çà et là les morceaux d'une petite glace de
poche que j'avois eu le malheur de casser (*b*).

Mais apprenez, *Vautour*, que celui qui
ne sait que nuire à ses semblables et les
effrayer, ne peut échapper tôt ou tard à leur
vengeance.

En ce moment la *lune*, qui venoit de se
lever, jetoit autour de moi une lueur bleuâtre,
et traçoit dans ma petite chambre un long
sillon de lumière. Je prends la peau de chat
qui enveloppe ma petite électricité (*c*); je

(*a*) Bons génies assistans.

(*b*) Petite superstition où l'on attache encore une certaine
importance.

(*c*) Heureuse découverte en physique. Ses procédés, sagement appliqués, ont déjà fait plus d'un miracle en médecine.

procède; l'étincelle part. Je touche la clef de ma chambre, que ce geôlier a soin de retenir; la commotion n'en est que plus violente; il s'écrie : Au secours! miséricorde! je suis ensorcelé! il se sauve...... La peur ne raisonne pas. Cependant il vient refermer la porte, et reste bien surpris de me voir tranquillement assise et sans lumière; mais j'avois mis le feu à une préparation chimique, dont la base étoit de l'esprit-de-vin, et où, par distraction, j'avois jeté un peu de sel (a)...... Non, il est impossible de se faire une idée de l'état d'horripilation où se trouve *Vautour;* il croit voir l'épouse de *Léviathan* (b) en personne...... Ses traits se décomposent; et d'une voix tremblante et altérée, il dit : Je renonce à *Satan* (c).

Je passe le reste de cette soirée comme les autres, sans oublier d'interroger l'avenir; et pour obtenir des résultats certains, je fais à l'instant même le véridique tableau (d);

(a) Récréation de société.
(b) L'un des chefs des démons.
(c) Le diable.
(d) Composé des trente-deux cartes, les posant huit par huit, et ayant soin d'examiner chaque extrémité du tableau.

5.

il m'apprend qu'avant minuit mes affaires
vont prendre la tournure la plus heureuse.

Il en est peut-être plus d'un parmi vous,
prétendus philosophes, qui a habité le
même séjour que moi; avouez franchement
qu'un jeu de cartes savamment expliqué,
vous a rendu quelquefois plus de services
que tous vos auteurs *grecs*, *hébreux* et *la-*
tins.

Je tâche, mais inutilement, de m'entretenir avec le voisin, il est en relation intime
avec le dieu du silence; si parfois il adresse
deux mots intelligibles à la statue d'*Harpo-*
crate (*a*), c'est pour gémir sur sa position;
hélas! pensai-je, en l'écoutant : il ne parle
de la douleur, que comme si elle lui étoit
exclusive, et cependant elle ne m'épargne
pas plus que lui.

(*a*) **Dieu du silence.**

CINQUIÈME JOURNÉE.

—

L'ÉTOILE de *Vénus* a brillé dans le firmament, je l'ai considérée une partie de la nuit ; ses faisceaux de lumière se réfléchissoient sur moi, et ils sembloient m'annoncer des nouvelles importantes ; le matin confirme encore ces réflexions ; je jette mon jeu de cartes en l'air (*a*) du côté du midi ; il me donne pour résultat quatre as, quatre neufs et le roi de trèfle avec sa *dame*.

J'interprète ainsi cette réussite : aujourd'hui l'on parlera de toi dans plus d'un cercle, même dans un ministère ; ton interrogatoire y fera le plus grand bruit, et surtout tes étonnantes réponses ; tu as des amis ; quel-

_____

(*a*) Du côté du midi, en observant d'en former trois carrés : si les quatre rois ou as se trouvent retournés avec le neuf de cœur, on peut attendre une bonne nouvelle.

ques·uns des plus zélés se prononceront en
la faveur ; une *dame brune* (*a*), surtout a
déjà fait faire plus d'une démarche utile ;
d'autres, retenus par une fausse honte, crain-
dront même d'avouer que tu tiens pour eux
la boussole de l'espérance : mais ils te portent
tous dans leurs cœurs.

Sans doute l'amitié générale est une faveur que j'apprécie ; mais l'ardeur de ceux
qui agissent pour moi ajoute à ma reconnoissance.

J'entends du bruit dans la chambre du
voisin ; je prête une oreille attentive ; il est
question de le transférer à la Grande-For-
ce (*b*). Ce malheureux se désespéroit ; il dit,
en parlant de quelqu'un....., combien on
devroit éviter de prendre un masque qui
déguise le caractère ! De quelque vice qu'on
ait le malheur d'être atteint, il est cent fois
moins hideux quand on ne prend pas la précaution de le cacher sous une apparence de
vertu.

Je cherche à savoir à qui pouvoit s'a-

(*a*) La sensible et bonne *Joséphine.*
(*b*) Prison rue Saint-Antoine.

dresser ce compliment flatteur et si expressif ;
mais ma porte étoit fermée si exactement,
qu'elle interceptoit jusqu'au moindre rayon
de lumière.

Je me borne donc à méditer de conjectures en conjectures ; peut-être finirai-je par
approcher de la vérité, et je me dis :

Foibles mortels, ne nous effrayons pas des
maux dont on nous menace ; ne nous réjouis-
sons pas des biens que l'on nous promet ; celui
qui dirige tout, et dont les hommes ne sont
que les instrumens, connoît seul la fin qu'il
se propose.

Après ces réflexions, je remonte sur mon
théâtre ambulant ; j'avance la tête à ma lu-
carne ; mais un cri de la sentinelle me fait
promptement retirer. Je fais néanmoins
quelques remarques fugitives, et bientôt
après je retombe dans de pénibles réminis-
cences.

Pour dissiper mes sombres réflexions,
j'ouvre un livre. Je m'entretiens un moment
avec ce grand poëte, qui dans nos trop
longues convulsions politiques, fut forcé de
s'exiler volontairement. Hélas ! sa *Muse* désolée erra long-temps sur des plages et des

rives étrangères, où elle lui inspira son beau
poëme de la Pitié.

Quel touchant tableau il nous fait de la
reconnoissance. Ah! qu'il la sentoit bien
celui qui disoit :

Ainsi jeté moi-même aux rives étrangères,
Je chantois la pitié, je peignois nos misères.
Souris à mes accens, ô prince généreux!
A qui je dus ma gloire en des temps plus heureux!
Toi, l'ame de mes chants, mon appui tutélaire,
Qu'adore le Français, et que l'Anglais révère;
Toi, dont le cœur loyal à nos yeux attendris
Fait briller un rayon du plus grand des Henris;
Qui, sûr de notre amour, as conquis notre estime,
Grand prince, tendre ami, chevalier magnanime,
Modèle de la grâce, exemple de l'honneur!
Tu t'en souviens peut-être; aux jours de mon bonheur
Je chantai tes bienfaits; et quand la tyrannie
Nous faisoit de son joug subir l'ignominie,
J'en atteste le ciel, dans ces momens d'effroi,
Je m'oubliois moi-même, et volois près de toi.
Oui : d'autres lieux en vain bénissoient ta présence,
Le doux ressouvenir ne connoît point l'absence.
Au milieu de l'exil et de l'adversité,
Toujours tu fus présent à ma fidélité.
Ainsi l'adorateur du grand astre du monde,
Quand le ciel s'obscurcit, quand la tempête gronde,
Par la pensée encore accompagne son cours,
Le suit sur son nuage, et l'adore toujours.

Oui, nous le reverrons, m'écriai-je en
terminant ma lecture, nous le reverrons ce

premier d'entre les chevaliers français (*a*);
il sera le précurseur de son frère le *Désiré* (*b*);
l'aurore de la félicité guidera ses premiers
pas; l'amour et la reconnoissance lui serviront de cortége.

Ainsi se passe cette journée; à l'exception
de mon *Argus* (*c*) ordinaire et de ma visite
accoutumée, je restai seule, absolument
seule.

(*a*) Monsieur, frère du Roi.
(*b*) Louis XVIII.
(*c*) Homme très-clairvoyant.

SIXIÈME JOURNÉE.

SONGE MYSTÉRIEUX.

—

DE la première à la seconde heure du sixième jour, je crus m'éveiller en prononçant le mot du puissant *Ariel.*

Aussitôt une lumière semblable aux rayons du soleil m'environné de toutes parts; j'aperçois mon génie protecteur, dont je porte le *sceau.* Sa figure brilloit d'un nouvel éclat; un signe intelligible pour les initiés, étoit sur son bras gauche.

Il tenoit, de la main droite, un livre où étoient tracés divers caractères; l'intérieur laissoit apercevoir quatre glaces: l'une étoit d'améthyste (*a*), l'autre formée d'un seul

---

(*a*) Cristal de roche pourpre violet; il garantissoit, disoit-on, de l'ivresse.

rubis (*a*), la troisième d'un diamant du Brésil (*b*), la dernière d'une émeraude (*c*) précieuse ; l'éclat naturel de tous ces brillans me sembloit altéré.

Mon génie s'incline vers l'orient ; aussitôt un nuage épais nous environne, et *Nghariel* (*d*) s'écrie, du milieu de ces ténèbres : Le mauvais *Mahhazeel* (*e*) le conduit à sa perte.

Tout à coup j'entends plusieurs voix ; les unes me semblent venir des extrémités du midi, les autres des confins du nord, et elles répétoient en chœur : Cette première étincelle de discorde causera pourtant un grand incendie dans le domaine de celui qui la fait jaillir ;

Et je dis : Ce qui est écrit est écrit. A l'instant, je dirige mes regards vers l'occident.

Au milieu d'un groupe nombreux réuni sur le penchant d'une colline, dont j'occupois

---

(*a*) Diamant rouge dont l'influence est toute particulière.

(*b*) D'un rose pâle.

(*c*) Pierre précieuse diaphane d'un beau vert, à laquelle on attribue de singulières propriétés.

(*d*) Génie révélateur.

(*e*) Esprit malfaisant.

l'éminence, je distingue un homme de taille
au-dessous de la médiocre ; sa tête étoit ornée
d'un triple diadème qui lui couvroit les yeux,
et il tenoit pour sceptre un fer brûlant ; son
air altier impose, et fait courber le front à ceux
qui l'environnent ; j'en distingue quelques-
uns qui, à l'exemple des reptiles, se traînent
en sillonnant des routes tortueuses qui toutes
vont aboutir au précipice qu'on distingue
dans le lointain.

Une femme éplorée, les bras levés vers
les cieux, s'efforçoit en vain, par ses prières
et ses sanglots, de détourner l'insensé dont
tant de monde lui paroissoit empressé d'ac-
célérer la chute ; mais que peuvent l'impuis-
sance et la foiblesse humaine contre les
décrets éternels de la Providence ? L'ambitieux repoussoit également la voix de la
sagesse et celle de l'amitié. O femme trop
sensible ! tu ne pus fléchir le cœur endurci
du plus ingrat des époux, et dans ton désespoir tu t'écriois : Mon amitié ne peut plus que
faire des vœux pour ta conservation ; elle te
suivra jusqu'au tombeau. Puisses-tu y descendre sans remords et sans crainte !.....

D'habiles politiques dissertoient sur les

conséquences inévitables de ce qui se passoit sous leurs yeux, et disoient : *L'aigle (a)* prendra son vol si haut, qu'un coup de vent terrible, et des nuages amoncelés , venant du nord , l'abattront infailliblement , et le feront rentrer dans son aire.

Les partisans du dominateur gémissoient sur ses écarts et sur leur propre sort.

Ils convenoient tous que le roi des oiseaux pouvoit avoir un *génie* vaste et même extraordinaire; que, dans sa course rapide, ils lui avoient vu faire des choses étonnantes et propres à détourner les regards du véritable but où il osoit atteindre; mais que, pour son malheur et celui des siens, il vouloit exercer un empire absolu sur trop de nations différentes...

Et une voix surnaturelle dit : Pourquoi cet *aigle couronné* prétend-il fonder une monarchie universelle? il ne pourra même conserver l'empire de Babylone. — *Qu'il*

(*a*) L'on en compte plusieurs : 1°. aigle d'*Astracan*; 2°. à dos *noir*; 3°. moucheté de *blanc*; 4°. de la *Chine*; 5°. du *Japon*; 6°. *couronné*; 7°. *noir* huppé d'*Amérique*; 8°. *noir*, de la Guyane; 9°. l'aigle destructeur; 10°. l'ouira ouassou; 11°. de Java; 12°. noir; 13°. le grand; 14°. moyen; 15°. le calquin; 16°. le petit, etc.

rende donc à César ce qui appartient à César! car, en 1814, *le coq chantera, et les nobles lis refleuriront dans les Gaules.*

Tout à coup j'entrevois de nouveaux personnages : l'un avoit une lame d'argent sur la poitrine ; le nom d'AZAEL (*a*) y étoit gravé en lettres majuscules. Sa figure représentoit l'image de la contrainte. Il me semble improuver, du moins tacitement, ce qui se passoit au sujet d'une grande alliance encore indécise ; l'autre, au contraire, avoit l'air d'applaudir, en répétant : Cette action nocturne le conduira à une gloire immortelle et durable. Un grand nom, dont l'éclat imposera à tous les peuples, lui servira d'appui.

Je vois reparoître aussitôt la même personne que j'avois aperçue peu d'instans auparavant, tant agitée. Son regard étoit devenu sombre et sinistre ; le jeu de sa phy-

---

(*a*) Ange de la mort. Il a trois cent soixante yeux, dont chacun en renferme trois autres ; trois cent soixante langues, dont chaque en contient trois ; trois cent soixante mains et un pareil nombre de pieds, semblablement sous-divisés ; enfin il a quatre ailes, dont l'une est tournée vers l'orient, l'autre vers l'occident, la troisième vers le ciel, et la quatrième vers la terre.

sionomie étoit convulsif; elle me semble
préoccupée de projets importans; l'un doit
se réaliser au moment même. Dans l'état de
tourmente où je la vois, je me dis : Il semble
qu'elle s'attend à de bien funestes résultats.
Elle entre dans un vaste *palais*, où je pénètre
avec elle.

. L'épouse à laquelle ce personnage est encore uni par la reconnoissance et par tous les
liens les plus sacrés, s'offre aussitôt à mes
regards : c'étoit la même que j'avois aperçue
du haut de la colline; mais elle étoit beaucoup plus calme. Je la reconnois au petit
signe (*a*) qu'elle a sur le sourcil droit, pour
celle auprès de qui je suis souvent admise.

. Comme je connoissois la bonté de son
cœur, et combien elle avoit concouru à faire
des heureux, je la plains sincèrement. Et le
génie *Nanael* (*b*), dit d'une voix forte et
sonore : Malheur aux ambitieux ! ce sera du
côté de l'*Aquilon*, qu'un vent salutaire
soufflera sur le parjure avec tant de vio-

(*a*) Remarque que chacun a pu faire.
(*b*) Qui réprime les orgueilleux.

lence, qu'il le précipitera dans l'abîme de l'adversité.

L'épouse délaissée invoque encore le ciel en faveur de celui qui l'opprime : Va, lui dit-elle, sois heureux et tranquille, s'il se peut; et elle renouvelle son vœu de la montagne.

Elle signe à l'instant même un acte qui la sépare pour toujours de celui qui lui devoit sa première existence. Cette femme, courageuse, veut se dissimuler à elle-même ce qu'elle souffre; mais son cœur, trop sensible, ne peut supporter ce cruel abandon : ses yeux se ferment, la pâleur de la mort couvre son front; elle s'écrie douloureusement : *Puisses-tu aimer un jour*, voilà ma seule vengeance.

Il veut lui prodiguer des soins; il alloit s'attendrir...... Mais, tout à coup, reprenant sa feinte dignité : Pendant *quinze ans*, lui dit-il, vous avez fait le charme de ma vie; mais, aujourd'hui, mes grandes destinées l'emportent sur les vôtres. Je dois contracter une alliance auguste, dont le double but est de m'affermir et d'étonner l'univers.

Alors elle quitte des lieux qui lui ont retracé tant de fois de hautes et cruelles infortunes.

Elle dit, en soupirant, à quelques personnes qui sembloient la plaindre : Que sont mes souffrances actuelles, en comparaison de celles d'une souveraine (a) auguste si injustement opprimée, et dont j'ai occupé la place ! Puisse, grand *Dieu !* la fille des Césars (b) ne connoître ici que les charmes et les douces illusions de la vie ! Puisse cette jeune et intéressante *princesse* (c) ne jamais se trouver forcée de fuir ce *palais* pour gémir sur la cruelle fatalité que semble lui promettre cette trop malheureuse alliance !

Ainsi s'exprime celle qui, du faîte des grandeurs humaines, voit s'évanouir dans un instant ces prestiges souvent si trompeurs, et toujours si séduisans.

Je retourne le second feuillet du livre : je vois l'intérieur de ce *palais*, où règnent la crainte, la perfidie et l'insidieuse dissimulation.

(a) Tous ces faits sont historiques. Ce sont ses propres paroles.

(b) L'archiduchesse Marie-Louise.

(c) Hélas ! bien jeune, elle a connu la douleur ! Elle l'éprouve encore, surtout si elle l'a vraiment aimé......

Dans une chambre exactement fermée, où personne ne peut pénétrer que moi, s'offre à mes regards un homme profondément abattu; une sombre lueur permet à peine de l'apercevoir; tout y est calme, excepté la conscience de celui qui l'habite.

Des cris étouffés se font entendre ; ils décèlent une âme douloureusement affectée.

Ce n'est qu'un songe..... Sur son lit de parade repose ce mortel vraiment extraordinaire, et dont la postérité recueillera avec avidité les moindres faits.

Il me semble aux prises avec quelqu'un ; il discute et déclame, et pourtant je ne vois personne avec lui. — J'écoute ; mais lui seul répond à ses propres questions ; dans ce monologue non interrompu, il s'écrie :

(a) « Ombre de mon *père*, je ne puis croire » à vos présages ! Pouvez-vous comparer ma » fortune actuelle à l'inconstance des saisons ?

—————————

(a) Ce songe n'est point une fiction ; il m'a été raconté par *Joséphine*, et qui, comme chose probable, l'aura dit à bien d'autres personnes. Ce qui paroîtra bien plus étonnant encore, c'est que *Napoléon* en resta surpris, même préoccupé quelques jours, et d'autant mieux qu'il ne rêvoit jamais. J'ai seulement changé l'ordre de la date, qui, je crois, se rapporte à 1807.

» Jamais, pourtant, elle n'a acquis un tel
» degré de solidité. Vous m'annoncez des
» revers bien cuisans, et même un abandon
» général de mes proches; mais cela n'est
» ni probable, ni possible. Ignorez-vous donc
» qu'ils me doivent tout ce qu'ils sont, et que
» j'ai la noble ambition de les enchaîner
» par la reconnoissance? ils ne peuvent être
» ingrats. Vous m'ajoutez enfin que ceux
» que j'aurai comblés de mes bienfaits pour-
» ront un jour me méconnoître et centu-
» pler mes regrets......

   » Que *Joséphine*, dans mes momens les
» plus cruels, pourra contribuer pour beau-
» coup à l'adoucissement de mes hautes
» infortunes; qu'elle restera fidèle aux devoirs
» que prescrit l'amitié, et plaindra sincère-
» ment la nouvelle compagne qui m'est des-
» tinée, celle surtout qui l'aura remplacée
» dans mon cœur.

   » Ah! c'en est trop; je suis invulnérable
» aux yeux de toute l'Europe : mon nom seul
» en impose au *destin* (*a*). »

(*a*) Enchaînement nécessaire et inconnu des événemens
et de leurs causes; puissance à laquelle tout est soumis jusqu'au point d'unité parfait.

6.

Un coup de tonnerre épouvantable fait trembler ce *palais* jusque dans ses fonde-mens ; je crains même qu'il ne rentre dans le néant.

Je m'empresse d'examiner le troisième feuillet.

J'aperçois une jeune *princesse* vivement alarmée, incertaine et tremblante pour le premier et l'unique fruit d'une union trop précipitée, fuyant en désordre à travers les camps, les armées, et tout l'attirail épou-vantable de la guerre. Le *génie* (*a*) de l'in-nocence veille sur ses jours, sous la figure d'un sujet fidèle et dévoué à celle qui fut un moment sa souveraine.

Le quatrième et dernier feuillet m'offre les bords de la *Tamise*. Je vois, dans ce pays hospitalier, les richesses des nations; mais ce qui les efface aux yeux du vrai Français et du philosophe sensible et éclairé, c'est d'y remarquer une *princesse incom-parable* (*b*), la fille bien-aimée de Louis-

_____

(*a*) Cet homme estimable porte en lui sa récompense.

(*b*) Modèle de bonté, de bienfaisance et d'une noble et touchante simplicité, Madame la *duchesse d'Angoulême* réunit dans sa personne tous ces dons; digne émule de son illustre *père*, elle fut dans tous les temps l'appui du malheu-

le-Bienfaisant, prodiguer les soins les plus tendres à ses nobles parens..... Comme elle, ils sont victimes d'une horrible injustice; tous passent ainsi leurs jours éloignés de cette belle France, antique patrimoine de leurs ancêtres; ils soupirent ardemment après leur retour; les petits-fils du bon *Henri* ont la générosité et le cœur de ce grand *Roi*: ils nous rappelleront sa mémoire en marchant sur ses traces.

Mon *génie* protecteur fait sept fois le tour de ma chambre; il ne cessoit de répéter: Les desseins de *Dieu* sont impénétrables; il ne t'est pas permis de révéler à présent ce que tu as vu, ce que tu as entendu; mais ces renseignemens, clairs et précis, sont pour toi le miroir de la vérité.

Il referme le livre des destinées du monde et le pose sur son cœur, en répétant trois fois le nom du Très-Haut. Il dit, et disparut.

Ce rêve (*a*), s'il en est un, m'a étonnée

---

reux. Aujourd'hui elle protége un grand nombre de familles qui, sans ses soins généreux et délicats, se trouveroient ré_ duites aux horreurs de la plus cruelle indigence..... et fini_ roient par invoquer à grands cris le sombre désespoir.... La fille du vertueux *Louis XVI* est un ange de vertu, de géné- rosité: c'est un être divin descendu sur la terre.

(*a*) L'ignorance de nos pères les conduisoit sans doute à

singulièrement; il donne lieu à mille et mille réflexions, et mon imagination, toujours active quand il s'agit d'approfondir, a maintenant une belle carrière pour s'exercer. La méditation est semblable à ces fanaux qu'une main bienfaisante suspend sur les abîmes de l'*Océan;* le feu qu'ils répandent ne dissipe point les ténèbres, mais il avertit le pilote effrayé des écueils qui l'environnent. Les rêves, dit un ancien, sont des mouvemens secrets qu'on ne met pas assez à leur vraie place; la moitié des hommes s'en amuse ou les dédaigne; l'autre portion y ajoute foi : quels sont les plus raisonnables ?

Et pourquoi ne serois-je pas du nombre de ceux qui regardent certains rêves comme des conceptions privilégiées d'une âme fortement affectée? Le temps justifiera si mon songe n'est qu'un jeu de mon imagination en délire ou d'un pressentiment inspiré.

de grandes absurdités dans l'interprétation des songes, etc.; mais croit-on que la philosophie n'ait pas aussi ses écueils? A force d'analyser la nature, nous ressemblons au *chimiste* qui se ruine à faire de l'or; élaguons, mais n'anéantissons pas tout, parce qu'il y a dans la nature des choses très singulières, et que nous ne devinerons jamais.....

C'est en vain que je veux encore reposer;
il est sept heures ; l'aurore est à son lever;
les ombres fugitives de la nuit figurent les
plis ondoyans de sa robe nuptiale : elle quitte
les bras de son époux. J'allois admirer le
spectacle ravissant de la nature qui s'éveille,
lorsque le bruit lugubre des verrous et le
discordant cliquetis des clés se font entendre;
les cris des habitans de ces lieux rendent des
sons désagréables et confus : ce jour sera
aussi noir que mes pensées.... Je me souviens
que le 16 décembre 1803, je me trouvois
dans le même séjour : ce mois a donc, par
son influence sur ma personne, quelque
chose de malheureux. Je veux, en vain, me
distraire, je n'en ai pas le courage; rien ne
peut me retirer de l'abattement où je suis.
Je veux chercher à sortir de moi-même, je
retombe toujours dans mon premier anéan-
tissement , et je m'y concentre de plus en
plus, en parcourant de funestes annales.

Ou voit combien de gens, dans ces temps
calamiteux, n'ont pu fuir leur sort épouvantable; plus d'un ne l'ignoroit pas. *Cazotte*
lui-même n'a pu surmonter sa triste destinée....., et pourtant il la prévoyoit.....(62) Je

me représente cet illustre et malheureux vieillard; je l'ai vu sur les gradins du *tribunal révolutionnaire*, je l'ai entendu parler dans un sens prophétique; il étonna ses juges, et les força de l'écouter avec le silence le plus religieux, et celui qui dut une première fois la vie à la piété filiale (63), aux accens d'une courageuse sensibilité, ne put, avec les mêmes armes, fléchir le cœur de ses bourreaux privilégiés.

Mais bannissons de trop déchirans souvenirs..... Rappelons-nous plutôt ces femmes courageuses (64) qui, au péril de leur vie, montrèrent un dévouement si rare et si sublime, dans ces temps de troubles et de barbarie : la reconnoissance alors étoit un crime, et par une inversion désordonnée, le crime étoit érigé en vertu.

La discorde régnoit au sein des familles, aucun frein ne pouvoit contenir les méchans; la douceur bienfaisante enchainoit quelquefois leurs projets de destruction et de mort; on a vu notre foible sexe offrir l'exemple d'un dévouement plus qu'héroïque.....

Ombres de *Davaux* (65), de *La Vergne* (66), de *Cazotte*... (67); toi, *Mouchy* (68), modèles i

vrai de l'amour conjugal....., ah ! qu'il vous
a bien connues celui qui disoit, avec autant
de sentiment que de vérité (a) :

O femmes ! c'est à tort qu'on vous nomme timides :
A la voix de vos cœurs vous êtes intrépides.
. . . .
. . . .
Tel brille en ses vertus un sexe qu'on déprime ;
Que sous nos pas tremblans le sort creuse un abîme,
Il s'y jette avec nous, ou devient notre appui :
Toujours le malheureux se repose sur lui.
L'heureux même lui doit ses plaisirs d'âge en âge ;
Et quand son front des ans atteste le ravage,
Une femme embellit jusqu'à ses derniers jours.
Au terme de sa course il s'applaudit toujours
De voir à ses côtés l'épouse tendre et sage
Avec qui de la vie il a fait le voyage,
Et la fille naïve à qui, pour le chérir,
Il ouvrit le chemin qu'il vient de parcourir.
Grâce aux soins attentifs dont leurs mains complaisantes
S'empressent à calmer ses peines renaissantes,
De la triste vieillesse il sent moins le fardeau,
Il cueille quelques fleurs sur le bord du tombeau ;
Et lorsqu'il faut quitter ses compagnes fideles,
Son œil, en se fermant, se tourne encor vers elles.

Je suspends ma lecture pour me livrer à
de nouvelles observations.

M. *Piïs* paroît ; ce poëte aimable trouve
ici plus d'un sujet d'exercer sa *muse ;* et

(a) Legouvé, auteur du *Mérite des Femmes*, etc.

pourtant ce ne peut être que dans un genre
bien mélancolique ; le joyeux *vaudeville*
trouve à la préfecture de police peu de
moyens de s'égayer, mais il y peut rencontrer de singulières caricatures..... (*a*). On
amène beaucoup de monde aujourd'hui ; les
arrestations semblent se multiplier. Je distingue plusieurs femmes profondément affli-
gées ; plus loin, sous la voûte, s'avance lentement une voiture de campagne ; elle ressemble parfaitement aux coches (69) antiques
de nos bons aïeux ; j'en vois descendre un vénérable ecclésiastique, il se soutenoit à peine ;
toute sa garde-robe est dans un mouchoir ;
son unique mobilier consiste en un bréviaire
qu'il a sous le bras : il entre dans le séjour
des larmes, précédé de plusieurs inspecteurs...
Il lève les yeux au ciel, et se signe... Bientôt

(*a*) Ce mot est un terme de peintre emprunté de l'*italien*.
C'est la même chose que *charge* en peinture.

Les caricatures sont à la mode en France depuis long-
temps. C'est surtout sur les *grands* que les faiseurs de *caricatures* exercent leurs talens.

Chez un peuple penseur le sarcasme est moins dangereux,
il n'attaque que les surfaces ; chez un peuple léger, il pénètre
dans le vif, il fait des blessures mortelles. Tout dire est le
secret qui conduit à tout entreprendre.

un grand mouvement se fait entendre ; les portes s'ouvrent avec fracas.... Dans la chambre voisine de la mienne, on le met au secret pour qu'il se livre mieux à la méditation.

Il leur dit à tous avec une éloquence mâle et fortement accentuée :

« On seroit porté à croire que la vie n'a » été donnée au foible que pour prolonger » l'existence du fort et du méchant. »

On l'abandonne aussitôt à ses réflexions ; de mon côté je retombe dans les miennes ; si quelquefois elles sont troublées, ce n'est que par les mouvemens continuels de *Vautour* et par la double visite de M. *Veyrat*.

Après m'avoir parlé de choses insignifiantes, ce denier me met sous les yeux le décret du sénat (*a*), qui prononce que le *divorce* de l'empereur *Napoléon* aura lieu.

(*a*) *Du* 16 *décembre* 1809.

Art. Iᵉʳ. Le mariage contracté entre l'empereur *Napoléon* et l'impératrice *Joséphine* est dissous.

Art. II. L'impératrice *Joséphine* conservera le titre et le rang d'impératrice-reine couronnée.

Art. III. Son douaire est fixé à une rente annuelle de deux millions de francs sur le trésor de l'Etat.

Art. IV Toutes les dispositions qui pourront être faites

Hé bien, lui dis-je, êtes-vous maintenant convaincu de la réalité de ma prédiction?

« Nous en verrons les conséquences, me
» dit-il. C'est par les effets qui en dériveront
» que l'on pourra véritablement croire à la
» profondeur de votre art ; quoi qu'il en
» soit, je présume que l'on a fait très-bien
» de vous tenir en charte-privée jusqu'à l'en-
» tière décision ; d'ailleurs, mon opinion n'est
» que subordonnée à celle de celui qui nous
» commande à tous, et qui pourroit craindre
» quelque obstacle de votre part.... »

Je le remercie de ce compliment flatteur;
non jamais je ne me serois regardée capable
d'exercer une semblable influence ; moi
femme, moi d'un sexe foible et timide, je
pourrois, par des conseils, contrebalancer
le pouvoir d'un monarque absolu! Je pourrois empêcher *Joséphine* (a) de se soumettre

---

par l'empereur en faveur de l'impératrice *Joséphine*, sur les
fonds de la liste civile, seront obligatoires pour ses successeurs.

Art. V. Le présent *sénatus-consulte* sera transmis par un
message à Sa Majesté *Impériale et Royale*.

(a) En 1802, je lui en donnai le conseil, et même en
deux autres circonstances ;..... mais en 1809, elle m'objecta

aux volontés de celui qui règle la destinée
des empires....! Ah! c'est maintenant que
l'on peut s'écrier avec surprise et juste raison : « Le vrai peut quelquefois n'être pas
vraisemblable! »

En ce moment, mon valet-de-chambre
pose sur ma table un carafon de vin de
Bordeaux ; car ce même jour, j'avois obtenu
la permission de me faire apporter à dîner
de chez moi ; M. *Veyrat* ne se doutoit guères
qu'il m'avoit donné par là un moyen de
correspondre. Une petite bouteille fermée
hermétiquement, étoit dans mon potage ;
un bouchon renfermoit un joli billet doux ;
mon petit chien receloit dans son collier un
avis de la première importance : l'argus
Vautour étoit encore présent, il ne se doutoit pas pourquoi j'hésitois à user de la
moindre chose en sa présence ; j'aurois pu
commettre une imprudence impardonnable,
surtout si j'avois découpé une perdrix devant témoin ; son intérieur contenoit trois

---

un argument bien irrésistible...... Dans un moment difficile,
elle eut l'extrème délicatesse de me garder le secret. Aussi je
m'engage à respecter le sien dans toute sa latitude.

lettres, dont l'une m'étoit bien chère et bien précieuse (*a*).

Restée seule, j'ouvre ma correspondance ; j'apprends à l'instant même des choses étonnantes, et qui me rassurent ; je bénis l'ingénieuse Amitié, je dîne paisiblement pour la première fois ; la grande réussite par le nombre 7 (*b*) et la *libanomancie* (*c*) terminent cette journée ; elles m'annoncent société dans les vingt-quatre heures, j'en accepte l'augure ; et une bûche, qui roule de mon feu (*d*) à l'instant, fortifie toutes mes espérances.

(*a*) Elle étoit de *J... ....e* Je la conserve avec un religieux respect.

(*b*) Sorte de divination par septenaires, qui se rapporte la science des nombres.

(*c*) Parfum avec de l'encens mâle.

(*d*) Annonce une visite.

SEPTIÈME JOURNÉE.

—

Bonne nouvelle; dès le matin, j'obtiens la permission de recevoir des visites; je remercie *Jezael* (*a*), et lui prépare un parfum composé de *laurier* (70), de *thym* et de feuilles de sauge.

Mes amis se présentent, tous sont admis. Depuis six jours, les communications m'étoient interdites. L'avouerai-je ? des larmes involontaires s'échappent de mes yeux ; je veux parler, la joie et la reconnoissance me suffoquoient, mais mon silence annonce les sentimens dont je suis affectée ; on m'encourage, on me parle de l'intérêt général qu'on me porte ; enfin, on m'en dit assez pour calmer toutes mes inquiétudes.

Déjà mes quatre chaises sont occupées ;

(*a*) *Génie* louable par-dessus tout.

car la cinquième est réservée pour m'exhaus-
ser sur la table qui me sert d'observatoire:
chacun s'empresse de grimper sur cette fragile estrade, pour examiner mes points de
perpective; nous apercevons plusieurs figures,
dont l'une auroit servi de modèle au célèbre
Gérard (a); en bonne physionomiste, je
lus dans les yeux d'une autre (71) que je ne
tarderois pas à remonter sur le trépied divinatoire. Toutes mes craintes s'évanouissent,
et je me dis : Tu quitteras bientôt ces lieux,
pour faire place à d'autres.

Tous mes convives s'assèyent autour de
ma table, et partagent mon modeste dîner :
l'un, a devant lui un trois quarts d'assiette ;
l'autre est armé d'un couteau dont la lame,
au premier effort, quitte le manche ; un troisième boit dans un tesson de soucoupe. Libre,
on se fait servir selon sa volonté ; mais en
prison, il faut se conformer à celle des autres,
et changer l'usage naturel de tous les meubles, comme de faire, par exemple, d'une
bouteille un chandelier, un gobelet d'une

(a) Peintre aussi renommé que modeste. Il excelle dans
son art; et ses tableaux sont autant de chefs-d'œuvre.

corne de chapeau, d'une pierre un messager
aérien (*a*). Voilà précisément mon histoire
du 17 décembre 1809, et de cent mille autres
qui, comme moi, ont partagé les honneurs
de la réclusion.

Au surplus, la soirée fut assez amusante ;
quelques bons mots, exempts de médisance ;
et surtout de calomnie, animèrent la conversation. De temps en temps nous frappions,
et le cher *Vautour*, fidèle à sa consigne, ne
répondoit que par monosyllabes. Ce bon
homme étoit de mauvaise humeur, et finit
par se fâcher sérieusement, lorsque nous lui
demandâmes de nous procurer un chat noir
pour en faire un sacrifice à *Jupiter*.

Je n'ai pas envie, nous dit-il, de courir
les *loups-garous* (72) ni la chasse aux
chouettes ; il me paroît, madame la sorcière ;
que vous voulez décidément faire un pacte
avec Lucifer ; mais je vous baise les mains.

Il ferme brusquement la porte, et nous
tous de rire aux larmes en voyant le ridicule

_____

(*a*) Les premiers jours de mon arrestation, j'en envoyai
plusieurs : l'un, entr'autres, tomba aux pieds d'un employé ;
pourtant il en fit le plus noble usage, et mon courrier
parvint.

7.

de ce grossier personnage. L'un de mes convives, homme aimable, ajoute d'un air
sérieux : Nous serons notés en caractères
rouges sur le calendrier de la *Déesse de
Mémoire* (a).

Sept heures sonnent; pas une minute de
grâce. Allons, il faut congédier votre compagnie, dit brusquement le gardien. Aussitôt
on se lève et on se sépare. La moitié d'une
soirée si aimable vient de finir, pour en commencer une autre bien ennuyeuse.

Bientôt je m'aperçois qu'à droite et à
gauche j'avois des voisins. L'un invoquoit
Chavakinh (b), *Piron* (c) et *Collé* (d); l'autre
ne se faisoit entendre que par des gémissemens sourds et non interrompus. Il répétoit
par intervalle :

« Tel est le sort de l'homme, qu'il voit disparoître le bonheur au moment où il croit le
conserver. »

J'entends du bruit au-dessus de ma tête :
je lève les yeux au plafond; on frappe légère-

(*a*) Mnémosyne.
(*b*) Génie consolateur.
(*c*) Auteur de la Métromanie, etc.
(*d*) Auteur de la Partie de Chasse d'Henri IV, etc.

ment , on réitère ; quelques platras se détachent, et je vois descendre , au moyen d'un
cordon, un petit rouleau de papier.

Je les examine : c'est le récit exact et touchant d'une suite d'infortunes bien extraordinaires (*a*). L'héroïne m'est connue ; elle habite
au-dessus de moi ; elle a trouvé un moyen
de correspondre ; j'écris un billet, je l'attache
au ruban, elle le retire. *Vautour* paroît ,
éteint ma chandelle, et me dit : Onze heures
sont sonnées ; couchez-vous à la clarté du
réverbère. Je murmure contre sa consigne,
et finis par me soumettre, ne pouvant mieux
faire.

(*a*) Mes Mémoires historiques les feront connoître.,....

HUITIÈME JOURNÉE.

—

Je m'éveille, heureuse des souvenirs de la veille; la même gaîté m'anime encore. Voici bientôt l'heure des aimables visites; il ne m'en faut qu'une pour terminer mes peines. Je suis du moins heureuse en espérance. La teinte de mes idées est moins sombre que les jours précédens. En prison, il est nécessaire de voir la vérité à travers un voile. Le présent n'est pas assez flatteur pour négliger de s'élancer dans l'avenir. Chaque instant qui s'écoule à la salle Saint-Martin est un siècle de tourmens. Le temps fuit sans apporter la moindre lueur d'espérance. Mais, profitons de cette disposition favorable de mon esprit pour le nourrir d'aimables illusions: prenons un roman bien gai, qui ne fasse pas évanouir mes douces chimères. Loin de moi ces livres dont la conception extra-

vagante nous effraie, nous égare et nous
jette dans les pensées les plus tristes. M. *Pi-*
gault-le-Brun est un homme précieux ; son
esprit riant, ses idées neuves, son style
piquant, original, sa manière de raconter,
tout cela distrait et inspire un enthousiasme,
un intérêt qui finit par charmer. Bon : justement, voici *Jeanneton, de la place Mau-*
bert; j'attendrai plus patiemment les personnes
qui veulent venir me voir, quand je ne tire-
rois de ma lecture d'autre fruit que les moyens
de m'étourdir sur mes peines ; c'est déjà
beaucoup. La morale est une chose si commune, si rebattue ; elle est utile, elle est
même indispensable. J'en conviens ; mais, à
la *préfecture de police*, il faut de la gaîté.
Parcourons ce livre. Ah ! il est dédié à
Mlle *de V.....* (73). Cette artiste distinguée me
rappelle, par ses actions, les mœurs douces
du bon vieux temps. Je vois ce modèle de
l'amour filial, entouré de toute sa respectable
famille, qui nous représente celle des anciens *patriarches*, par leurs goûts simples et
leur union fortunée. Son bonheur unique est
de leur procurer les soins les plus tendres et
les plus délicats. Si cette aimable femme jette

les yeux sur ces feuilles, elle y verra l'expression bien sincère de mon souvenir, et des sentimens qu'elle m'a inspirés.

On vient d'allumer mon feu. Les étincelles qui en jaillissent se dirigent vers moi. Le bois pétille; la flamme est plus brillante que de coutume; la fumée se lève en forme de trombe, emportant toutes les particules ignées qui s'échappent du foyer; et je découvre, dans l'épaisseur de ce nuage, des globes lumineux : j'en tire un favorable augure (a). L'arrivée de quelques personnes confirme mes espérances.

Un artiste distingué accompagne mes amis à dessein. Il faut, me dit-il, que le pinceau d'*Apelles* éternise le souvenir de votre séjour dans ces lieux, et le transmette à la postérité.

La première séance s'ouvre; tout est réuni dans ce premier croquis. Malgré son imperfection, il annonce le talent d'un grand maître. On le considère, on jette un cri de surprise au premier aspect : on reconnoîtra......

Et, avec un coup-d'œil expressif, M. *A.*

_____

(a) Divination de la capnomantie par la fumée.

ajoute : Qui ne connoît le mystérieux cabinet de la *Sibylle*, ses ingénieux tableaux, sa
chaise curule ! On diroit que la moderne
Pythonisse est inspirée ; il est vraiment fâcheux que je ne la représente pas au milieu
d'un cercle choisi, ou en tête à tête avec
quelques initiés ; mais elle est d'une telle
discrétion, qu'elle craindroit que cela ne
prêtât quelque allusion.

Je vais donc, pour les accessoires, vous
représenter au moment où l'un de MM. les
commissaires vous exhibe galamment le
billet doux qui vous fut envoyé, d'après les
ordres formels de *Napoléon*.

On continue de s'égayer aux dépens de
quelques personnes. Pour cette fois, la critique alimente la conversation : nous passons
en revue tels et tels ; je me trouve même
forcée, pour notre sûreté commune, de recourir aux signes de l'ingénieux alphabet de
l'abbé *de l'Epée* (a). Il est d'une grande ressource à la préfecture de police ; mais il faut
s'en servir prudemment : car je ne suis pas
la seule qui sache l'interpréter.

(a) Célèbre créateur de l'institution des sourds et muets.

Quand l'heure fatale sonne, l'usage de ce moyen consolateur est remis au lendemain ; mon *gardien* entre ; à un simple signe tout le monde disparoît.

Je me trouve de nouveau livrée à l'isolement de mes réflexions..... Mes idées sont bien nébuleuses ; je les éloigne, et me dis : L'espoir du bonheur, pour des êtres accoutumés depuis long-temps à la douleur, est presque une félicité réelle. Ainsi je raisonnois avec moi-même : j'entends parler à ma droite ; je suis aux écoutes ; le murmure de la prière vint frapper mon oreille. Ce bon prêtre, dont la chambre étoit contiguë à la mienne, élevoit par intervalle une voix triste et lugubre ; seulement il commentoit très-haut les livres des *Prophètes.* Il en citoit plusieurs passages, surtout d'*Isaïe* (74), et faisoit des applications.

On soupire douloureusement dans l'appartement à ma gauche ; c'est une femme : je la reconnois à la voix ; elle s'exprime en ces termes :

« O vous qui, après la perte d'un objet » chéri, n'avez pas cru quelquefois que » les morts pussent sortir du tombeau, et

» que le ciel, sensible à vos larmes, pût
» intervertir l'ordre de la nature, ne vous
» imaginez pas avoir aimé ; et vous, qui
» rapportez à la philosophie, ou à une pieuse
» soumission, l'oubli de vos chagrins, prenez
» garde de n'être qu'inconstans et légers
» dans vos amours. » Je frappai au mur de
cloison, et je lui dis :

Que celui-là bénisse le ciel, qui n'a d'autres
malheurs à supporter en ce monde qu'une
réduction dans sa fortune; mais ce sont les
plaies du cœur qui sont difficiles à cicatriser;
elles se refusent au pansement : il est un
genre d'infortune qui n'admet point de consolations, ou qui n'en veut que de tardives (*a*).

Cette infortunée vit que j'abondois dans
son sens. « J'ai perdu, me dit-elle, le seul
être qui m'attachoit à la vie ; ma douleur
n'a pu rester muette : j'ai défié les bourreaux
de mon époux, *qui n'a plus qu'un moment
à vivre, n'a plus rien à dissimuler.* »

Je vis que sa pauvre tête étoit exaltée, et
je cherchai à la ramener à des sentimens

_____

(*a*) Hélas! il en est toujours un condamné par la nature
à pleurer la mort de l'autre.

plus calmes. Je lui parlai de l'immuable
Providence ; de la nécessité de se soumettre
à ses divins décrets : mais cette femme étoit
absorbée dans sa douleur, et je n'en pus
tirer aucune parole (a).

Quand les chagrins nous accablent au
point de nous réduire au désespoir, la solitude est l'asile qui nous convient : les réduits
solitaires, l'obscurité profonde des bois, le
silence de la nuit, voilà ce qui favorise le
mieux nos idées contemplatives, et fait
goûter aux amans de la nature un charme
que la réflexion seule fait naître, et qu'on
ne rencontre jamais dans les bruyantes promenades.

Avant de me livrer tout-à-fait au repos,
je reprends ma correspondance.

Depuis l'ingénieuse découverte du petit
judas, l'aimable détenue m'avoit envoyé
trois billets doux : elle m'annonce qu'elle est
interrogée, me confie toutes ses craintes, et

(a) Ces détails paroîtront peut-être minutieux ; mais ils
trouveront grâce auprès des âmes sensibles qui ont à regretter
la perte d'un objet chéri qui occupera toujours leur
souvenir.

me prie instamment de consulter sur son
sort mon grand et véridique *grimoire*.

Je prends mon vieux in-folio, où se
trouve, entr'autres choses, l'histoire de la
haute magie (*a*), et la méthode que les plus
fameux *sorciers du temps passé* employoient
pour conjurer le *diable;* mais moi qui n'ai
nul commerce avec *Python*, esprit de mensonge, je trace un cercle, et je me tourne
vers le septentrion : Borée souffle avec
force; *Egyh* précède *Oromasine*, *génie
super-celeste* (*b*), et il me dit en *chaldéen*,
que ma pauvre voisine seroit exilée pendant
trente-neuf *lunes.* Je cherchai à lui cacher
un peu ma pensée; mais je lui fis entendre
que, dans son malheur, elle seroit protégée

(*a*) On prétend que la magie est absurde et incroyab'e,
comme étant contraire aux lois générales de la nature; mais
souvenons-nous que tout effet dont nous ne connoissons pas
la cause est une espèce de magie. Si j'allumois quelques
grains de poudre à canon devant des sauvages, ne me pren-
droient-ils pas pour une compagne de l'esprit infernal?
Ainsi, quand nous parvenons au sublime système de la
cabale ou à la connoissance des principes de la nature, la
masse des hommes est pour nous au même niveau des
sauvages.

(*b*) Le plus beau des génies.

d'une manière toute particulière par son bon
génie Mitsrael (*a*), et je fis ma prière accoutumée.

(*a*) Qui soulage les opprimés.

NEUVIÈME JOURNÉE.

—

Cinq heures sonnent; ce jour doit-il être semblable à celui de la veille? Je n'en sais rien; la société n'a pu me distraire qu'un moment; je me suis même endormie en me berçant d'agréables chimères, mais dans les ténèbres de la solitude. Absorbée dans mes chagrins et mes réflexions, mon imagination me peignit rendue à la société; qu'à l'exemple d'*Hercule* (*a*), j'avois repris mes nobles travaux, et que par l'ascendant que j'avois sur l'esprit de plusieurs, j'avois obtenu

(*a*) *Hercule*, fils de Jupiter et d'Alcmène. Aussi renommé par ses brillans exploits que par son amour pour *Omphale*, il filoit, dit-on, auprès d'elle, et s'habilloit en femme pour lui plaire. On le représente ordinairement sous la figure d'un homme vigoureux, couvert d'une peau de lion, et armé d'une grosse massue.

la mise en liberté de mes trois voisins d'infortunes, ainsi que la mienne.

Mais quand je revins à moi, et que je vis que ces rêves n'étoient que les effets d'une imagination troublée, je tombai, dans un transport délirant, sur mon lit, et passai le reste de la nuit dans les angoisses et privée de tout sommeil. De nouveaux arrivans ont prolongé mon état de veille; je les plaignois en me plaignant moi-même; sentiment si naturel quand on éprouve le même sort....

Les ténèbres augmentoient encore ma tristesse; les restes pâles de la *lune* et comme bouleversés, le sifflement du vent, portoient dans mon âme un trouble impossible à décrire; jamais, jamais sur les pierres des tombeaux, on ne sentit un froid plus glacial. Cette nuit est la plus douloureuse que j'aie encore passée; le jour, du moins, on se distrait par mille petits riens que l'on se crée ; on se repait de l'idée consolante d'être bientôt rendu à soi-même et à ses amis: mais la nuit, quand le sommeil nous échappe, il n'y a point d'illusion à se faire ; le malheur se grossit à notre pensée, et l'imagination l'augmente encore.

A huit heures, comme à l'ordinaire, ma porte s'ouvre; le vieux *Vautour* paroît; sa physionomie est toute contractée; il est silencieux comme un muet de naissance. J'essaie en vain de le faire jaser, je ne puis en tirer un seul mot. Est-ce que mes affaires prendroient une mauvaise tournure? En vérité je fus tentée un moment de le croire, et sans la visite de mon interrogateur, j'allois sérieusement me désespérer : Est-ce aujourd'hui, lui dis-je, la nouvelle décisive? Il me répond : C'est à l'interprète du *Destin* à être juge dans sa propre cause; elle peut voir combien de temps encore sa patience doit être ici retenue : elle ne peut s'y tromper....

O vous, qui avez senti les peines cruelles de la captivité, comme un mot consolant vous arrache à vous-mêmes, et fai éclore sur vos lèvres le sourire de l'espérance (*a*)!

Revoyons le catalogue de ma petite bibliothèque : 1°. Lettres du marquis *Dar-*

(*a*) Qu'il faut peu de choses aux infortunés pour alléger leurs peines! Ils se croient heureux de ne pas rencontrer la barbarie sur tous les visages.

gens (*a*); 2°. *Pic de la Mirandole* (*b*); 3°. *Pernelti* (*c*) ; 4°. le Monde enchanté de *Beker* (*d*) ; 5o. M. *Ouffle* (*e*). Tout à coup je m'arrête devant l'explication des Centuries de Michel *Nostradamus* (75). Pendant que je les médite, mes visites habituelles commencent. Nouvelle sur nouvelle, conjecture sur conjecture ; mais ce que je puis vous affirmer, me dit une *dame*, c'est que la foule chez vous augmente journellement : non, jamais personne dans votre art n'a obtenu une si brillante réputation.

Mon peintre reprend . . . , il nuance ses couleurs. — Votre . . . dit-il, me rappelle ce que je fis . . . *ure* (76) dans le temps de la terre . . . ai connu le célèbre *Robert* (*f*) . . . . grand artiste

---

(*a*) Lettres cabalistiques.

(*b*) Savant distingué, mort à la fleur de l'âge. Ses écrits sont recherchés.

(*c*) Don *Pernetti*, savant bénédictin. Il a beaucoup écrit sur les hautes sciences. L'existence réelle de la haute *cabale* ne lui paroissoit même pas problématique.....

(*d*) Ouvrage curieux et amusant.

(*e*) Ou l'homme extravagant.

(*f*) Peintre aussi célèbre par ses rares talens que par ses infortunes.

s'amusoit à peindre sur des assiettes les scènes les plus piquantes de la *prison*; son tableau de la *Laitière*, qui distribue le matin du lait aux différens détenus, est d'un caractère inimitable; *Robert* n'a pas dédaigné de me donner quelques leçons, et si vous me trouvez des talens, c'est à lui que je les dois,

Mon moderne *Apelles*, en continuant son ouvrage, contribuoit aux frais de la conversation; il plaisantoit finement une *dame* sur son veugle confiance dans mon art. On ·· ange point la destinée; à quoi sert-il de les événemens? Comme rien ne ... er leur cours, pourquoi interro à l'épreu ? Ah! lui dis-je, vous n'avez ... un système consolateur, le mien ép... de des roses sur la vie, et le vôtre n'y sème que des épines. L'homme malheureux qui croiroit à la fatalité, ne feroit rien pour la combattre, si d'une main adroite je ne lui présentois la coupe de l'espérance.

Nos arts ont entr'eux la plus grande analogie; le vôtre, il est vrai, retrace un objet adoré, et lui fait supporter les peines de l'absence; le mien console, encourage; et quand il a prononcé sur l'existence de l'objet qui inté-

8

ressse, on attend la nouvelle : elle arrive, et on se trouve heureux.

La *dame* qui accompagnoit le peintre se met à le gronder sérieusement. Pouvez-vous douter de la certitude de cette science ? Vous-même avez partagé mes craintes, vous les croyiez alors fondées ; de faux bruits circuloient. Ils offroient le caractère de la vraisemblance ; Mlle *Le Normand* seule me rassura sur l'existence de mon époux. Je me tranquillisai, et trois mois après il étoit de retour.

Mon gardien arrive et trouble cet aimable entretien. Il jette un coup-d'œil de travers ; et en voyant mon portrait, il s'écrie : Je serois presque tenté de faire faire mon image.

J'entends mes voisins de droite et de gauche ; l'un fait une dissertation sur les cinq propositions de *Jansénius* (77), et soutient que les molinistes (78) ne sont nullement influencés par la grâce.

L'autre donne à tous les *diables* l'auteur de sa détention ; et dans sa colère, il répète d'un ton énergique :

Les larmes et la douleur n'ont donc nul pouvoir sur cette âme insensible ; il semble

que cet homme barbare (*a*) n'a jamais fait
d'autre métier que celui de geôlier...... Mais,
ajoute-t-il, la fin déplorable du méchant et
la punition qui devient son partage, prouvent
évidemment que le ciel, juste dans ses décrets,
venge tôt ou tard l'innocence opprimée.

Je cherche à démêler quel étoit le personnage en butte à de pareilles calomnies; ce détenu répète constamment la même chose, sans
y ajouter d'autres réflexions que de maudire,
en général, tous les calomniateurs (*c*) et vils
délateurs (*b*), et je vis qu'il avoit remplacé
cette femme malheureuse à laquelle j'avois
vainement cherché à donner des consolations. Je frappe au plafond, point de réponse.

_____

(*a*) Lorsque la vengeance règne dans l'âme des hommes,
la voix du sang même ne peut être entendue.

(*b*) Anciennement en *Pologne* un calomniateur étoit condamné à se mettre à quatre pattes et à aboyer pendant un
quart d'heure comme un chien. *Charles V* introduisit ce
genre de pénitence dans sa cour; et il y avoit des jours où
l'on n'entendoit qu'aboiement.

(*c*) Espèce de scélérats, dit *Apollonius* de Tyane, qui,
par leurs calomnies, dépeuplent les villes, remplissent d'exilés
les déserts, sèment les soupçons dans l'armée, la terreur
dans le sénat, et la désolation sur la terre.

8.

Auroit-on fait la découverte de notre unique moyen de correspondre ? Mais ce qui me paroît plus probable, c'est un ordre de voyage signifié à mon infortunée compagne.

DIXIÈME JOURNÉE,

—

Mon sommeil a été meilleur que la nuit
précédente, les visites nocturnes un peu plus
rares. Au calme qui régnoit dans l'intérieur,
je n'aurois pas cru habiter l'hôtel de la
Préfecture de Police. Mon surveillant arrive
à son heure accoutumée, le balai de bouleau
à la main. Il ressemble parfaitement aux
anciens correcteurs de collége; aujourd'hui,
son humeur est moins maussade qu'à l'ordinaire; il brûle d'entamer avec moi la conversation. Mademoiselle, votre peintre doit-il
venir aujourd'hui? Oui, je l'attends, lui
dis-je.

Il faut convenir que vous êtes ressem-
blante; pensez-vous qu'il pourroit de même
saisir les traits de ma personne? Je n'en doute
pas, et même votre portrait produiroit un
grand effet. Un pareil chef-d'œuvre vous

immortaliseroit tous deux.—Et ce bon homme
ouvre ses petits yeux ; il rit aux éclats (79),
me regarde fixément et me dit : —Et le vôtre,
le verra-t-on au Louvre (80) ? — C'est très-
possible.—Oh ! j'y trouve bien un petit inconvénient ; c'est, qu'entre nous soit dit, vous
êtes magicienne, et l'on ne place à l'expo-
sition que des tableaux des personnes qui ne
le sont pas.

Croiriez-vous que, le premier jour que
vous étiez ici, je craignois de vous parler ?
Je redoutois vos enchantemens ; car les sorciers (81) sont les fléaux des campagnes ; ils
dévastent tout ; ils ont à leurs ordres la pluie
et le beau temps (a).

J'ai vu de mes deux yeux l'esprit follet (82),
et bien d'autres choses dont je n'ai pas le
temps de vous entretenir ; et s'approchant
de moi avec un certain air de mystère :

(a) Il est certaines préparations, il est des simples dont
les propriétés produisent des effets surprenans ; de là les
contes de sorciers qu'on débite, et qui sont accrédités dans
les campagnes. Les bergers ont là-dessus une haute réputation : au moyen d'un simple qu'ils connoissent, ils vous
font danser jusqu'à ce que la grande lassitude vous en
empêche.

« Mon *filleul, le sergent Eustache-Lazare-Pacôme - Benjamin Vautour*, surnommé Lavisé, m'a fait ses pénibles adieux le 17 juin 1809 (*a*).

Il m'est apparu dans son grand uniforme, et portant les marques de son grade.

« Cousin, m'a-t-il dit, je quitte ce monde, et c'est bien malgré moi..... C'est en Espagne, où j'ai vu s'évanouir pour jamais les douces illusions que me promettoit *Bellone*.... Depuis long-temps j'ai appris à mourir....; mais il me reste un fils.... Ah! promets-moi, parrain, d'être son guide et son mentor..... » A ces derniers mots il me touche d'une main glaciale..... Je fais un cri....; tout disparoît..... Enfin, les cheveux m'en dressent encore .... (notez qu'il est chauve). Au revoir..... Et il m'abandonne au libre cours de toutes mes réflexions.

Il y a certaines gens assez stupides pour croire que les hautes sciences ont un rapport immédiat avec les esprits infernaux : de là les contes absurdes des maléfices (83),

---

(*a*) Les 10 et 17 juin étoient regardés comme nombre malheureux dans l'antiquité.

charmes (84), lamies (85), mandragores (86),
etc. Il peut, dans le monde, exister quelques
gens qui, pour séduire la multitude, l'en-
tretiennent de semblables chimères ; des
hommes comme ceux-là sont voués, par les
gens sages, au mépris que leur jonglerie
inspire.

Heureusement nous ne sommes plus dans
ces temps d'ignorance où l'art de la divination passoit pour un crime, où, sous ce dangereux prétexte, l'aveuglement sacrifioit des
milliers d'infortunés (87); mais, dans notre
siècle éclairé, on apprécie les talens dans
tous les genres, et on tourne en ridicule le
charlatanisme qui ose en prendre les dehors.

Ainsi je raisonnois, en disant : Les Hébreux
avoient leurs prophètes ; l'ombre de *Samuel*
fut évoquée par une *Pythonisse* (88), à la
prière de Saül; les Egyptiens avoient leurs
mages (89); les Grecs, leurs grandes *prêtresses
de Delphes* (90); leurs antres de *Trophonius* (91), de *Tirésias* (92), et tant d'autres;
les Romains, leurs sibylles, leur feu sacré (93).
Les Indes sont remplies de *devins* (94); les
Russes craignent et révèrent le *démon méridien* (95) ; en Allemagne et en Bohême

une femme blanche se fait voir quand un prince est prêt à mourir ; cela est commun à la maison de Braudebourg , où un esprit apparoît en forme de grande statue de marbre blanc, qui court par tous les appartemens du palais, à toutes les heures de nuit, etc.

Cardan (96) assure que, dans la ville de Parme, il y a une noble famille dans laquelle, lorsqu'un de ses membres est menacé d'un péril, on voit toujours dans la salle de la maison une vieille femme inconnue, assise sous la cheminée.

Je ne révoque en doute ni n'affirme ces étonnantes apparitions ; je n'en ai pas été le témoin oculaire, mais ce que je puis dire , sans crainte d'être démentie, c'est qu'il n'est pas une petite partie de ce globe qui ne soit malheureusement soumise à l'empire de quelques préjugés.

Ici c'est un lutin (97) qui paroît toutes les nuits ; là se voit distinctement un fameux guerrier, armé de toutes pièces ; plus loin se trouve une vieille tour abandonnée, qui sert aux rendez-vous des esprits familiers..... (98) Dans tels et tels pays , l'on entend toutes les nuits des hennissemens de chevaux (99), le

cliquetis des gens d'armes qui se combattent :
les villages, les moindres hameaux ont leur
berger savant (100). Hélas ! l'erreur est de
tous les temps, de tous les âges. Si malheureusement, depuis quelques lustres, la superstition a pu et dû faire des progrès
rapides, n'en accusons que nos malheurs,
nos dissensions civiles (a). Nos bons aïeux
parloient autrefois du grand *veneur* (101), de
la fée Merlusine (102), mais c'étoit pour
charmer leurs longues veillées d'hiver. Aujourd'hui l'on raconte généralement que
dans telle ou telle province on remarque
journellement que tous ceux qui ont contribué au pillage et à l'horrible profanation
des églises et des tombeaux ; ceux, enfin,
qui, à force de crimes, ont voulu se rendre
immortels, presque tous ont eu une fin déplorable et souvent tragique. Osez soutenir

---

(a) On ne risque rien sans doute de rappeler à un homme
qui se porte bien les maladies qu'il a essuyées ; ce n'est pas
le déshonorer que de lui représenter les détails de la fièvre
dont il est guéri. Il n'y a point eu d'Etat, d'Empire au
monde qui n'ait eu de ces fièvres politiques ; mais quand elles
sont passées, le récit des symptômes et des crises qui les ont
accompagnés, devient la partie la plus intéressante et la
plus instructive de l'histoire.

le contraire, on vous en donne la preuve à l'instant.

Oui, notre révolution a offert et offre encore des choses étonnantes, presque inconcevables. Le matérialiste s'efforce en vain de les attribuer au hasard, qui, à l'entendre, dirige tout ce bas monde; le philosophe éclairé et de bonne foi ne peut qu'y voir distinctement la main du créateur de toutes choses.

Mais il est des hommes qui ne sont point faits pour s'élever à ces hautes contemplations; leur intelligence est trop foible pour comprendre les mystères qui les environnent, et se bornant aux objets purement physiques, dans l'excès de leur orgueil, ils se font une règle, non pas seulement de douter de ce qu'ils ne connoissent pas, mais de nier ce qu'ils ne peuvent concevoir. Aveugles qu'ils sont ! ils ne voient pas que tout ce qui frappe leurs sens n'est que l'emblème des réalités sublimes et impérissables dont leur être moral est une émanation sensible.....; qu'ainsi, par exemple, la lumière qui éclaire les mondes, n'est que l'image de la lumière éternelle qui les a créés.

Mon peintre se présente de nouveau :
« Encore une séance, me dit-il, et votre
portrait sera terminé. Il faut avouer, *made-*
moiselle , que vous êtes universellement
répandue ; car, au premier coup-d'œil, on
dit : C'est la moderne *sybille.* »

Et il continue son ouvrage. Et moi j'adresse
la parole à l'aimable amie qui l'accompagne
toujours. « Savez-vous, me dit-elle, que je
vous ai fait un prosélyte, et que vous pouvez
compter monsieur parmi vos partisans? Un
peu d'amour-propre l'empêche d'en convenir, mais son silence le décèle.

« Plusieurs de mes amis, me dit-il, enfin,
ont su me convaincre, et je vous rends les
armes. »

Alors une femme intéressante m'instruit
des démarches qu'elle avoit faites pour moi ;
elle me donne des détails très-rassurans.
Tout à coup un bruit se fait entendre dans
la cour ; j'invite cette dame à monter à mon
observatoire. Beaucoup de voitures et plusieurs ordonnances arrivoient avec fracas :
je me figurai aussitôt que l'on venoit me
chercher, et pourtant je savois, d'après mes
calculs, que je ne sortirois que le 23 dé-

tembre ; et, sans m'occuper du peintre ni de
sa palette, je renverse la table et les pin-
ceaux, au risque de tomber moi-même avec
ma compagne. Me voilà aux aguets, prêtant
une oreille attentive pour apprendre la première les nouvelles que l'on apportoit.

Le silence le plus profond met en défaut
ma curiosité ; je vois descendre, de trois
fiacres, quatre hommes et deux femmes :
fortement soupçonnés de beaucoup de lar-
cins ; on les mène aux bureaux de MM. *H...*
et *L......*

J'ai beau examiner avec soin ceux qui
montoient et descendoient le grand escalier,
je ne reconnois que deux personnes. Chaque
employé, qui court de bureau en bureau,
fixe mon attention ; chaque papier que je
leur voyois entre les mains me sembloit être
le précurseur de ma liberté.

Quatre heures vont sonner ; il ne tient
qu'à moi de dissiper mes inquiétudes, tant il
est naturel à l'homme (même le plus éclairé)
de chercher, s'il lui est possible, à soulever
le voile qui lui dérobe la connoissance de
l'avenir ! Je suis sous l'influence d'un esprit
pénétrant.... Aussi, dis-je à mes aimables

amis , mon premier pressentiment peut me tromper parfois , mais jamais pour les choses de haute et grave importance.

Le peintre avoue qu'il croyoit lui-même qu'il étoit certaine voix intérieure dont les sons alloient jusqu'à l'âme, et ne pouvoient se définir.... Pourtant, nous dit-il, j'ai peine à me persuader qu'il existe en moi un être supérieur.

Je cherchai à combattre adroitement ce dangereux sophisme ; je fus merveilleusement secondée par mes amis : nous finîmes par le couvaincre que du moment qu'il admettoit en principe l'existence de *Dieu* (a), alors il devoit être convaincu de la dignité de son être ; d'ailleurs l'homme , ne pouvant être qu'un souffle du Créateur universel , doit

---

(a) O homme! pourquoi tous ces efforts de ton esprit? pourquoi ces luttes pénibles de ta raison, pour parvenir jusqu'à la connoissance de cet être suprême au-dessus de toutes nos perceptions ? Ton intelligence ne le comprendra jamais; ton imagination n'atteindra jamais ces attributs sublimes qui composent son essence. Embellis , exagère , devine même, tu resteras toujours au-dessous de l'infini. L'éloquence humaine se confond et s'abîme dans ses perfections. Lui seul peut se connoître lui-même. Mortel, que ta raison garde le silence, et que ton cœur adore.

avoir nécessairement en lui une parcelle de
la sublimité et de son essence *divine*.

Ainsi je raisonnois avec un esprit fort qui
me harceloit toujours par de nouveaux argu-
mens; je le renvoyai à la fin aux décisions
des pères de l'Eglise et à celles de nos plus
illustres prélats (*a*).

Oui, l'homme est plus instruit, plus éclairé
que nous; mais aussi plus souvent suit-il
une route ténébreuse qui le conduit à des
dissertations purement métaphysiques....

Notre sexe n'y entend rien, ni ne veut en
connoître, mais au moins, monsieur, lui
dis-je, laissez-nous l'idée vraiment consolante que le souverain maître de ce vaste
univers recueille dans sa sagesse, nos pensées
les plus intimes et les plus secrètes, que son
immuable justice nous décernera un jour la
punition ou la récompense, suivant nos
bonnes ou mauvaises œuvres....

Je ne puis supporter l'idée d'un néant
absolu; si malheureusement elle pouvoit s'accréditer, la surface du globe ne seroit que le
grand théâtre de tous les genres de crimes.

(*a*) Saint Ambroise, saint Augustin, saint Jean Chrysos-
tôme, Bossuet, Fléchier, Massillon, le doux et tolérant
Fénélon.

Pour finir cette conversation qui commençoit à devenir pénible, je procédai sur-le-champ à l'opération du plomb fondu (103); je voulois, par cette distraction, amener mon peintre à la vérité, et le forcer de convenir intérieurement de l'insuffisance de ses raisons pour résoudre des questions d'une aussi grande importance.

Je divise mon plomb en trois parts égales; je le fonds séparément; la masse du soir m'offre le retard et la manque; le petit rouleau du lendemain est insignifiant : mais ce qui renferme les grandes destinées du vendredi, me les présage superbes. Tous mes amis desiroient une semblable réussite; mon peintre lui-même en avoit grande envie; je refuse de me rendre à leurs desirs. J'avois fait le serment de me taire, tant que je serois locataire de ma peite chambre, et j'étois esclave de ma parole. Je vous donnerois volontiers le résultat de ce procédé extraordinaire; je n'attache, leur dis-je, à certains calculs d'importance réelle, que parce qu'ils sont appuyés sur les notions les plus certaines de l'astronomie, de la science des nombres et sur les mathématiques transcendantes. . . . . .

Mais je vous avoue de bonne foi, que si tous les secrets de l'avenir étoient universellement révélés, surtout aux esprits foibles, ce seroit le plus grand malheur qui pût peut-être affliger l'humanité.

Ma porte s'ouvre à l'instant, mon monde se retire, et je me réfugie à la croisée jusqu'à onze heures du soir. Cependant je savois parfaitement que je ne sortirois pas; néanmoins je cherche à me tromper moi-même.

Je remarque que la cour est mieux éclairée que de coutume; les voitures y circulent et s'y rangent sur deux files; je vois les appartemens du grand-maître illuminés avec soin (a); de nombreux convives y formoient un grand cercle; leur conversation me parut animée; je vis là des hommes qui cherchoient à se deviner mutuellement. Chacun s'observe dans ce lieu, et craint le regard trop pénétrant de son voisin. Cette réunion composée de gens d'esprit et de mérite, de femmes belles et spirituelles, me parut porter le caractère de la contrainte;

-(a) Les mercredis de chaque semaine étoient les jours de grande réunion chez M. le préfet.

9

mais je me reportai à l'événement du jour ; personne n'osoit encore émettre son opinion ni pour ni contre ; mais en général je remarque que toutes les physionomies sont empreintes de tristesse ; chacun avoit l'air de se dire, en montrant ma fenêtre, elle a prédit qu"il ne seroit heureux qu'en suivant toujours pour guide la direction de sa bonne étoile.... Et le préfet eut l'air de sourire ; tous les convives penchèrent la tête d'un air négatif. Moi, je les salue, et leur criai, au moyen de mon porte-voix : j'insiste toujours pour l'affirmatif ; et le bon *ecclésiastique* finissoit de réciter les psaumes de *David* ; il ajoute le *Veni Creator* pour implorer les lumières de l'Esprit saint. Je m'unis de cœur aux prières de ce vénérable défenseur de la foi, persécuté pour elle.

ONZIÈME JOURNÉE.

—

JE m'éveille de grand matin, et je passe
une partie de ma journée en observations ;
car, pour ne pas s'ennuyer, il faut bien varier
ses occupations. Si, dans ma solitude, j'avois
peu à choisir, le point essentiel étoit de me
défendre de la tristesse qui venoit sans cesse
m'assiéger ; je me sens pourtant plus à l'aise.
— Apprendrai - je quelques bonnes nouvelles ? Cela seroit possible. Pour m'en convaincre, consultons un oracle que j'interroge
rarement, il satisfera bien mieux ma curiosité que les autres ; plaçons obliquement ces
hiéroglyphes (*a*), remettons-les ensuite per-

(*a*) Figures symboliques qui tenoient lieu d'écriture avant
l'invention des lettres alphabétiques. Dans la suite, l'intelligence de ces figures étant devenue très difficile, elles ne
furent plus employées que par les prêtres égyptiens pour
cacher les secrets de leur religion.

9.

pendiculairement, arrangeons des carrés,
combinons leur nombre, établissons un principe dont nous puissions tirer des conséquences. Les résultats mathématiques produisent 27. Ciel! si cette émission annonçoit
des jours? non, cela n'est pas vraisemblable:
et ces nombres ne peüvent indiquer que des
heures ; elles vont s'écouler bien lentement.
Enfin, il faut les attendre paisiblement, surtout quand on est porté sur les ailes de l'espérance.

J'examine de nouveau ce qui se passe
autour de moi ; j'aperçois de petits oiseaux
se réunir sur un tuyau de poêle que j'avois
en perspective, s'abattre sur la terre pour
emporter les mies de pain que je me plaisois
à leur jeter.

Que ces moineaux sont heureux ! m'écriai-
je; ils jouissent de leur liberté, et moi je suis
privée de la mienne ; la solitude ajoute encore au poids de l'esclavage. Avec des compagnons d'infortune, du moins on se distrait
mutuellement ; mais quand on a le malheur
d'être à la salle *Saint-Martin*, on ressemble,
malgré soi, à un auteur qui, emporté par
l'effervescence de sa verve poétique, paroît

s'entretenir avec l'univers, quoiqu'il ne cause qu'avec lui-même.

Les voitures circulent aujourd'hui avec une plus grande affluence que de coutume ; que signifie ce concours prodigieux ? Je l'interprète en ma faveur, je dérobe ces momens à l'inquiétude habituelle.

Plus loin, j'aperçois quelques mouches, derniers débris de celles que la belle saison fait naître, et j'avois déjà remarqué que chaque jour elles se réunissoient dans un lieu exposé au soleil levant. Les unes y développoient leurs ailes couleur de gaze, d'autres présentoient une nuance plus rembrunie. Quelques-unes, enfin, me sembloient d'un bleu presque d'azur ; ces dernières étoient les plus belles ; je les considérois attentivement ; et, comme je ne suis pas étrangère à cette partie de l'histoire naturelle, j'étois bien aise de faire quelques remarques. Un très-gros *frelon* semble les précéder ; tout cet essaim s'envole au même moment : mes yeux le cherchent en vain, il étoit disparu.

Les unes se dirigent, me disois-je, vers l'Orient, les autres vers l'Occident. Si j'avois dans ce moment entre mes mains mon mer-

veilleux *talisman*, je franchirois bien des
obstacles, les portes même tomberoient
devant moi; malheureusement ces caractères,
uniques dans *l'univers*, sont déposés dans les
bureaux du préfet, comme pièces de conviction. Je me garderai bien d'en indiquer
la merveilleuse propriété; car elle paroîtroit
si incroyable, que les plus grands *cabalistes*
s'en disputeroient la possession, et me ravi-
roient un trésor, qui, outre sa vertu toute
particulière, me met en commerce réglé avec
les principaux sylphes, etc.

Quelques bons amis viennent rompre mon
monologue. On parle de nouveau de l'histoire
du jour. Au milieu d'une foule de versions
diverses, la vérité commence à se montrer;
tout Paris répète, me dit-on, que vous l'aviez
annoncé; je leur réponds par monosyllabes.
Pour ma propre sûreté, je devois garder le
silence. Je parvins à saisir dans leurs discours, l'opinion publique que je connoissois
déjà. Elle est telle à mon égard, qu'elle ne
peut que m'honorer.

Avouez, leur dis-je, que je suis réellement
née sous une heureuse constellation (*a*); car

_____

(*a*) Position des astres au moment de la naissance.

mon génie familier m'inspire, dans ce moment, que demain à pareille heure j'aurai le
double avantage d'être libre et de vous recevoir dans mon cabinet *sibyllin*. Je les y invite, en conséquence, à un banquet. Leur
surprise est extrême; tous à l'envi me félicitent; je vois dans leurs regards qu'ils ne
sont pas certains de mon assurance, et qu'ils
attendent le lendemain avec impatience pour
voir s'accomplir la prédiction de la prêtresse
d'*Apollon*.

Sept heures sonnent; mon valet - de-
chambre ordinaire fait sa ronde, et j'embrasse, dans ce séjour, mes bons amis pour
la dernière fois.

La soirée se passe; je m'unis de cœur à
mon respectable voisin, j'élève mes vœux à
l'Eternel; et moi, foible mortelle qu'un vulgaire peu instruit, peut croire en commerce
habituel avec le *petit homme rouge*, au
moyen d'un pacte qui me donne la supré-
matie sur les habitans du *sabbat* (104), je
m'humilie de nouveau devant la Divinité,
en me rappelant l'heureux temps de mon
enfance. Je cherche dans mon *Imitation de*

Jesus-Christ (*a*), un chapitre au hasard ; justement je tombe sur le passage suivant :

« Vous serez toujours misérables partout
» où vous serez, et de quelque côté que
» vous vous tourniez, si vous n'avez recours
» *à Dieu ;* » et le bon *ecclésiastique* lisoit distinctement le passage suivant :

« Ah! que je plains l'infortuné qui ne voit
» que des maux où l'Eternel a prodigué tant
» de bienfaits ; il ne connoît de l'univers que
» le reptile qui rampe à ses pieds ; le poison
» que lui présente une fleur, ou l'insecte
» incommode qui lui rappelle son néant.
» Jeté sur une terre abandonnée, sans amis,
» sans providence, sans *Dieu*, il marche au
» tombeau entouré de ces images trom-
» peuses, que deviendra-t-il? Où sont les
» consolations qui lui restent? Et quel sera le
» garant de ses vertus et de son immortalité ?»

Je me livre à un doux repos, et mon sommeil n'est point troublé comme à l'ordinaire.

(*a*) Ce livre, le plus beau qui soit parti de la main d'un homme, puisque l'Evangile n'en vient pas, n'iroit pas droit au cœur comme il fait, et ne s'en saisiroit pas avec tant de force, s'il n'avoit un air naturel et tendre, à quoi la négligence même du style aide beaucoup.   FONTENELLE.

DOUZIÈME JOURNÉE.

JE réfléchissois depuis une heure, quand l'intéressant *Vautour* se présente aussi doucement qu'un loup qui guette sa proie ; il recule de quelques pas à la vue de mes cartes égyptiennes, éparpillées sur le carreau ; je les avois divisées en trois carrés, disposés eux-mêmes en forme triangulaire ; le *soleil* m'annonce protection universelle ; la corne d'abondance fait le pendant de l'étoile du bonheur, réputation illimitée ; en un mot, le *Sphinx* (a) commande aux quatre élémens ; je demeure étonnée ; ce coup étoit unique, incroyable, je l'avoue : aussi n'avois-je touché mes tableaux que de la main

---

(a) Monstre qui avoit le visage d'une femme ; le reste du corps ressembloit à un chien et à un lion, avec des ailes. Il étoit vénéré par les Egyptiens.

gauche. A une exclamation du bonhomme, je lève les yeux, surprise de voir
quelqu'un entrer de si bonne heure dans ma
chambre. Je vous prends sur le fait, me
dit-il, madame la *magicienne ;* je suis forcé
d'en faire mon rapport. Pour qu'il soit
plus complet, ajoutez que je vais faire l'expérience du marc de café (105). Tenez, lui
dis-je, allez m'acheter tout-à-l'heure une ca-
fetière brune; surtout ne la marchandez
pas. *Vautour* hésite; à la fin, je le per-
suade; il sort pour faire ma commission; je
relève mes cartes les unes après les autres ,
et me voilà confirmée plus que jamais dans
la certitude de ma liberté prochaine; le *gardien* rentre, et pose d'un air très-sérieux le
petit vase sur la table. Vraiment, me dit-il ,
il ne vous manquoit plus que d'évoquer les
morts pour faire peur aux vivans (*a*); si je

(*a*) A ces mots de *Vautour*, j'aperçois distinctement à l'une
des extrémités de ma chambre une lumière vraiment surnaturelle; bientôt je déchiffre, non comme *Balthazar*, mais au
moyen d'une forte loupe, des caractères, et je lus avec étonnement ces mots : « Tu pourras évoquer de la région des
» morts l'ombre que tu voudras. » Je m'écriai : « Grâces
» soient rendues à l'auteur de ce don! »

voyois seulement la moindre trace d'une ombre, je vous dénoncerois sans pitié à M. *Veyrat.*

Mais bah ! malgré tous vos talens magiques, vous nous restez toujours ; tenez, si vous voulez m'en croire, renoncez à vos sorcelleries, car à la fin vous porteriez un malheur décidé à cette maison ; moi-même, je pourrois finir par avoir un sort (106). Dès ce moment, je veux renoncer à vous complaire ; je ne puis transiger avec mes devoirs...

La dignité de votre place, ajoutai-je, vous force à révéler ce que l'on dit et ce que l'on fait ; mais heureusement pour moi, vos chefs sont éclairés : ils ne verront dans vos rapports que les rêves d'un vieux malin.

Il fut piqué au vif. Cet Argus s'aperçoit que je l'avois deviné : je m'empresse de lui dire que, dorénavant, je me passerois de ses soins intéressés, et que ce jour même, à trois heures, il pourroit disposer de ma petite chambre en faveur d'un nouveau locataire.

Mais, pour lui laisser l'impression de mon souvenir, je le magnétise à l'instant. Non, il est impossible de se faire une idée de sa peur ridicule..... Il bâille et ferme les yeux ;

il les rouvre et étend les bras; il frappe du
pied, me montre les poings, mais sa langue
est paralysée....Enfin, il tombe dans le parfait
somnambulisme (*a*). Je l'interroge sur-le-
champ; ses réponses portent l'accent de la
vérité. Enfin, me voilà initiée dans tous les
profonds mystères du cabinet noir. Cependant
la crise se calme, et *Vautour* s'éveille ;
mais sa pauvre tête est bien malade. Je veux
lui démontrer cette science ; il me répoud
par menaces, et me quitte en me disant que
j'étois une double *Bohémienne* (107), possé-
dée du *démon ;* que j'avois voulu lui donner
un maléfice...; mais que, grâce au *Petit-
Albert* (*a*), au *Dragon-Rouge* (*b*) qu'il
avoit en sa possession, il tâcheroit de s'en
garantir.... Je lui en défends la lecture, et
lui dis que s'il en tourne seulement un

(*a*) Grand et Petit Albert, livres en grande réputation
parmi les gens crédules et amis du merveilleux..... C'est sur—
tout dans les campagnes qu'ils ont de la célébrité.

(*b*) *Chef-d'œuvre extrait de la Bibliothèque Bleue,* ou l'art
de commander les esprits *aériens, terrestres, infernaux,*
avec le vrai secret de gagner aux loteries, de découvrir les
trésors cachés, etc. etc.

feuillet, je le ferai descendre au premier jour dans le trou de *Saint-Patrice* (a).

Déjà l'odeur aromatique du café s'exhaloit de toutes parts ; nouvelle divinité, je me cache au milieu de ce nuage; j'interroge cette liqueur précieuse. Tel le mineur parvient à découvrir le plus riche des métaux dans les entrailles de la terre : ainsi ce marc divinatoire (108) m'ouvre les portes du passé, du présent et de l'avenir. Je vis que j'étois de nouveau destinée à ramener, par mes sages conseils, l'olivier de la paix, et faire briller les premiers rayons de l'espérance au milieu des familles, en continuant à servir de mentor à cette belle partie du genre humain, dont le plus petit nombre heureusement se trouve, par calcul, sacrifié sous le joug d'un hymen que le cœur souvent réprouve, et dont le malin sait toujours profiter. Ah ! MM. les époux, il en est plus

---

(a) Ou le purgatoire de cet archevêque et primat d'Hybernie. C'étoit une profonde caverne bien mystérieuse, où les plus grands pécheurs étoient parfois admis à résipiscence. Là, ils passoient par nombre d'épreuves..... non comme les sectateurs de *Pythagore*..... mais pour obtenir la rémission de leurs fautes...... par l'intercession du grand saint.

d'un parmi vous qui m'a de bien grandes
obligations : vóus les ignorez, et moi je n'ai
nullement envie de vous les faire connoître ;
qu'il vous suffise de savoir qu'il ne faut que
deux mots pour ramener une femme intéressante à ses devoirs (elle est mère), et je
vous en dis souvent, à vous, quatre et même
sept, et votre conversion est encore bien
imparfaite. Bref, il en est plus d'un encore
qui, peu tolérant sur les défauts de notre
sexe, oublie souvent ses torts personnels, et
persévère dans l'impénitence finale..... Ceci
soit dit en passant et sans tirer à conséquence; mais en vérité je prêche souvent
dans le désert.

Mes yeux de *lynx* regardent en tout sens
la mystérieuse soucoupe, et j'examine avec
attention le plus petit grain de la poudre
divinatoire.

Je vis bien des choses, et je cherchai de
nouveau à m'instruire, car je ne crois pas
tout savoir.

D'après mon opération, ma sortie pour
aujourd'hui est infaillible; il ne me reste plus
qu'à déjeûner avec mon horoscope, et soit

goût est aussi agréable que les choses flatteuses qu'il vient de m'annoncer.

Dix heures sonnent, personne ne vient;
je prends la plume sans trop savoir pourquoi;
je n'ai point de projet, point d'idées fixes,
si ce n'est quelques bluettes légères, qui ne
m'affectent pas assez pour que j'aie le courage de les écrire.

Si, pour les adieux de ma clôture, je
faisois une *divination toute spéciale* pour les
principaux chefs du redoutable ministère
de la *police générale*, je verrois quelle est
leur opinion sur mon compte; je verrois....

Il faut être *folle-archifolle* pour entreprendre une pareille *cabale*. Le temps, le
lieu..... mais aussi mes véritables adeptes;
je suis l'originalité personnifiée.

J'examine avec une scrupuleuse attention
le *thème* de naissance de M. F., et je vois
clairement ses pensées les plus secrètes, me
disant à moi-même (car j'aime à me parler):
Voilà donc cet homme dont la réputation
vole d'un pôle à l'autre; ses contemporains
pourront le juger; la postérité saura seule
l'apprécier.... La place qu'il remplit le force
à des devoirs bien sévères; mais aussi, s'il

emploie des moyens pour prévenir, que dis-je? pour adoucir les formes de son rigoureux *ministère*.... D'ailleurs, j'ai pour principe de ne juger que par les œuvres; eh bien! moi, qui sais tout, je puis affirmer, d'après le résultat des nombres, que ce *ministre* a rendu et rendra encore d'éminens et signalés services...., non à moi, je n'ai jamais sollicité aucune puissance; seulement j'ai su que mon arrestation lui avoit été célée pendant quarante-huit heures; que les demandes et réponses de mon interrogatoire l'avoient étonné. Le temps pourra me permettre de dévoiler plus d'un mystère : quoi qu'il en soit, et en attendant que je m'explique... je répète, d'après mes pressentimens qui sont toujours justes, que M. F..... a pu me juger d'après divers rapports qui lui ont été faits de moi...., comme la femme la plus singulière, la plus désintéressée, et surtout la plus discrète.

Et d'après ces résultats, je reprends de nouveau ma carte cabalistique, et je passe de suite à l'horoscope de M. D. B.

J'interprète diverses choses; je vois un moment mon étoile pâlir devant ce magistrat. J'ai bien de la peine à trouver grâce devant lui; trois arrestations exécutées d'après ses ordres, doivent me convaincre, plus que tous mes *tarots* réunis, combien est puissant l'empire du préjugé..... Je le dis avec douleur, la facilité à s'y livrer, jointe à la crainte de déplaire, conduit presque toujours à l'injustice ! ! !

Cependant j'avois auprès de lui, sans qu'il s'en doutât, de nombreux partisans; il ne pouvoit faire un pas sans entendre décliner mon nom, mais il faisoit la sourde oreille. J'étois coupable à ses yeux d'un vieux péché dont il ne vouloit pas m'absoudre; enfin, j'aurois presque désespéré de ma cause, sans l'intervention d'un homme sage et éclairé, pour qui la prévention n'est rien, mais la justice est tout (*a*).

La bonne *Joséphine*, cause innocente de tous mes maux, faisoit parler auprès de lui le langage du cœur; et une jeune et jolie femme, tout en plaidant ma cause, fut forcée de lui avouer que, depuis plusieurs années, j'étois l'amie de sa famille et la sienne. *Je le*

(*a*) Le D. D'O.....

vis un moment bien étonné, lui qui croyoit
tout savoir, et à qui rien ne pouvoit échap-
per; il ignoroit pourtant que tout ce qui lui
étoit le plus cher daignoit m'honorer d'une
estime particulière (*a*).

J'examine tout ce qui pouvoit lui arriver
pour le présent et l'avenir, et je vois que je
rendrois encore beaucoup de personnes heureuses par mes lumières; et que lui, magistrat, auroit dans l'année 1810 un moment
d'orage à passer; -

Que je remonterois sur mon trépied, et
qu'il ne seroit pas maintenu dans ses fonctions plus de onze *lunes.*

Puis, examinant sérieusement sa *constel-*
lation, je vois qu'il étoit juste par principe,
et qu'il n'avoit aucun motif secret pour me
persécuter; il ne me connoissoit que superficiellement; je ne lui paroissois remarquable
que par mon obstination et un certain carac-

(*a*) Et même bien sincère. C'est de leur généreuse amitié
que j'ai reçu quelques adoucissemens dans ces lieux. Au bout
de quarante-huit heures, je pus communiquer avec une de
mes femmes et me faire apporter les premiers besoins.......
Puissent ces nobles et bons amis ne voir dans cette mention
que l'expression de la vive et sincère reconnoissance que je
leur ai vouée pour la vie!.....

tère vraiment *sibyllin*...... Du reste, dans la seule et unique entrevue que j'ai eue avec lui, je n'ai eu qu'à me louer de son extrême politesse, et j'ai remarqué, avec un grand plaisir, que mes actions étoient remontées.....

Je passe rapidement à mon interrogateur. Que de choses j'aurois à en dire ! J'examine avec une curiosité scrupuleuse tous les traits de sa physionomie : elle est restée gravée dans mon imagination.

Je sais quelles étoient ses pensées et pour moi et pour d'autres ; je sais de même ce qui peut lui arriver......

Mais moi, qui ne prétends scruter les actions de qui que ce soit, je dirai, pour ce qui me concerne personnellement, que M. V...... a dû être influencé en ma faveur ; car mon merveilleux *talisman*, que je tiens de la munificence de mon génie *Ariel*, étoit dans l'intérieur de son cabinet, et il étoit loin de croire qu'il se trouvoit dépositaire d'un trésor envié par tous les *Sylphes*.

Il est midi ; mon voisin dit son bréviaire et récite l'*Angelus* ; rien encore de nouveau ;...... l'ennui me gagne, le sommeil arrive, je l'accueille avec reconnoissance : le

10.

plus beau spectacle de la nature s'offre à
mon imagination.

Le soleil étoit dans son apogée, et la nature
entière célébroit sa présence ; je la voyois
tressaillir sous l'action vivifiante de sa chaleur
et de sa lumière. O spectacle ravissant ! les
globes célestes obéissant aux lois de l'attrac-
tion, les substances exprimant leurs affinités,
les formes terrestres se succédant comme
pour restituer leurs parties élémentaires aux
élémens et leurs essences à l'essence de l'univers....... Et l'homme, quoique soumis lui-
même aux lois inflexibles de la création ,
jouit du privilége de rendre à son créateur
toute la réalité de son être ! ! !

Mes regards se portent vers la terre. O prodige ! elle étoit transparente.

Les vibrations élastiques de ce fluide animateur et subtil qui submergeoit l'atmosphère
se prolongeant jusque dans ses profondeurs
les plus extrêmes, l'avoient pénétrée toute
entière ; elle étoit animée.

Je frémis et je sens mon cœur sous le mouvement de systole (*a*), se presser de tous

_____

(*a*) Mouvement naturel et ordinaire du cœur lorsqu'il se
resserre.

côtés vers son centre, et se condenser. Le reste de mon corps étoit comme inanimé. C'étoit, sans doute, l'effet subit de l'étonnement mêlé à la crainte.

Mais bientôt, par un effet contraire de l'admiration et de la joie, je sens mon cœur se dilater et s'étendre sous le mouvement opposé de diastole (*a*), et faisant jaillir, dans toutes les parties de mon corps, le fluide qui leur donne le mouvement et la vie ; je crus remarquer en moi le phénomène que je venois d'observer dans la nature......... Le soleil, m'écriai-je, seroit-il donc le cœur de l'univers ? Je m'éveille brusquement, et regrette que l'illusion ne se soit pas plus prolongée.

Bientôt je braque ma longue-vue de *Dolon ;* j'aperçois deux personnes qui me font des signes de l'intérieur même des appartemens de M. le préfet : cela me confirme dans mes idées ; plus loin, je vois M. B. avec un porte-feuille ; je gage que ma sortie est signée. On va, on vient dans mon corridor ; j'entends des gémissemens et des pleurs ; mais, hélas ! depuis *deux cent soixante-sept heures* que

---

(*a*) Mouvement du cœur lorsqu'il se dilate.

1

je suis renfermée ici, voilà la triste mélodie qui se fait entendre dans ces lieux.

Des gendarmes vont et viennent ; ils amènent ou transfèrent de pauvres détenus : les uns à Bicêtre (*a*), à Sainte-Pélagie (*b*), les autres à la grande et à la petite Force (*c*). Ce tableau des misères humaines est effrayant.

Ah ! voilà M. B...... qui sort de chez M. le

(*a*) La situation de *Bicêtre* est sur une colline, entre le village de *Ville-Juif* et *Gentilly*, à la distance de *Paris* d'une lieue. C'est bien, comme le dit *Mercier*, un ulcère terrible sur le corps politique, ulcère large, profond, qu'on ne sauroit envisager qu'en détournant les regards. Jusqu'à l'air du lieu que l'on sent à quatre cents toises, tout vous dit que vous approchez d'un lieu de force, de misère, de dégradation, d'infortune.

(*b*) Prison humide et malsaine, rue de la Clef, faubourg *Saint-Marceau*. Son intérieur est divisé en plusieurs départemens : 1°. des condamnés pour faits de police correctionnelle ; 2°. prévenus de divers délits qui attendent leur jugement ; 3°. pauvres débiteurs retenus par leurs créanciers. Tous sont classés séparément..... Dans ces derniers temps, *Sainte-Pélagie* renfermoit un nombre prodigieux de détenus qui, pour avoir émis avec une certaine franchise leurs opinions, ou avoir porté ombrage, étoient trop heureux de s'y voir oublier..... Le nom seul du château redoutable de Vincennes faisoit sur chacun d'eux l'effet de la tête de Méduse.

(*c*) Prison rue des Ballets. Cet édifice fut, dans son institution première, destiné au soulagement de la classe malheureuse, et doté par la libéralité de madame la princesse de Lamballe.

préfet. Je l'examine en passant devant le
corps-de-garde ; il m'aperçoit, le sourire est
sur ses lèvres. Vite, vite, m'écriai-je ; voyons.
ce que cet homme aimable pense de moi, et
si réellement il tient entre ses mains l'assurance de ma liberté, et je me remets à l'ouvrage : je consulte la pensée d'un homme
blond ; le roi de cœur est avec son as et son
dix ; l'as de pique et le neuf de trèfle l'ac-
compagnent ; alors plus de doute : l'oracle
vient de prononcer son jugement définitif, et
sans rappel.

Je remarque que M. B., qui joint à beaucoup d'esprit le désir d'obliger, ne me voyoit
pas de mauvais œil : si jamais, ce qui n'est
pas impossible, je suis encore mandée à l'avenir, et si je parois devant lui, au moins je ne
serai pas entièrement inconnue ; il me regar-
dera même comme une vieille *cliente* (*a*),

(*a*) L'abbé Langlet du Fresnoy, dans le cours de sa vie, a
été mis dix ou douze fois à la Bastille. Il en avoit pris en
quelque sorte l'habitude. Un exempt appelé *Tapin* étoit celui
qui se transportoit ordinairement chez lui pour lui signifier
les ordres du Roi. Quand l'abbé le voyoit entrer, il ne lui
donnoit pas le temps d'expliquer sa commission, et prenoit
le premier la parole : « Ah ! bonjour, M. *Tapin*.... Allons, »

mais bien incorrigible...... et mon cœur de battre dans l'attente d'un grand évènement. Je compte les minutes, trois heures sonnent. Je me recommande à mon bon génie; la porte d'entrée s'agite; *Vautour* paroît, et M. *Veyrat* le précède.

Vous êtes libre, Mademoiselle, me dit-il; mais je suis forcé de vous dire bien sérieusement que si vous voulez éviter à l'avenir de grandes mesures, il faut vous conformer strictement à la demande qui vous a été réitérée par moi dans votre dernier interrogatoire.

Plutôt mourir, lui dis-je, que de jamais transiger avec l'honneur, et déjà je suis au chef-lieu de tous les bureaux. Je reclame mes sept cartons; mon talisman fut aussitôt l'objet de mes recherches; je dépose momentanément toutes mes richesses chez le concierge; je tenois à la main le sceau du grand Orient (a), et prononce spontanément le nom d'Ariel.

---

disoit-il à sa gouvernante, « mon petit paquet de linge, du » tabac. » Et il alloit gaiement à la Bastille avec M. Tapin.

(a) Comme une marque de la bienveillance du Très Sage... le nom du grand-maître *Adonhiram* s'y trouve gravé... Il fut massacré par la scélératesse de trois compagnons..... Tous les

Aussitôt le génie paroît, mais sous une autre forme; ce n'étoit plus ce beau jeune homme dont le regard avoit quelque chose de divin, mais bien un petit vieillard dont la figure décrépite faisoit apercevoir qu'il succomboit sous le poids des ans.

Sa taille étoit grotesque; il avoit sur la tête un chapeau dont l'élévation prodigieuse terminée en pointe, représentoit la forme d'un pain de sucre.

Il tenoit une baguette noire comme l'ébène, il s'en servoit pour tracer un cercle qui embrassoit tous les contours du chef-lieu où nous nous trouvions.

Chacun nous regardoit en silence, et sembloit se dire : Voudroit-elle, pour ses derniers adieux, faire ici quelques expériences qui nous rappellassent à jamais son souvenir?

Je les rassure, mais je leur fais promettre que dorénavant ils tempéreroient la rigueur de leurs ordres, au moins par des formes aimables; mais le génie les touchant de sa

---

maçons doivent s'employer pour en trouver le meurtrier et le punir de son crime.

baguette, ils restent un moment immobiles ;
et ils s'écrient : *Agamus gratias*.

J'intercède pour eux, et je quitte ce séjour.
Mais voulant m'entretenir avec le *génie*, je
congédie une foule importune qui vouloit
m'accompagner. Dans trente-neuf minutes,
je serai chez moi, leur dis-je ; et nous continuâmes, *Ariel* et moi, à parler de choses
sublimes.

Après avoir passé en revue les plus astu-
cieux politiques du siècle, il me dévoila leurs
secrets ; je vis quels étoient les ressorts qu'ils
faisoient mouvoir pour subjuguer la confiance
des peuples : leurs vues pouvoient être
bonnes, mais l'exécution en étoit difficile.

Chacun me regardoit, ainsi que mon con-
ducteur, et l'on admiroit sa tournure ; il
avoit trois pieds sept pouces de haut ; un
petit manteau noir, surmonté d'une grosse
fraise, formoit son ajustement.

Voilà bien votre nation, me dit-il ; on
critique tout, on tranche sur tout, on croit
tout savoir ; on encense le matin l'idole qu'on
brise le soir ; le mérite à vos yeux est tout
à l'extérieur ; vous ne savez parcourir que
les superficies, et un homme mis modeste-

ment, auroit-il tous les talens, n'en imposeroit à personne, pas même à la classe vulgaire; et nous continuâmes de discourir sur divers objets secrets. De temps à autre, le *génie* mêloit à la conversation des réflexions ou piquantes ou profondes.

Il dit, en regardant un édifice somptueux :

« L'homme qui l'habite ment dans son » cœur, car il n'a pas de bonnes intentions; » il croit faire mouvoir des marionnettes, et » il se trompe.

» Et après avoir été comblé d'éloges, il » retombera dans le néant. »

Je restai muette de surprise; je plaignis bien sincèrement ce personnage par un sentiment d'humanité, car je ne vois que des frères dans tous les hommes.

Le génie me dit : « O ma fille! j'applaudis » aux élans de ton cœur, parce qu'il est pur » comme l'or qui sort de la fournaise. »

Je lui demandai si des conseils sages pouvoient éviter à cet homme les malheurs dont il étoit menacé.

Et lui de me répondre : « Il n'écoute rien, » pas même ses plus zélés serviteurs; il se » repose sur sa force, mais des esprits jadis

» calmes s'agiteront et gronderont comme
» la foudre sur le mont *Etna*.

» Il ne pourra ébranler leur fermeté, il
» prendra la résolution de les détruire, car
» la vengeance est l'unique objet de ses mé-
» ditations.

» Il en est d'autres qu'il suspendra de leurs
» fonctions, sans vouloir les remplacer, tant
» sa démence est grande, tant la fureur
» l'aveugle ; mais tous les élémens conjurés
» finiront par tomber sur sa tête coupable :
» il en sera terrassé. »

Et le génie éleva neuf fois les bras vers
l'Empyrée ; il se tut un moment, quoiqu'il
me semblât qu'il eût encore bien des choses
à me dire. « Adieu, me dit-il : nouvel
» *Asmodée*, je vais parcourir l'ancienne
» *Lutèce* (a) ; dans ma course rapide, je
» pénétrerai même jusqu'aux extrémités des
» royaumes gouvernés autrefois par les
» *Maures* (b) ; de là je me fixerai un mo-
» ment dans l'ancienne *Byzance* (c) ; j'ai de
» puissans motifs qui m'attirent au *sérail*;

(*a*) Paris.
(*b*) Les Espagnes.
(*c*) Constantinople.

» dans mon voyage aérien, je planerai un
» moment sur la *Neva ;* elle baigne les bords
» du chef-d'œuvre de *Pierre-le-Grand* (*a*);
» là , j'apercevrai non - seulement sur son
» trône, mais au milieu de ses sujets qui le
» révèrent, l'héritier du courage et de la
» magnanimité de l'illustre *Catherine.*

» J'examinerai de bien près ce jeune mo-
» narque (*b*), qui n'a pas encore atteint son
» septième *lustre ;* je lui annoncerai ce qui
» doit lui arriver dans le huitième : ces faits
» seront consignés dans l'histoire ; ils étonne-
» ront toute la terre.

» De là, voyageur infatigable, je veux
» séjourner, pendant plus d'une *lune*, dans
» les trois royaumes (*c*). Durant le temps
» qui s'écoulera pendant mon absence, tu
» peux correspondre avec moi, en touchant
» ton *talisman* du doigt auriculaire de la
» main gauche ; tu le porteras sur celui du
» Soleil, et Mercure te transmettra les résu-
» més de mes profondes découvertes. » Il
dit, et disparut.

(*a*) Saint-Pétersbourg.
(*b*) L'empereur Alexandre.
(*c*) L'Angleterre, l'Ecosse et l'Irlande.

Je me trouve à la porte de mon hôtel ; elle s'ouvre : l'intérieur de mes appartemens étoit rempli d'une foule nombreuse de vrais amis et de quelques curieux.

Enfin, je puis donc respirer à mon aise : j'examine mon *agenda ;* un concours inouï étoit venu chaque jour; sept cent dix-neuf cachets étoient retenus ; je parcours mes lettres; ma correspondance est aussi très-active, mais l'attente de mes réponses pourroit faire juger à tous mes croyans que j'ai négligé leurs horoscopes. Hélas ! ils ignorent sans doute que le trépied de la pythonisse se trouvoit sous l'influence du petit *Léviathan !* Après les félicitations d'usage, auxquelles je suis sensible (il en étoit de bien sincères), j'oublie pour un instant le passé pour m'occuper du présent; un banquet, tel que le prenoient nos bons aïeux, nous rappelle à tous leur douce simplicité !.... Combien ils étoient heureux ! On parloit tous à la fois ; on finissoit par ne plus s'entendre. Bref, si quelques curieux avoient pu être aux écoutes, ils auroient pu croire que notre assemblée étoit composée des habitans les plus bavards de toutes les parties du globe.

La sonnette de la porte d'entrée s'agite
vingt fois par minute; le cordon casse à la
fin. Les voisins, les voisines, notamment le
vieil adolescent dont j'ai parlé plus haut,
viennent me rendre visite.

« Je vous avois bien dit, répétoit cet estimable vieillard, que vous n'étiez point une
femme ordinaire. J'aurois gagé pour la bonté
de sa cause ! » répétoit-il à tous. Et le vin de
Champagne pétille (*a*), et tout mon monde
me félicite en chœur. *Bacchus* (*b*) est vraiment un aimable *dieu;* jusqu'au vieux voisin
qui invoque sa Muse. Nous composons des
couplets assez saillans et analogues aux circonstances. Enfin, nous passâmes une soirée
délicieuse ; chacun faisoit des applications à
sa manière, tantôt en vers, tantôt en prose.
Il faut avoir vu l'enthousiasme dont se trouve

(*a*) Du Bourgogne rival, le Champagne à son tour
Porte les jeux, les ris, les graces et l'amour :
De la vive liqueur la mousse enchanteresse
S'élance en bondissant et fend l'air qui la presse;
Son éclat est plus pur que celui du cristal,
Et l'ambre de sa sève au nectar est égal.

      Castel, *poëme des Jardins.*

(*b*) *Bacchus*, fils de *Jupiter* et de *Sémélé*, planta le premier la vigne, et fut adoré comme le dieu du vin.

saisi un pauvre détenu qui se retrouve au milieu des objets qui lui sont les plus chers. Il leur raconte, jusqu'aux moindres détails, tout ce qui s'est passé dans l'intérieur de sa prison.

Ainsi finit cette journée. Nous avions tous besoin de sommeil, pour réparer nos fatigues; le vieux voisin surtout; et pourtant ses yeux pétilloient, sa verve s'électrisoit. Je crois que si l'on avoit piqué son amour-propre le moins du monde, il auroit passé la nuit entière à composer un poëme en dix-neuf chants, sans compter la *dédicace*.

Je m'endormis promptement, car j'avois grand besoin de repos.

Une nuit passée paisiblement fait tant de bien! Un songe flatteur qui retrace des réalités, atteste suffisamment qu'il est en nous une parcelle, un souffle de la Divinité, et que nous autres foibles humains, nous ne sommes pas toute matière.

Je rêvois donc que je me trouvois dans un bois touffu, où un jeune chêne (109), de la plus belle espérance, étoit sur le point d'être abattu par une secousse violente; il me paroissoit fortement enraciné; ses branches étoient couvertes de *gui;* mais des bûche-

rons répétoient alternativement : Si on le
laisse croître, dans quelques années son ombrage nuiroit essentiellement à la végétation
des autres, et il finiroit par aspirer à lui seul
tous les sucs nourriciers destinés à alimenter
ce qui l'environne ; toutes les jeunes plantes
se dessécheroient sur pied. Il semble déjà
qu'il veut porter sa tête au-dessus de celle
des autres; mais il faudra par suite faire
tomber ce colosse, car sa cime pourroit
menacer les cieux.

Je vis, à peu de distance, une personne
voilée qui répandoit des larmes ; ses soupirs
entrecoupés annonçoient que sa poitrine
étoit oppressée : je m'approchai, et lui pris
la main affectueusement.

Je remarque, avec la plus grande surprise, qu'elle avoit au doigt de *Jupiter* trois
étoiles du *Soleil* (a), et je lui dis : Il faut
sécher vos larmes; votre cause est celle de
toutes les femmes sensibles; si, comme je
n'en doute pas, vous êtes vraiment attachée
à l'arbre révéré par les *Druides* (110), il vous
seroit bien pénible de le voir détruire dans

_____

(*a*) Remarque unique et même extraordinaire en chiromancie.

11

sa naissance, avant qu'il ait pu parvenir à étendre plus loin ses rameaux.

Cette femme aimable me regarde et me reconnoît. Je la remercie de tout l'intérêt qu'elle avoit daigné me porter, car j'avois su, par mon *génie*, qu'elle avoit pris une part très-active à mon infortune, et qu'elle avoit cherché à l'adoucir.

J'employai tous les moyens pour sécher ses larmes, et je lui dis : Votre cœur généreux et votre sensibilité exquise doivent vous faire chérir des êtres les plus indifférens ; si ceux qui vous ont de grandes obligations ont pu les oublier, je vous le répète, *Madame*, il viendra un temps, qui n'est pas éloigné, où celui qui vous aura abandonnée se rappellera plus tard, et dans un moment d'infortune, que votre étoile lui servoit de boussole. Ce *chêne* (111) est bien l'image vivante des vicissitudes humaines ; maintenant il fixe tous les regards par sa beauté, et quand il aura perdu son éclat, sa belle couleur, vous serez peut-être la seule qui en conserverez le souvenir.

Elle me répond : « Le même coup doit

nous frapper. Je ne pourrai survivre à sa
perte. »

Fidèle interprète des oracles, lui dis-je,
je vous les transmets : plusieurs actions....,
dont une sublime.... est déjà consignée dans
les annales des dieux, vous assurent une
vie douce et tranquille dans votre habitation
embellie par vos rares connoissances; vous
y recevrez de véritables amis et les plus
illustres habitans des extrémités de l'Europe.
Il en est un, surtout, véritablement grand,
qui ne pourra résister à votre ascendant
impératif; le plus beau des enfans des
hommes. vous accordera son estime toute
particulière....

A peine avois-je achevé ces derniers mots,
que j'aperçois la lune environnée de ses
satellites.

Plusieurs étoiles répandoient l'éclat de
leurs rayons scintillans; tout à coup mon
oreille fut frappée du son de la trompette
aulique qui retentit du levant au couchant,
depuis le midi jusqu'au nord, et une voix
surnaturelle se fit entendre; elle étoit pré-
cédée d'une douce mélodie qui sembloit

11.

venir de l'Empyrée, et me présageoit des choses extraordinaires.

Je vis le génie protecteur de la France (*a*). il me parut sur un char élégant, traîné par dix-huit colombes. « Je vais dévoiler, » dit-il, ce qui est, ce qui sera, le péril et » le sauveur.

» Et l'on reverra, avant un *lustre* accom- » pli, un homme vertueux qui a déjà vécu » sur les rives de la Seine ; mais il n'est pas » encore temps ; le moment viendra où la » Divinité bienfaisante le rendra aux vœux » des habitans de ces contrées.

» Et je veille sur lui, parce qu'il m'est » cher ; l'arbitre suprême des destinées des » mondes l'a formé selon son cœur et selon » ses désirs ; afin d'éterniser sa gloire, il l'a » environné d'entraves, il l'a placé sur » le bord du précipice, et il écartera tous » les obstacles ; comme je dénoue ce fil (je » remarquai dans le moment que le *génie* » planoit sur le jeune *chêne*), l'unique créa- » teur a mis dans son cerveau le feu sacré » du génie, et la vertu est dans son cœur.

(*a*) Mahasiah, *génie* sauveur.

» Et il triomphera de ses ennemis, car il
» en aura, quoique la voix de l'humanité se
» fasse entendre par sa bouche, et il réunira
» ceux qui étoient divisés, et il rétablira
» l'équilibre.

» Et il ramenera l'abondance ; car sa
» devise sera l'économie. Puisse-t-il avoir à
» ses côtés et pour ami, ajoute cet *esprit*
» super-céleste, un nouveau et moderne
» Sully !

» Tous les princes de cette auguste maison
» se feront bénir ; car ils sont bienfaisans ;

» Et ils feront chanter leurs louanges ;

» Et ils feront le bonheur des peuples ;

» Et ils seront les protecteurs et les restau-
» rateurs des lettres ;

» Ils encourageront les talens ; ils feront
» revivre le commerce, et les enfans de *Mars*
» jouiront en paix de leurs nobles travaux.

» Honneur à cette famille illustre, si inté-
» ressante par de pénibles et douloureux sou-
» venirs ! elle concourra au grand œuvre qui
» doit ramener la tranquillité générale ; et
» réunie avec des souverains magnanimes,
» ils consolideront dans *Lutèce*, et surtout

» dans un congrès, le bonheur des diverses
» nations. »

Ainsi finit mon songe.

Je me réveillai dans un enthousiasme qui
approchoit du délire ; ma tête étoit exaltée
au point que sans mon merveilleux *talisman*,
qui me retenoit par des liens invisibles ,
j'aurois couru, comme un nouveau *Jonas (a)*,
les lieux et carrefours de la grande et moderne *Ninive*, pour y annoncer à haute et
intelligible voix les grandes et merveilleuses
vérités de ma vision *céleste*, mais je m'en
présente tout-à-coup les conséquences ; j'étois
éloignée de l'empire de *Neptune*, la Seine
ne pouvoit recéler dans ses douces ondes une
baleine bienfaisante qui, au premier danger,
se seroit offerte à mes yeux pour assurer
mon salut ; tout examiné, tout considéré, je
mis des bornes à mon zèle ; enfin, l'avouerai-
je, je doutai un moment de ce que j'avois
si bien vu, si bien entendu. O foiblesse mortelle ! je commençai à croire que mon ima-

---

(a) En parcourant l'ancienne *Ninive*, ce prophète s'écria
douloureusement : « Dans quarante jours, cette ville superbe
sera détruite !.... »

gination, vivement agitée, avoit pu m'in-
duire en erreur; car, tout ce qui venoit de
m'être révélé étoit si loin de la vraisemblance, que, pour éclaircir mes doutes, je
procédai sur-le-champ par la divination de
l'alectromancie (a).

Je pose mon coq au centre du cercle, et
je mets des grains de froment sur toutes les
lettres qui composent l'alphabet; j'examine
avec la plus scrupuleuse attention, au moyen
d'une loupe, pour voir plus clairement
quelles sont celles où il s'arrêteroit de préférence, j'en compose sur-le-champ un horoscope. Mon résultat fut que celui qui mon-
teroit sur le trône en 1814, porteroit le nom
de *Saint-Louis*: j'en acceptai l'augure, tant
pour ma satisfaction personnelle que pour le
bien de mon pays. Après un moment de
repos, je consacrai le reste de cette journée

(a) On trace un cercle, on inscrit sur sa circonférence les
lettres de l'alphabet, on place sur chaque lettre des grains
de froment; on pose le coq au centre du cercle, et l'on en
compose un horoscope. Il faut ne placer sa confiance dans
cet oracle qu'avec une grande prudence; car il deviendroit
dangereux, même fabuleux. Notez qu'il faut choisir son
augure un premier jour de lune, le renfermer seul, et le
nourrir d'une certaine graine préparée à dessein.....

du samedi 24 décembre 1809, à recevoir **et** à rendre des visites amicales; j'écrivis même au grand-maître pour le remercier de tous ses soins obligeans............ Mais je lui réitérai que mon nom ne figureroit jamais parmi *celui de ses adeptes* (*car il a les siens*), **et** pour lui faire oublier totalement la moderne *Sibylle*, je l'engageai à boire chaque matin, à son intention, une coupe d'eau du Léthé, et j'ajoutai obligeamment, pour terminer mon épître :

De vous aimer de loin je m'impose la loi;
Mais de grâce, Monsieur, ne pensez plus à moi.

QUELQUES RÉFLEXIONS.

—

CETTE tracasserie, si peu méritée de la *police*, m'avoit inspiré un tel dégoût, que j'avois d'abord résolu de me retirer à la campagne, où même je restai quelque temps ; mais je ne sais quelle voix intérieure paroissoit me répéter sans cesse que je n'avois pas encore parcouru toute ma carrière, et que des êtres intéressans réclameroient bientôt de nouvelles consolations de ma part. En effet, depuis cette dernière arrestation, la foule des *consultans* augmente ; mes prédictions ont souvent convaincu les plus incrédules, car de toutes parts j'en reçois de nombreuses félicitations. Je redouble de zèle, comme je l'avois dit à mon interrogateur ; mes recherches ont encore étendu le cercle de ma science ; et, comme le dit avec une grande

vérité M. *Salgues* (a), les femmes les plus
riches, les plus jolies, les plus distinguées,
viennent en foule consulter l'*oracle;* et quoique
l'erreur soit de tous les temps, de toutes les
conditions, la réalité du trop fameux *divorce*
au moment prédit, les conséquences qui s'en-
suivirent pour moi, l'intérêt surtout que
daigna me témoigner la bonne *Joséphine*,
tout, en un mot, a pu et dû étonner. Cette
femme sensible employa tous ses moyens de
persuasion pour faire révoquer l'ordre d'exil
dont j'étois de nouveau menacée, son éloquence douce et insinuante eut enfin le pouvoir de fléchir son ombrageux époux.

_____

(a) Savant distingué par ses nombreux ouvrages, auteur
des *Erreurs et des Préjugés*, etc.

J'Y REVIENS ENCORE.

—

Tous les journaux ont signalé mon antre de *Cumes*. L'hermite de la Chaussée d'*Antin*, surtout, en a donné aux curieux l'exacte description : relisez son chapitre du Parrain Magnifique, vous remarquerez que j'ai annoncé un fils à madame la comtesse de *** ; que, grâce à ma véridique prédiction, mon moderne anachorète fut choisi comme le mortel heureux, dont la bénigne étoile devoit nécessairement influer sur les destinées du nouveau-né : aussi, depuis cet article, ma correspondance est-elle devenue plus active ; mon nom se répète jusqu'au royaume d'*Yvetot*.... On m'écrit lettre sur lettre, me croyant l'interprète des secrets de *Lucine*.

Oui, je tiens qu'en frondant d'antiques préjugés, c'est au contraire les propager davantage. Laissons-les tomber dans l'oubli,

le temps et nos lumières feront le reste. Pro-
hibez un livre, chacun veut le juger.... Ce
qui vaut intrinsèquement huit francs, vaudra
demain soixante francs (témoin le Cabinet
de Saint - Cloud), où je figure, dit-on,
comme accessoire dans cette revue générale.

Il en est de même de m. ... : quand un
malin critique s'égaie un peu à mes dépens,
si j'occupe une petite place dans ~ gazette,
on la commente le soir dans ph ~ n cercle;
les uns parient pour, d'autr ~ contre ma
science : il en résulte que dès le lendemain,
lorsque le crépuscule arrive, j'ai un flux de
de monde prodigieux et bien choisi.

Dans des momens d'orages politiques,
chacun craint toujours pour sa sûreté, pour
sa fortune, pour l'existence de ses enfans.
~! plaignez-nous plutôt que de blâmer nos
foiblesses; la *grande patience* est souvent la
seule consolation qui reste aux malheureux.

Qui croiroit que, dans mon cabinet, j'ai
souvent prêché la morale sublime de l'Evangile, que j'ai réconcilié le pécheur avec son
Dieu, ainsi qu'avec lui - même? Cela peut

paroître incroyable , et pourtant rien n'est plus vrai.

Je ne fais point mon éloge ; si j'ai des détracteurs, je les prie seulement d'examiner sans partialité, que du moment où la raison peut faire encore nombre de fois le tour du *globe* , avant de se fixer irrévocablement parmi nous ..... ce dé....issement momentané, nous p........ ....long-temps soumis à l'empire.... la crédulité et de la superstition.

Il est p.....tant nécess.aire pour le bien de l'humani... à trou ver un palliatif, quand on p.......ut trouver de curatif radical....

.......avec des conseils sages et un raisonnement qui peut couvaincre ; on parvient souvent à calmer le désespoir, à adoucir les peines les plus cruelles, les plus sensibles, et à ramener l'intéressante jeunesse à l'amour des vertus et au respect filial.

Tant il est vrai qu'un léger inconvénient se compense quelquefois par un grand bien.

UN MOT

A L'OREILLE D'UN HOMME D'ESPRIT.

—

« Sɪ, comme le dit M.ʳ *Salgues*, les belles
» dames croient que le secret de leur avenir
» réside dans un jeu de *cartes*, l'ouvrier qui
» les a fabriquées, leur a-t-il influé une vertu
» prophétique? L'antique *Pythonisse* a-t-elle
» à ses ordres un génie qui vient tous les
» matins lui révéler les destinées de ses ai-
» mables *clientes?* »

Non, Monsieur, l'avenir ne réside pas
dans un jeu de *cartes;* les miennes n'ont
dans leur essence aucune vertu prophétique;
je ne m'en sers que pour régler mes combinaisons mathématiques et scientifiques. Mon
génie particulier *Hahiviah* (*a*), inspiroit

_____

(*a*) Bon par essence.

Titus ; comme le prince , je ne puis passer un jour sans faire un heureux ; et sans que *Nyhariel* (a) ne me révèle les destinées de mes croyans , je pense avoir fait une œuvre méritoire, quand j'ai pu combler l'abîme qui s'entr'ouvroit sous les pas d'une jeune tête trop crédule.

Continuons l'examen critique de M. *Salgues.*

« Si mademoiselle Le Normand avoit le
» secret de l'avenir (b) , il est évident qu'elle
» n'auroit nullement besoin de tirer les cartes
» pour gagner notre argent ; elle seroit la
» plus riche, la plus puissante, la mieux
» dotée de toutes les femmes ; à quel rang ,
» à quelle fortune n'a-t-on pas le droit de
» prétendre , quand on ne peut pas se trom-
» per ? Si j'avois l'honneur d'être prophète,
» je voudrois être le premier personnage de
» l'univers. C'est quelque chose que d'avoir
» un carrosse et des valets ; mais quand on
» peut avoir un palais, il faut être bien
» désintéressé pour se contenter d'un hôtel.
» Pourquoi, si les cartes révèlent à *made-*

(a) Génie révélateur.
(b) Extrait *des Erreurs et des Préjugés*, page 93.

» *moiselle Le Normand* tous les secrets pos-
» sibles, ignore-t-elle elle-même ce qui la
» concerne? Pourquoi se laisse-t-elle si sou-
» vent arrêter par la *police*, comme une
» sotte? »

Je réponds : Quoique prophète, je serois
bien fâchée d'être le premier personnage de
l'univers; je connois par théorie, même par
expérience, le néant des grandeurs humaines.
Cependant, comme je puis prévoir les étonnantes révolutions de la fortune, je peux
de même jouir paisiblement de ses faveurs
inconstantes, surtout pouvant me mettre en
garde contre ses cruels revers.

Mais, comme je suis un peu philosophe,
une condition moyenne convient mieux à mes
goûts et à mon caractère; je n'ai jamais am-
bitionné les dons de *Plutus* (*a*), que pour
être à même de les faire partager...... Mes
souhaits seront bien remplis lorsque je ces-
serai d''interpréter les hautes sciences, si la
portion choisie de mes adeptes vient tour à
tour visiter et embellir mon petit hermitage.

La clarté bienfaisante du soleil est plus

***

(*a*) Dieu de la fortune.

pure, plus radieuse dans la campagne que dans l'enceinte des grandes villes; j'ai vu ce qui se passe dans l'intérieur des palais (*a*); j'en ai connu ce que l'on nomme les heureux habitans........ Hélas! ils étoient souvent dévorés de soucis et de craintes; j'ai pu juger qu'un fantôme de bonheur pouvoit les éblouir, mais que la véritable félicité ne se trouvoit réellement que dans une simple solitude, où l'on peut réunir l'utile et l'agréable (*b*)........ Frivoles grandeurs! vous ressemblez à la rosée du matin; l'air la pompe, le soleil se lève et darde ses rayons: un coup de vent passe, elle n'est déjà plus.

Venons maintenant aux graves reproches d'ignorer moi-même ce qui peut m'arriver. Ne condamnons jamais sans entendre, a dit

---

(*a*) C'est la cour qu'on doit fuir,
   C'est aux champs qu'il faut vivre.
                            VOLTAIRE.

(*b*) N'avez-vous pas souvent, aux lieux infréquentés,
   Rencontré tout à coup ces aspects enchantés
   Qui suspendent vos pas, dont l'image chérie
   Vous jette en une douce et longue rêverie?
   Saisissez, s'il se peut, leurs traits les plus frappans,
   Et des champs apprenez l'art de parer les champs.
                    DELILLE, *poëme des Champs.*

12

rn ancien ; voilà justement mon argument justificatif.

Je ne me laisse point arrêter comme une sotte, ni sans le prévoir ni sans le deviner ; je n'ai jamais eu à rougir des motifs qui ont pu déterminer mes diverses arrestations.

La première date de 1794. Je prédis à Robespierre et consorts que leurs crimes auroient un terme....... A cette époque si malheureuse, j'ai rendu de grands et d'éminens services ; j'ai sauvé la vie à une infinité de personnes ; Mme *B. M. N.* est du nombre (112)......etc.

J'étois le point de ralliement de ma *prison ;* c'étoit sur l'escalier de la chambre qu'avoit occupée l'infortunée *princesse de Lamballe* (a), que je rendois mes oracles et con-

_____

(a) Cette illustre et malheureuse princesse périt de la manière la plus cruelle et la plus atroce : ce modèle de bienfaisance et de vertu disoit quelques jours avant ces horribles massacres, qu'elle avoit eu un songe bien douloureux. — Qu'un homme d'une figure horrible et menaçante, armé d'une faux et d'un poignard, se baignoit dans son sang ; que le masque qui lui couvroit le visage, lui sembloit mobile, mais qu'elle n'avoit pu découvrir aucun de ses traits....... Mais que son corps velu et tatoué ressembloit à celui d'un

solois mes malheureuses compagnes d'infortune. (J'étois dénoncée comme *contre-révo-
lutionnaire, ayant fait des prédictions pour
troubler la tranquillité des citoyens, et
amener une guerre civile.*)

En 1803, 16 décembre, nouvelle arrestation. Je devois connoître, me disoit-on, la
fameuse conspiration qui alloit éclater; j'avois
prédit (sans même m'en douter) que si le
premier consul tentoit de faire une descente
en Angleterre, il y périroit.

Je devinai le mot de l'énigme, et je l'expliquai dans un sens qui dut étonner...... J'annonçai de même ce que j'avois à craindre......
Je fixai le jour où je devois sortir des *Madelonnettes* (113), où M. le préfet jugea à
propos de me faire faire une retraite de quinze
jours, pour l'édification des fidèles et le grand
bien de mon âme......

---

sauvage ; que d'une voix forte, il s'écria : Prépare-toi à
mourir....... De là cette espèce de terreur, quand des
guichetiers lui intimèrent l'ordre formel de son nouveau
transférement dans une maison de santé. — Vous dissimulez
la vérité, leur dit-elle ; cette prison doit être mon tombeau.

Cette anecdote est historique ; elle m'a été racontée à la
Petite-Force, en 1794, par des témoins oculaires.

12.

Le 1er janvier 1804, j'écris à mon juge,
et lui adresse les vers suivans :

> Si le préfet vouloit dans ce moment,
> Par un bienfait commencer cette année,
> Donner congé de mon appartement,
> Je lui prédis heureuse destinée.

A midi précis, je reçois ma liberté pour
étrennes (114), et je rentre chez moi.

En 1805, je tentai, par mes conseils, de
sauver le général *D. B.* du danger dont il
étoit menacé ; je lui conseillai de quitter la
capitale, où ses jours n'étoient plus en sûreté.
Je lui assignai une fatale époque ; malheureusement il éluda de prendre un parti : ainsi
s'accomplit sa triste destinée.

Mes papiers furent vérifiés alors par le
trop fameux B.....(a) J'avois écrit en carac-

(a) Je fus arrêtée un mercredi ; mais la clôture de mon
interrogatoire n'eut lieu que le jeudi , à dix heures du soir.
Mon bon génie m'inspira ces vers pour fléchir M. le préfet D. B..

> Magistrat bienfaisant, de ta main fortunée
> Tu peux dans un moment fixer ma destinée.
> Une pauvre Sibylle est là-bas au secret,
> Disant, *Meâ culpâ*, pour son trop de caquet.

tères rouges que cette arrestation ne devoit
durer que *quarante-huit* heures: aussi j'é-
tonnai mon interrogateur; je le fis trembler
pour lui-même; et ce qui paroîtra bien plus
étonnant, et presque incroyable, je m'en fis
un zélé prosélyte..... Que ne l'ai-je connu
plus tôt.... et pour moi et pour d'autres !....

Quant aux derniers arrêts, les causes qui
les ont amenés ne peuvent que m'honorer.
J'aurois pu les éviter sans doute, mais depuis
long-temps je m'étois dévouée avec courage.
En possession de la confiance intime de
l'impératrice *Joséphine*, devois-je *hésiter*
de la voir, au moment où mes conseils lui
devenoient les plus nécessaires? Sa grandeur
ne m'en avoit jamais imposé; hélas! je la
jugeois bien éphémère! elle m'auroit semblé
durable, que jamais je n'aurois caressé sa

Hélas ! c'est une femme, et voilà son excuse ;
Elle fait des heureux , et c'est toute sa ruse.

Je priai M. B....... de vouloir bien les présenter;
il y mit beaucoup de grâce, et m'ajouta en souriant:
« C'est demain *Vendredi ;* l'influence de *Vénus* doit inspirer la Sibylle et plaire à certains adeptes. » A onze heures
mon interrogateur m'apporte l'ordre de ma liberté. Je l'en
remercie, ainsi que mon juge, et j'ajoutai : « J'en rends
grâce à *Jupiter.* »

fortune....; mais son délaissement produisoit
en moi un noble enthousiasme; ses qualités
personnelles y ajoutoient encore. Non, jamais
je n'oublierai ce que j'ai vu, ce que j'ai
entendu.... Aussi une confiance sans bornes
et bien réciproque termina notre fameuse
entrevue du samedi 9 décembre 1809.

. Oui, je pouvois prévenir mes diverses
arrestations, et cela par deux moyens in-
faillibles : le premier, en cessant mes pénibles
et dangereux travaux; le second, encore
bien plus certain, étoit d'accepter les propositions qui m'ont été si souvent renouvelées,
de rendre des comptes à la *police;* alors
j'aurois pu voler de mes propres ailes, sans
craindre les *limiers ;* j'aurois, dans ma course
rapide, renversé le *chêne* et foulé le *roseau;*
j'aurois été le plus perfide et le plus dangereux fléau de la société; j'aurois alimenté et
prêché la discorde; j'aurois servi à éterniser
les projets des méchans, et mes mains, res-
tées pures, seroient aujourd'hui souillées de
sang : en horreur à moi-même, à mes contemporains, mon nom passeroit flétri à la
postérité.....

Jamais, non jamais....

Il est utile sans doute pour l'ordre social,
pour la tranquillité et le repos des citoyens,
que des êtres se dévouent pour ramener le
calme, pour prévenir et empêcher de funestes
projets, qu'ils scrutent même adroitement
tous les replis tortueux des consciences pour
obtenir la révélation de choses qui nté-
ressent le Monarque et l'Etat : celui là donc
a bien mérité de sa patrie, qui remplit franchement la mission dont il est chargé, sans
employer des piéges perfides tendus au courage, à la bonne foi, et trop souvent à la
sensibilité.

Mais moi, qui ne sais rien que d'après mes
calculs, si quelqu'un me confie ses affaires
particulières ; si un autre laisse échapper
quelques plaintes, mon ministère se borne
à leur indiquer des moyens sages : mais je
serois doublement coupable si, en abusant
de leur confiance, j'étois assez infâme pour
aller révéler leurs secrets.

Voilà ma profession de foi. J'aime à me
persuader que M. *Salgues* ne me traitera
pas toujours avec autant de sévérité, et
qu'un jour enfin il voudra bien ne plus
m'improuver. Pour qu'il sache, enfin, que

je ne suis pas aussi futile qu'il semble le
croire, je me réserve, si le hasard, ou toute
autre circonstance, nous rassemble jamais;
je me réserve de lui expliquer un certain
mystère d'une manière si claire, que je lui
réponds d'avance de l'amener à convenir
que ma démonstration ne permet pas de
réplique, ni même de doute : si faut-il bien
parler à des esprits supérieurs le langage
que le vulgaire ne comprendroit pas. Je le
conjure de croire que ce que je lui promets
n'est nullement une plaisanterie; certes, je ne
m'en permettrois pas dans une matière aussi
grave.... Provisoirement j'engage M. *Salgues*
à lire ma *Première Vision*, pag. I.

LE BILLET DOUX.

—

LE 1er mai 1811, je reçois une lettre de la préfecture de police ; on m'invite à me rendre, à dix heures précises, à la première division.

J'ouvre de grands yeux : jamais on ne m'avoit fait une semblable politesse.

Et le génie *Ariel*, que j'invoque, me donne sur-le-champ l'explication de la fameuse missive.

Ici commence une longue série de questions ; mais, comme je l'ai dit, j'étois une vieille cliente : aussi les premières formes furent-elles supprimées.

Les demandes et les réponses se succèdent : le nouvel interrogateur y met beaucoup d'amabilité ; tout ce qu'il put gagner sur moi, fut de me rendre extrêmement réservée dans mes discours, et plus que circonspecte dans mes prédictions.... Mais quand il voulut revenir au point essentiel des projets qu'on avoit sur moi, je n'opposai que mon silence.

Je crois devoir ajouter que je me regardois dans l'intérieur de mon cabinet, comme étoit dans le sien le célèbre avocat *Le Normand*, qu'à son exemple, ainsi qu'à celui de ses estimables confrères, je me croyois engagée, par principe d'honneur, au secret le plus inviolable sur les affaires d'autrui.

Enfin, j'assurai mon interrogateur que j'étois devenue la prudence personnifiée ; que maintenant je distinguois le véritable adepte d'avec le faux frère.... D'ailleurs, il m'est impossible de m'y méprendre, surtout depuis que mon *sylphe* familier m'honore de sa bienveillance particulière.

Ainsi finit mon interrogatoire : il fut porté de suite à M. le baron P........

Et au bout de trente-huit minutes, on vint m'annoncer que je pouvois retourner tranquillement chez moi, et l'homme plein d'esprit, porteur de cette bonne nouvelle, ne pouvoit garder son sang-froid ; un aimable sourire se peignoit, malgré lui, dans ses

regards ; d'un œil fin il considéroit ce singulier interrogatoire, qui d'ailleurs contient
bien des choses... (*a*); et de l'autre il me con-
temploit d'une manière curieuse, assez obligeante néanmoins.

(*a*) L'on me demandà si je voyois toujours l'Impératrice
Joséphine, et si elle daignoit me consulter encore ?

Pour éviter toute explication, et même en éloigner de nouvelles, je me permis de me dissimuler la vérité. Oui, je me
reconnois coupable d'un mensonge officieux ; je m'en accuse,
non avec humilité ni componction ; car j'avoue, dans la
sincérité de mon âme, que je n'ai pas même l'attrition.... ,
et que comme pécheresse tout-à-fait incorrigible, je n'ai
jamais cessé de la voir...., ni de correspondre directemen
avec elle....., jusqu'au fatal moment où sa triste destinée
s'est enfin accomplie....

PLUS SÉRIEUX

QU'ON NE PENSE.

—

Depuis ce moment, grâces à la faveur toute particulière de quelques gens de bien, je suis tranquille, parfaitement tranquille ; si parfois quelques nuages ont obscurci ma sérénité habituelle, ils ont été promptement dissipés. Aussi ai-je encore centuplé ma réputation ; les choses véridiques que j'ai annoncées, nommément dans ces derniers temps, ont dû et pu convaincre les plus hardis frondeurs, qu'il est des êtres favorisés des *Dieux* pour pénétrer et expliquer les ténébreux mystères de l'avenir.

Quand on connoîtra ce que j'ai fait, ce que je me propose de faire encore pour ne rien laisser d'imparfait, on dira avec surprise, et peut-être avec admiration : Sa tâche est bien remplie !!!!!!!!

Dans ce moment de trouble où la capitale avoit tout à craindre, où chacun trembloit pour sa sûreté personnelle ; quand l'âme est

froissée par de grands malheurs, on écoute
facilement des rapports mensongers ; on ne
sait si l'on doit craindre, si l'on doit espérer.
L'époux redoutoit tout pour son épouse ; la
mère, en pleurs, gémissoit sur le fruit qu'elle
portoit. J'ai vu de jeunes femmes venir, en
rougissant, me demander si je voyois dans
leur jeu le *valet de cœur*, *l'as de pique*, son
valet avec le *huit* de *pique* et le *neuf* de
carreau, ce qui veut dire *outrage*.

D'innocentes vierges, dont le moindre
souffle n'àvoit jamais altéré la pureté, me
disoient confidemment qu' leur *père* veilloit
sur elles ; qu'il les garantiroit des fureurs
des cosaques ; que leur déguisement étoit tout
prêt. Mais elles craignoient pour les jours de
leur sauveur, il pouvoit succomber dans la
la lutte........, Hélas ! chacun gémissoit sur les
maux de la France ; et les peines particulières en devenoient plus sensibles. Non jamais,
depuis notre révolution, je ne me suis trouvée
dans une semblable perplexité. Ici, je voyois
journellement les diverses classes de la société
venir en foule, même nuitamment, me demander s'il falloit quitter *Paris*, si leurs jours
seroient plus en sûreté dans la capitale qu'au
fond d'une province ; là, je voyois de braves

et loyaux militaires venir me demander si les armées alliées seroient chassées de France, s'ils seroient assez heureux pour y contribuer et sauver leur pays. Ils ajoutoient : Cela décuplera la gloire du nom français. Mon cœur est oppressé en donnant ces détails. Je leur ai parlé, j'ai serré leurs mains ; et victimes de leur noble zèle, ils ont été précipités, comme la foudre, dans la nuit du tombeau.

J'aime mon *Roi ;* je n'ai point attendu, pour me prononcer, qu'il remontât sur le trône de ses illustres aïeux ; mon opinion est une et invariable ; il n'y a pas de mérite à la propager, quand le danger n'existe plus. Il en est beaucoup qui prétendent avoir conspiré pour rétablir l'auguste famille de nos Rois..... et le 30 mars dernier, ils formoient encore des vœux en faveur du souverain qui étoit à la veille de sa chute. Les ingrats sont à craindre ; ils ne font que changer de masque. Ils crient aujourd'hui contre *Buonaparte*, et ces mêmes hommes l'ont encensé, l'ont adulé ; que n'avoient-ils le noble courage de lui parler le langage de la vérité ? Peut-être, pour sa propre sûreté, auroit-il mis un terme à l'effusion du sang....... Que de générations

existeroient encore !.......... Je m'arrête........
L'homme sage doit m'imiter........

La Providence, dans ses divins décrets,
avoit depuis long-temps marqué la fin de
nos maux (*a*), et avoit donné aux pécheurs le
temps du repentir. Gràces soient rendues aux
généreux alliés de leur conduite magnanime !
honneur aux vrais Français, qui, par leur
courageux dévouement, ont aidé à rétablir
le trône des Bourbons, en bravant les baïonnettes prêtes à les percer au moment de
l'entrée des souverains dans la capitale de la
France ; et qui, par l'efficacité de leurs
lumières, ont concouru de tout leur pouvoir
à recréer les bases de l'édifice social !

Puisse notre Roi, nommé par tous le *Désiré*,
régner sur le cœur des Français pendant de
longues années ! Ce vœu est commun à son
auguste famille. Puisse le beau nom de
Bourbon être, dans tous les siècles, le cri de
ralliement de nos arrière-neveux !

Et je dis :

Que le sang de Clovis est toujours adoré :
Tôt ou tard il faudra que de ce tronc sacré,
Les rameaux divisés et courbés par l'orage,
Plus unis et plus beaux soient notre unique ombrage.

VOLTAIRE.

_____

(*a*) *Digitus Dei hic est* : le doigt de Dieu est là. Exode,
chap. VIII, vers. 19.

VISION MYSTIQUE.

—

Et le 29 mai 1814, après avoir passé, au milieu d'une fête religieuse (*a*), la journée entière, je m'abandonnai, accablée de fatigues, au repos et au sommeil. L'aurore n'avoit pas encore averti le laboureur qu'il étoit temps de reprendre ses travaux, quand je crus voir dans ma chambre une clarté plus brillante

(*a*) Le jour de la Pentecôte, je rendois le pain-bénit à ma campagne.—Par un phénomène incroyable, je fus prévenue à la minute de la perte de la bonne J........ Je me proposois, d'après sa demande réitérée, de la visiter le lendemain....... J'avoue que je suis exempte de certains préjugés vulgaires.... Je crois même que notre âme, en quittant son enveloppe terrestre, ne communique plus avec les mortels; que, reprenant sa première essence, elle se confond dans le sein de son *Dieu*... Quoi qu'il en soit, n'ayant d'autre certitude que le trouble de mon imagination, je revins à *Paris* de très-bonne heure, où chacun répétoit, *Joséphine n'est plus.*

que celle du soleil dans son apogée, et entendre une voix qui me crioit :

« L'Etre des êtres, dans la distribution de sa sagesse, m'a remis mes fautes en faveur du bien que j'ai fait et de celui que j'aurois fait encore. J'en lègue le soin à mes enfans ; leur bon cœur me sert de caution aux yeux de mon juge souverain : aussi suis-je admise aux honneurs de la cour céleste ; une couronne immortelle vient de m'être décernée, le plus beau des *chérubins* l'a posée sur mon front. »

Le plus grand silence succède à ces mots. Je reste étonnée, effrayée même ; une double crainte m'agite ; ne pouvant pénétrer les causes premières de cette vision, je finis par me persuader qu'elle étoit idéale, et que mon esprit avoit pu s'égarer ; et bientôt un sommeil bienfaisant rétablit le calme dans mon âme.

VOYAGE

AU SOMBRE EMPIRE DE PLUTON.

—

ET je me trouve transportée tout-à-coup par une main invisible, sur les bords de l'*Achéron* (a) ; j'aperçois une foule prodigieuse , environnant un vieillard , dont l'aspect inspire la terreur : sa barbe est blanche, hérissée; ses yeux sont vifs, étincelans; il conduit lui-même sa barque , et passe les morts d'une rive à l'autre. Revenue de mon premier trouble, je l'aborde et lui dis : « Depuis quelques minutes, tu as traversé trois fois ce fleuve. »

« Chaque mortel, me répond-il, contracte

(a) Fils du Soleil et de la Terre , il fut changé en fleuve , et précipité dans les enfers pour avoir fourni de l'eau aux Titans ; c'est un des fleuves que les ombres passoient sans retour.

en naissant, l'obligation de visiter ces
sombres demeures; le travail auquel je me
livre, n'est pas aussi difficile que tu te l'ima-
gines; » et d'une voix de *Stentor* (a) il s'écrie :
« Mais qui es-tu donc pour oser ainsi m'interroger? » « Je suis une simple mortelle;
l'art que je professe, remonte au berceau de
l'univers. Je descends en ligne directe des
Sibylles les plus célèbres. Le nom de *Cumes*
est sans doute parvenu jusqu'à toi ; je suis
la petite-fille de la Sibylle au 99e degré. »

A ces mots, le front sourcilleux de *Ca-*
ron (b) se déride ; un air plus doux se peint
dans ses regards, sa figure n'offre plus rien
de redoutable.

« Ton archi-quadrisaïeule, me dit-il, reçoit toujours, dans ces lieux, les hommages

---

(a) Un des Grecs qui allèrent au siége de Troie ; il avoit
la voix si forte, qu'il faisoit seul autant de bruit que cinquante
hommes qui auroient crié tous ensemble.

(b) Fils de l'Erèbe et de la Nuit. On croyoit qu'il passoit
les ombres dans une barque pour une pièce de monnaie
qu'elles étoient obligées de lui donner sur le bord du Styx ou
de l'Achéron, ou des autres fleuves. Il refusoit de recevoir
dans sa barque les âmes de ceux qui n'avoient pas été inhumés ;
il les laissoit errer cent ans sur le rivage, sans être touché
des instances qu'elles faisoient pour passer.

des immortels ; une cour nombreuse l'environne ; tous les génies du premier ordre lui
sont soumis, et elle conserve les mêmes pouvoirs qu'elle avoit sur la terre ; car *Apollon*
l'a rendue immortelle. — Apprends-moi, de
grâce, lui dis-je, quel séjour fortuné lui sert
de retraite, et si je peux y pénétrer ? »

A peine prononçois-je ces mots, que mon
génie Ariel, revêtu d'une forme céleste,
m'apparoît, m'environne de son ombre, et
m'adresse ces paroles :

« Il est des êtres privilégiés, qui, sans
avoir quitté leurs dépouilles mortelles, ont
osé pénétrer dans ces lieux.

» Le fils d'Anchise (*a*) y fut conduit par la
piété filiale, et j'ai moi-même favorisé leur
touchante entrevue.

(*a*) Prince troyen et de la famille de *Priam*, fils de
Capys et d'une nymphe : il épousa secrètement *Vénus*, et en
eut *Énée*. Ce dernier fut interroger la *Sibylle*, qui lui en-
seigna le chemin des enfers, où il descendit après avoir
trouvé le rameau d'or qu'elle lui avoit indiqué, pour en
faire présent à *Proserpine*. Il vit dans les Champs-Élysées tous
les Troyens, et son père, de qui il apprit sa destinée et
celle de sa postérité.

» La lyre mélodieuse d'Orphée (*a*) a su fléchir mon cœur, elle a ému les divinités infernales, et Eurydice lui a été rendue. »

Après un moment de silence, il ajoute : « Tu es protégée des dieux, parce que tu es bonne : aussi l'entrée de cette enceinte te sera-t-elle ouverte, et les véritables *Adeptes* (*b*) s'en réjouiront. » Je me prosterne devant ce *génie*, et je baise le pouce de sa main gauche ; il me touche de l'index (*c*), et je suis illuminée (*d*).

(*a*) Fils d'Apollon et de Clio ; selon d'autres, d'Œagre et de Calliope. Il jouoit, dit-on, si bien de la lyre, que les arbres et les rochers quittoient leurs places, les fleuves suspendoient leur cours, et les bêtes féroces s'attroupoient autour de lui pour l'entendre. Eurydice, sa femme, étant morte de la morsure d'un serpent le même jour de ses noces, en fuyant les poursuites d'Aristée, il descendit aux enfers pour la demander, et toucha tellement *Pluton et Proserpine*, et toutes les divinités infernales par les accords de sa lyre, qu'ils la lui rendirent, à condition qu'il ne regarderoit pas derrière lui jusqu'à ce qu'il fût sorti des *enfers*. Eurydice le suivoit ; mais, Orphée ne pouvant s'empêcher de regarder si elle venoit, elle disparut aussitôt, et lui fut ravie pour toujours.

(*b*) Ceux qui sont initiés dans les mystères d'une secte ou d'une science.

(*c*) Doigt près du pouce.

(*d*) Sectaire qui se croit en possession d'une lumière extraordinaire que Dieu a répandue dans son âme.

Le génie fait un signe à *Caron*, en déployant ses ailes d'albâtre; aussitôt la rame du pilote effleure le fleuve, l'onde bouillonne, et la barque vole à l'autre bord.

Cerbère (a) paroît, sa vue m'effraie. « Ne crains rien, me dit le *génie*, si l'aspect de ces lieux t'en impose, du moins tu seras satisfaite par l'accueil favorable que tu vas y recevoir. »

Et ornant ma main de l'anneau de Gygès (*b*) : « Porte-le au doigt de *Jupiter (c)*, me dit-il; il te reste quatre fleuves à traverser : le *Styx* (*d*), le *Cocyte* (*d*), le *Léthé* (*d*) et le *Phlégéton* (*d*) ; quand tu auras parcouru le *Tartare* (*e*), les *Champs - Elysées* (*f*) s'offriront à tes yeux.

(*a*) Chien à trois têtes et trois gueules, qui gardoit la porte des enfers et du *palais de Pluton.*

(*b*) *Gigès*, Lydien célèbre par son anneau enchanté, au moyen duquel il devint roi de *Lydie.*

(*c*) Doigt après le pouce.

(*d*) Fleuves des enfers.

(*e*) C'étoit, selon les poëtes, un lieu dans les enfers, où alloient ceux qui avoient mal vécu, pour y être tourmentés par toutes sortes de supplices.

(*f*) Partie des enfers où les poëtes feignent qu'il règne un printemps perpétuel, et où les ombres de ceux qui ont bien vécu jouissent d'un bonheur parfait.

» Je serai à tes côtés, mais invisible ; je ne peux m'arrêter chez les morts ; mais nous allons nous entretenir mentalement je t'expliquerai ce qui est au-dessus de l'intelligence humaine ; rien n'échappera à ta conception ; tu verras tout par mes yeux, je serai ton guide fidèle. » Il dit, et disparut.

Minos, *Rhadamanthe*, *Eaque* (*a*), viennent à ma rencontre ; je leur montre la bague mystérieuse : ils s'inclinent, et me conduisent par de nombreux détours devant le trône de *Pluton* (*b*).

Son visage étoit pâle et sévère ; ses yeux brillans d'une flamme éblouissante et son front ridé, me glacent d'effroi.

«*Puissant Monarque des Enfers*, lui dis-je, sans doute mon nom a déjà frappé ton oreille ; initiée depuis long-temps dans les sublimes mystères de *Pythagore* (*c*), je justifie ce que j'avance par ces caractères hiéroglyphiques ; » et en même temps je lui présente l'anneau de *Gygès*.

(*a*) Juges des enfers.

(*b*) Dieu des enfers.

(*c*) Ce philosophe apporta en Grèce et en Italie le dogme de la *Métempsycose*; il l'avoit pris chez les prêtres égyptiens, qui vraisemblablement l'avoient eux-mêmes tiré de l'Inde.

« Mortelle, me dit-il, tu peux parcourir cette redoutable enceinte; les *Gnomes* (a), les *Ondins* (a), et les *Salamandres* (a) vont t'ouvrir tous les passages; *Asmodée* (b) s'intéresse à toi, il m'a déjà parlé en ta faveur. Si le désir de t'instruire te fait braver tous les périls, tes recherches ne seront point vaines; les flots du *Styx* vont se calmer devant toi; tu verras des êtres dont l'aspect te surprendra. »

A l'instant j'aperçois les trois *Parques* (c); l'une d'elles me fixe, et me dit, en faisant rouler son fuseau plus rapidement : « *Quatorze lustres* (d) te sont encore accordés; bientôt le *génie* m'inspire de les interroger sur les différens *thèmes* de naissance des humains; elles me donnent à l'instant les signes de la *cabale* qui expliquent l'influence des astres (115). »

(*a*) Génies de terre, eau et feu.

(*b*) Esprit vengeur des crimes.

(*c*) Filles de l'Erèbe et de la Nuit. Elles étoient trois sœurs; savoir, *Clotho*, *Lachésis* et *Atropos*. La vie des hommes, dont ces trois sœurs filoient la trame, étoit entre leurs mains : *Clotho* tenoit la quenouille, *Lachésis* tournoit le *fuseau*, et *Atropos* coupoit le fil avec des ciseaux.

(*d*) Espace de cinq années.

Plus loin étoient des ombres errantes qui poussoient des cris douloureux, qu'elles n'interrompoient que pour faire entendre ces paroles :

« Nous souffrons d'horribles traitemens,
» nous payon bien cher quelques erreurs,
» quelques fautes ; mais l'inflexible *Minos*
» châtie également l'ambitieux forcené qui
» détruit tout, et l'adulateur assez pervers
» pour applaudir à ses crimes politiques, et
» les encourager. »

Là, une femme courbée sous le poids des ans, me considéroit : « Approche sans crainte, me dit intérieurement le *génie ;* cette prétendue *magicienne* se nomme *Voisin* (116) : elle fut célèbre sur la terre où elle se vantoit de posséder ton art, mais elle étoit loin d'avoir tes profondes connoissances.

« Vois, sur ce monticule, ces deux femmes qui versent des pleurs ; la première est la belle *Tiquet* (117) ; la seconde, la fameuse *Lescombat* (118), également célèbres par leurs charmes et par les crimes dont elles se rendirent coupables.

« Là, est enchaînée au pied d'un volcan, dont la lave brûlante la pénètre sans cesse, cette trop fameuse *Brinvilliers*, ce monstre parricide.

« Entends-tu les cris de ces régicides? Vois, au fond de cet abîme, les fanatiques *Jacques Clément* (119), *Jean Châtel* (120) et *Ravaillac* (121), d'exécrable mémoire ; ces monstres sont sans cesse poursuivis par la voix de leur conscience inexorable. Aperçois-tu ce *Robert Damiens* (122) doublement coupable? » A ce spectacle effrayant, je détourne les yeux. Ce dernier répétoit à chaque instant : « J'ai voulu vainement éviter mon *destin;* mais un penchant irrésistible m'entraîna vers le crime. » Et je lui dis :

L'homme est le souverain maître de son libre arbitre; il ne tient uniquement qu'à lui de le diriger vers le bien; il peut éviter le mal.... »

Je vois sur une roche, à gauche, une vaste prison; la cruelle *Tisiphone* (a), armée d'un fouet vengeur, frappe impitoyablement ses victimes. « Regarde-la ; me dit le génie; elle est assise, jour et nuit, à la porte

––––––––––––––––––––

(a) Une des furies infernales.

de cette enceinte, dont sept tours et neuf portes d'airain défendent l'entrée. Si un mortel tentoit d'y pénétrer et y parvenoit, il n'en sortiroit jamais. » Je me contente de jeter furtivement un coup-d'œil sur cette redoutable forteresse, où j'aperçois quelques figures dont les traits décomposés pouvoient néanmoins les faire reconnoître, tels que *Marat* (123), *Hébert* (124), *Roberspierre* (125), *Carrier* (126), *Fouquier-Tainville* (127), l'atroce *Simon* (128), et tant d'autres, dont les noms sont voués à une éternelle exécration. Ils se reprochoient mutuellement leurs crimes, et s'accusoient les uns les autres ; ils accabloient d'imprécations horribles leurs sacriléges sectaires, qui, sous le voile de l'hypocrisie, imposoient encore aux foibles humains.

Tout à coup je vois sortir de cet antre de bitume trois esprits infernaux, armés de fourches à plusieurs branches ; ils étoient occupés sans cesse à replonger ces misérables dans le gouffre dont ils cherchoient vainement à s'échapper ; et *Némésis* (a),

---

(a) Déesse de la vengeance.

assise sur son tribunal, les accabloit du poids de sa juste vengeance.

Je vois à mes côtés deux ombres (129) qui, par leurs traits hideux et leur agitation convulsive, expriment les remords dont le souvenir de leurs crimes les déchire continuellement. « Vous voyez en nous, me disent-elles, deux affreux coupables chefs de faction ; nous avons accéléré le martyre d'une auguste victime ; nous avons, par nos sons bruyans, étouffé sa voix ; et dans notre fureur impie et *régicide*, nous n'avons rien épargné pour maîtriser l'opinion publique, et empêcher le noble élan d'un peuple, dont la saine partie ambitionnoit de délivrer le *meilleur des Rois.* »

Une sueur froide tombe de mon front ; mes sens se glacent, mon âme se trouble, mon esprit s'égare, et, dans cet excès d'horreur et d'effroi, j'appelle à grands cris le châtiment et la terreur.

Au fond d'un vaste marais, formé par les eaux inégales des trois fleuves, s'élève une pyramide hexagone ; à son sommet est une plate-forme, environnée d'une triple grille ; là, se trouvent *Catherine Theos* (130), *Vil-*

late (131), *Wilcheritz....* (132) ; plus loin,
Danton (133), *Chaumette* (134), *Legendre* (135), *Bourdon de l'Oise* (136), etc.: tous
s'entretenoient des causes secrètes qui avoient
préparé et amené notre affreuse révolution,
et gémissoient d'y avoir pris une part aussi
active. J'aperçois, sur les débris d'une tour,
un astronome fameux, qui, d'un air sombre
et silencieux, et avec l'accent du mépris,
expliquoit à *Jacques Roux* (137), *Bernard* (138), *Chabot* (139), et *Gobel* (140),
le système de l'athéisme, en essayant de démontrer la possibilité de maintenir un corps
quelconque dans toutes ses parties, quoiqu'en
séparant son centre d'avec ses extrémités.

Déjà je franchissois la dernière partie du
Tartare, j'allois aborder le fortuné séjour
des Champs-Elysées, quand l'ombre de la
fameuse *Galigaï* (141), errante sous un bois
de cyprès, vint à ma rencontre; elle étoit
accompagnée du célèbre *La Rivière* (142),
qui lui rappeloit la justesse du *thème* de
Louis XIII, et combien il étoit dangereux,
dans des siècles d'ignorance, de démontrer
la possibilité d'établir des calculs certains,

fondés uniquement sur la science des nombres.

Trois vieillards, image vivante du Temps, s'entretenoient avec *Catherine de Médicis* (143), et lui disoient : « Nos prédictions sont accomplies. » « Oui, leur répondoit *Catherine ;* dans les temps on m'accusoit de foiblesse et de crédulité ; mais les événemens qui ont suivi mon règne, prouvent que vous ne m'aviez pas trompée. « Tous répètent, en s'inclinant : Le lis, symbole de la paix, vient de refleurir pour le bonheur de la France ; cet événement étoit annoncé par des prophéties tant anciennes que modernes (144). »

Aussitôt ces savans *astrologues* (145) m'adressent ces mots : « Ta réputation est parvenue jusqu'à nous ; tu jouis sur la terre de la plus haute célébrité. Examine ces tablettes, me dit l'un d'eux ; elles contiennent les événemens mémorables qui doivent immortaliser le dix-neuvième siècle ; tous les secrets de la nature y sont tracés : si quelques-uns restent encore couverts d'un voile mystérieux, consulte la sibylle de *Cumes ;* elle va le soulever, et t'admettre au bienfait de la révélation. »

Aussitôt mon *génie,* reprenant sa pre-

mière forme, me précède, me fait traverser
le fleuve, et nous nous trouvons dans les
bosquets de l'*Elysée*.

Là, les plus illustres personnages étoient
placés suivant le rang qu'ils avoient occupé
sur la terre ; les uns paisiblement assis sous
des berceaux de roses et de jasmins, et les
autres parcourant ces lieux, dont l'air étoit
aussi pur que leurs cœurs. Tantôt ils faisoient
une critique sévère, mais juste, de certains
novateurs qui, par leurs écrits dangereux,
avoient propagé les erreurs d'une liberté
illimitée ; tantôt ils foudroyoient, par la force
de leurs raisonnemens, le système de tous
ces réformateurs et niveleurs, qui avoient
réuni, pendant plusieurs *lustres*, tous les
genres de fléaux sur la plus belle contrée du
globe.

Je vis *Voltaire* et *Rousseau* qui se
faisoient plusieurs signes ; ils avoient l'air
d'être de la meilleure intelligence ; mais
le philosophe de Ferney me parut mal disposé en faveur de *Fréron*. Je m'imagi-
nois bonnement qu'au séjour des ombres
toutes les querelles de ce bas-monde devoient être oubliées. J'aperçois dans un

yacht, de la coupe la plus élégante, et voguant vers les bords d'une petite île, les hommes les plus célèbres du siècle de Louis XIV; je m'approche pour les entendre discourir; en un instant je me trouve au milieu d'eux; le *génie* leur révèle ma noble profession; ils sourient, et me donnent des marques de leur bienveillance : ils me font plusieurs questions, auxquelles je réponds avec précision et clarté.

Le père de la tragédie moderne, l'immortel auteur du *Cid*, me demande, en leur nom, si leurs ouvrages avoient perfectionné les mœurs du dernier siècle et des deux premiers lustres du nouveau; surtout si la clémence d'*Auguste* avoit trouvé des imitateurs....

Je baisse les yeux et lui dis que, pendant long-temps, Melpomène (*a*) avoit vu ses plus chers favoris en butte aux fureurs des

_____

(*a*) *Melpomène*, l'une des neuf Muses, déesse de la tragédie. On la représente ordinairement sous la figure d'une jeune fille, avec un air sérieux, superbement vêtue, chaussée d'un cothurne, tenant des sceptres et des couronnes d'une main, et un poignard de l'autre.

factieux; que son temple, embelli par tous les chefs-d'œuvre de nos grands-maîtres, avoit été, pendant plus d'un *lustre*, l'arène où de monstrueux politiques se disputoient la palme du génie.

Qu'un moment de calme avoit enfin succédé à l'orage; mais que le chef-d'œuvre du grand *Racine* avoit été long-temps sans trouver grâce devant le tribunal de certains censeurs privilégiés; qu'il en étoit de même de *l'Orphelin de la Chine* et de *Mérope*. *Voltaire* me répond : « Je le crois ; en France, l'application est aisée à saisir : certain personnage pouvoit se reçonnoître à la vue de Polyphonte.... »

Le bon *La Fontaine* récitoit quelques-unes de ses fables inimitables, dans lesquelles il nous peint si bien les travers de l'esprit et les vices du cœur humain, dont l'ingratitude contraste si honteusement avec la reconnoissance et l'attachement qui fait le partage de certains animaux domestiques (146).

Boileau se permettoit aussi quelques allégories; son penchant à la raillerie étoit toujours le même : déjà il avoit passé en revue tout l'empire de *Pluton*, et l'Elysée

fournissoit un nouvel aliment à son génie
caustique. Il me prie de lui raconter quelques
anecdotes malignes de notre monde terrestre ; il m'assure que je lui donnois, en le
satisfaisant, les sujets de sept cent soixante-
dix-sept satires. *Jean-Jacques*, qui, jusqu'à
ce moment, avoit gardé le silence, éleva la
voix, et me dit : « Mes ouvrages passeront à
la postérité la plus reculée. » « Oui, sans
doute, répliquai-je ; ne fût-ce que pour avoir
si puissamment aidé à notre révolution.... »

Je vois *Molière*, l'inimitable *Molière*,
qui créoit encore de nouvelles scènes ; je lui
remets à ce sujet quelques caractères nouveaux et précieux, puisés dans les différentes
classes de la société ; je lui parle des enfans
de *Thalie* (a), de leurs progrès ; je passe en
revue ceux qui ont fait et qui font encore
le plus bel ornement de la *scène française*.

J'aperçois l'ombre de *Collé*, et lui annonce
que dans la lune de *mars* de la quatorzième

(a) *Thalie*, l'une des neuf Muses. Elle présidoit à la
comédie et à la poésie lyrique. On la représente sous la figure
d'une jeune fille couronnée de lierre, tenant un masque à
la main, et chaussée avec des brodequins.

année du siècle courant, la France, par un mouvement spontané et universel, l'avoit fait revivre : et après m'être entretenue individuellement avec plusieurs ombres, je leur demande, pour mon prochain voyage, la communication de toutes les remarques savantes qu'elles auroient faites depuis qu'elles habitoient l'*Elysée*; toutes me le promettent; de mon côté, je m'engage à leur transmettre ce qui viendroit à ma connoissance, et je leur fais mes adieux.

. Je me dirige bientôt vers un tertre plus élevé. J'aperçois plusieurs personnages, dont l'un, par son attitude noble et touchante, se faisoit aisément reconnoître pour l'émule en gloire du beau *Dunois*(147). *Agnès Sorel*(148) s'entretenoit avec lui; l'un et l'autre fixoient, d'un œil curieux, une ombre fugitive qui enlaçoit, dans plusieurs guirlandes d'immortelles, le chiffre de *Henri* avec celui de *Diane de Poitiers* (149).

Plus loin, dans un enfoncement, on aperçoit un rocher; c'étoit une des neuf merveilles de la nature : de nombreux interstices permettoient d'en voir les entrailles; des molécules de différentes formes, se balançant çà

14.

et là, sembloient se chercher, s'attirer et
s'unir pour former tantôt des masses, tantôt
des filons continus et déliés qui ressembloient,
les uns aux ossemens, les autres aux nerfs
et aux fibres du corps humain. Je crus un
moment découvrir la germination des métaux.

Dans les réduits angulaires, des atomes
imperceptibles, formés de l'humide solaire,
se condensoient au sein d'un caillou pour y
déposer le germe du diamant. A l'opposé,
les émanations moins subtiles de l'astre silencieux des nuits se combinoïent avec les pro-
jections de ses fidèles satellites, pour conformer l'opale mollement brillantée.

De distance en distance, les particules des
corps décomposés paroissoient se mouvoir
pour préparer de nouvelles productions.

Le rocher étoit dominé par des bosquets,
et embellis des arbustes les plus rares. Mais
la reine des fleurs, jalouse de ses préroga-
tives, m'avertit de sa présence par l'odeur
suave qu'elle répand au loin. C'étoit l'encens
que son amour offroit à l'Eternel. La rose
entr'ouverte sembloit attendre la présence de
l'astre du jour pour étaler toutes ses pompes;
bientôt le premier rayon du soleil, franchis-

sant l'immensité de l'espace plus vite que la
pensée, vint la couvrir de mille baisers brûlans. Une goutte d'eau, déposée dans son
sein, reflète, par ses oscillations légères, l'éclat
du diamant le plus pur. Je vois la fleur s'incliner insensiblement, et prendre cette attitude
de l'abandon qui peint si bien les charmes
et les plaisirs de l'innocente volupté.

Peu à peu l'époux de la nature replon-
geant dans ses entrailles ignées l'exubérance
de l'humide vital, qui n'a pu pénétrer les
veines de la fleur, pour y être élaborée et
imprégnée d'un nouveau feu alimentaire,
va bientôt aussi la renverser avec ses forces
vivifiantes dans le sein de sa bien-aimée.

Ainsi se prolonge, dit *Ariel*, l'existence
de la végétation; et chaque plante, en attes-
tant, par la nombreuse famille qu'elle laisse
après elle, tous les plaisirs dont elle a joui
pendant sa vie, nous avertit que la durée
temporaire de chaque individu n'a d'autre
destinée que de perpétuer les formes de l'espèce à laquelle il appartient.

Là, sur un lit de mousse et de marguerites
blanches reposoit paisiblement cette femme
adorée, l'amante si chérie du bon *Henri*. La

aimable et le plus distingué, et nous accompagnèrent.

J'entre dans un *palais*, entouré d'un triple
rang de *colonnes étrusques;* l'or y éclatoit de
toutes parts, et l'albâtre y étoit prodigué. Ce
chef-d'œuvre imposant surpassoit en beauté
tous les monumens élevés par la main des
hommes ; quatre portes latérales, dont une,
au midi, étoit d'argent; la seconde, au nord,
ressembloit à l'acier poli ; la troisième, à
l'orient, paroissoit une glace dont l'éclat
éblouissoit ; la quatrième, à l'occident, se
trouvoit d'un métal unique et revêtu d'orne-
mens emblématiques.

Autour de ce grand et pompeux édifice,
je reconnois plusieurs de ces ombres heureuses, que j'avois rencontrées dans ma course
rapide ; elles s'arrêtoient sur le péristyle,
attendant le moment d'être admises dans l'enceinte ; les deux battans de la porte du midi
s'ouvrent, et laissent apercevoir l'intérieur
d'une vaste rotonde.

Ce tableau représente, me dit *Ariel*, le
contraire de la scène du monde, où l'on emploie tous les moyens de dissimulation pour
s'éconduire mutuellement avec les dehors de

l'extrême politesse. Ici, le sort de tous les immortels est fixe et immuable : ils n'ont plus rien à attendre d'aucune puissance ; mais chaque jour, ces fortunés habitans viennent embellir la cour des anciens maîtres de la terre.

Ces réunions forment l'ensemble des arts et des talens les plus distingués ; les grands capitaines peuvent s'entretenir ouvertement, fronder tous les plans, leurs résultats, blâmer même la conduite militaire de leurs successeurs, sans redouter le pouvoir des ennemis qui leur survivent.

On y manifeste ouvertement sa pensée ; chacun publie l'objet de ses agréables délassemens, sans craindre de voir morceler son ouvrage ; nulle censure n'existe : mais aussi toutes ces âmes heureuses sont animées du meilleur esprit, et correspondent directement avec les suprêmes intelligences.

Je pénètre enfin dans un temple immense, orué des drapeaux de diverses nations.

Des groupes de militaires, aussi renommés par leurs talens que par leurs vertus, manifestoient leurs vœux pour les bienfaits durables d'une paix générale. *Ariel* me fait

distinguer le chevalier *Sans peur et sans reproche* (153), le connétable *Duguesclin* (154),
l'honneur du nom français ; les deux *Biron* (155), dont les destinées prédites n'offrent
cependant pas le même dénoûment ; le maréchal *de Vauban* ajoutoit encore à sa gloire ; ce
valeureux *Turenne* (156), ce père du soldat,
reposoit tranquillement à l'ombre de ses lauriers, avec tous ses compagnons d'armes ; ils
s'entretenoient avec le prince *Eugène* (157) ;
les maréchaux *de Saxe*, *de Luxembourg* (158) ;
tous applaudissoient à la valeur française,
et disoient : « Ici, le simple militaire
qui a partagé les périls et les victoires,
jouit aussi dans ces lieux d'un bonheur
éternel. »

Je vois le duc *de Lauzun* qui récitoit un quatrain à Mademoiselle *de Montpensier* (159).
« *Louis XIV*, m'écriai-je, auroit-il ratifié ici
ce qu'il avoit refusé sur la terre ? » Le *génie* fait
un signe négatif ; le maréchal *Fabert* (160),
Chevert (161) et d'*Assas* (162), me parurent
jouir dans ces lieux d'une éminente considération ; tous les rois les fêtoient à l'envi,
et leurs glorieux exploits brilloient dans
leurs blasons. Amour au monarque qui sait

donner des récompenses ! honneur au brave qui sait s'en rendre digne !

Sur un trône de forme circulaire, étoient assis les grands hommes qui avoient paru sur la terre J'aperçois, au milieu d'une foule immense, *Jules-César* (163), que la main sacrilége de son fils *Brutus* (164) avoit frappé ; sur la même ligne est *Auguste* (165), si célébré pour sa clémence ; à ses côtés *Titus* (166), qui fit le bonheur du genre humain ; à peu de distance, *Darius* s'entretenoit avec *Alexandre* (167) ; plus loin est ce saint *Roi* (168), dont la parque trancha les jours au pays des Sarrazins (*a*) ; il peut ici s'entretenir avec la reine *Marguerite* (169) ; la sévère *Blanche* n'a aucun pouvoir sur eux ; aussi se dédommagent-ils par leurs touchantes entrevues, de la contrainte qu'ils ont éprouvée sur la terre.

Louis XII (170), *François 1er* (171), *Henri II*, *Charles - Quint*, me parurent

_____

(*a*) « Mon *fils*, mon cher *fils*, fais-toi chérir du peuple : on n'est roi que pour être aimé. » Dernières paroles que proféra *Louis IX* mourant de la peste à Tunis.

converser amicalement sur les intérêts respectifs de la *France* et de l'*Espagne*; ils répétèrent plusieurs fois qu'il étoit de la gloire des deux nations de resserrer plus que jamais les nœuds de leur alliance. Je fixe, d'un œil enchanté, le bon *Henri* (172), ce modèle des *princes*; sa figure étoit riante et animée; il adressoit des choses si aimables à la reine *Elisabeth* (173), à l'infortunée *Marie Stuard*, même à *Marie de Médicis!* Mais le ministre *Sully* (174) avoit toujours son premier regard; *Sixte-Quint* (175) écoutoit leurs discours, et en prenoit note; le cardinal de *Richelieu* (176) ne conservoit plus sa même influence sur l'esprit de *Louis XIII*; *Jules Mazarin* (177) me parut apprécié à sa juste valeur; *Anne d'Autriche* l'évitoit avec soin..... *Louis-le-Grand* (178), par son maintien noble et la majesté de ses traits, se faisoit aisément remarquer. Il alloit, venoit et parloit familièrement à tous ces immortels. *Charles I*^{er} (179), ses deux fils (180), et le prince *Edouard* (181), me parurent ceux avec qui il s'entretenoit de préférence; il prend la main de *Pierre I*^{er} (182), la porte sur son cœur; ce grand homme lui dit deux mots en langue *russe*, que le *génie* m'interprète.

- Madame *de Maintenon* (183) étoit avec *Marie-Thérèse* (184) et *Catherine I*^{re} (185) ; cette princesse ne perdoit pas de vue son cher *Alexiowitz*, pendant que *Louis XV* (186) lui adressoit le compliment le plus flatteur.

Le *Dauphin* (187), père de nos Rois, lisoit l'immortel ouvrage de *Fénélon* (188) ; il me sembloit ajouter par la justesse de ses réflexions à l'éloquence de *Mentor*.

Ce digne *prince* étoit réuni à son épouse ; l'un et l'autre contemploient avec ravissement l'auréole du martyre qui ceignoit la tête de *Louis XVI* (189). J'entends les chants religieux de vingt-une régions de *Chérubins* qui formoient autour de cet être angélique un concert de voix mélodieuses ; c'est, me dis-je à moi-même un avant-coureur des célestes *béatitudes*. A sa droite étoit madame *Clotilde* (190) et la céleste *Elisabeth* (191), modèle de bonté et de bienfaisance ; son sourire étoit celui des élus ; à la gauche du glorieux martyr, étoit cette victime si touchante de l'amour maternel, *Marie - Antoinette* (192), si digne de nos regrets ; elle tenoit

Louis-Charles (193) sur ses genoux; à ses pieds étoient le premier *Dauphin* (194) et la petite Madame *Sophie* (195). Cette tendre mère ne cessoit de répéter : « Aimables enfans ! vous n'avez pas connu nos malheurs; mais mon CHARLES, mon cher CHARLES...» Elle baigne de ses larmes le dernier rejeton du bienheureux monarque.

Marie-Charlotte (196) semble l'occuper exclusivement. Cette jeune princesse est encore dans cette vallée de larmes; et le modèle des époux lui répétoit : « La Providence (*a*) est impénétrable dans ses divins décrets, elle m'avoit annoncé cependant que notre fille bien-aimée survivroit à ses longues et douloureuses infortunes, qu'elle reverroit sa terre natale, qu'elle habiteroit les PALAIS de ses aïeux : elle est réservée, ajoute *Louis*, à sécher bien des larmes et à réparer de grands maux. »

_____

(*a*) Qu'elle est sûre et puissante cette main invisible qui conduit et règle tout ! que ses combinaisons sont profondes ! Combien l'enchaînement des circonstances influe sur la destinée des hommes, et que souvent ils appellent hasard ce qui n'est que l'effet de la vigilance du créateur sur tous les êtres, et des soins qu'il prend à leur conservation !

La sensible *Elisabeth* fait un signe appro-
bateur, et le *génie* reprend : « *Louis* possède
la sagesse de *Salomon*, et l'Esprit saint parle
par sa bouche. »

Toutes les victimes de ces jours déplorables (197) élevoient leurs voix, et crioient
vengeance, vengeance contre les instigateurs
de ces nouveaux crimes! et *Louis* leur rappelle que notre *divin Maître* avoit prescrit
le pardon des injures (198); et pour leur en
donner l'exemple, il leur montre son immortel testament (199).

Le bon *Henri* répétoit : Mon petit-fils a
raison; il voudroit, s'il étoit possible, faire
oublier les maux de cette malheureuse révolution : il faut en cicatriser les plaies, et non
les rouvrir. Je connois les *Français;* leur
cœur est bon, ils sont fidèles à l'honneur.:
c'est sur un champ de bataille qu'il faut les
voir; ils forcent la victoire à se déclarer
pour eux : et moi aussi, ajoute ce grand *Roi*,
j'ai été en butte aux projets des *Ligueurs;*
ils avoient égaré mon peuple ; mes provinces
étoient en proie aux discordes; *ma fille
aînée*, maîtrisée par les Seize, n'osoit reconnoître son Roi..... Mais j'étois du sang de

Bourbon, le vrai père de mes sujets : aussi je n'ai fait parler que ma clémence ; mes peuples se sont tous ralliés de bonne foi à mon panache blanc ; je n'ai eu besoin, pour réparer mes finances, que d'une administration sage et éclairée.

Aussi je le dis *sans feintise*, si les *Français* sont légers ; si, pour se distraire, ils aiment à faire des chansons *joyeuses* et *satiriques;* s'ils *s'évertuent* à retracer de plaisantes caricatures, et frondent même les choses qu'ils approuvent intérieurement, ils n'en sont pas moins de bons et loyaux compagnons, et méritent d'être gouvernés par un prince de notre maison, qui a déjà reçu le beau nom de *Désiré* (*a*).

Tous les *rois* se mirent à raisonner sur les grands intérêts des peuples ; après avoir posé les principes du gouvernement, ils en discutèrent l'application.

Frédéric II (200), le bon *Léopold* (201), *Gustave III* (202), *Marie-Thérèse* (203),

---

(*a*) J'aime ces belles paroles de *Montesquieu* : La clémence est la qualité distinctive des monarques. Les monarques ont tout à gagner par la clémence ; elle est suivie de tant d'amour,

Joseph (204), et l'immortelle *Catherine* (205),
s'écrièrent unanimement : Honneur à tous les
souverains de l'*Europe ! Alexandre I*ᵉʳ (206)
est le favori des dieux.

Et le bon *Stanislas* (207) fait des vœux
pour que le *Roi* des *Rois* perfectionne son
immortel ouvrage, en recréant une patrie
aux fidèles et nobles Polonais.

Et toi, pays hospitalier, protégé par
Neptune (a), reçois ici mes hommages ;
l'arbre de Jessé étoit mort sur sa tige, toi
seul en as conservé les derniers rameaux :
mais, favorisé par la saison propice, tu n'as
pas craint de les faire transplanter pour les
greffer sur leur terrain natal ; tu as été merveilleusement secondé par des vents salutaires qui souffloient des quatre extrémités de
l'*Europe*, et les plus habiles botanistes ont
présidé à leur régénération.

Comme ils pousseront des branches à
l'avenir, ils se perpétueront d'âge en âge.

---

ils en tirent tant de gloire, que c'est presque toujours un
bonheur pour eux d'avoir occasion de l'exercer.

(a) Neptune, fils de Saturne et de Rhée. Lorsqu'il partagea, avec ses frères Jupiter et Pluton, la succession de
Saturne, l'empire des eaux lui échut, et il fut nommé dieu
de la mer.

15

Henri-le-Grand me dit: «*Ventre-saint-gris,* j'en accepte l'augure, non-seulement pour mes petits-fils, mais pour le bonheur général et individuel de tous les *Français :* sans un régicide, mon peuple auroit mis la poule au pot. »

Et deux paysans *béarnois* (208), qui s'étoient glissés dans la foule, en face de ce bon *roi*, lui ont répondu dans leur langage:

« *Nout Henri, vous auriez tenu ce que vous aviez promis, et ben autre chose, sans ce maudit coup de Jarnac.* »

Un fin *Normand* (209) ajoute : « La cause première de mon bonheur auroit souvent figuré au milieu de nos repas. » « Mais, reprit *Henri*, mes enfans, dans le dix-neuvième siècle, auront le même amour pour leurs peuples, et s'en feront généralement bénir. »

Et *Louis*, le vertueux *Louis*, presse sur son cœur l'illustre chef de sa maison; son regard peignoit la sérénité de son âme.

Ariel agite et étend ses ailes; je m'incline, et il leur dit, en les regardant d'un air inspiré :

« La verge de fer s'étoit appesantie sur une partie de l'Europe ; le *Dieu* vengeur des

crimes avoit envoyé les instrumens de sa
colère, mais le glaive a été remis dans le
fourreau par l'intercession de *Louis-le-*
Bienheureux. Il veille sur la France, et
préside à ses hautes destinées. »

« Je n'ai cessé d'adresser mes vœux à
l'Eternel, dit le digne descendant de *Henri*,
pour qu'il épargnât mon peuple, pour qu'il
mît une fin aux horreurs de la guerre civile;
elle étoit depuis long-temps au milieu d'eux:
le fils combattoit contre le père, le père
contre le fils; de braves guerriers, exténués
de faim et de fatigues, réclamoient en rougissant les premiers besoins de la vie. *Paris*
étoit sur le bord d'un abîme; le noble courage de ses habitans n'auroit pu le combler....
Sans doute, par leur belle défense, ils auroient étonné l'*Europe assemblée sous leurs*
murs; mais, hélas ! ils n'auroient fait qu'aggraver leurs maux, et cette *reine* des cités
n'offriroit plus aujourd'hui que de vastes
catacombes......

« Mais *Dieu*, qui dirige tout, qui veille sur
tout, avoit mis un frein aux projets homicides. Les souverains *alliés* se sont couverts
de gloire. Les Français ont encore ajouté à

15.

la leur, par leur courage plus qu'héroïque et leurs malheurs si longs, si multipliés.... La *Garde Nationale* a mérité les plus grands éloges; car, le 3i *mars*, elle a sauvé la *France ! Ainsi parle Louis.*

La *Sémiramis* du Nord (*a*) leur dit :

« Le malheur des révolutions devroit instruire les peuples. »

Frédéric (*b*) reprend : « Les leçons de » l'expérience ne corrigent pas toujours. »

Le bon *Henri* ajoute : « Nous en avons assez; l'Europe entière a besoin de repos; le temple de *Janus* (*c*) devroit être fermé

(*a*) Quand la machine politique d'un Etat est désorganisée, il faut des siècles avant qu'on ait pu retrouver les ressorts capables de la faire mouvoir par degrés et par ordre; il faut que des milliers d'hommes périssent avant qu'aucun n'ait été assez adroit ou assez puissant, ou assez politique pour donner au tout une marche régulière : c'est quand ils seront las de s'entr'égorger qu'ils reconnoîtront que leur opinion n'étoit qu'une chimère, et leur acharnement un fléau.

(*b*) Il avoit coutume de dire : « Si j'avois l'honneur de gouverner la *France*, il ne se tireroit pas un coup de canon en Europe sans ma permission. »

(*c*) Janus, roi d'Italie, fils d'Apollon et d'une nymphe appelée Creüse. Il apprit de *Saturne* l'agriculture et la manière de policer les peuples, qui furent, dit-on, heureux

à jamais.... Il est de l'intérêt général et particulier de réunir toutes ses opinions dans
une seule, de faire quelques sacrifices mu-
tuels et indispensables, d'oublier même ses
erreurs réciproques. ·Le vrai Français doit
maintenant imiter son *roi*, et ne se souvenir
que de l'heureuse époque où son souverain
légitime lui a été rendu. »

Heureusement j'avois sur moi tous les portraits de nos princes... J'offre celui d'*Alexandre* à l'immortelle *Catherine ;* elle le pose
sur son cœur. Celui de *Frédéric-Guillaume*
fit grand plaisir au *roi* philosophe. Madame,
duchesse d'*Angoulême*, étoit d'une ressemblance frappante, *Henri* l'analysoit, et trouvoit
réunis les traits principaux de son vertueux
père, combinés avec l'aménité et les grâces
de *Marie-Antoinette ;* mais quand *Louis XVI*
l'eut considéré, ses yeux se remplirent de
larmes ; il me parut vivement attendri. La
Reine l'examinoit avec l'apparence de la
sérénité, mais son cœur étoit oppressé. *Louis*

---

sous son règne. On lui bâtit un temple à Rome, dont les
portes étoient fermées pendant la paix,. et ouvertes pendant
la guerre.

regarde fixement les portraits de ses frères,
de ses neveux.

« O vous, qui avez tant souffert , dit-il,
» pui siez-vous être un jour heureux ! puis-
» siez vous, en faisant le bonheur de la
» *France* , n'être point paralysés dans vos
» moyens ! car un *roi* ne peut se faire respec-
» ter, et faire le| bien qui est dans son cœur,
» qu'autant qu'il a l'autorité nécessaire, et
» qu'autrement, étant lié dans ses opéra-
» tions et n'inspirant point de respect, il est
» plus nuisible qu'utile. »

Ce *monarque* daigne m'interroger avec
une extrême bonté, et son auguste épouse
lui disoit : « Cette mortelle a pu pénétrer
» dans l'enceinte redoutable de l'antique
» *palais* (210) où habite la *Mort*, fille du
» *Sommeil* et de la *Nuit ;* elle a tout fait
» pour calmer ma douleur ; je l'ai vue verser
» des larmes sur mes futures destinées ; je
» n'oublierai jamais que sa rare fidélité auroit
» pu servir d'exemple à certains ingrats
» privilégiés. »

Je lui réponds que j'aurois été trop heureuse si, par mes conseils, j'avois pu l'arracher aux fureurs des factieux et forcenés

régicides; mais j'ai fait des vœux pour que l'action déchirante du remords fût pour eux l'avant-coureur des châtimens que leur prépare la justice éternelle. La *Reine*, avec une dignité noble et touchante, ajoute :

« Ma jeune amie, *j'ai tout vu, j'ai tout
» appris, mais j'ai pardonné.* »

Le digne descendant de *saint Louis* récitoit à ses nobles aïeux les passages sublimes de son testament, où l'homme paroît se surpasser. L'assemblée, en chœur, répétoit que ce monument d'héroïsme et d'éloquence mériteroit d'être traduit dans toutes les langues et gravé en lettres d'or.

Tous les monarques se levèrent à la fois ; les trompettes, les clairons, les hautbois firent entendre leurs sons harmonieux.

La princesse *de Lamballe* (211) m'adressa les choses les plus gracieuses : elle soutenoit d'une main le duc *de Penthièvre* (212), s'appuyant de l'autre sur le grand *Condé* (213). Je vis aussi cette illustre victime (214), le noble rejeton d'une famille célèbre en héros et des plus antiques souverains de l'*Europe ;* il vint à la rencontre du vainqueur de Rocroy, précédé de l'élite des guerriers français, qui, comme lui, furent immolés à la fureur ombrageuse d'un tyran farouche et déloyal.

Le *génie* répète trois fois le noble nom d'*Enghien.*

Malheur, m'écriai-je, à ceux qui versent le sang innocent ! il retombera sur eux. Tous les *Rois* m'entourent, et chacun répète que j'étois l'interprète des décrets éternels. L'im-mortelle *Catherine* et le grand *Frédéric* m'interrogent *sur trois choses.*

Le bon *Henri*, avec sa franchise accoutumée, ajoute : « *Ventre-saint-gris, elle vous* » *en dira tant, qu'à la fin elle vous dira la* » *vérité* (*a*). »

Mon amour-propre souffre un peu de cette répartie ; mais il me dit, avec bonté : « Tes » moindres pensées sont estimables, j'en » connois les effets salutaires ; plus d'un cou-» pable a entendu le cri vengeur de sa cons-» cience, en voulant connoître, par ton art, » ce qu'il avoit à craindre ou à espérer ; » tes réponses ont souvent ramené le repentir » dans son cœur ; sa vie passée, dont tu dé-

---

(*a*) Ses propres expressions quand il parloit des astrologues.

» roulois l'effrayant tableau, l'a fait reculer à
» l'aspect de l'abîme où il alloit s'engloutir.....
» Nouveau *missionnaire* (dans ces temps où
» la divine morale sembloit étouffée) tu as
» sondé les pensées les plus secrètes, tu as
» répandu des consolations à propos, en
» répétant souvent ce précepte : *Faites pro-*
» *vision de bonnes œuvres, non seulement pour*
» *l'éternité, mais pour le temps présent.* »

Car un moment viendra où vous serez
jugé par vos contemporains. « *Ventre-saint-*
» *gris,* ajoute *Henri,* il en est plus d'un qui,
» par tes conseils, sont rentrés dans le sentier
» de la vertu, et se sont réconciliés avec
» eux-mêmes. »

Je remercie ce bon prince des choses obli-
geantes qu'il vouloit bien me dire ; et il
ajoute, en s'adressant à tous ces *demi-dieux :*
« Elle avoit pourtant prédit, depuis long-
» temps, que mes Français reviendroient à
» l'amour de leurs Rois ; remarquez que je
» suis entré dans ma bonne ville de *Paris*
» le 22 *mars* 1594 (215), un *mardi,* et mes
» petits-fils ont été rappelés au *trône* le 31
» *mars* 1814 (216); le premier qui ait revu
» mon *Louvre* et salué mon ancien peuple ,....

» en fut accueilli le même jour (a) et avec
» le même enthousiasme que celui dont son
» grand aïeul fut environné........ Qu'en dites-
» vous, madame l'*astrologue?* Avouez, sans
» *feintise, que cela est d'un bon présage........*
» D'ailleurs, m'ajoute-t-il, *je sais de vos*
» *nouvelles; vous avez fait des vôtres pour le*
» *bien des miens* (217); votre sexe, en général,
» a toujours été dévoué à la plus noble des
» causes;..... mais il s'est surpassé dans vos
» derniers et mémorables évènemens. »

Il dit encore à plusieurs généraux et officiers français : « Sans doute vous avez connu,
» de réputation, la moderne Sibylle ? elle a
» mêlé ses larmes avec celles des auteurs de
» vos jours, et sa voix persuasive a conservé
» plus d'une fois une amie, une tendre mère
» à vos enfans. »

Bientôt ils me fixent tous avec une extrême
curiosité ; ils me reconnoissent, et chacun se
rappelle mes trop véridiques prédictions.

Et je dis à l'un d'eux :

_____

(a) Monsieur, frère du Roi, fit son entrée solennelle à
Paris le mardi 12 avril; et le mardi 3 mai S. M. Louis XVIII
en reçut les clefs.

« O toi, victime infortunée de la per-
» versité des hommes ! reçois ici le tribut
» d'éloges qui appartient si justement à tes
» vertus ; va, tes cruels ennemis seront con-
» fondus, anéantis, et leur mémoire devien-
» dra en exécration à l'univers. »

L'ombre de l'infortuné *Pichegru* me donne
des détails sur sa fin prématurée et sa cruelle
agonie; ma plume se refuse de les retracer
ici.

Ce jeune Sainte-C...., moissonné dans son
printemps, me dit : « L'honneur et le devoir
» me prescrivoient de rejoindre en Espagne
» le corps que j'y commandois. Vous m'aviez
» prédit les dangers qui m'ont atteint ; mais
» j'étois trop brave pour les craindre et les
» fuir; je vous plaisantai beaucoup avec mes
» amis....... Un coup de foudre détruisit mon
» enveloppe mortelle ; ma dernière pensée
» fut pour ma mère et mon unique amie.

» Maintenant que je suis immortel, je suis
» convaincu que les intelligences supérieures
» se servent des voies les plus cachées pour
» diriger et éclairer les hommes. »

« Depuis de longues années, leur dit le
» maréchal B......, Mlle *Le Normand* m'avoit

» annoncé mes grandeurs futures ; mais elle
» s'étoit arrêtée à 1813, comme au terme
» fatal....... Aussi n'ai-je pu me garantir d'un
» certain pressentiment secret...... Ma der-
» nière campagne a justifié le sens de la
» prédiction. »

Et tous répètent : « Cela démontre claire-
» ment que l'homme le plus intrépide comme
» le plus philosophe, est souvent, malgré
» lui, soumis à l'empire de la foiblesse
» humaine. »

Mais ce fut bien autre chose, quand le
général *Dub..* leur raconta sa trop malheureuse et véridique annonce.

.« D'après sa renommée, leur dit-il, j'allai
» *consulter* l'oracle du jour. Je m'étois dé-
» guisé au point d'être entièrement mécon-
» noissable ; je demande ce que l'on nomme
» le *marc de café.* Après les préparations
» d'usage, auxquelles je me soumets sans
» aucune restriction, la moderne *Pythonisse*
» me rappelle ce qui m'est arrivé ; elle m'en
» particularise les époques les plus remar-
» quables ; elle me peint ensuite le présent, non
» sous de rians aspects, mais bien avec les cou-
» leurs les plus rembrunies ; elle me dit ce que

» j'avois à craindre ; elle cherche à m'en ga-
» rantir : je joue l'homme incrédule, je la pousse
» à bout. Alors d'un air et d'un ton *prophé-*
» *tique : Monsieur*, quittez *Paris ;* quittez-le,
» vous dis-je ; dans quelques semaines, il ne
» sera plus temps....... Je vous annonce une
» gêne affreuse........ Elle examine le fond de
» la soucoupe, et m'ajoute : Ne confiez à qui
» que ce soit vos papiers, anéantissez-les
» vous-même ; rappelez-vous l'exemple du
» maréchal de *Biron* (*a*). Je reste vraiment
» stupéfait ; je ne dis mot ni pour ni contre
» l'observation ; mais j'en parlai à quelques
» amis, nommément à un *dîner* chez M. de
» C....... (218), quelques *dames* se récrièrent
» qu'elles connoissoient les talens de la devi-
» neresse ; qu'elles l'avoient mise à l'épreuve ;
» elles m'engagent bien sérieusement à prendre
» mes précautions ; je les négligeai ; et ma
» mort tragique, quelques semaines après,
» étonna tout *Paris.*

» Ce George *Cadoudal,* dont l'intrépidité,
» la présence d'esprit et le noble courage

(*a*) Ex-ambassadeur en S....

» déconcertèrent ses propres bourreaux ;
» daigna aussi me rendre justice. Il me dit
» qu'il m'avoit rendu visite trois fois ; que
» les deux premières il fut surpris, et non
» convaincu ; qu'il craignoit même quelque
» piége. Peu de jours avant son arrestation,
» un nouveau motif de curiosité, mêlé de
» crainte, le fit rentrer dans mon cabinet,
» où je lui expliquai ce qu'on appelle le blanc
» d'*œuf*; je l'assurai qu'il marchoit sur un
» abîme déjà entr'ouvert et prêt à l'engloutir;
» mais néanmoins qu'avant d'y être préci-
» pité, il pourroit envoyer quelques mes-
» sagers dans l'autre monde. »

« J'ai subi la mort de sang-froid, me
» dit-il, et avec le calme de l'innocence.
» Quand on expire fidèle à son *roi*, à són
» *Dieu*, l'Eternité est la plus belle demeure
» qu'on doive envier. »

L'illustre *M.....* leur dit à tous : « Elle mé-
» rite, à plus d'un titre, la réputation dont
» elle jouit ; non-seulement elle avoit prédit
» mes divers événemens, mais les deux der-
» niers ont été circonstanciés d'une manière
» vraiment frappante ; ses véridiques pré-
» dictions ont effrayé quelques ingrats qui

» me devoient l'existence et l'honneur.... Si
» nous attachons un certain ridicule à avouer
» nos foiblesses, il n'en est point du moment
» où celle qui interprète les *oracles* n'en
» rend que pour le bien général et par-
» ticulier. »

Le général C....., que je n'avois pas encore aperçu, me dit : « Je vous ai vue; je
vous ai consultée ; la carte emblématique
qui représente la Mort avec ses attributs, a
commandé, par trois fois diverses, ce que
vous nommez *votre grand tableau prophétique:*
J'en fus étonné..... »

Je presse la main du jeune M........., et je
lui dis, en regardant le doigt de *Saturne*
de sa main gauche : « Il étoit écrit, dans le
livre des destinées des mondes, que vous ne
verriez pas votre sixième *lustre*.... Hélas ! en
faisant votre thème par écrit, je me suis
arrêtée à votre vingt-huitième année...., et
n'ai pas eu le courage de passer outre. Une
maladie bien douloureuse vous moissonna
au printemps de vos jours : votre mort cependant fut celle des braves. »

Bientôt je m'éloigne de l'intérieur du
palais, et j'examine tous les détours de ce

mystérieux et vaste séjour; au milieu d'un cercle, je reconnois les célèbres *Lavoisier* (219), *Avel de Loizerolles* (220). Cet exemple unique et touchant d'amour paternel, le fils de l'immortel *Buffon* (221), s'entretenoit avec le jeune *Sombreuil* (222), qui donnoit le bras à la princesse de *Monaco* (223).

A côté, et sur le penchant d'une colline, j'aperçois *Charlotte Corday* (224), qui se promenoit paisiblement sous un bois d'orangers; elle tenoit un livre ouvert à la main : c'étoit un recueil des journaux de *Marat*. Bientôt elle m'aperçoit, et vient à ma rencontre; elle étoit accompagnée de diverses ombres; les unes méditoient profondément, et les autres s'entretenoient sur les grands événemens qui venoient de se passer en Europe; elles faisoient des remarques frappantes sur les progrès et la fin de la révolution française. Cette nouvelle *Judith* ajoute : Malheureux peuples ! que faisiez-vous? que pensiez-vous? quel avantage espériez-vous en changeant de souverain, pour vous donner le plus cruel tyran !

Je dis à cette femme étonnante, que son nom passeroit à la postérité la plus reculée,

avec le souvenir de la plus courageuse action
qui ait été entreprise et consommée envers
l'un des bourreaux de la France. La province
de *Normandie* consignera, dans ses annales,
ce fait vraiment unique et bien extraordinaire. *Sans prétendre l'approuver*, on peut
dire, avec vérité, que les femmes sont
capables du plus grand dévouement; souvent
leur zèle et leur noble enthousiasme firent
pâlir les assassins, et sauvèrent les victimes.

Comme je descendois la montagne, *La
Harpe* et *Marmontel* vinrent m'offrir la
main; ils étoient précédés de *Cazotte* (225)
et de l'estimable *du Rosoy* (226). J'eus le bonheur de m'entretenir avec ces hommes distingués; mes yeux s'arrêtèrent du côté d'un petit
bois arrosé par un ruisseau, bordé de saules
pleureurs. La belle *Ninon de Lenclos* (227)
étoit avec le marquis *de Sevigné* et l'abbé *de
Châteauneuf. Scarron* paroissoit mécontent,
et *Villarceaux*, sur la pointe du pied, me
sembloit être aux écoutes.

Dans un bosquet de chèvre-feuilles, qui
communiquoit directement au même centre,
étoit appuyée nonchalamment la marquise
de Sévigné; elle causoit avec son aimable

16

fille, et je m'aperçus qu'elles déroboient à
l'avide curiosité de madame *du Noyer*, certains cahiers qui devoient faire une suite aux
Lettres incomparables de cette femme célèbre.

Traversant alors un grand fleuve, j'entre
dans une vaste prairie, nuancée par l'émail
des fleurs les plus variées et les plus rares ;
sur une élévation, je remarque un temple
d'une forme *gothique*, mais élégante ; de
longues avenues de citronniers conduisent
directement au premier portique ; non loin
de là, je distingue MM. *de Montmorin* (228),
d'Affry (229), *Tronchet* (230), et divers autres ;
il s'établit à l'instant une dissertation très-vive
et très-animée entre plusieurs de ces anciens
ministres et députés des assemblées *constituante* et *législative*. Le vertueux défenseur et
l'ami de son *Roi* (231) avoit beau leur prêcher
la modération et les rappeler aux vrais principes, nos *royalistes* et les *républicains zélés*
et *outrés* persévéroient dans leur système ; ils
répétoient : *L'opinion sera toujours la reine
du monde*. J'en conviens, reprend le courageux *Malesherbes*, mais elle ne doit être
manifestée qu'avec réserve et prudence,
surtout si elle n'est qu'individuelle. Si l'opi-

nion d'un *citoyen* tend au bonheur général, si elle a pour objet de prévenir ou d'empêcher les abus de l'autorité, alors c'est un devoir de la communiquer à des hommes sages avant de la livrer brusquement au public; il faut peser de bonne foi les motifs qui nous dirigent, et surtout se mettre en garde contre l'animosité.

L'homme est le souverain maître de sa pensée, mais il ne doit la propager qu'autant qu'elle est évidemment profitable à la société, sans troubler la tranquillité de l'Etat.

Les ombres applaudissent à ce discours, et répètent: Le bonheur des *Français* dépend d'eux-mêmes; qu'ils oublient pour toujours leurs cruelles dissensions; que tous les partis se rapprochent de bonne foi, et, réunis de cœur sous l'autorité paternelle de leur *Roi*, ils seront toujours heureux et invincibles.

Et le *génie* rompt enfin le silence, et me dit : « Examine ce que tu vois ; prête une oreille attentive aux moindres discours, car c'est ici que la vérité rend journellement ses *oracles*. »

Il ajoute : « Tu es encore dans une de ces » heureuses demeures où viennent première-

16.

» ment, après le cours de leur vie mortelle,
» pour y reprendre une vie toute nouvelle,
» tous ceux qui ont fait des choses grandes
» et mémorables; tu y verras ceux qui
» formèrent les mœurs de leurs semblables,
» qui fondèrent ou qui rétablirent des em-
» pires, et ceux qui, pour soulager les maux
» auxquels est assujettie l'espèce humaine,
» créèrent des arts utiles et agréables. Cette
» *sphère* est celle qui, après la troisième,
» touche de plus près au centre de l'univers
» et au trône du Tout-Puissant. »

Je fixe, avec l'attention la plus scrupuleuse, tout ce qui m'environnoit : l'*agate*,
le *rubis*, la *topaze*, le *saphir*; l'*émeraude*,
étinceloient de toutes parts. Non, l'imagination ne peut se créer d'aspects plus riches et
plus séduisans que l'intérieur de ce temple
où je venois de pénétrer.

Là reposoit, sur un *catafalque* de velours
noir et garni de broderies d'argent, surmonté de couronnes, une femme jeune et
belle (*a*), dont le noble courage étonna nos
Français; tous l'admirèrent, et les vainqueurs

(*a*) L'auguste Reine de Prusse.

de son pays ont payé un généreux et juste tribut d'éloges à sa mémoire. Cette nouvelle amazone a combattu pour la gloire, et la gloire lui est restée fidèle et s'est fixée auprès de son *époux.*

Elle s'entretenoit avec diverses *ombres;* le *génie* m'en nomma plusieurs; un aimable sourire vint encore ranimer les grâces de sa douce physionomie, quand je lui dis que son époux, que ses enfans étoient venus visiter et embellir notre belle *France*, et qu'ils avoient accompagné le moderne *dieu Mars (a)*, *mais qu'il n'étoit entré dans notre capitale que déguisé sous les traits du fils de Vénus.*

Plus loin, dans un grand camp, je vois une multitude immense d'hommes de tout âge; il me sembloit qu'ils avoient de longues tuniques, avec des agrafes de diamans; une ample ceinture leur ceignoit les reins; un large *damas*, d'une trempe extraordinaire, étoit à leur côté; sur la lame étoit écrit, en gros caractères: *Paix éternelle.*

D'autres portoient des habits à la française, mais remarquables par leur coupe

_____

(a) S. M. l'Empereur Alexandre.

élégante et la richesse de leurs couleurs. Leurs épées étoient d'un travail précieux ; sur la poignée étoit gravé :

« Le *militaire* ne doit jamais s'en servir que pour défendre son *Roi*, et repousser les ennemis de son pays...... »

Je parcours de nombreuses routes ombragées de *palmiers;* une foule immense venoit de mon côté ; les militaires de tout grade s'empressent de cueillir des rameaux d'olivier, et m'en présentent ; je me joins à eux pour aller au-devant de celle qui laisse de bien justes regrets sur la terre.

Sur un char antique et traîné par des béliers, reposoit la bonne et sensible *Joséphine.*

Elle étoit radieuse ; mais les soucis siégeoient sur son front.

Tous les enfans de *Mars* répétoient : *S'il l'avoit écoutée, il seroit devenu immortel.*

Elle leur dit à tous, d'un air pénétré : « J'ai voulu empécher de bien grands crimes ; dans mes derniers momens, j'ai la douce consolation de pouvoir dire, avec vérité : Jamais, non jamais, je n'ai fait répandre de larmes.

L'*agneau* fut immolé, ajoute-t-elle ; mes

prières n'ont pu suspendre ni empêcher son cruel sacrifice. »

Elle reconnoît ceux qui l'environnent, et leur fait à tous le salut le plus gracieux ; chacun dépose sur son char sa branche d'*olivier*, pour lui former une couronne immortelle.

La douce *Joséphine* me regarde en soupirant ; je m'incline, et mes yeux se baignent de larmes.

Elle me dit : « J'ai désiré bien ardemment de vous voir le 15 *de mai....., je vous ai même demandée* (*a*)...... Dans mes derniers momens, j'ai pensé à vous (*b*)....... »

Cette femme bienfaisante m'honore de nouveau de tous ses sentimens de gratitude ; elle me révèle bien des choses, et en confie de très-délicates à ma discrétion......., En parlant de *Napoléon*, elle ajoute : « J'ai bien souffert ; mais je suis restée fidèle à l'amitié jusqu'à mon dernier jour. »

_____

(*a*) Je me rendis ponctuellement à son invitation ; mais j'arrivai trop tard : elle venoit de partir pour Saint-Leu, où se trouvoit l'Empereur Alexandre, etc.

(*b*) Ce fait m'a été rapporté.

L'estimable *Beauharnais* (232) étoit à ses
côtés ; il ne pouvoit encore revenir de sa
surprise en voyant son étonnante destinée,
et le rôle extraordinaire qu'elle avoit su
remplir. Elle lui dit, avec attendrissement :
Nos enfans nous feront revivre, et ajouteront
encore un nouveau lustre à l'éclat de votre
nom par leur *belle* et *noble* conduite.

Elle daigne me désigner le lieu secret où
étoient renfermés ses nombreux manuscrits.
« J'ai déjà commencé, me dit-elle, à rédiger
mes singuliers Mémoires, je vous autorise à
les continuer....... (*a*) Vous avez les matériaux
pour achever et perfectionner ce grand ouvrage........ Vous en aurez la gloire ; mon
ombre en accueillera la *dédicace*, » finit-elle
en souriant.

Ainsi me parle cette femme extraordinaire.
Après quelques momens de silence, elle
reprend la parole pour me raconter les
marques touchantes de bonté et d'intérêt

(*a*) O femme si sensible, si bienfaisante, à qui je rends
un hommage tendre et respectueux et si bien mérité, vos
Mémoires verront le jour le 29 mai 1815 ; jour funeste où
vous perdirent ceux que vous obligiez d'une manière si noble
et si délicate.

qu'elle avoit reçues des souverains alliés. Au
nom d'*Alexandre*, son émotion devint tout-
à-fait visible......... La cour céleste qui l'environnoit répète : C'est le plus beau des *chérubins*
descendu sur ce globe terrestre pour y rétablir
l'équilibre.

Tout à coup un chant mélodieux se fait
entendre ; *Rameau, Gluck, Sacchini, Gretry*,
dirigeoient un orchestre dont ils étoient les
créateurs.

On environne la nouvelle divinité ; pour la
conduire à la place désignée par *Minos*.

Là, s'élevoit un riche mausolée de forme
hexagone, qui représentoit le temple du Feu
à *Memphis*. Des demi-jours, pratiqués avec
art, rendoient cet intérieur mélancolique et
silencieux. Hors de son enceinte, croît naturellement la pensée qui s'enlace avec les
soucis ; des touffes d'immortelles sont à chaque
extrémité. Sur un lit de repos éternel, on
place celle qui naguères fixa les yeux de
toute la *France ;* son élévation étonna l'univers ; elle laisse des regrets bien sincères,
Napoléon lui-même n'y peut être étranger.....

Je leur dis à tous : Elle fut portée au faîte
des grandeurs, mais elle n'en abusa jamais ;

je l'ai vue s'attendrir sur le sort de malheureuses victimes ; elle versa des larmes au
souvenir des souffrances cruelles de la reine
Marie-Antoinette ; elle me fit souvent répéter
ce que j'avois vu, ce que j'avois entendu ;
et son cœur, douloureusement affecté, laissoit
voir à découvert toute la force de sa sensibilité.

Joséphine avoit le plus juste aperçu, une
aménité et une grâce persuasive ; son discer-
nement étoit exquis ; ses pressentimens ne la
trompoient jamais ; souvent elle me disoit :
Avouez que c'est une petite folie que de vous
croire, pourtant c'en seroit une plus grande si
je révoquois en doute ce que vous m'annoncez.

Elle fut la bienfaitrice et l'appui de la veuve
et de l'orphelin ; le malheureux trouvoit en
elle un ange consolateur. Qui, mieux que
moi, connut la bonté de son cœur, l'élévation de son âme ? Elle plaignoit, elle honoroit
l'archiduchesse *Marie-Louise ;* elle rendoit
une justice éclatante à ses qualités éminentes ;
et souvent, dans l'épanchement que donne
la confiance, elle me disoit : « Au moins s'il
» l'aime, s'il la rend heureuse, leur bonheur
» me suffit...... »

Tendre mère, elle plaçoit son unique félicité dans ses enfans; que de fois elle m'a dit,
depuis son cruel abandon : « Que devien-
» dront-ils ! Quelle sera maintenant leur
» destinée ! »

Bonne *Joséphine*........ *Scalhiah* (*a*) veille
sur eux ; il saura récompenser, dans les enfans, les vertus de leur mère. . . . .

. . . .

. . . .

. . . . Elle va dormir éternellement
du sommeil des justes ; mais, avant d'être
admise dans le sein de son unique Créateur,
la *France* entière et les dignes souverains de
l'Europe l'avoient déjà jugée.

Le *traducteur élégant et harmonieux des
Géorgiques*, vint jeter quelques fleurs sur le
tombeau de celle qui vivra éternellement
dans la mémoire de ses amis ; il fit un discours
touchant et sublime qui produisit le plus vif
enthousiasme.

On applaudit le beau talent du *Virgile
français*, et il me dit: « Ah ! si mes jours

(*a*) Génie, moteur universel.

eussent été prolongés, j'aurois été l'heureux
témoin de ce grand évènement; avec quels
transports je l'aurois chanté ! Il fut toujours
le désir le plus ardent de mon cœur. »

Je m'empresse de lui annoncer qu'une nouvelle édition exacte de son poëme de la
Pitié venoit enfin de paroître. Ce grand poète
fut rayonnant de surprise, surtout quand il
apprit les détails de ce qui s'étoit passé si récemment dans notre commune patrie. « Vous
n'êtes pas la seule, me dit-il, qui avez pro-
phétisé; j'ai eu aussi mes révélations sur notre
avenir, » et il répète avec feu :

> Jeune et digne héritier de l'empire des czars,
> Sur toi le Monde entier a fixé ses regards.
> Quels prodiges nouveaux vont signaler ta course!
> Tel que l'astre du Nord, le char brillant de l'ourse,
> Toujours visible aux yeux dans ton climat glacé,
> Comme un phare éternel par les dieux fut placé.
> Ton regard vigilant, du fond du pole arctique,
> Sans cesse éclairera l'horizon politique.
> Ta sagesse saura combien sont dangereux
> Les succès corrupteurs des attentats heureux.
> Oui, tu protégeras ce prince déplorable,
> Que relève à tes yeux une chute honorable.
> Qui, d'un œil paternel, pleurant des fils ingrats,
> L'olive dans la main, en vain leur tend les bras.
> Quel malheur plus touchant, quelle cause plus juste
> Réclame le secours de ta puissance auguste?

Souviens-toi de ton nom ; Alexandre autrefois
Fit monter un vieillard sur le trône des rois.
Sur le front de Louis tu mettras la couronne.
Le sceptre le plus beau, c'est celui que l'on donne.

Toutes ces ombres sont transportées d'admiration. Ce bruit réveille la touchante *Joséphine* ; elle nous imite et nous dit :

« Heureux le peuple qu'aucune dissension » n'agite, qui n'a point éprouvé les revers » de la fortune, et qui vit dans l'abondance » de toute chose !

» Mais plus heureux celui qui sait mettre » à profit les maux qu'il a soufferts, les » guerres qui ont déchiré son sein, pour se » régénérer et rendre son nom célèbre à » jamais par ses lumières et par ses vertus !

» Je fais des vœux pour que les grandes » puissances de l'Europe posent les bases » inébranlables d'une paix universelle !

» Que ce magnanime et grand *Alexandre* » consolide, dans un congrès, son plus bel » et digne ouvrage ! Déjà il est immortel » aux yeux de l'univers ; mais le Suprême » Arbitre des destinées des mondes lui ré-» serve encore bien d'autres récompenses ! »

Pendant que *Joséphine* parloit ainsi, on

voit s'approcher un char brillant, dont la forme est une coquille; il est fait de manière à être conduit par les mêmes génies à travers trois élémens différens, la terre, les flots et les airs. Des sylphes d'une beauté rare, avec des ceintures couvertes de pierres précieuses, le dirigent sur la terre; et, quand il est en l'air, le soutiennent, en forme de litière. Des coursiers ailés, tels que les poëtes nous ont représenté Pégase, traînent ce char, mais de manière qu'il me semble légèrement suspendu au-dessus des ombres heureuses; le siége est commode et d'un bois très-précieux; les barres en sont d'une écaille élastique et impermutable; les lames, les clous, les ressorts sur lesquels le siége est appuyé, sont d'or massif, mais extrêmement solides et légers.

Des *gnomes*, des *ondins* et des *salamandres* environnent ce char tout extraordinaire. Tous ces génies portent le sceau de leur puissance et de leurs attributs.

Là, on voit *Pluton* dans toute sa gloire.

Le plus grand silence règne au sein de l'Elysée.

Le maître de ce nouvel univers, où règne

constamment un éternel printemps, jette un coup-d'œil pénétrant sur ce monde immortel; aux uns il prodigue quelques louanges, mais il me semble qu'il en est qui ont très-peu de part à sa faveur bienveillante.

De ce nombre j'en reconnois plusieurs.

Il fait un signe; tous approchent. Aux uns il décerne des couronnes éclatantes; aux autres, de bien inférieures; même il dit à quelques-uns : La révision de votre jugement est nécessaire; ou *Minos* n'a pas remarqué toutes les pièces à conviction, ou vous êtes passés dans un moment où vos juges, fatigués de ne trouver que de grands coupables, ont temporisé et cherché à pallier des torts réels en faveur de quelques actions méritoires.... Le repentir, bien sincère, pourra néanmoins vous faire absoudre...

Le fils de *Saturne* daigne interroger *Joséphine*. Il passe rapidement sur tous les événemens de sa vie; il fait une revue générale des moindres faits; le nombre de ses bonnes qualités excédoit celui de ses fautes, dans la proportion d'un à cent: aussi confirme-t-il, et sans appel, le jugement rendu en sa faveur. — Il ajoute que, le 16 *décembre* 1814,

cette femme incomparable seroit admise
dans le palais des dieux.

Vous pouvez encore, lui dit il, et jusqu'à
ce que le cercle horaire (*a*) ait achevé son
cours, correspondre directement avec *Napoléon*, et lui transmettre vos dernières volontés.... Si le langage du cœur n'étoit point
entendu, faites parler auprès de lui celui de
la vérité.

Qu'il apprenne enfin, continue le maître
des Enfers, qu'il ne sera protégé du souverain
de l'Olympe (*b*) qu'autant qu'il ne s'écartera
jamais du cercle qui lui est prescrit : une
ligne de démarcation lui sera tracée par
nous; s'il vouloit la franchir, et qu'il y par-
vînt...., alors il serviroit de leçon à ceux
qui, comme lui, révoqueroient en doute la
certitude des destinées écrites....

Ainsi parle le souverain de ces lieux.... Il
examine la main gauche de *Joséphine*, et
reste étonné à l'aspect de certain signe..... Il

(*a*) Qui a rapport aux heures.
'(*b*) Célèbre montagne entre la Thessalie et la Macédoine.
On croyoit que *Jupiter*, avec toute sa cour, faisoit sa demeure
sur le sommet de cette montagne.

lui passe un anneau au doigt de *Saturne.*
Cette aimable immortelle s'incline profondément.

Alors elle me remet son testament secret,
et me fait promettre, en présence de l'arbitre de ses nouvelles destinées, que, dans les
vingt-quatre heures, je le ferois parvenir
directement à son époux.... Moi-même, lui
dis-je, je veux me charger du message....Le
sévère *Pluton* m'applaudit.

Je lui promets de lui rendre visite au
moins chaque *lune* (*a*), pour lui parler de
ses enfans, de ses amis, et de [celui qu'elle
ne peut oublier.....

Elle me dit encore, avec une extrême
bonté, et en fixant tout ce qui l'environnoit :

> A tes profonds calculs ne joignant pas la feinte,
> Par toi l'adepte éprouve ou l'espoir ou la crainte.

(*a*) Depuis le 29 mai que *Joséphine* n'appartient plus à la
terre, je lui ai rendu sept visites ; et là, elle m'a révélé bien
des choses secrètes et très-étonnantes, et le 15 *décembre*
dernier, j'ai été témoin oculaire des honneurs que la cour
céleste lui a décernés. Aussi je n'ai voulu, mes chers adeptes,
publier mes Souvenirs prophétiques qu'à dater du moment
où les dieux l'avoient admise au comble de la félicité, et au
terme d'un lustre, et jour pour jour de celui où elle avoit
été répudiée par Napoléon..... Car elle le fut le vendredi
15 décembre 1809, à dix heures du soir.

Bientôt elle retombe dans un sommeil pénible.

Toutes ces ombres lui donnent le dernier adieu jusqu'au temps prescrit.

Et moi, dans une douleur profonde et concentrée, je lui dis :

« Reçois les derniers devoirs de celle qui te connut si bien, et repose en paix. Si ton âme est ici présente avec tes restes, ah ! qu'elle reçoive l'assurance que le souvenir de tes mérites, de tes bontés, sera toujours présent à ma mémoire. »

Je m'éloigne tristement de ce mausolée, qui renferme les dépouilles mortelles d'une femme de bien.

Bientôt *Pluton* parcourt rapidement ces lieux, et franchit l'enceinte de cette île. Il s'arrête un moment à la voix suppliante de l'infortunée M. D. B..., qui le conjuroit de jeter un regard protecteur sur l'amie de son enfance.... « Elle succombera à sa douleur, disoit-elle ; elle vient de perdre la meilleure des mères.... »

Ce maître suprême répond : « Le rêve de sa grandeur est évanoui ; ainsi, tout passe dans la vie. — Qui peut aller contre les des-

tinées ? qui peut même les prévoir? Mais
rassurez-vous, ombre si sensible, je veillerai
constamment sur cette mortelle, et *Nghas-
chaliah* (*a*), qui connoît la bonté de son
cœur, sera pour elle un juge équitable, et
Mehiel... (*b*) lui servira de père attentif.... »

Je dis deux mots à l'amie bien intime de
la douce H........ « Vous m'aviez annoncé,
m'ajoute-t-elle, que de 1809 à 1813, j'éprou-
verois de grands chagrins, que j'aurois même
à craindre deux élémens.... (233). Hélas! depuis long-temps j'avois le pressentiment de
ma triste fin........ J'hésitai même pour me
rendre à l'invitation de mon amie....; néanmoins je surmontai mes craintes, et je les
dissimulai....; et c'est dans le lieu même où
j'appris la mort de mon époux........ que j'ai
rendu, d'une manière aussi cruelle qu'elle a
été prématurée, mes derniers soupirs.... »

Je m'éloigne insensiblement, et je parcours
de nouveau ces lieux, qui m'étoient inconnus.

Le *génie* qui me guide me fait descendre
vers une vallée ornée de cascades et de
pyramides, de tours, de colonnes, de sta-

(*a*) Génie, juge équitable.
(*b*) Génie, père attentif.

tues, de fontaines dont les eaux jaillissantes
formoient une multitude de dessins variés :
là, je remarque un grand nombre de *génies*
qui se dirigeoient vers les quatre élémens.

Plus loin, la cour de *Thalie*, celle de
Melpomène, étoient réunies dans un cirque,
surmonté de plusieurs estrades; je vois les
artistes les plus anciens , les plus modernes,
et surtout les plus distingués. J'entends une
voix mâle et sonore; ces sons électrisent
l'âme; il est impossible de méconnoître le
créateur du genre tragique , l'immortel
le K....

Il récitoit ces beaux vers d'*Athalie* :

Celui qui met un frein à la fureur des flots,
Sait aussi des méchans arrêter les complots.
Soumis avec respect à sa volonté sainte,
Je crains *Dieu*, cher *Abner*, et n'ai point d'autre crainte.

La belle *C...t* s'entretenoit avec ce bon *C...e*
l'aimable *D...r*, le joyeux *P...e*, le *C...r* (234);
C...u (235), et *J...i*, tous me firent des questions
multipliées sur les affaires de ce bas-monde;
je leur raconte les événemens qui viennent
de s'y passer; ils m'écoutent en silence, même
avec attendrissement. « Voilà donc , s'écrie
l'inimitable *C....*, le bonheur et la paix qui

reviennent se fixer au sein de notre commune patrie; puissent-t-ils maintenant y
séjourner à jamais ! »

Ils me demandent, avec une sorte d'empressement, des nouvelles de leurs amis ; je
leur parle de cette tout ingénue et vraiment
jolie *M..S*, qui d'un vol rapide a donné
l'essor au premier talent, et dont les critiques
nombreux sont forcés aujourd'hui à l'admirer
eux-mêmes.

Je leur passe en revue ceux et celles qui
s'illustrent toujours, et ajoutent encore à
leur réputation primitive ; je dis un mot sur
la vive et aimable *B....n*, sur l'intéressante
V...., aussi distinguée par ses talens naturels,
que par la sensibilité de son cœur ; je n'oublie point la spirituelle et bonne *M...y*, la
belle *G...*, ni *R...t*, cette reine chérie de *Melpomène; T...a, la F....d*, le naïf et franc *M....t*, etc.

C....t me sourit avec cette grâce et cette
finesse qu'on lui connoissoit ; elle plaisantoit
agréablement *M....* sur sa mélancolie, et
celui-ci répétoit avec une sorte d'humeur : « Il
y a vingt-un ans, qui pouvoit se douter que
l'année 1814 amèneroit d'aussi grands résultats ? O *F....y*, et vous tous de l'*ancienne*

Comédie Française, qui avez été incarcérés
en 1793, comme de zélés et francs royalistes,
comme vous devez triompher aujourd'hui!...»
Je remarque avec quelque peine que sa
voix étoit altérée, en prononçant ces·der-
niers mots....

Mais quand je leur retrace le noble enthousiasme que les femmes avoient montré
pour la plus juste des causes, et combien
leur conduite ferme et courageuse avoit servi
puissamment à électriser les esprits au moment de l'entrée des alliés à *Paris :* « Ah, que je
regrette l'existence ! s'écrie *C....t,* le 31 mars
auroit été le plus beau jour de ma vie. »

Après quelques instans de recueillement,
je me dirige de nouveau, et avec l'aide du
génie, vers une mer calme ; des chaloupes et
de gros vaisseaux de formes diverses étoient
non loin de ces bords ; je passe dans l'une ,
Ariel en prend le gouvernail , et je parcours
une grande immensité.

J'aperçois une rivière, qui traverse une
grande cité ; son étendue me paroît immense,
et ses édifices sembloient toucher aux nues.

Et je me dis : « Voilà une ville fameuse,
qui peut passer pour la reine du monde, et

et dont les habitans peuvent servir de modèle à tous les peuples de l'univers. »

Je considérois avec attention tout ce que
je voyois. J'aime à examiner ce que je ne
connois point, et je cherche à m'instruire,
car je ne crois point tout savoir.

Je fus tirée de ma contemplation par le
vol rapide d'une *colombe;* toutes les ombres
heureuses qui habitoient cette nouvelle
Lutèce, répétoient à la fois :

« Des anges reviennent enfin au milieu
de nous...., Oublions de cruels et fâcheux
souvenirs.... Ne formons tous qu'un vœu.

» Que les lis, symbole de la paix, croissent
paisiblement parmi nous.

» Ah! puissent-ils se multiplier et étendre
leurs branches à l'infini...., pour empêcher
de mauvaises herbes parasites, de nuire à
leur entière régénération!

» Heureux les descendans de ces nobles
et fidèles Gaulois, qui aujourd'hui riva-
lisent d'amour et de zèle, non-seulement
pour le bien de leur patrie, mais pour la
sûreté et la tranquillité de leur bon souverain!

» Mille fois heureux, celui qui, oubliant
les haines de partis si funestes et toujours

daugereuses, pardonne loyalement les torts personnels, inséparables d'une grande révolution, et confondant alors toutes ces opinions diverses, et se réunissant de cœur au moderne *Sésostris* (236), ne se rappellera maintenant que le beau jour où la grande famille s'est trouvée si spontanément et si miraculeusement réunie. »

Tout à coup je fus éblouie de l'éclat qui m'environnoit, et je vis la vertu sur le trône, et je l'adorai !

Je continue à diriger mes pas vers les principaux monumens de cette grande et merveilleuse Babylone. Je les dessine ; plus loin, j'aperçois une foule nombreuse. Mais quelle fut ma surprise, que dis-je, mon admiration, d'y reconnoître les auteurs de mes jours ? Mon âme a besoin de respirer ; non, l'on ne pourra jamais se faire une idée du bonheur que j'éprouvai. Que ce soit un songe ou une réalité, je les ai vus, je les ai entendus. Ma *mère* avoit conservé toutes les grâces et la fraîcheur de sa jeunesse ; mais sa beauté primitive s'étoit encore accrue d'un nouvel et brillant éclat.... Mon *père* lui renouveloit ses doux sermens d'amour. Disciple et digne émule du *Gentil Bernard*, il savoit bien aimer.

Mon unique frère, dont la fin tragique me fut aussi sensible qu'elle est honorable pour sa mémoire.... Ma bonne sœur, dont la mort prématurée m'a légué ses deux enfans ; tous étoient réunis : ils habitoient ensemble, et ma demeure éternelle m'étoit déjà désignée au milieu d'eux....

Oh ! qu'il est doux de pouvoir se dire : Je reverrai ceux que j'ai tant aimés !

Mais le *génie* tourne trois fois et agite ses ailes. Je n'ai que le temps de les serrer. Mon cœur tressaillit d'une joie jusqu'alors inconnue. J'avance pour les embrasser. O surprise ! ô regrets ! A peine je crois les tenir dans mes bras, qu'ils échappent et disparoissent à mes yeux comme des nuages qu'un vent rapide et violent disperse en un instant, et je m'écrie : La matière n'est que forme, l'âme seule est immortelle !

Je vois encore beaucoup d'ombres qui m'étoient inconnues, et paroissoient absorbées dans une profonde méditation. Le *génie* me fait remarquer le célèbre *Lavater* (237), qui dessinoit leurs traits ; je lui dis que j'étois en possession de ses curieux ouvrages, que j'y ajoutois encore, non par *théorie*, mais par pratique ; je remarque que son ombre étoit celle d'un vieillard, dont tout l'ensemble inspire une sorte de vénération.

Il me dit : « Vous vivez au milieu d'un monde où vous pouvez faire les remarques et les découvertes les plus importantes et les plus variées : c'est une *mine* qu'il vous est facile d'exploiter, un bon physionomiste ne peut s'y méprendre ; l'homme sage, prudent, et surtout modéré, est bien plus difficile à connoître que ce flatteur qui séduit d'abord, mais qui néanmoins rapporte tout à son intérêt particulier ; misérable *caméléon* (a), il sacrifieroit honneur, patrie, devoir, pourvu qu'on le laissât jouir impunément du fruit de ses rapines. Examinez-le bien ; son sourire faux et contraint vous décèle aussi un ami dangereux, un politique ingrat, et un homme inaccessible au moindre mouvement de sensibilité. »

(*a*) Je définis la cour, un pays où les gens
    Tristes, gais, prêts à tout, à tout indifférens,
    Sont ce qui plait au prince, ou s'ils ne peuvent l'être,
    Tâchent au moins de le paroître ;
    Peuple caméléon, peuple singe du maître.

                        La Fontaine.

Je tourne mes pas du côté du midi. Bientôt je parvins sur une éminence où se trouve un château bâti à pic, et qui domine toute la côte ; j'interroge le *génie*, il me dit : « C'est une des entrées qui conduit au fortuné séjour qu'habitent les sublimes intelligences ; il est quelques ombres protégées par leurs œuvres, qui jouissent du bonheur inappréciable de pénétrer dans cette enceinte. »

Je veux la franchir, malgré les ordres d'*Ariel* ; mais je me sens repoussée par une main invisible ; le tonnerre (*a*), avec un fracas épouvantable, redouble mon effroi ; tout le ciel est feu ; et les éclairs qui se croisent, convertissent la nuit en un jour affreux ; une voix extraordinaire fait entendre ces mots : « Tu dirigeras *ta course vers le septentrion.* »

Tout à coup le calme renaît, l'arc de paix brille dans les nues, le ciel redevient serein, et je m'empresse de redescendre.

Et je vois, à ma droite, les anciens philosophes et tous ceux qui possèdent les secrets

_____

(*a*) La couronne de laurier dont *Jules-César* ceignoit son front étoit destinée, suivant *Suétone*, à détourner de lui le tonnerre qu'il redoutoit extrêmement.

de la nature ; à gauche, je descends vers
l'antre de la *Sibylle* de Cumes ; tous les jours,
dit le *génie*, de nombreux *adeptes* lui font
une cour assidue ; je vais t'introduire auprès
d'elle.

A l'aspect des plus fameux cabalistes , je
me sens vivement émue. *Hermès* (238),
Zoroastre, *Paracelse* (239), *Apollonius* de
Tyane (240), *Raimond Lulle*, *Nicolas*
Flamel (241), le fameux comte de *Saint-*
Germain (242), don *Pernetti*, etc. Ils me
fixent avec curiosité ; leurs yeux pénétrans
sembloient deviner ma pensée.

Aussitôt qu'ils apprennent que je suis l'interprète des hautes sciences, ils m'abordent
avec empressement. « Votre art est admirable,
dit l'un d'eux, mais il n'est pas sans écueil ;
l'intelligence humaine ne peut pas tout saisir. »
En nous entretenant de choses sublimes, nous
arrivons auprès de la *Sibylle*.

Ce n'étoit plus cette antique *Pythonisse*,
dont la voix débile annonçoit l'avenir ; son
air vénérable en imposoit ; et les traits de la
vieillesse ne sillonnoient plus son front,
devenu majestueux dans ce séjour de renais-
sance ; son regard étoit vif et brillant ; l'ac-

cent de la persuasion accompagnoit ses
discours.

« Approche, ma fille, me dit-elle; j'ai fait
le *thème* de ta naissance il y a *quatorze cents
ans;* je savois d'avance que tu me ferois
revivre un jour, et que tu perpétuerois le
souvenir de ma célébrité.

» Les dieux t'ont douée du privilége d'interpréter les livres *sibyllins* (243); tu as pénétré
dans les détours de la mystérieuse cabale; en
un mot, personne ne sait mieux que toi
expliquer les augures; tu es née pour de
grandes choses, et tes ouvrages mettront le
comble à ta réputation; mais tu dois passer
par de nouvelles épreuves, une fois, — même
deux; — les grandes vérités que tu publieras
encore te livreront à la persécution des méchans....... Arme-toi de courage; dans trente-
trois *lunes*, au plus tard, — tu triompheras
de tous tes ennemis. »

La Sibylle m'impose le doigt de *Saturne*
sur la bouche, et le *génie* se prosterne, ainsi
que moi, devant elle.

Un glaive s'agite entre ses mains; elle
m'ajoute : Prends ce nouveau *palladium* (a),

―――――――――

(a) C'étoit une statue de Minerve qu'on prétendoit être

le plus précieux qui soit dans l'univers ; par lui, tous les secrets de la nature t'appartiennent ; il remplace la mystérieuse flèche d'*Abaris* (*a*) ; mais il a, de plus, la vertu de te rendre invisible ; remets au *génie* l'anneau de *Gygès*, dont tu es en possession ; il t'est maintenant inutile.

» Ne quitte jamais cet unique *talisman ;* par lui tu obtiendras la protection de *Jupiter* et du *Soleil ;* je veillerai toujours sur toi ; souvent nous nous entretiendrons ensemble. » Elle ajoute d'autres paroles mystérieuses, qu'il ne m'est pas permis de révéler.

Et je lui parle de *Joséphine* ; surtout de l'importante et douloureuse mission dont elle m'avoit chargée.

La Sibylle réfléchit un moment...... et me

---

escendue du ciel, et s'être placée elle-même dans un temple de cette déesse, à Troie. L'*oracle* assura que jamais on ne prendroit la ville, tant que cette statue ne seroit point enlevée. Les *Grecs* étant venus l'assiéger, *Diomède* et *Ulysse* passèrent par des souterrains, et emportèrent ce simulacre : peu après la ville fut prise.

(*a*) *Abaris* étoit un Scythe, qui, pour avoir chanté le voyage d'*Apollon*, au pays des Hyperboréens, fut fait grand-prêtre de ce dieu, et reçut de lui, outre l'esprit de divination, une flèche sur laquelle il traversoit les airs.

dit : « Cette femme bienfaisante et modeste possédoit ces dons heureux qui séduisent les cœurs ; aussi fut-elle protégée par moi d'une manière toute particulière........

» J'ai voulu que ses destinées si extraordinaires lui fussent prédites vers sa douzième année........ en 1794, au moment où la hache homicide faisoit tomber sous ses coups tant d'illustres et de malheureuses victimes ; et venoit même de lui ravir son époux.......*. *Joséphine* ne fut préservée du fer des assassins que par mon influence........

» Je t'inspirai alors de lui répéter non-seulement les prédictions de la *Sibylle créole* (*a*), mais de les lui particulariser et d'y ajouter encore des détails si singuliers et si marquans, que non-seulement elle en fut interdite, mais en demeura frappée.

» Tu peux donc, ma fille, entreprendre ce nouveau voyage........ ; je ferai disparoître à tes yeux de grandes et nombreuses difficultés........ ; je préparerai même *Buonaparte* à t'écouter avec le calme et la résignation qui

(*b*) Connue à la Martinique, sous le nom de David.

conviennent à ton pénible ministère......... Je te délègue de grands pouvoirs ; mais j'aurai la certitude qu'*Hahhaschiah* (*a*) veille sur toi ; ta mission fidèlement remplie, je t'en promets la double récompense.

Le *génie*, fixant sur moi ses regards : « Heureuse mortelle, me dit-il, le grand œuvre est à toi ; commande à tous les élémens..... ; pour moi, mon devoir est de t'obéir....... ; tu peux maintenant te diriger seule vers l'île d'*Elbe* ; tu peux la parcourir dans toute son étendue ; au mot d'*Ariel*, tu me verras toujours paroître....... Il dit, et un nuage l'emporte dans les airs.

Bientôt, nouvel *Icare* (244), je traverse l'immensité du vide ; je m'élève jusqu'au firmament ; l'éclair brille, la foudre gronde, mes yeux sont éblouis par le plus ravissant spectacle........ J'aperçois *Jupiter*, je le contemple dans sa gloire ; et, pénétrée de respect et d'admiration, je plane un moment au-dessus de l'empire de Neptune.

(*a*) Génie, secret impénétrable.

DESCRIPTION

DE

L'ILE D'ELBE.

—

Et je me retrouve dans une campagne
agréable et diversifiée ; cette foule d'oiseaux
étincelans, de quadrupèdes singuliers que je
rencontrois à chaque pas, m'offroient des
sujets de méditation aussi variés qu'intéressans ; un *tilleul* majestueux s'élève au milieu
d'une route déserte : il rend le lieu encore
plus propre aux réflexions. Je vais m'asseoir
un moment au pied de cet arbre, et laisser
prendre un libre cours aux pensées sérieuses
qui occupent mon âme ; je fixe de nouveau
les lieux que je venois de parcourir, et je
me dis : C'est donc ici où tombe le rideau
qui couvre les scènes de la vie et les scènes
du théâtre du Monde !..... Le foible et le puissant viennent et demeurent à cette dernière

18

station : c'est là le chemin qui conduit directement aux destinées éternelles.

Reprenant de nouveau ma course , et
favorisée par la puissance du *talisman*, je
parcours les villes les plus célèbres de la belle
Italie ; je plane un moment sur cette maîtresse
du Monde (*a*), et fais des vœux pour que la
douce tolérance y dicte les lois les plus
sages au père commun de la grande famille;
je jette un coup-d'œil furtif sur *Naples*, et je
fais deux remarques qui tiennent à des mystères d'une haute importance; de là j'examine
tout l'intérieur de la *Toscane* (*b*) : c'est sur

(*a*) Elle fut fondée par *Romulus*, et donna le nom au
célèbre empire romain. Cette ville est une des plus fameuses
du Monde. C'est la capitale de toute l'Italie et de tout le
Monde chrétien ; c'est le siége du souverain pontife.

(*b*) Les ruines répandent un singulier charme sur la campagne d'Italie; elles ne rappellent pas, comme les édifices
modernes , le travail et la présence de l'homme; elles se
confondent avec les arbres, avec la nature; elles semblent
en harmonie avec le torrent solitaire, image du temps qui
les a fait ce qu'elles sont. Les plus belles contrées du Monde,
quand elles ne portent l'empreinte d'aucun événement remarquable, sont dépourvues d'intérêt, en comparaison des pays
historiques.

M. D. Staël.

toi, *Florence*, que j'arrête mes regards ; toi, qui vis naître dans ton sein les premiers maîtres, les premiers restaurateurs des sciences, des lettres et des arts........ Bientôt je passe la Méditerranée ; tantôt je m'élevois dans les airs à la hauteur des nuages, tantôt je marchois d'une manière insensible ; un souffle léger me soutenoit sur cette mer agitée ; un grand nombre de vaisseaux environnoient une île, dont la forme est un triangle presque équilatéral.

J'y pénètre enfin........ Une voix surnaturelle dit : *OEthalia* (a) sert aujourd'hui de retraite à celui qui eût dédaigné l'Europe entière pour limites de sa domination.

La cinquième heure du jour est déjà sonnée ; tout repose à *Porto-Ferrajo* (b).

(a) Elbe, nommée en grec *OEthalia*, *Ilva* en latin, *Elba* en italien, est une île située dans la mer Méditerranée, sur les côtes de la *Toscane*, à quatre lieues de la terre ferme de l'Italie ; à treize lieues de l'île de Corse, à quarante-cinq de *Rome*, à quatre-vingt-cinq de *Naples*, et à environ deux cent trente de *Paris*. Elle étoit connue des anciens, puisqu'on rapporte qu'elle étoit déjà peuplée que Rome n'étoit pas encore bâtie.

(b) Porto-Ferrajo, en latin *Portus-Ferratus*, jolie petite ville, située par 28 degrés 12 minutes de longitude, et 42

Arrivez, consolante Aurore, fille aînée du Jour, descendez de vos coteaux dorés dans ces vallées languissantes (a) ; tout va briller maintenant d'une égale clarté, chaque perle de la rosée est un miroir où se réfléchira l'image du soleil.

· O Eternel, devant qui les trônes s'abaissent, reçois mes vœux et mes hommages.

Cependant on entend de toutes parts des coups redoublés, les marteaux résonnent sur leurs enclumes, le forgeron prépare le fer qui vient d'être extrait des mines, les ouvriers de tous les états sont en mouvement, les uns exploitent le *filon d'amiante* (b), les

---

degrés 55 minutes de latitude, sur une longue pointe de terre, fort haute et fort escarpée, à l'ouest de la baie du même nom. Son port vaste et profond, peut recevoir les plus gros vaisseaux, et se nommoit anciennement Portus-Argous. Cette ville appartenoit au duc de *Toscane*, et les Anglais qui la gardoient en son nom, ont soutenu contre les Français un siége opiniâtre qui n'a cessé qu'en 1802. On y compte trois mille habitans.

(a) Le plus long jour dans l'île d'Elbe est de quinze heures, et le pole s'y élève à la hauteur de 41 degrés et demi.

(b) La pierre d'amiante, ou l'asbeste, se trouve dans cette île. Ses filamens sont soyeux : on en peut faire une espèce de

autres, le granit, et surtout le *minerai* de
fer; de pauvres habitans de *Rio* (*a*) cons-
truisent de jolies maisons, ou élèvent quelques
grands édifices. Plus loin, les montagnes
commencent à s'aplanir, des chemins s'y
préparent jusques sur leur sommet. Là, est
une garde vigilante qui s'exerce sans cesse;
plus loin, le bruit du tambour l'appelle
pour se ranger en ordre de bataille (*b*). Cette
ville représente une colonie nouvelle; tout
s'anime dans l'intérieur de son port; on y
voit à toute heure des débarquemens nouveaux; les uns courent en foule pour recevoir leurs amis; mais la plupart y vont faire
des échanges.

Les *Elbois* (*c*) conservent toujours leurs

---

toile. Les anciens la filèrent, et en faisoient des nappes, des
serviettes; et quand ces pièces étoient sales, on les jetoit au
feu qui ne détruit pas la substance de l'asbeste; et on les reti-
roit plus blanches que si elles avoient été lavées.

(*a*) Chef-lieu d'un canton de Porto-Longone. Ses environs
sont peu cultivés; ses mines offrent un résultat fort intéressant pour le commerce.

(*b*) De cinq à six cents hommes.

(*c*) Les Elbois sont naturellement doux et attachés au lieu
qui les a vus naître. La vie frugale qu'ils mènent contribue
à les rendre sains et robustes. Ils sont d'une moyenne stature,

mœurs hospitalières; vous les voyez dans leurs maisons basses, mais propres, offrir d'une main généreuse, à leurs nouveaux hôtes, des gâteaux faits avec de la châtaigne et leur exquis *vermout* (*a*).

Un drapeau (*b*), aux deux couleurs, fixe mon attention; voilà donc, me dis-je à moi-

---

bien pris dans leur taille, bruns de peau, ayant les cheveux noirs, le regard vif et pénétrant. Ils aiment la chasse, sont bons marins, et se livrent avec plaisir aux exercices pénibles. Si leur territoire est menacé de quelque invasion, on les voit tous se faire soldats. L'amour du travail et la bravoure sont des qualités qui les distinguent; et la probité, qui est ordinairement le partage de l'homme laborieux, se rencontre souvent chez eux. Ils ne se servent point du stylet comme les habitans de plusieurs autres contrées, mais ils sont généralement si perstitieux et ignorans

Les femmes portent un chapeau de paille noire, un corset blanc, et une jupe courte de couleur rouge ou bleue. Celles qui aiment la parure ajoutent à cet ajustement une fleur, des rubans, des boucles d'oreilles, une chaîne de cou, et autres bijoux d'or. J'en remarquai plusieurs qui, sans être très-jolies, me parurent d'un extérieur agréable. Ces dernières étoient mises dans le dernier genre, mais toujours modestes.

(*a*) Le *vermout* est un composé de vin blanc et d'herbes; il est fort recherché, aussi bien que le vinaigre qu'on fait dans cette île.

(*b*) Le pavillon de l'île, fond blanc, traversé diagonalement d'une bande rouge, semée de trois abeilles fond d'or.

même, l'habitation modeste d'un homme pour qui la destinée a fait tant de merveilles.

Oserai-je pénétrer dans son intérieur? Un long frémissement s'empare de moi, je me rassure, *je peux tout sur lui ;* je lui présenterai le testament du côté de son sceau; je verrai aux divers mouvemens qui l'agiteront, quels étoient ses véritables sentimens pour l'infortunée *Joséphine.*

Je fais agir le *talisman de la Sibylle ;* les portes s'ouvrent avec fracas, et se referment aussitôt; je me trouve en face d'un homme dont le regard vif et perçant cherchoit à deviner ma pensée.

Je le fixe.... Il se trouble.... Sur-le-champ je l'instruis de mon triste message....; bientôt il pâlit, et n'a pas le courage de rompre le cachet.

Cependant je lui prodigue des soins empressés; la pâleur de la mort couvre son front; d'une voix foible et entrecoupée, il s'écrie :

« Oui, il est des êtres dont la première vue nous imprime une espèce d'admiration; leur ascendant est sans bornes, et leur douleur même a quelque chose de grand et de noble qui les fait aimer : telle étoit *Joséphine.*

O la meilleure des femmes ! j'ai pu te méconnoître ! j'ai pu.... Le monde aveugle et corrompu ne voudra jamais croire que cet ange de bonté eut assez de vertu pour recevoir la nouvelle du rang où elle alloit monter, avec moins de plaisir que de trouble et de chagrin.

Cependant cette épouse délaissée par moi, l'a prouvé ; non-seulement elle prévoyoit mon éclatante et douloureuse infortune, mais en recevant l'oint sacré du Seigneur, elle soupira sur nos maux futurs, et ses yeux se baignèrent de larmes (*a*).

Il ouvre en tremblant ce terrible écrit ; il lit à voix haute, mais avec l'accent du désespoir :

(*a*) Ce n'est point une fiction. Quelques jours avant le sacre, *Joséphine* tomba tout à coup dans une mélancolie qu'elle ne pouvoit elle-même définir. Elle l'attribuoit à un certain pressentiment intime.....

Hélas, elle s'étoit flattée pendant un temps que son époux se surpasseroit encore... Son illusion venoit de se détruire.....

Aussi versa-t-elle des larmes pendant toute la cérémonie qui eut lieu à Notre-Dame.

« Là repose d'un sommeil éternel, celle
» qui vient de retourner à sa première ori-
» gine; elle a vu s'évanouir pour toujours
» les songes flatteurs et les douces illusions
» de la vie; aujourd'hui même elle com-
» mence à vivre pour l'éternité; mais par
» une faveur spéciale, elle peut encore pour
» cette dernière fois, te faire entendre de
» pénibles et cruelles vérités.

» Pendant de longues années, j'ai con-
» tribué à ton bonheur...., peut-être même
» à ta gloire....; je t'ai constamment pré-
» servé de nombreuses embûches.... Par une
» prévoyance naturelle à mon sexe, j'ai
» souvent démêlé tes partisans d'avec ces
» flatteurs qui s'attachèrent toujours à ta
» fortune.

» Malheureusement pour toi, tu négligeas
» les conseils de l'amitié; tu t'environnas
» plus d'une fois de ceux qui t'encoura-
» geoient dans tes projets ambitieux.....
» *Joséphine* a tout fait pour voir *Napoléon*,
» le premier des hommes....; et je n'ai pu
» obtenir, dans mes derniers momens, que
» la certitude si heureuse pour moi que tes
» jours te seroient conservés.

» Sois le modèle des philosophes; ne
» pouvant l'être des rois.

» Un personnage subalterne ne peut con-
» venir à ton caractère....; surtout évite avec
» soin ceux qui voudroient, par leurs brigues
» et par leurs projets fallacieux, exciter à
» fomenter, en ton nom, des troubles, et
» à rallumer la fureur des dissensions ci-
» viles...., tu succomberoit sans gloire.....

» Songe que le bonheur de ce bas-monde
» n'est jamais qu'idéal et fragile, qu'il est
» un terme à tout; d'ailleurs, les hommes
» qui embrassent tour à tour divers partis,
» sont souvent ingrats; il en est cependant
» qui peuvent être enchaînés par la recon-
» noissance, mais c'est le petit nombre. Du
» moment que j'ai quitté mon enveloppe
» terrestre, mes grandes destinées n'influent
» plus sur les tiennes; tu peux encore te
» rappeler avec gloire, que quand les Fran-
» çais te jugèrent digne de les commander,
» ils te regardèrent comme le réparateur
» de leurs maux. Ton nom figurera dans
» leur histoire.

» Tu as commis des crimes, je ne pré-
» tends ni ne veux les pallier....; il en est un

» surtout (*a*) que la postérité te reprochera
» éternellement , et qu'un père (*b*) incon-
» solable ne pourra jamais oublier.

» J'aurois voulu qu'en abdiquant la cou-
» ronne, tu te fusses immortalisé par un
» acte sublime. Tu pouvois dire à l'Europe
» assemblée :

» Je ne suis point *vaincu*, car mon suc-
» cesseur au *trône* est mon *Roi légitime*....
» Lorsque j'ai pris les rênes du gouverne-
» ment français, j'aurois dû proposer à la
» nation ce qu'elle exécute aujourd'hui ;
» mais l'ambition offre de grands écueils....
» Je viens d'en faire l'épreuve , et j'en suis
» la victime.... Cependant ma situation poli-
» tique étoit bien différente de celle de
» *Monk* (245). L'Angleterre , à la mort de
» *Cromwel* (246), fut divisée en divers partis,
» mais elle étoit paisible au dehors. *Richard*
» son fils , comme le dit le prince de Conti (*c*),

(*a*) Le meurtre du duc d'Enghien.

(*b*) Monseigneur le duc de Bourbon.

(*c*) Ce prince qui le vit à Montpellier, sans le connoître,
lui dit un jour : « *Olivier Cromwell* étoit un grand homme ;
» mais son fils *Richard* est un misérable de n'avoir pas su

» frère du grand Condé, n'avoit pas su pro-
» fiter des crimes de son père, et la majo-
» rité rappeloit *Charles* au trône. »

« Moi, *Napoléon*, je trouvai la guerre à
l'extérieur de la France ; l'intérieur étoit déchiré par de nombreuses factions qui se
heurtoient continuellement ; nul ensemble
n'existoit dans le gouvernement ; le directoire
étoit divisé, tout près de faire une nouvelle
scission ; l'hydre du jacobinisme relevoit sa
tête hideuse, et agitoit de nouveau ses
poignards ; la loi sur les otages alarmoit les
familles ; toute la France étoit en deuil.

» Je n'ai pu circonscrire mes grands projets
dans de justes bornes...... Aussi, *j'ai pu et dû
étonner l'Univers......* Oui, un conquérant est
toujours un fléau pour les peuples...... Mais si
l'un de mes généraux ou de mes alliés eût

» jouir du fruit des crimes de son père. » — Un misérable !
parce qu'il fut honnête homme, parce qu'il fut assez vertueux
pour se laisser dépouiller sans murmure d'un pouvoir illé-
gitime ! Voilà comme on défigure les plus simples idées de
morale ! *Richard*, suivant l'observation d'un écrivain illustre,
vécut heureux dans la médiocrité jusqu'à quatre-vingts ans ;
et *Olivier* n'avoit jamais connu le bonheur.

voulu me faire descendre du trône (a)......
j'aurois fait un appel au désespoir, et rallié à
ma cause un grand nombre de mécontens ;
j'aurois rallumé une guerre civile interminable, et toujours si terrible dans ses résultats......... Mais je le répète, je cède à mon
Roi (b), au digne et légitime héritier de cette
antique *monarchie*; c'est le frère d'un souverain aussi illustre par ses vertus que par
ses malheurs (c), et qui fut le bienfaiteur de
ma première enfance...... Certes, je m'honorerai aux yeux de mes contemporains, si, en
restant le sujet fidèle de *Louis XVIII*, je
prouve à l'univers que *Napoléon* a pu commettre des crimes que sa politique astucieuse

---

(a) *Multi tyranni sederunt in throno, et insuspicabilis portavit diadema.*

Beaucoup de tyrans ont été sur le trône, et tel a porté le diadème auquel on n'auroit jamais pensé.

Ecclésiast., chap. XI, verset 5.

(b) « *Ad eum venient et confundentur omnes qui repugnant ei.* »

« Tous ceux qui s'opposoient à lui s'en approcheront, et seront dans la confusion. »

Isaïe, chap. XLV, verset 24.

(c) Monarque infortuné, digne d'un meilleur sort,
Pour prix de tes vertus, on te donna la mort.

lui commandoit alors ; mais que, rivalisant de zèle et d'amour pour l'auguste famille de *Bourbon* (*a*), il veut prouver désormais, par sa conduite et par des actions grandes et généreuses, que s'il se laissa entraîner hors des limites que prescrit la sagesse, il convient noblement de ses torts, et voudroit les réparer........ »

Ainsi s'exprime la douce *Joséphine.*

Son testament finissoit par ces mots :

« *Sylla* (247) fut bien plus grand après » avoir abdiqué volontairement le pouvoir » suprême, qu'il ne l'étoit au milieu des fais- » ceaux et environné de ses *licteurs.* »

Après un moment de silence, *Buonaparte* s'écrie, par un mouvement spontané : « Oui, j'ai de graves reproches à me faire ; il en est même de bien secrets..... »

Et je lui dis : L'homme qui oublia la vertu, mais qui la chérit encore au fond de son cœur, n'éprouve pas de plus terrible punition, que de recevoir un éloge qui ne lui est pas dû.

(*a*) Un moment *Buonaparte* eut la noble pensée de rendre à César ce qui appartenoit à César.........

Mais la grandeur d'âme et la véritable gloire consistent à reconnoître et à réparer ses erreurs par une conduite sage, réservée, et surtout très-prudente,......

Je vous dois cet aveu.

Vous pouviez beaucoup, quand les autres croyoient que vous étiez puissant; mais aujourd'hui, le règne de l'illusion est tout-à-fait détruit........

Le Français, fidèle à son Roi, à sa patrie, vient de jurer, sur l'honneur de ses antiques drapeaux, de soutenir à jamais *le noble empire des lis. Comme grand capitaine*, répétez son serment.........et qu'il reste à jamais gravé dans votre cœur........

Il reste plongé dans une douleur sombre et silencieuse.

Je ne lui dissimule pas ma pensée; au contraire, je lui donne une certaine latitude; il reste bien étonné de ce que je lui annonce, et se rappelle à l'instant l'interprétation d'un songe bien menaçant; mais je lui promets de veiller toujours constamment sur lui, et de le garantir, par la force de ma cabale, des projets sinistres et diaboliques *du petit homme rouge*, ou autrement *Python*, surtout si cet esprit de mensonge lui suggéroit les moyens d'éluder et même d'enfreindre totalement l'arrêt prononcé par l'Olympe.

Je le touche, à l'instant même, de mon merveilleux et double *talisman ;* je lui donne le chiffre de *Joséphine* enlacé avec celui de *Marie-Louise ;* je lui promets que dans m es nouvelles courses aériennes, je pourrois même un jour le visiter.......

Tout à coup il sort de son assoupissement léthargique, et me dit, d'un air bien pénétré :

« O *Sibylle !* que n'ai-je écouté tes oracles, qui parloient si puissamment à ma conscience !

» Mais les ingrats, les ingrats.... !

» Ah ! que l'expérience du passé doit me servir de guide pour l'avenir....! »

Il ajoute encore :

« Je fais des vœux bien sincères pour le bonheur de mon Roi et celui de la France.

» Oui ! les peuples ne seront heureux qu'en confondant tous leurs intérêts divers pour le bien général. Qu'ils se pénètrent donc, enfin, qu'une révolution, quelque avantageuse qu'elle leur paroisse d'abord, est toujours terrible et trop souvent funeste. — Qu'à l'exemple de *Saturne* (*a*), elle dévore jusqu'à ses propres enfans, et entraîne dans la ruine générale ses plus zélés partisans....

Je lui presse la main avec émotion.... et lui dis : « Bien, bien, *Buonaparte*, j'en rendrai un compte fidèle à la bonne et regrettée *Joséphine*..... »

Bientôt je le quitte, et je me dirige vers les cantons de *Campo* (*b*) et de *Campo-Livieri* (*c*); je les parcours superficiellement; mais je remarque une plaine assez fertile qui, par sa position, ressemble à une vallée, quoiqu'elle ne soit point flanquée de montagnes de ce côté; le site qui l'entoure s'élève, par des degrés insensibles, en forme d'amphithéâtre

---

(*a*) Autrement appelé le Temps, fils de *Cælus*. Ne voulant plus souffrir d'autres héritiers que lui et Titan son frère, il porta à son père un coup de faux; et le sang qui coula dans la mer, s'étant mêlé avec l'écume, donna la naissance à *Venus*. L'envie qu'il eut de régner lui fit accepter la couronne de Titan, son frère aîné, à condition qu'il n'élèveroit point d'enfans mâles, et qu'il les dévoreroit aussitôt après leur naissance.

(*b*) Village qui se trouve dans le canton de Marciana; il a dix-sept cents habitans.

(*c*) *Campo-Livieri*, village dont les habitans retirent en grande partie leur subsistance de la culture de leurs champs et de leurs vignes.

et vous conduit insensiblement vers ces coteaux où croissent le *vermout* et l'*aleatico* (*a*).

De là je fixe un moment *Rio ;* ses environs sont peu cultivés, vu qu'on s'y occupe presque exclusivement des mines de fer.

J'examine *Porto-Longone* (*b*); cette petite ville est située sur la côte orientale de l'île; elle a un bon port; sa forteresse me parut contenir une forte garnison; comme elle est située sur un rocher, l'entrée en est presque inaccessible.

Cependant le crépuscule chasse devant lui les ténèbres qui couvroient encore ces paysages; le dos bleuâtre des montagnes se détache, et s'agrandit à mes yeux. Le soleil s'avance; les rideaux de pourpre de son trône d'or s'écartent de part et d'autre; le Roi du Jour paroît enfin, et ses regards

---

(*a*) Sorte de vin rouge exquis.

(*b*) *Porto-Longone*, en latin *Portus Longus*, à 28 degrés 15 minutes de latitude, est une petite ville située sur la côte orientale de l'île ; elle fait partie du département français de la Méditerranée, et est le chef-lieu de canton de l'arrondissement, à une lieue de Porto-Ferrajo. Cette ville a quinze cents habitans. Plusieurs de ces détails sur l'île d'Elbe sont extraits d'une Notice historique, indépendamment des remarques que j'ai pu faire par moi-même....

s'étendent sur toute la nature.... Oh ! comment les mortels ne t'auroient-ils pas adoré, puissant *Dieu* de la lumière.....!

Divers sons harmonieux se font entendre, et j'aperçois venir de loin une brillante *cavalcade*.

Elle entoure une voiture découverte, légèrement suspendue, et dont les roues, de bois de cèdre, sont ceintes d'un métal extraordinaire; les coursiers qui la mènent semblent voler et ne pas toucher la terre.

Je distingue le plus beau des génies protecteurs; il est environné de ses *sylphes* assistans : c'est *Oromasine*. Il me dit : « Ce char élégant est un nouveau bienfait de ton archi-*quadrisaïeule;* tu peux en varier les formes à l'infini; il devient même entre tes mains invisible à volonté. »

Bientôt je parcours toute l'étendue de cette île; elle est située dans la Méditerranée et sur les côtes de la *Toscane;* j'y remarque l'élévation de certains sites où croit rarement le triste *géranium;* on n'y voit point de ces rians coteaux environnés de chênes majestueux, dont l'ombrage touffu et élevé inspire à l'âme une si douce mélancolie, et

19.

nous cache alternativement les beautés et, plus souvent encore, les maux de la nature.

Je foule un gazon qui croît naturellement malgré l'aridité de son sol; j'y cueille la violette au milieu de la rose des champs; je recherche même quelques plantes, car j'aime à herboriser; j'en trouve plusieurs; surtout il en est une qui, indépendamment de ses propriétés particulières, possède encore la double vertu de rendre fidèle à la religion du serment d'hymen; elle vous avertit visiblement par une marque singulière sur l'œil gauche, chaque fois que vous y manquez bien sérieusement.

Je m'en empare, même avec ses racines; je la cultiverai avec soin, elle me deviendra bien précieuse pour assurer la tranquillité d'un grand nombre d'*adeptes*.—Que dis je? Quand ses merveilleuses propriétés seront connues, l'hymen ne craindra plus l'amour..., et le fils de *Vénus* (*a*), honni, abandonné de ses plus zélés adorateurs, sera forcé de leur rendre les armes et de déposer aux pieds de ses vainqueurs, ses traits si séduisans et toujours si dangereux.

_____

(*a*) Cupidon ou l'Amour, étoit fils de *Mars* et de *Vénus*.

Je me dirige de nouveau vers l'empire de
Neptune (*a*), et prie ce dieu de m'être favorable; mon char devient un vaisseau de
ligne du premier rang; il me paroît d'un
bois incorruptible et même incombustible;
son grand mât est revêtu de caractères hiéroglyphiques; ses voiles sont d'un tissu d'argent, mais léger.... C'est un ouvrage des
trois Parques; le *génie* le dirige par un vent
salutaire venant du nord-est, qui nous fait
aborder sur-le-champ au port de *Saint-*
Rapheau (*b*).

(*a*) Fils de Saturne et de Rhée. Lorsqu'il partagea, avec
ses frères *Jupiter* et *Pluton*, la succession de *Saturne*, l'empire des eaux lui échut, et il fut surnommé dieu de la mer.

(*b*) Le 28 avril, *Buonaparte* arriva à *Saint-Rapheau*, où il se
trouva légèrement indisposé, ce qui retarda l'embarquement
qui n'eut lieu qu'à onze heures du soir. Lorsqu'elle mit à la
voile sur la frégate anglaise l'*Undaunted*, le commissaire
russe dit : Adieu, *César et sa fortune*. Les Anglais tirèrent
vingt-un coups de canon, contre l'usage.

C'est dans ce même port de *Saint-Rapheau*, où, par une
des plus étonnantes vicissitudes de la fortune, *Buonaparte*
avoit abordé en revenant de l'Egypte.

Le 4 mai, à trois heures après midi, *Buonaparte* débarqua
à Porto-Ferrajo, au bruit du canon de la frégate et de la
forteresse : sa prise de possession fut constatée par un procès-
verbal. Le général *Drouot*, gouverneur de l'île au nom de l'empereur, le signa avec les commissaires des puissances alliées.

De là, continuant notre route par Fréjus(*a*),
nous nous reposons un moment à Aix (*b*)
j'examine attentivement ce qui s'y trouvoit
de remarquable. Arrivée à l'ancien patrimoine du chef de l'Eglise....(*c*), le souvenir
des scènes cruelles dont Avignon avoit été
le théâtre et la victime, me fait frissonner
d'épouvante et d'horreur ; je veux invoquer
la vengeance contre les grands coupables ;

(*a*) *Buonaparte* arriva de grand matin, le 27 avril, à
Fréjus. Le préfet du Var, M. *Le Roi*, vint l'y trouver. Il
en fut accueilli par ce reproche : « Est-ce là la levée en
masse que vous m'aviez annoncée ? »

(*b*) Aix, grande, belle et ancienne ville de France ; elle fut
fondée par *Sextus Calvinus*, l'an de Rome 630, dans un lieu
où il y avoit des eaux chaudes. Elle est dans une grande
plaine, près de la petite rivière *d'Arc.* Cette ville est non-
seulement remarquable par son commerce et ses excellentes
productions, mais dans la révolution elle a beaucoup souffert.

(*c*) *Avignon* est dans une situation avantageuse sur le
Rhône : les papes, depuis Clément V jusqu'à Grégoire XI,
y firent leur résidence pendant soixante-deux ans. Clément VI
en acheta la propriété en 1348, de Jeanne, reine de Sicile.
Cette ville, passée sous la domination française en 1791, a
dû être nécessairement, comme Orange, l'un des grands
théâtres de nos mouvemens politiques. Les noms des *Jourdan,
Agricole Moureau, Faure, Maignet,* etc. ne s'y prononcent
encore dans ce moment de calme, qu'avec un certain effroi,
et même avec le sentiment de la plus juste indignation.

mais le *génie* me rappelle à la douce tolérance, et m'invite à la mettre en pratique.

Traversant la plaine *Ethérée*, et passant
rapidement ce Rhône majestueux , je fixe
cette place *Belcour* (a), qui commence à
sortir de ses ruines....; je vois de même les
principaux monumens de cette ville (b) si
célèbre, par son ancienneté et par la richesse
de ses manufactures, et qui soutint un siége
si opiniâtre et si terrible.... Je pénètre même
dans la bonne et mauvaise cave.... (c); enfin
tout est vu, tout est examiné.

Et le *génie* dit aux principaux habitans.
rassemblés aux Brotteaux :

(a) Ou de *Louis-le-Grand*. Les monumens si beaux et si
réguliers qui l'environnoient furent presque tous détruits
sous le règne du *vandalisme*.

« En détruisant une ville rebelle, écrivoit *Collot* à Robespierre, on consolide toutes les autres ; il ne faut laisser que
des cendres. Nous démolissons à coup de canon et avec
l'explosion de la mine. »

(b) Lyon, belle et très-célèbre ville de France, la plus
considérable après Paris ; elle fut fondée par le consul
Lucius Munacius Plancus, quarante-un ans avant J. C. Sa
situation au confluent de la *Saóne* et du *Rhône* la rend l'une
des plus commerçantes et des plus florissantes villes de l'Europe.

(c) A l'hôtel-de-ville. On y renfermoit les malheureuses.

O vous, nobles et immortels *Lyonnais* ; vous qui avez tant souffert pour la plus juste des causes ; vous enfin , qui, en butte à la rage homicide d'un de vos concitoyens , avez vu décimer vos familles, le. sang de vos pères, de vos fils, de vos *neveux*, appelle les effets de la foudre sur les auteurs de vos maux....

Mais déjà ils ne sont plus. — Ce *Collot-d'Herbois* (a) a péri dans un autre hémis-

---

victimes désignées à l'affreuse vengeance : c'étoit le premier des biens et l'avant-coureur d'une liberté prochaine que d'être conduit dans la bonne cave ; à la vérité elle étoit un peu moins obscure que l'autre ; mais quelles anxiétés, quelles angoisses cruelles n'éprouvoit-on pas au moment où l'on se voyoit désigné pour habiter la mauvaise ? Alors l'illusion cessoit, et l'on n'avoit plus aucun doute sur sa fin cruelle et prématurée. L'on ne sortoit jamais de ce gouffre pestilentiel que pour aller à la mort. Le courage vraiment héroïque et surnaturel de certaines femmes leur fit braver tous les dangers. Elles arrachèrent souvent des victimes qui le jour même devoient être égorgées..... par ces monstrueux bourreaux .....

(a) O Lyon! cité fameuse par ton commerce, quel est ce nouveau *Gengis*, qui, la hache et la foudre à la main, fond sur tes murs, et vient venger les injures de *Thémugin? Collot* qui connoissoit par état, les rôles qu'avoit joués le *Tartare*, est accusé de l'avoir pris pour modèle, et d'avoir vengé, comme lui, des injures personnelles.

phère; ce *Couthon* (*a*) et cet atroce *Chas-*
lier (*b*) ont porté leurs têtes coupables sous
un glaive, qui dans ces temps désastreux a

(*a*) Ce général ingambe (c'étoit le nom qu'il se donnoit),
cet infâme *Couthon*, tout entier à ce qu'il appeloit son système de vive force, qui n'étoit que l'art de faire couler des
cités entières sous les torrens *de son feu grégeois*. Il repoussa
les prières des malheureux, qui étendoient vers lui leurs bras
supplians. Il applaudissoit *aux grandes mesures*; il les pro-
voquoit même; et, avec le sourire du crime, il voyoit froidement assassiner chaque jour, et répandre par torrens le
sang des infortunés Lyonnais.

(*b*) *Chaslier* signala son arrivée à Lyon, après la journée
du 2 septembre, par l'égorgement qu'il fit faire de neuf officiers que la municipalité de Lyon avoit mis en arrestation
pour cause de désobéissance : il ne cessa depuis ce moment
d'agiter le peuple, et de l'exciter à la révolte, même au
pillage; il prèchoit ouvertement dans les lieux publics et
dans la société populaire, qu'il falloit faire tomber les têtes des
riches, qu'il falloit les dépouiller pour enrichir les sans-
culottes. Voyant que ses sermons ne produisoient pas l'effet
qu'il en attendoit, et que le peuple répugnoit à se prêter à
de pareilles horreurs, il tint, dans le lieu même des séances
de la société populaire, un conciliabule dans lequel il avoit
appelé tous les hommes qu'il avoit jugés les plus disposés à le seconder dans ses exécrables desseins : il
leur fit à tous jurer, au nombre de cent cinquante, de
garder inviolablement le secret sur le projet qu'il alloit leur
annoncer; et après avoir reçu leur serment, il leur dit qu'il
falloit dès le lendemain établir une *guillotine* sur le *pont*
Morand pour guillotiner tous les gros négocians qui, à son
sens, étoient tous des aristocrates, et que de là on jetteroit

moissonné chaque jour tant d'illustres victimes.

« *Louis-le-Désiré* réparera entièrement vos
maux, car il veille sur vous ; votre constante
fidélité pour son auguste famille, vous
assure à jamais sa protection juste et puissante. »

Ainsi leur parla le maître des *génies*.

Il dirige de nouveau mon char *aérien*,
avec la rapidité de l'éclair.... Je vois dans
plusieurs bourgs et villages, d'estimables
pères de famille, de bons vieillards qui gé-

------

avec aisance leurs cadavres dans le *Rhône*. Il invita, pour
cette exécution, tous les citoyens présens à choisir, chacun
dans leurs sections, le plus de personnes qu'ils croiroient
propres à prêter main-forte à cette expédition ; un nommé
Fillon s'offrit pour être le bourreau.

Ce projet exécrable eût eu en effet son exécution, si parmi
ceux à qui il fut découvert, il ne s'en étoit pas trouvé
quelques-uns qui en eurent horreur, et qui en fût secrètement avertir le maire ; celui-ci fit mettre sous les armes toute
la garde nationale, et par cette mesure en imposa à ces
scélérats qui avoient déjà fait toutes leurs dispositions pour
exécuter leur projet.

Ce monstre porta sa tête à l'échafaud, et fut le premier
à *Lyon* qui périt par la guillotine, mais au bout d'un certain
temps.

missoient sur les maux incalculables des
guerres de parti.... « Hélas! s'écrioient-ils dans
leur douleur profonde , nous avons tout
perdu , l'ennemi commun a mis le feu à nos
chaumières.... Voyez la ville voisine, elle
offre encore des ruines déplorables, nos
campagnes sont actuellement désertes...., les
champs dévastés.... maintenant ils servent de
tombeaux...., toutes les animosités générales
ou particulières sont confondues là.... » (Je
vois encore épars çà et là de tristes et douloureux vestiges); ils ajoutent encore....
« Le chant lugubre de l'oiseau de nuit se fait
entendre à toute heure. Hélas! le cri jour-
nalier de la douleur et du sombre désespoir
accompagne toujours ses sinistres accens. La
mère en pleurs couvre elle-même les restes
de son malheureux fils...., et souvent la mort
invoquée par elle à grands cris, vient l'atteindre en creusant à l'avance sa tombe et
celle de sa triste famille. »

Je vois les routes couvertes de mourans,
de blessés....; les vainqueurs sont confondus
avec les vaincus, et je me dis : *Le loup ha-*
bite avec l'agneau , ils se baignent même
ensemble.

Heureusement l'olivier de la paix croît donc aujourd'hui tranquillement au milieu d'eux.

Tous les lieux voisins de la *métropole* se repeuplent déjà : l'un est à la recherche de son trésor (*a*), qu'un faux ami, ou souvent un voisin perfide, a su s'approprier, en rejetant cette infidélité impardonnable sur la rapacité des *cosaques*....; d'autres travaillent à réparer leur modeste habitation; ils y sont encouragés par le plus jeune et l'unique fils qui leur reste encore : c'est lui qui dirige et partage en même temps tous les travaux agricoles.

Et je dis : « Les foudres de *Mars* ont enlevé tous les aînés; il en est bien peu qui aient survécu au jour de la rédemption et de la délivrance. »

Dans un temple élevé à l'Eternel, les mo-

(*a*) Beaucoup de personnes sont venues dans ces temps malheureux me consulter sur leurs pertes réelles... Elles en accusoient les *cosaques*, et je remarquois par mes calculs que bien souvent les vrais coupables vivoient journellement au milieu d'elles, et même recevoient leur bienfaits....

dernes filles de *Sion* (*a*), revenues de leur
exil, adressent au ciel des cantiques d'actions
de grâces; elles ont échappé, comme par
un miracle, à la fureur des méchans; les
ministres du Très-Haut s'unissent à elles, et
prennent pour le texte de leurs discours :

Que les hommes étant tous frères en *J. C.*,
leur père commun leur prescrivoit, dans

(*a*) Qu'il est dur de quitter, de perdre sa patrie!
　Absens, elle est présente à notre âme attendrie :
　Alors on se souvient de tout ce qu'on aime,
　Des sites enchanteurs dont l'aspect nous charma,
　Des jeux de notre enfance et même de ses peines.
　Voyez le triste Hébreu, sur des rives lointaines,
　Lorsqu'emmené captif chez un peuple inhumain,
　A l'aspect de l'Euphrate, il pleure le Jourdain.
　Ses temples, ses festins, les beaux jours de sa gloire
　Reviennent tour à tour à sa triste mémoire;
　Et les maux de l'exil et de l'oppression
　Croissent au souvenir de sa chère Sion.
　Souvent, en l'insultant, ses vainqueurs tyranniques
　Lui crioient : « Chantez-nous quelqu'un de ces cantiques
　» Que vous chantiez aux jours de vos solennités. »
　« —Ah! que demandez-vous à nos cœurs attristés? »
　« Comment chanterions-nous, ô rives étrangères! »
　Répondirent-ils en pleurs. « O berceau de nos pères!
　» Notre chère Sion! si tu n'es pas toujours
　» Et nos premiers regrets, et nos derniers amours,
　» Que nous restions sans voix; que nos langues séchées
　» A nos palais brûlans demeurent attachées!

ses dogmes divins, le pardon des injures et
l'oubli du passé, et ils ajoutent encore :

« La bienveillance du Souverain que la
» Providence nous a rendu.... s'étend aussi
» bien sur les simples hameaux, comme sur
» les plus grandes villes.... Bénissons tous le
» Seigneur de ses miséricordes infinies. »

J'approche, enfin, de cette unique capitale (*a*). Je dis :

Elle renferme une grande somme de biens,
et tant de maux.... On y voit journellement
des merveilles, mais aussi l'on y gémit sur un
grand nombre d'actions répréhensibles.

Et pourtant toutes les nations s'y ras-

» Sion, unique objet de joie et de douleurs,
» Jusqu'au dernier soupir, Sion, chère à nos cœurs !
» Quoi ! ne verrons-nous plus les tombes paternelles,
» Tes temples, tes banquets, tes fêtes solennelles ?
» Ne pourrons-nous un jour, unis dans le saint lieu,
» Du retour de tes fils remercier ton Dieu ? »

La Pitié.

(*a*) Paris n'étoit point tel en ces temps orageux,
Qu'il paroît en nos jours aux Français trop heureux.
Cent forts qu'avoit bâtis la fureur ou la crainte,
Dans un moins vaste espace enfermoient son enceinte.
Ces faubourgs, aujourd'hui si pompeux et si grands,
Que la main de la paix tient ouverts en tout temps,
D'une immense cité superbes avenues,

semblent et s'y plaisent. Elle donne le ton du goût et de la politesse ; son luxe, à la vérité, est effrayant, et peut même tarir la fortune la plus solide et la mieux étayée.

Cependant il n'est point de ville au monde dont les habitans réunissent à un si haut degré cette aménité et cette extrême politesse : c'est là le centre de toutes les qualités que l'on nomme si souvent superficielles, et qui nous charment toujours.

C'est un pays où règne la douce *liberté individuelle*, où l'on craint rarement le regard par trop scrutateur d'un voisin curieux ; d'ailleurs, chacun s'y occupe de ses affaires personnelles ; à la vérité un peu de celles des autres, mais toujours sans tirer à conséquence.

Si, d'un côté, tous les vices y déploient journellement leurs attraits corrupteurs, *Paris* offre en même temps pour contraste la réunion

---

Où nos palais dorés se perdent dans les nues ;
Etoient de longs hameaux de remparts entourés,
Par un fossé profond de Paris séparés.
. . . .
. . . . , ...
                              HENRIADE.

de toutes les vertus civiles et domestiques. Oui, l'amour maternel y est porté au plus haut degré de sensibilité.

Et *Oromasine* ajoute : « Ce tableau est fidèle, et n'est point embelli. »

Je passe devant une nouvelle place où existoit une tour (248) fameuse, qui rappelle douloureusement à l'âme de cruels et pénibles souvenirs...... Elle est maintenant disparue...... Un bon Français en recherche encore, avec avidité, quelque trace ; mais c'est en vain. Ce lieu sera, un jour, bien remarquable...... même pour la génération actuelle.

Je traverse le Pont-Neuf ; je vois cette enceinte où s'élevoit la statue du bon *Henri IV* (*a*). « Oui, dis-je, comme pressée par une inspiration surnaturelle que j'ai depuis si long-temps, *Buonaparte* vouloit faire élever une colonne à la gloire du peuple français ; et ce même *peuple*, par un élan sublime et

---

(*a*) On a vu des femmes du peuple s'arrêter devant la statue provisoire d'*Henri IV*, au moment de son inauguration, s'incliner et faire le signe de la croix.

Une compagnie de la garde impériale russe s'est arrêtée devant ce même monument, a présenté les armes à l'image d'Henri IV, en mettant un genou en terre.

simultanée, y va replacer incessamment le bronze du seul de ses anciens souverains dont il ait conservé la mémoire.

Nouvelle prêtresse du Dieu qui m'inspire, depuis plus de trois *lustres*, j'ai annoncé à un bien grand nombre d'élus que la révolution française ne marcheroit à sa fin que quand il ne resteroit plus aucun bâtiment sur les ponts de la Seine. — Cet oracle vient de s'accomplir.

Et je fixe un moment l'endroit d'où vient de disparoître cette *Samaritaine*, qui nous a fait à tous des adieux si touchans ; peut-être un jour obtiendra-t-elle de rentrer dans son antique domaine, mais pour reparoître plus belle et plus majestueuse que jamais.

Et je me souvins d'une antique *prophétie*, qui m'avoit été répétée par un saint personnage dans ma première enfance :

« Malheur à toi, ville des *philosophes !* » Hélas ! hélas ! malheureuse cité !

» Car un jour le soc de la charrue passera » sur tes ruines ; et un père, en les examinant » attentivement, dira à son fils : *Paris* étoit » là. »

Et *Oromasine* répète cinq fois :

20

Sans la main puissante qui prévoit tout,
qui dirige tout, qui gouverne tout, cette
antique et noble *Lutèce* auroit pu, en 1814,
rentrer dans son premier néant.

Et je dis encore :

Heureusement j'avois la conviction bien
intime que *Louis XVI* (*a*) veilloit sur nous.....
dans ces momens si cruels et si terribles. J'ai
dit, à haute et intelligible voix : « Restez,
» restez, bons habitans, dans votre capitale ;
» elle sera préservée......... car l'héritage du
» grand HENRI doit passer aux mains de ses
» descendans, non-seulement embelli, mais
» encore enrichi de tous les chefs-d'œuvre
» des diverses nations. »

Et mon *esprit super-céleste* me dit, d'un
son de voix extraordinaire :

Dans tous tes pronostics, toujours pleine de foi,
Tu n'as cessé de voir le retour de ton Roi.

Tout à coup un nuage lumineux venant du
côté de l'orient, couvre et enveloppe entièrement le puissant génie ; il me dit encore

(*a*) Je l'ai annoncé à un bien grand nombre de personnes
en leur montrant son portrait.

une dernière chose , mais elle paroîtroit dans
ce moment si incroyable si elle étoit révélée ,
que je l'ajourne encore, et pourtant je vous
le dis à tous, qui me lisez, qui me criti-
querez , elle aura lieu pour le bonheur de
notre belle et commune patrie....... et les bons
Français s'en réjouiront.

Je passe rapidement les rues Dauphine, de
l'ancienne Comédie, et j'arrive à celle de
Tournon. Alors mon char devient, au moyen
d'un ressort mystérieux, tout-à-fait invisible
aux yeux de tout profane; .... de nombreux équipages environnent ma porte ; une
affluence prodigieuse remplit mes appartemens ; mon nom retentit de toutes parts ; à
ces cris confus je m'agite, j'ouvre les yeux,
et *Morphée* m'abandonne.

Dans cette vision mystérieuse, on trouvera
des choses qui semblent s'opposer aux idées
reçues en fait de mythologie ; on trouvera
une sorte d'union de la théologie du paganisme avec la nôtre; l'état extatique dans
lequel j'étois, pourra paroître ne pas se con-
cilier avec ces mêmes idées reçues; il me
suffit d'observer que j'expose simplement *cette
étonnante vision,* qu'elle m'a si vivement

20.

frappée, que le temps n'affoiblira jamais la profondeur de l'impression qu'elle a faite en moi.

Camoëns, dans son poëme de la *Lusiade*, dit des choses bien plus fortes; il mêle ensemble les dieux de l'idolâtrie avec les saints de la religion chrétienne; il place *Mars* à côté de *Jésus-Christ*, et *Bacchus* se trouve avec la *Vierge*; *Vénus*, d'après le conseil du Père Eternel, et à l'aide des flèches de *Cupidon*, rend les *Néréides* amoureuses des Portugais, etc. Je ne prétends point faire par là l'apologie de ma vision, je n'en ai pas besoin; je le répète encore, je rends un compte fidèle de ce que j'ai cru voir.

Je m'attends à la critique, je m'attends à trouver des incrédules; mais je jouis d'avance d'une douce consolation; mes *chers adeptes* diront, ah! j'aime à le penser:

Le *poète* feignoit, mais la *Sibylle* a vu.

FIN.

NOTES.

—

(1) pag. 5. *Blanc d'œuf.*

SORTE de divination qui nous vient des Romains.
Ayez un œuf frais, portez-le sur vous jusqu'au moment où voudrez en extraire le blanc, au moyen
d'une certaine préparation, où vous joindrez du
sel..... Vous y remarquerez des choses curieuses et
même singulières......

Livie, troisième femme d'Auguste, étant grosse
de *Tibère*, fruit de son premier mariage, désiroit
ardemment un fi's; pour savoir si ses vœux seroient
accomplis, elle prit un œuf, le mit dans son sein, et
l'échauffa soigueusement; quand elle étoit obligée de
le quitter, elle le donnoit à une nourrice pour lui conserver précieusement sa chaleur. L'augure fut heureux, dit *Suétone*, et ne trompa point l'attente de la
princesse : elle eut un coq de son œuf, et un enfant
mâle de son mari.

Les anciens attachoient une grande importance à
cette sorte d'augure : ils l'interprétoient encore dans
un seau d'eau, où un jeune enfant en cas oit jusqu'à
sept. Cette dernière méthode de procéder est très-
connue en *Italie*; c'est surtout à la saison propice aux

eaux, et au moment où les réunions sont les mieux choisies et les plus brillantes..... que l'on voit apparoître tout à coup la sorcière des *Alpes* (ainsi nommée parce qu'elle habite les montagnes). — Elle vient dans ces lieux charmer les loisirs d'un grand nombre d'aimables désœuvrés, et par la variété des amusemens, éloigner l'ennui qui naît de la monotonie, et qui pourroit à la fin les y gagner.

Aux uns, elle applique les propriétés de divers simples, aux autres, elle retrace le passé, leur peint le présent. Ce n'est point par de tristes et lugubres présages qu'elle annonce les destinées futures, c'est du fond de son seau, et avec les œufs de sa poule noire, que cette élève de la nature vous découvre les étonnans secrets que nous cache bien souvent, et pour notre tranquillité parfaite, le souverain arbitre de l'univers.

(2) pag. 6. *Marc de café.*

Cette préparation est attribuée, par les modernes, aux connoissances de la haute *chimie.* Son usage est devenu presque universel dans les deux Mondes ; son procédé peut paroître puéril, même insignifiant ; mais ses résultats ont pu et dû étonner......

Prenez de la poudre de café, portez-la sur vous l'espace d'une heure. — il est nécessaire que la liqueur n'ait aucune ébullition, mettez du sel....., vous y découvrez des nombres certains de mathématiques,

et même des portraits dont l'exacte ressemblance
vous étonne et vous frappe.

En janvier 1814, j'en ai montré deux, notamment
un à un bien grand nombre de personnes. J'ai conservé ce dernier avec soin jusqu'au 7 mai dernier;
en me lisant, l'on se rappellera quel étoit son modèle.

(3) pag. 6. *Rabelais.*

François *Rabelais* eut la cure de *Meudon* en 1545;
il fut à la fois le pasteur et le médecin de sa paroisse.
On prétend que, se trouvant à Lyon dans le plus
grand embarras, n'ayant ni de quoi payer son au-
berge, ni quoi faire le voyage de *Paris*, il fit écrire
par le fils de l'hôtesse ces étiquettes sur de petits
sachets : *poison pour faire mourir le roi*, *poison pour
faire mourir la reine*, etc.

Il usa, dit-on, de ce stratagème pour être conduit et nourri jusqu'à *Paris* sans qu'il lui en coûtât
rien, et pour faire rire le roi; mais une telle plaisanterie, loin de faire rire, auroit pu faire pleurer celui qui en étoit l'auteur,..... Il mourut en 1553.

(4) pag. 7. *Sibylles.*

Filles qui prédisoient l'avenir : l'on en compte
dix :

1°. De Perse; 2°. d'Afrique; 3°. de Delphes;
4°. de Cumes, en Italie; 5°. de d'Erythrée; 6°. de

Samos; 7°. de Cumes, en Grèce; 8°. de l'Helles-
pont; 9°. de Phrygie; 10°. de Tibur.

Une des plus renommées a été celle de *Cumes*:
elle faisoit sa demeure ordinaire dans un antre auprès
de cette ville; elle étoit fille de *Glaucus*; on dit
qu'Apollon, lui ayant témoigné sa tendresse, ne
put la rendre sensible qu'à condition de la faire vivre
autant d'années qu'elle pourroit tenir de grains de
sable dans sa main. Elle devint, dit-on, si décrépite,
qu'il ne lui resta plus que la voix pour rendre des
oracles.

(5) pag. 8. *Luc Gauric.*

Il prédit à Jean *Bentivoglio* qu'il perdroit la souveraineté de Bologne; le prince, irrité de cette prédiction, le fit suspendre par le bras avec une corde
attachée à un lieu élevé, et le fit jeter plusieurs fois
du haut en bas.

(Cette prédiction s'est accomplie.)

Cet astrologue fut fameux sous le pontificat de
Jules II, Léon X, Clément VII et Paul III. *Mézeray* et *de Thou* certifient que Luc *Gauric* annonça
positivement que le Roi *Henri II* seroit tué dans un
duel, et mourroit d'une blessure à l'œil.

(6) pag. 8. *Trente-trois bâtons grecs.*

Sorte de jeu des échecs très-ancien, mais remarquable tant par sa structure tout extraordinaire que

par ses résultats scientifiques dans la science des
nombres.... Ses bâtons sont d'une sorte d'ébène
extrêmement rare et précieuse. A l'extrémité de
chaque bout se trouve deux têtes gothiques parfaitement sculptées dans le style égyptien. L'on y
remarque distinctement quelques signes hiéroglyphiques que le temps n'a pu effacer. — Ces trente-
trois bâtons *grecs* sont peut-être les uniques en Europe.

(7) pag. 8. *Cabale de Zoroastre.*

Divination par excellence, nombre parfait de
99.... point d'unité où tout se rapporte. — Centre
de la haute cabale : on distingue plusieurs *Zoroastres.*
Quoi qu'il en soit, on ne peut guère douter qu'il
n'y ait eu dans la Perse, long-temps avant Platon,
un célèbre philosophe de ce nom, qui devint le
chef des mages, de ces philosophes qui joignoient à
l'étude de la religion, celle de la métaphysique,
de la physique et de la science naturelle. *Zoroastre*
se retira, dit-on, dans une caverne, et y vécut
long-temps en *reclus.* Ses sectateurs subsistent encore
en Asie, et principalement dans la Perse et dans les
Indes ; ils ont pour lui la plus grande vénération,
et le regardent comme le grand prophète que Dieu
avoit envoyé pour leur communiquer sa loi. Son
ouvrage, apporté en France par le savant Anquetil,
a été traduit par le même dans le recueil qu'il a
publié en 1770, sous le nom de *Zend-Avesta*, l'o-

riginal a été déposé à la Bibliothèque royale. Son
livre est divisé en cent articles qui renferment une
morale admirable. — On se contentera de citer cette
belle et touchante réflexion : « Jour et nuit pense
à faire du bien, *la vie est courte*, si devant servir
aujourd'hui ton prochain, tu attends à demain,
fais pénitence.

(8) pag. 9 *Baguette divinatoire.*

La baguette est le signe le plus ancien de la puissance et de la supériorité. C'étoit à l'aide d'une baguette que *Médée*, *Circé* et les magiciens d'Egypte
opéroient leurs merveilles. On a toujours représenté
Mercure, *Bacchus*, *Zoroastre* et Pythagore avec une
baguette.

Les Scythes, les *Alains*, les *Esclavons*, les *Ger-
mains* et les *Gaulois*, nos aïeux, ont été long-temps
dans l'usage de consulter la baguette pour savoir
l'avenir; on trouve aujourd'hui, dans quelques unes
de nos provinces, des paysans, des jardiniers et
des curés de campagne qui se vantent de découvrir
les sources, les métaux, les bornes des champs à
l'aide d'une baguette de coudrier qu'ils font tourner
dans leurs mains. Cette pratique étoit fort en vogue
au commencement du siècle dernier ; et l'on étoit
si généralement persuadé de son efficacité, que des
théologiens, des médecins et des docteurs de tous
les rangs ne craignirent pas d'en prendre la défense.

On supposa même qu'avec une branche de coudrier, cueillie au douzième degré de la lune de septembre, on pouvoit suivre les voleurs, découvrir les
meurtriers, et reconnoître les dames infidèles à leurs
époux. Une aventure singulière arrivée à Lyon,
mit en grand honneur les vertus de la baguette.

En 1692, on avoit assassiné dans une cave
un marchand de vin et sa femme pour leur
voler quelque argent. Toutes les recherches de la
justice, pour découvrir les coupables, avoient été
insfructueuses; les monitoires et les excommunica-
tions n'avoient pas produit plus d'effet : dans cet
embarras, on eut recours à un riche paysan du
Dauphiné, dont les talens merveilleux faisoient
beaucoup de bruit ; il se nommoit *Jacques Aimar*,
et se vantoit, à l'aide d'une baguette de coudrier,
de découvrir les maléfices, les voleurs et les assassins. Il lui suffisoit de s'imprégner suffisamment des
miasmes du coupable; il le suivoit à la piste, et le
livroit incontinent aux mains de la justice. Arrivé à
Lyon, le paysan se fit conduire dans la cave, s'arma
de sa baguette ; et lorsqu'il fut sur le lieu où l'on
avoit trouvé les cadavres, son pouls s'éleva, et la
baguette tourna rapidement.

Dès qu'il se sentit suffisamment électrisé, il se
mit en chemin, parcourut quelques rues, et arriva
à l'une des portes de la ville qui se trouva fermée,
car il faisoit son expérience la nuit. Le lendemain
il reprit le cours de ses recherches, suivit la rive
droite du Rhône, et s'arrêta dans la maison d'un

jardinier. On trouva sur une table trois bouteilles. *Aimar* soutint que les voleurs s'étoient reposés dans cette maison, et que des trois bouteilles ils en avoient vidé une sur laquelle sa baguette tournoit visiblement. Le fait fut confirmé par l'aveu de deux enfans de neuf à dix ans, qui déclarèrent qu'en effet trois hommes de fort mauvaise mine étoient entrés chez leur père, et avoient vidé la bouteille désignée.

Cette première découverte inspira aux commissaires une grande confiance pour Aimar. On le suivit avec un nouvel intérêt, et peu de temps après, on reconnut, à une demi-lieue au-dessous du pont, la trace de trois scélérats imprimée sur le sable. Le docte paysan jugea qu'ils s'étoient embarqués, prit un bateau, et les suivit aussi activement sur l'eau que sur la terre. Il fit passer sa barque dans des routes et sous une arche du pont de Vienne, où l'on ne passoit jamais; ce qui lui fit croire que les coupables s'étoient conduits eux-mêmes, et n'avoient point pris de batelier.

Dans le cours de sa navigation, Aimar relâchoit tantôt à un port, tantôt à un autre; il parcouroit les villages, visitoit les cabarets, et reconnoissoit les lieux où les assassins s'étoient arrêtés, les lits où ils avoient couché, les verres dans lesquels ils avoient bu. Chaque découverte etoit un nouveau sujet d'admiration pour ceux qui l'accompagnoient. Enfin il arrive au camp de Sablon; sa

baguette tourne plus vivement. Le battement de
son pouls augmente ; il est fortement convaincu
que les meurtriers sont au camp ; mais il n'ose
s'expliquer devant une si nombreure compagnie, et
revient à Lyon. Les magistrats, émerveillés, lui
donnent des lettres de recommandation, il revient
au camp ; ces voleurs étoient déjà partis : il les
suit jusqu'à *Beaucaire* ; sa baguette le conduit à la
porte de la prison : on la lui ouvre, et le gardien lui
présente douze à quinze prisonniers. Il essaie sur
eux son redoutable instrument : il ne tourne que
sur un petit bossu qu'on venoit d'arrêter pour un
délit commis à la Foire.

Le bossu soutient en vain que la baguette ment,
qu'il n'a aucune connoissance du crime dont on
parle ; Jacques *Aimar* persiste à l'accuser, et les
commissaires le font saisir ; on le confronte dans
tous les lieux qu'*Aimar* a indiqués ; il est reconnu
partout ; enfin il confesse son crime, et déclare qu'il
a servi dans cette malheureuse affaire comme espion et domestique, que ses complices se sont embarqués avec lui sur le *Rhône*, qu'il a bu dans la
maison du jardinier, s'est rendu au camp de Sablon,
et de là, à la foire de Beaucaire. Aimar reprend
aussitôt la piste de ces coquins, les suit jusqu'à
Toulon, arrive à une hôtellerie où ils avoient diné
la veille, s'embarque pour les poursuivre sur mer,
s'aperçoit qu'ils avoient relâché de temps en temps
sur nos côtes, et ne renonce à ses recherches que

quand il est arrivé aux dernières frontières du royaume.

La prise du petit bossu, ses aveux, l'exactitude des renseignemens fournis par Jacques Aimar, la prodigieuse sagacité de sa baguette excitèrent une surprise universelle; ce n'étoit pas là un conte populaire, une vaine historiette imaginée à plaisir pour se jouer de la crédulité publique : c'étoient des faits notoires et positifs, constatés par des actes authentiques, attestés par des magistrats incapables de corruption. Une nouvelle circonstance accrut encore l'admiration générale : en faisant des recherches dans la maison où le crime avoit été commis, on avoit découvert trois serpes, dont l'une étoit ensanglantée; on les cacha soigneusement, on banda les yeux à Aimar, et on lui fit chercher l'instrument homicide. La vertu de sa baguette ne se démentit point, elle tourna sur la serpe sanglante, et resta parfaitement tranquille sur les deux autres. De nouvelles épreuves préparèrent à Aimar de nouveaux triomphes; on avoit volé quelqu'argent au lieutenant-général du bailliage de Lyon; il proposa au docte paysan de découvrir les auteurs du larcin : Aimar prit sa baguette, se dirigea vers un cabinet, désigna jusqu'au tiroir du secrétaire où étoit l'argent, et reconnut parfaitement le voleur.

Madame la lieutenante-générale voulut aussi expérimenter la vertu de l'habile devin; elle prit à dessein la bourse d'une personne de ses amies, et

pria *Aimar* de consulter sa baguette; la baguette
resta muette; on soutint inutilement qu'il y avoit
eu une bourse volée, Aimar répondit qu'apparemment c'étoit une plaisanterie.

La sagesse de Salomon ne parut rien au prix de
celle du paysan de Grenoble. Trente juges convaincus
de son infaillibilité, instruisirent le procès du petit
bossu; il expia son crime sur l'échafaud, et le reconnut
encore avant de mourir.

Comment imaginer, dit un auteur, qu'on
trouve encore aujourd'hui des hommes instruits
qui osent défendre les merveilles de la baguette!
Comment concevoir que des médecins soient assez
étrangers à toutes les règles du bon sens et de la
p   , pour se faire les apologistes de Jacques
Aimar et de Bleton! Cependant leur cause n'e t pas
encore abandonnée; on peut voir dans le Journal de
Paris, du mois de novembre 1807, une lettre du
docteur Ginetz, qui prétend que la vertu des hydroscopes n'est pas plus contestée dans le Dauphiné, sa
province, que leur existence.

« J'ai été moi-même, dit-il, bien souvent à
» portée d'observer les effets de la baguette, et de
» les constater par des expériences personnelles, dans
» la recherche des sources, des mines, des métaux. »

En Italie, MM. Amoretti et Aretin; à Paris,
M. Thouvenet, se sont également faits les défenseurs
de la rabdomancie et des hydroscopes. M. Thouvenet étoit désolé de la rétractation du docteur *Ritter*

(c'est de ce savant que je tiens ma baguette divinatoire) ; mais heureusement le docteur *Friedlander* vient de déclarer à l'Europe savante, que ce scandale n'a pas eu lieu.

(*Erreurs et Préjugés.*)

(9) pag. 10. *Devineresse.*

Le savant *la Mothe-le-Vayer* nous as... Dieu permet qu'il y ait des devins. Il est que ces genethliaques possèdent, avec l. cette tendre et noble humanité sans laquel de faire le bien, ils n'occasionneroient que prêt à se dévorer.

(10) pag. 10. *Possède in...*

Esprits d'une nature très-délié... l'on croyoit, dans le pagar... ... des hommes, les a... gne... ... de leur vie, veiller sur le... onduite, et ... ...nis à leur garde jusqu'à la mort. ... ...les g'nies accordés à chaque particulier ne jouissoient pas d'un ... ir égal, et les uns étoient plus puissans ... a...tres : c'est pour cela qu'un devin répondit. Marc-A... .ne qu'il feroit sagement d' s'éloigne... l'August... parce que son génie craigno celui d'A...ste.

De plus, ou pensoit qu'il y avoit un bon

mauvais génie attaché à chaque personne; le bon
génie étoit censé procurer toutes sortes de félicités; et
le mauvais, tous les grands malheurs. De cette manière, le sort de chaque particulier dépendoit de la
supériorité de l'un de ces génies sur l'autre : on conçoit bien de là que le bon génie devoit être très-
honoré. Dès notre naissance, dit *Servius*, commen-
tateur de Virgile, deux génies sont députés pour
nous accompagner : l'un nous exhorte au bien,
l'autre nous pousse au mal; ils sont appelés génies
à *genitis* pos, parce qu'au moment de l'origine de
l'mortel, ils sont commis pour observer les
et les veiller jusqu'après le trépas, et alors
destinés à une meilleure vie, ou
à une plus fâcheuse.
hysiqu
connoient dans leur langue le nom
là seulement qui gardoient les
nom de Junons aux génies gardiens

est toute la nomenclature des
avoit encore des génies propres de chaque lie
les génies des peuples, les génies des provinc
génies des villes, qu'on appeloit les grands g
Ainsi *Pline* à raison de remon er qu'il devoit y
avoir un bien plus grand nombre ib nités dans
la région du ciel, que d'hommes sur la terre.

On adoroit à *Rome* le génie public, c'est-à-dire,
divinité tutélaire de l'empe r, génie du
ple romain.

Mais personne ne manquoit d'offrir des sacrifices à son génie particulier le jour de sa naissance ;
ces sacrifices étoient des fleurs, des gâteaux et du
vin : on n'y employoit jamais le sang, parce qu'il
paroissoit injuste d'immoler des victimes au Dieu
qui présidoit à la vie, et qui étoit le plus grand
ennemi de la mort. Quand le luxe eut établi des
recherches sensuelles, on crut devoir ajouter les
parfums et les essences aux fleurs et au vin ; prodiguer toutes ces choses un jour de naissance, c'est,
dans le style d'Horace, apaiser son génie : il faut,
dit-il, travailler à l'apaiser de cette manière,
parce que Dieu nous avertissant chaque jour que la
vie est courte, il nous presse d'en profiter et de
l'honorer par des fêtes et des festins. Que le génie
vienne donc lui même assister aux honneurs que
nous lui rendons, s'écrie Tibulle ; que ses cheveux
soient ornés de bouquets de fleurs ; que le nard
le plus pur coule de ses joues ; qu'il soit rassasié
gâteaux, et qu'on lui verse du vin à pleines
coupes.

Le platane étoit spécialement consacré au génie ;
on lui faisoit des couronnes de ses feuilles et de
ses fleurs ; on en ornoit ses autels.

Le génie, dit Apulée, est l'âme de l'homme,
délivrée et dégagée des liens du corps. De ces génies, les uns, qui prennent soin de ceux qui demeurent après eux dans la maison, et qui sont
doux et pacifiques, s'appellent génies familiers ;

ceux, au contraire, qui, errant de côté et d'autre,
causent sur leurs routes des terreurs paniques aux
gens de bien, et font véritablement du mal aux
méchans ; ces génies-là ont le nom de dieux mânes,
et plus ordinairement celui de lares. Ainsi l'on voit
que le nom de génie vint à passer aux mânes et aux
lares ; enfin il devint commun aux pénates, aux
lemures et aux démons : mais dans le principe des
choses, ce fut une plaisante imagination des philosophes d'avoir fait de leur génie un dieu qu'il
falloit honorer. (M. de Jaucourt.)

(11) pag. 10. *Clavicules de Salomon.*

Ce manuscrit si rare et si précieux des *grandes
clavicules de Salomon* est très-recherché aujour-
d'hui : il a même été traduit en plusieurs langues ;
il en existe quelques copies dans le cabinet de certains amateurs de sciences occultes..... Mais celui
qui se trouve à la Bibliothèque royale a le double
mérite de réunir à la correction l'exactitude des
faits. Ce livre singulier et merveilleux plaira toujours aux vrais *adeptes*. Et *son auteur quel qu'il soit,*
car la vérité sur cet article est encore voilée aux
profanes ; *son auteur*, dis-je, s'est immortalisé aux
yeux des vrais cabalistes, par cette étonnante et
singulière production..... Elle est si scientifique
qu'elle renferme à elle seule l'essence, le but et la
clef de bien des choses.

(12) pag. 10. *Grimoire.*

Le trop fameux grimoire, dont on dit que les magiciens se servent pour évoquer les démons, est attribué à *Honorius* , mais aucun écrivain ne désigne lequel des quatre Honorius en est véritablement l'auteur; laissons donc ce problème à résoudre en 1999, car c'est alors qu'un personnage très-éclairé et très-érudit pourra l'expliquer à nos arrière-neveux.

Mais, en attendant le développement de certains mystères, je dirai toujours en parlant du *grimoire*, qu'il est écrit en lettres mystiques et impénétrables à la curiosité des profanes, qu'il faut le lire avec une extrême précaution, et surtout n'omettre aucune des conditions qu'il prescrit. Le *diable* est très-exigeant, et même méfiant.... Gardez-vous bien de le conjurer un *jeudi*, même un *lundi* ; mais le *samedi* est son grand jour ; et si vous voulez être admis à sa cour plénière (autrement le *sabbat*), il faut une certaine préparation en cosmétique préparé, il faut encore tourner le treizième feuillet du livre de la main gauche ; .... et si vous entendez quelque bruit, gardez-vous surtout de vous retourner, ni même de vous pencher en arrière ; mais sur-le-champ, prenez des noix, ou de petits gâteaux d'amandes amères. Vous aurez soin de poser votre main droite sur votre épaule gauche, et de dire en

●ffrant votre cadeau, *c'est la part de Proserpine.* Surtout ne quittez pas le livre que vous tenez de la main
gauche, c'est votre *garde.* S'il venoit malheureusement à vous échapper, alors, vous pourriez
courir les plus grands dangers ; car le seigneur
Béelzebuth (qui, d'après Milton, est lieutenant de
Satan) est d'un caractère extrêmement ombrageux, et comme il est présent à vos côtés pendant
la conjuration dans un moment d'*humeur diabolique,*
il se pourroit, dis-je, que votre cou en fût tourné
à contre-sens, et que ses griffes ne vous laissassent
des traces ineffaçables : aussi je vous l'avoue, mes
chers *adeptes,* dans la crainte d'avoir quelque ressemblance avec la femme de *Loth,* et pour éviter
la punition décernée aux curieux, — mon grand et
véridique grimoire est encore vierge, ... et le
sera long-temps. . . .

Dans les campagnes, on croit à l'authenticité des
merveilles attribuées au *grimoire.* — Il faudra encore
bien du temps pour convaincre la multitude que
tout le mérite réel de ce livre ne consiste que dans
la réputation qu'on lui donne; et comme je le dis, ce
n'est pas de nos jours qu'il sera apprécié à sa juste
valeur. . . . . .(1).

---

(1) On a publié sous le nom d'Honorius III, en 1226,
mort en 1227, un ouvrage qui a pour titre: *Conjurationes
adversus principem tenebrarum et angelos ejus.* A Rome, 1629
in-8°. Peu commun.

(13) pag. 10. *Enchiridion.*

La clef de l'œuvre hermétique, quiconque pos—
sède le véritable *Enchiridion*, peut commander et
soumettre tous les génies.

Ce livre est écrit sur du parchemin vierge, et contient les sept pseaumes et diverses oraisons énigma-
tiques dont les alchimistes font cas, et que les curieux
recherchent par cette raison. Il est attribué mal à
propos à Léon III (1). Il est chargé de croix et
d'une foule de caractères mystérieux avec lesquels on
prépare les plus grandes merveilles.

L'Enchiridion, avec ses vignettes et ses miniatures
est très-cher et très-recherché (2); malheureusement
il est devenu si rare, qu'en 1774 un souverain en
offrit le pesant d'or à celui qui le lui trouveroit.

Cet ouvrage a un tel mérite à mes yeux que je ne
suis nullement étonnée qu'un grand prince en ait
désiré la possession...... Je l'ai souhaité de même
pendant dix-neuf années, et ce n'est que depuis deux
ans que mon génie *Ariel* m'a gratifiée de ce livre
admirable et tout extraordinaire.

---

(1) Léon III pensa perdre la vie, assailli par une troupe
d'assassins, il se sauva en France : Charlemagne fut son
protecteur. Léon III, après l'avoir sacré Empereur, se pros-
terna devant lui comme devant son souverain.

(2) L'édition la plus recherchée est celle de Rome, en
1525, in-24; après celle-là, celle de Lyon, en 1584, aussi
in-24.

(14) pag. 10. *Saint-Césaire.*

Traduction littérale de la prédiction de S. Césaire, évêque d'Arles, mort en 552. Ce qui suit est extrait du *Liber mirabilis*, pag. 55, 56, 57 et 58.

Vers l'an du Seigneur 1510, et suivant l'ère de Dioclétien 1789, ou au-delà.

La plus infâme trahison éclatera à l'occasion de la captivité du Roi de France, et la gloire des Français se convertira en opprobre et en confusion.

Une grande partie de l'Occident sera ravagée par les ennemis. La terre sera fortement ébranlée en beaucoup d'endroits; et la gloire des Français sera avilie, parce que le royaume des Lis sera spolié de sa noble couronne, qu'on donnera à celui à qui elle n'appartient pas.

Par un événement déplorable, un prince illustre sera retenu en captivité par ses ennemis, et sera accablé de douleur à cause des siens.

Il sera honteusement humilié, et beaucoup diront: *la paix*, *la paix*, et il n'y aura point de paix.

Alors éclateront des trahisons judiciaires, des conspirations, et des confédérations inouïes des peuples et des villes. Il y aura partout une incroyable diversité d'opinions.

Les serviteurs, pleins de fraude, d'orgueil et de rage, se révolteront contre leurs propres maîtres; et presque tous les nobles seront tués, ou cruellement privés de leurs dignités et de leurs biens. Celui qui le plus sera porté au mal, et à la vengeance, sera le plus en réputation.

, L'Eglise sera persécutée de la manière la plus affligeante et la plus déplorable ; elle sera dépouillée de tous ses biens temporels, et il n'y aura dans l'E-glise universelle si grand personnage qui ne se trouve heureux si la vie lui est laissée. ·

· Toutes les églises seront souillées, profanées; et la sainte religion, frappée de terreur, se taira, de crainte d'exciter contre elle les accès de la rage.

· Les femmes consacrées à Dieu abandonneront leurs couvens, et prendront la fuite.

Les pasteurs et les princes de l'Eglise, chassés de leurs siéges, privés de leurs dignités, de leurs pré-latures, seront cruellement maltraités. Les brebis dispersées resteront sans pasteurs.

Le chef suprême de l'Eglise sera obligé de changer de siége. Lui et ceux qui l'accompagneront, devront s'estimer heureux de trouver un refuge où ils puissent, chacun, manger le pain de la douleur dans cette vallée de larmes.

· La malice des hommes se tournera contre toute l'Eglise, et pendant vingt-cinq mois ou. plus..... personne n'en pourra suspendre le cours, parce que dans cet espace de temps, il n'y aura ni Pape ni Empereur à Rome, ni Régent en France.

·Que chacun se garde de son voisin, parce que

l'honnête homme, victime du brigandage le plus affreux, sera dépouillé et tué.

Chacun, se faisant un jeu de la fraude, se plaira à trahir la confiance de son prochain. Il ne sera plus question du bien public, qui deviendra nul; l'esprit de parti et l'envie de se singulariser seront à la mode.

La vengeance du Seigneur s'appesantira alors sur chacun en particulier et sur tous en général.

L'aigle planera sur le monde entier, et subjuguera plusieurs nations.

Elle sera ceinte de trois couronnes en témoignage de ses victoires; mais ensuite elle rentrera dans son nid, et n'en sortira plus.

Le royaume de *France* sera envahi de toutes parts, sera dépouillé et restera presque détruit et anéanti, parce que les chefs seront tellement aveuglés, qu'ils ne sauront point trouver un défenseur, et la main du Tout−Puissant s'appesantira sur eux, et sur tous les grands du royaume.

Pendant soixante−cinq mois, la mortalité et la peste se répandront sur tout l'univers, et moissonneront presque la moitié du genre humain. La terre sera ébranlée en nombre d'endroits, et ensevelira les hommes dans ses entrailles. Plusieurs villes, forteresses, châteaux, seront renversés. On verra deux lunes à la fois. Les étoiles se heurteront et combattront les unes contre les autres. Le monde entier gémira de la prise, du pillage et de la dévastation,

de la plus illustre et de la plus célèbre des villes ,
qui est la reine et la capitale de tout l'empire français.

Un Prince captif recouvrera la couronne du lis,
et il ne restera que le souvenir des tribula tion su'on
aura souffertes avant le rétablissement de la chrétienté.

Cette singulière prophétie est copiée fidèlement
d'après son texte *latin* , et tout récemment nous venons de la voir en partie se réaliser. Les suites inséparables de la guerre nous ont amené une mortalité
effrayante ; hélas ! nous avons vu depuis les campagnes d'Espagne , etc., moissonner la plus belle
partie de l'espèce humaine ; et la capitale du royaume
de France, qui devoit être prise, pillée, dévastée,
réduite aux abois, ne doit sa merveilleuse conservation qu'à la protection du Très-Haut, à la magnanimité des alliés , et beaucoup au zèle et au courageux dévouement de la garde nationale parisienne.

(15) pag. 10. *Jean Belot.*

Jean Belot, curé de Mil-Monts, professeur aux
sciences divines et célestes, auteur de la Chiromancie-
Physionomie ; l'Art de Mémoire de *Raimond Lulle ;*
Traité des Divinations, Augures et Songes, etc. Ces
divers ouvrages sont estimés des vrais adeptes. Un
auteur dit de lui :

« Ce que le Chaldéen et le Mage savant
» N'ont acquis par les arts de l'obscure magie,
» Tu l'as acquis, *Belot*, et le mets en avant,
» Sous les secrets divins de la philosophie. »

(16) pag. 10. *Cardan.*

Homme extraordinaire ; il parle, dans sa vie écrite par lui-même, de quatre choses singulières que la nature lui donna : 1°. il tomboit en extase quand il vouloit ; 2°. il voyoit ce qu'il vouloit ; 3°. il voyoit en songe tout ce qui devoit lui arriver ; 4°. il le connoissoit aussi par certaines marques qui se formoient sur ses ongles. On le blâme justement de l'audace qu'il avoit eue de faire l'horoscope de J. C. Ses pronostics astrologiques ont été assez souvent confirmés par l'événement ; mais il est certain qu'il se trompa, ainsi que Gauric, sur l'horoscope de Henri II ; ce que Gassendi n'a pas manqué de citer.

(17) pag. 11. *Nostradamus.*

Nostradamus s'appeloit Michel Notre-Dame. Son père étoit notaire, et son grand-père médecin. Ses historiens nous apprennent qu'il naquit, le 14 décembre 1503, à midi précis, dans le village de Saint-Remi en Provence. Sa famille étoit juive, et se prétendoit issue d'*Issachar*, circonstance notable, parce qu'il est dit qu'*Issachar* étoit un esprit pénétrant, un personnage érudit, qui connoissoit tous les événemens et tous les temps. Le petit Notre-Dame fit ses études à Avignon, et se distingua surtout dans le cours de sa rhétorique ; il se rendit

en suite à Montpellier, où il étudia la médecine ; mais
au lieu de conjecturer sur la paralysie , l'apoplexie
et la dyspepsie, il préféra de méditer sur les astres
et les mystères de l'avenir. En 1555, il fit paroître
ses premières centuries ; elle eurent un succès si prodigieux, que le roi *Henri* II, et la reine Catherine
de Médicis, voulurent en connoître l'auteur, et le
firent venir à Paris : on le combla de bienfaits; et il
retourna prophétiser en Provence. Quatre ans après,
le duc de *Savoie* et Marguerite de France, sa femme,
se rendant à Nice, passèrent à Salon, où demeuroit *Nostradamus*. La duchesse étoit grosse, et le
duc vouloit savoir s'il seroit père d'un garçon ou
d'une fille. Il consulta le moderne *Calchas* , qui
annonça un garçon , et promit même que ce garçon
seroit le plus grand capitaine de l'Europe. Ce fut
en effet Charles–Emmanuel, qui reçut le surnom
de Grand.

Nostradamus régloit ses prédictions non seulement sur les astres, mais sur les formes du corps
et les traits de la figure ; c'étoit le *Lavater* de son
siècle. Le gouverneur de Henri IV voulut avoir
l'horoscope de son jeune maître, qui n'avoit encore
que dix à onze ans. *Nostradamus* consentit à le faire,
pourvu qu'on lui permît de voir le prince tout nu.
Henri fit d'abord quelques difficultés, dans la crainte
que ce ne fût un piège, et qu'on n'abusât de l'occasion pour lui donner les étrivières ; mais quand il
fut rassuré, il laissa faire le devin, qui promit qu'il

seroit Roi de France, et qu'il régneroit long-
temps.

Nostradamus mourut au mois de juillet 156, i
avoit alors 62 ans : ce fut le terme de sa carrière,
mais non pas de sa gloire. Son tombeau fut honoré
d'une sorte de culte religieux, et chargé d'épitaphes
qui rappeloient sa haute science et ses merveilleuses
qualités. Le Roi Louis XIII le visita en 1622, et
Louis XIV en 1660.

(Erreurs et Préjugés.)

En 1793 un détachement de Marseillais se trouvoit
à *Salon* : le commandant, se trouvant devant le tombeau de Nostradamus, dit à ses camarades : Il faut
que je sache si ce prophète a dit vrai, il a annoncé
dans ses prédictions que celui qui toucheroit à ses
cendres périroit tragiquement. En même temps il
prend une masse, et après plusieurs coups l'enfonce ;
tous ceux qui se trouvoient présens prirent de ses cendres et les emportèrent; le détachement part de *Salon*
pour *Marseille*; arrivé à la porte d'Aix, il y avoit une
insurrection populaire, le commandant veut s'en
mêler, on le prend, et on le pend à une lanterne.

(Anecdotes curieuses.)

(18) pag. 11 *Tablettes théocratiques.*

F Ce n'est qu'à force de soins et de recherches curieuses et vraiment scientifiques que l'auteur de cet
ouvrage admirable est venu au point de donner aux

tablettes théocratiques, maçonniques, philosophiques, cabalistiques un tel degré de perfection, qu'il est maintenant impossible d'y rien ajouter. « *Je sais,* dit ce savant distingué, *que la médecine universelle ou transmutation métallique, l'influence général ed es astres,* la magie ou science naturelle, la cabale théosophique et numérique, etc., sont des sciences que l'on traite aujourd'hui de chimères : mais si l'on vouloit se souvenir que nombre des plus grands hommes de l'antiquité ainsi que des savans modernes, comme *Kermès, Moyse, Zoroastre, Pythagore, Socrate, et Platon; Roger, Bacon, Robert, Flade, Albert-le-Grand, Michel Maier, Becher, Cardan, Kircher,* Helvetius, et finalement M. de Boulainvilliers les ont cultivées et s'en sont fait honneur, mériteroient-elles le souverain mépris que l'on a pour elles ainsi que pour ceux qui les cultivent? En con fondant sans distinction leurs principes naturels et physiques avec les erreurs dans lesquelles plusieurs sont tombés à leur égard, et qui, sans doute, n'ont été produites que par les fausses applications qu'on en a voulu faire ; au reste mon dessein n'a pas été de donner cet ouvrage à ceux qui s'en déclarent les antagonistes sans le connoître, mais aux vrais connoisseurs impartiaux, qui pourront se convaincre de l'infaillibilité des principes qui en font la base ; si l'ignorance et l'envie de critiquer s'avisent d'y mordre, qu'elles apprennent que ce n'est pas sur leurs autels que nous espérons brûler notre encens. »

Cet ouvrage est maintenant fort rare ; il se trouve encore dans le cabinet de quelques curieux, mais on se le procure avec peine.

(19) pag. 13. *Madame Scarron.*

C'est une chose bien extraordinaire que l'aveu que ait Mme de Maintenon, dont on ne peut soupçonner la véracité, de la prédiction qu'on lui avoit faite de sa grandeur future ; elle en convient dans une conversation avec mademoiselle d'Aumale, qui l'interrogeoit un jour là-dessus, et l'on trouve une de ses lettres à mademoiselle d'Antigni où elle écrit après la mort de la Reine mère, en 1666, « me voilà bien éloignée de la grandeur prédite! »

Il y avoit une espèce d'architecte qui travailloit chez Scarron ; il vit passer sa femme, et fut très-frappé de sa noble physionomie, et de la majesté de sa taille ; *Barbé* étoit imbu d'idées d'astrologie, il dit, en la voyant : « Elle est la femme d'un estropié, mais je m'y connois, elle est née pour être Reine. » Il répétoit sans cesse ces paroles avec la confiance d'un homme qui a lu dans les astres ou dans le livre des destinées humaines.

Un autre jour, *Barbé* travailloit à l'hôtel d'*Albret* ; il entre dans une chambre où étoient madame *Scarron* et quelques amis, et lui dit d'un air et d'un ton d'oracle : « Après bien des chagrins et des peines, enfin vous monterez où tous ne croyez pas monter. Un Roi vous aimera, et vous régnerez; mais vous n'aurez jamais beaucoup de bien. » A cette prophétie il ajouta des détails singuliers qui la divertirent et l'étonnèrent. J'en ris beaucoup, dit-elle à mademoiselle d'Aumale; cependant tout ce que *Barbé* m'a prédit est arrivé.

Quand la prédiction fut accomplie, elle fit chercher *Barbé*, il étoit mort; elle prit soin de ses enfans.

(20) pag. 11. *Pythonisse.*

Pythonisse ou devineresse.

(21) pag. 16. *Sorcelleries.*

Opération magique, ridicule, attribuée stupidement par la superstition à l'invocation et au pouvoir des démons.

On n'entendit jamais parler de sortiléges et de maléfices que dans les pays et les temps d'ignorance; c'est pour cela que la sorcellerie régnoit si fort parmi nous dans les treizième et quatorzième siècles. Les enfans de Philippe-le-Bel, dit M. de Voltaire, firent alors entre eux une association par écrit, et se promirent un secours mutuel contre ceux qui voudroient les faire périr par le moyen de la sorcellerie. On brûla, par arrêt du parlement, une sorcière qui avoit fabriqué avec le *diable* un pacte en faveur de Robert d'Artois. La maladie de Charles VI fut attri-

buée à un sortilége, et on fit venir un magicien pour
le guérir.

On vit à Londres la duchesse de Glocester, accusée
d'avoir attenté à la vie d'Henri VI par des sortiléges ;
une malheureuse devineresse et un prêtre imbécille,
qui se disoient *sorciers*, furent brûlés vifs pour cette
conspiration. La duchesse fut heureuse de n'être
condamnée qu'à faire une amende honorable en chemise, et à une prison perpétuelle. L'esprit de lumière
et de philosophie, qui a établi depuis son empire
dans cette île florissante, en étoit alors bien éloigné.

Personne n'ignore l'histoire de l'esclave affranchi
de l'ancienne Rome, qu'on accusoit d'être sorcier, et
qui, par cette raison, fut appelé en justice pour y
être condamné par le peuple romain. La fertilité
d'un petit champ que son maître lui avoit laissé, et
qu'il culti voit avec soin, avoit attiré sur lui l'envie
de ses voisins. Sûr de son innocence, sans être
alarmé de la citation de l'édile curule qui l'avoit
ajourné à l'assemblée du peuple, il s'y présenta
accompagné de sa fille : c'étoit une grosse paysanne,
bien nourrie et bien vêtue ; il conduisit à l'assemblée
ses bœufs gros et gras, une charrue bien équipée et
bien entretenue, et tous ses instrumens de labour en
fort bon état. Alors, se tournant vers ses juges :
Romains, dit-il, voilà mes sortiléges. Les suffrages
ne furent point partagés ; il fut absous d'une commune
voix, et fut vengé de ses ennemis par les éloges qu'il
reçut.   (*M. de Jaucour.*)

22

(22) pag. 16. *Les Grecs consultoient les oracles.*

On donnoit ce nom aux réponses que faisoient les prêtres et prêtresses des faux dieux, à ceux qui les venoient consulter sur ce qu'ils devoient faire ou sur ce qui devoit arriver.

(23) pag. 16. *Augures.*

Les augures étoient de certains devins qui prédisoient l'avenir par le chant, par le vol, par la nourriture des oiseaux et autres actions. Tarquin demanda un jour, à *Attius Navius*, si ce qu'il pensoit étoit faisable ; l'augure, ayant consulté son art, répondit que cela pouvoit se faire. Je songeois, reprit alors le roi, si je pourrois couper cette pierre blanche avec un rasoir : tu le peux, répliqua *Attius;* et le roi le fit.

Le collége des augures fondé par *Romulus*, fut depuis en grande vénération pour les Romains. J'aurois dû appeler ce collége le triumvirat des *augures*, car ils ne furent d'abord que trois, unde chaque tribu ; mais *Servius Tullius*, qui succéda à Tarquin, en ajouta un quatrième : ces quatre étoient de naissance noble ; ils furent ensuite augmentés jusqu'à neuf ; et enfin jusqu'à quinze, sous la dictature de Sylla.

(24) pag. 16. *Talismans*

ièce de métal fondue et gravée sous certaines constellations, etc.... chargée de caractères auxquels on attribue des vertus extraordinaires.

(25) pag. 16. *Astrologie judiciaire.*

L'astrologie est l'art de prédire les événemens futurs, par les aspects, les positions et les influences des corps célestes.

On divise l'astrologie en deux branches : l'astrologie naturelle et l'astrologie judiciaire.

L'astrologie naturelle est l'art de prédire les effets naturels, tels que les changemens de temps, les vents, les tempêtes, les orages, les tonnerres, les inondations, les tremblemens de terre.

L'astrologie judiciaire passe pour avoir pris naissance dans la Chaldée, d'où elle pénétra en Egypte, en Grèce et en Italie ; il y a des auteurs qui la font égyptienne d'origine, et qui en attribuent l'invention à *Cham* ; quant à nous, c'est des Arabes que nous la tenons.

Ceux qui professent cet art, prétendent que le ciel est un grand livre où Dieu a écrit de sa main l'histoire du monde, et où tout homme peut lire sa destinée.

Notre art, disent-ils, a eu le même berceau que

22.

l'astronomie ; les anciens Assyriens, qui jouissoient
d'un ciel , dont la beauté et la sérénité favorisoient
les observations astronomiques, s'occupèrent des
mouvemens et des révolutions périodiques des corps
célestes : ils remarquèrent une analogie constante
entre ces corps et les corps terrestres, et ils en con-
clurent que les astres étoient réellement ces parques
et ce destin dont il étoit tant parlé ; qu'ils présidoient
à notre naissance , et qu'ils disposoient de notre état
futur.

Voilà comme les astrologues défendoient jadis
leur art. Quant à présent, dit un certain auteur,
l'occupation principale de ceux à qui nous donnons
ce titre est de faire des almanachs et des calendriers....

M. l'abbé Mallet.

S'il existoit une concordance aussi extraordinaire,
et aussi remarquable dans le véritable almanach de
Matthieu Lansbergh de 1815, comme il a rencontré
juste dans ses prédictions de 1814..., je ne doute
nullement que l'astrologie et les astrologues ne reviennent en faveur..., et que, malgré les imitateurs de
Barclay.... on n'ose rien entreprendre d'important
sans avoir auparavant consulté les astres....

(26) pag. 18. *Vous faites les cartes.*

Un soldat, nommé *Richard Midaleton* , étant entré dans une église un jour de fête , avec une partie
de son régiment, pour entendre le service divin,

tira de sa poche un jeu de cartes qu'il tint devant lui
avec le même recueillement que si c'eût été un livre
de prières. Les assistans, ainsi que son sergent, ne
tardèrent pas à être scandalisés de la conduite de
Richard ; le sergent lui ordonna de remettre son jeu
de cartes dans sa poche.

Richard, sans faire attention au murmure des
spectateurs, et à l'avis de son sergent, ne répondit
pas un mot, et tint toujours les cartes dans une attitude dévote et contemplative ; après la messe, le
sergent ordonna à Richard de le suivre, et le conduisit à son colonel, à qui il rendit compte de sa
conduite.

Malheureux, lui dit le colonel, attends-toi à être
puni sévèrement de ton irréligion, et du scandale
que tu as causé.

— Qui t'a fait agir ainsi ?

— Je ne manquerai pas de bonnes raisons.

— Explique-toi.

— Je suis un pauvre diable qui ne reçois que
cinq sous par jour, et en conséquence il ne me
reste pas de quoi acheter une Bible, ni un livre
de prières ; qu'importe, après tout, que je lise la
messe sur une feuille volante ou sur une carte, ou
bien que, suivant la nouvelle routine ordinaire, je
la lise de suite dans des feuillets cousus les uns aux
autres, et ornés d'une couverture qui fixe souvent
plus que le reste l'attention de celui qui la porte ?
Pour moi, je m'en tiens à mon jeu : tirant un as, je

le vois le premier chapitre de la Bible, du Nouveau
Testament et des sciences et arts que j'explique
ainsi :

UN AS :

1°. Me rappelle un seul Dieu créateur du Ciel et
de la Terre, et souverain seigneur de toutes choses;

2°. Le premier jour de la création du monde, Dieu
fit la lumière ;

3°. Un an après le déluge, Noé qui étoit dans
l'Arche en sortit avec sa famille ;

4°. Le premier livre inspiré par le Saint-Esprit
est la Bible ;

5°. Un as me rappelle encore le célèbre et unique
gouvernement dans le monde, la république et la
monarch e en même temps chez les Hébreux, pré-
sidées par des juges sous l'autorité immédiate de
Dieu ;

6°. Il n'y a qu'une seule personne en Jésus-
Christ;

7°. Une seule Eglise catholique, apostolique et
romaine, gouvernée spirituellement par un seul
chef ;

8°. Ce sommaire très-abrégé de l'Ancien et du
Nouveau Testament me ramène à une religion universelle dont la pratique donne la civilisation aux
peuples, la justice aux princes, la fidélité aux sujets,
l'intégrité aux magistrats, la soumission aux infé-
rieurs, la bonne foi dans les relations, l'union dans

les mariages, la paix dans les familles, enfin l'équité
et l'humanité envers tous;

9°. L'irréligion, mon colonel, oui, l'irréligion
produit tous les vices contraires à ces vertus. Mais
l'irréligion n'est pas dans mon jeu de *cartes*, comme
le pensent les bonnes gens de mon village qui se
croiroient damnés s'ils le portoient comme moi à
l'église, en place de leur chapelet ou de leur gros
livre de prières.

A ces mots, le colonel se mit à rire ; et Richard
de continuer en montrant un deux,

UN DEUX :

1°. Le deuxième jour de la création, *Dieu* fit le
firmament, qu'il nomma ciel ;

2°. Un deux me rappelle l'Ancien et le Nouveau
Testament ;

3°. En serrant ces cartes sur mon cœur, je le
sens palpiter ; mon esprit franchit les siècles et l'u-
nivers, pendant que mon corps est immobile ici :
donc je suis composé de lui et d'une âme faite à
l'image de Dieu ;

4°. Avec mon jeu de cartes , je mesure l'unive r
Un deux me représente les deux pôles, arctique ou
septentrional, et antarctique ou méridional, dont le
climats me sont également désignés par les deux
couleurs des cartes ;

5°. La rouge m'annonce qu'une partie du temp
est brillante et agréable ;

6°. La noire marque l'obscurité et la tristesse

comme ces deux pôles sont opposés, les rois des deux couleurs, me représentent les nuits et les jours opposés dans les deux parties par les saisons ;

7°. Je sais aussi qu'il y a deux solstices et deux équinoxes;

8°. En fixant la voûte du temple, un deux à la main, je me rappelle, par les deux couleurs des cartes, que le ciel se divise en deux parties, le firmament, où tourbillonnent le soleil, les planètes et étoiles; le ciel empyrée, immensité, et dont nos sens et notre imagination ne peuvent concevoir les bornes. Cette immensité effrayante est nommée le trône de la majesté de Dieu ;

9°. Un deux m'indique la division générale de l'histoire ;

10°. L'histoire se divise en deux parties, en histoire sacrée et en histoire profane ;

11°. Les arts se divisent aussi en deux parties, arts libéraux, arts mécaniques ;

12°. On compte deux sortes d'éclipses, celle de soleil et celle de lune.

UN TROIS :

1°. Me représente les trois personnes en *Dieu :* le Père, le Fils et le Saint-Esprit ;

2°. Le troisième jour, Dieu sépara les eaux d'avec la terre, creusa le lit des fleuves et celui des mers;

3°. Un trois me rappelle les trois enfans d'Adam, *Caïn*, *Abel* et *Seth ;*

4°. Les trois flèches mortelles qui ont percé le cœur de nos premiers pères : la sensualité, la curiosité et la présomption ;

5°. Il me représente encore les trois sortes de bonnes œuvres : la prière, le jeûne et l'aumône.

6°. Les trois grands malheurs de l'homme : le péché, la vieillesse et la mort ;

7°. Les trois puissances de l'âme, la mémoire, l'entendement et la volonté ;

8°. Les arts se divisent ordinairement en trois branches, trois *théologies* : la *positive*, la *morale* et la *scholastique* ;

9°. Trois divisions dans la jurisprudence : droit des gens, droit naturel, droit civil ;

10°. Trois parties dans la géométrie : *linéamétrie*, ou l'art de mesurer par lignes ; *planimétrie*, ou l'art de mesurer les surfaces planes ; et *stéréométrie*, ou l'art de mesurer les solides ;

11°. Trois genres d'architecture : la civile, la militaire, la navale ;

12°. Enfin, ce même trois m'apprend aussi à connoître les trois cycles : le cycle solaire, le cycle lunaire, le cycle de l'indiction.

UN QUATRE :

1°. Le quatrième jour *Dieu* fit le soleil, la lune, les étoiles, dont le cours régle les années, les mois et les jours ;

2°. Les quatre douaires des corps glorieux : la clarté, l'agilité, la subtilité, l'impassibilité ;

3°. Ce quatre me remet devant les yeux les quatre fins de l'homme, la *mort*, le *jugement*, l'enfer, le paradis ;

4°. Il me rappelle également les quatre âges de la vie ;

5°. Et les quatre saisons ;

6°. Le cœur me désigne le printemps qui ramène la joie dans le cœur de l'homme ;

7°. Le carreau marque l'été, son enceinte me désigne les vastes campagnes où le cultivateur s'exerce au travail et encadre ses moissons ;

8°. Le trèfle composé de deux parties posées l'une sur l'autre, me rappelle l'automne, où l'on ramasse dans ses greniers ;

9°. Le pique annonce l'hiver, où le froid aiguillonne nos sens comme avec des lances. Il me représente aussi le dard du chasseur qui poursuit sa proie sur des monceaux de neiges ;

10°. Mon jeu de *cartes* me sert de liturgie et de géographie ; j'y vois les quatre aires des vents principaux : le nord, le sud, l'est et l'ouest ;

11°. Les quatre parties du monde : *l'Europe*, *l'Asie*, *l'Afrique*, *l'Amérique* ;

12°. Mes cartes suppléent aux bibliothèques, et me donnent une idée des sciences et des arts ;

13°. Un quatre me rappelle les quatre parties de la philosophie : logique, morale, physique et métaphysique ;

14°. Les quatre élémens : la terre, l'eau, l'air et le feu;

15°. Les quatre règles principales du calcul : *l'addition*, la soustraction, la multiplication et la division;

16°. Enfin les quatre premières grandes monarchies universelles; celle des Assyriens fameuse par ses richesses et sa puissance, fondée par *Ninus*, an du monde 2,046, éteinte par Sardanapale, 748 ans avant J.-C., ayant duré 1,300 ans;

17°. Celle des Perses, fondée par Cyrus, 560 ans avant J.-C., chancelante et renouvelée après Cambyse, et fondue par Alexandre en monarchie macédonienne, 324 ans avant J. C., ayant duré 238 ans;

18°. Celle des Grecs, établie par Alexandre-le-Grand, roi de Macédoine, 324 ans avant J.-C., et détruite 147 avant l'ère chrétienne, ayant duré 177 ans;

19°. Et celle des Romains fondée par Romulus, qui dura 1160 ans, depuis la fondation de Rome, jusqu'à la prise de cette ville, par Alaric, roi des Goths.

UN CINQ :

1°. Le cinquième jour Dieu créa les poissons et les oiseaux.

2°. Voilà, par mon cinq, les cinq livres du *Pentateuque*, ou de Moïse; la *Genèse*, l'*Exode*, le *Lévitique*, le livre des *Nombres*, le *Deutéronome*.

3°. Je compte également les cinq grands prophètes choisis et inspirés de *Dieu* pour instruire le peuple Juif, et pour annoncer le Messie;

4°. J'ai cinq sens sur lesquels je dois veiller pour éviter d'offenser Dieu : le toucher, le goût, la vue, l'ouïe, l'odorat;

5°. Telle est la morale que je puise dans mes cartes, et voici ma religion;

6°. Jésus-Christ passa cinq années en Egypte.

Il me représente encore les cinq mystères joyeux de la Vierge;

7°. Les cinq mystères douloureux;

8°. Les cinq mystères glorieux;

9°. Ce même nombre me rappelle la division du discours oratoire, en cinq parties : l'exorde, la narration, la confirmation, la réfutation et la péroraison; enfin, sous le chaume qui me couvre;

10°. Cette carte me représente les cinq ordres d'architecture : le *Toscan*, le *Dorique*, l'*Ionique*, le *Corinthien*, le *Composite*.

UN SIX.

En considérant cette carte, je pense que Dieu créa le monde en six jours; il commanda à la terre de produire des animaux vivans de toute espèce.

Ce même jour il créa l'homme, le dernier et le plus parfait de ses ouvrages, pour lequel il avoit fait tout le reste; il forma son corps du limon de la terre, et lui créa une âme spirituelle et capable de connoître et d'aimer son créateur.

UN SEPT :

Dieu se reposa le septième jour.

Un sept me représente les septante semaines de Daniel, nombre de soixante-dix semaines d'années, c'est-à-dire soixante-dix fois sept ans ou sept fois soixante-dix, qui font quatre cent quatre-vingt-dix années. Ce nombre mystérieux fut révélé à Daniel par l'ange, pour marquer le temps de la naissance et de la mort de Jésus-Christ. Cette prophétie porte que le Messie doit mourir au milieu de la soixante-dixième semaine, c'est-à-dire, entre la troisième et la quatrième année de cette semaine.

Dieu institua, en l'honneur des Juifs, sept fêtes solennelles.

Mais, revenant à l'explication de la messe, je lis dans mes cartes, un sept c'est la multiplication des sept pains, emblème de la consécration par laquelle Jésus-Christ se multiplia autant de fois que le pain et le vin sont divisibles.

Il faut pardonner à son prochain, comme le dit Jésus-Christ, soixante-dix fois sept fois, c'est-à-dire qu'il ne faut jamais se lasser de pardonner.

Le sept me rappelle encore les sept dernières paroles de Jésus-Christ en croix.

Les sept péchés capitaux : l'orgueil, l'envie, l'avarice, la luxure, la gourmandise, la colère, la paresse.

Il y a sept sacremens : le baptême, la confirmation, la pénitence, l'eucharistie, l'extrême-onction l'ordre et le mariage.

Sept vertus principales contraires aux péchés capitaux.

Les sept dons que le Saint-Esprit communique dans le sacrement de confirmation.

Sept œuvres de miséricordes spirituelles.

Sept œuvres de miséricordes corporelles.

Sept heures canoniales.

Les sept sceaux de l'Apocalypse.

Si je mêle l'histoire sacrée et profane, je me rappelle que le temple de Jérusalem dura sept ans à bâtir, l'an du monde 2989, et 1015 ans avant J. C.; de la 4ᵉ année du règne de Salomon.

Le temple de Diane qui a duré 400 ans à construire, fut rebâti sept fois, et Erostrate, pour se faire un nom, y mit le feu.

Les sept métaux dont nous nous servons : l'or, l'argent, le cuivre, l'étain, le plomb ; le fer et le mercure.

Le plain-chant et la musique sont composés de sept notes : ut, ré, mi, fa, sol, la, si.

Le sept me rappelle aussi les sept merveilles du monde.

Le mausolée ou tombeau élevé en Carie, au roi Mausole, par son épouse Artémise ; le temple de Jérusalem ; le temple de Diane ; les murs de Babylone ; le Jupiter Olympien ; le colosse de Rhodes ; les pyramides d'Egypte.

UN HUIT :

Me rappelle les huit justes échappés du déluge, Noé, sa femme, ses trois fils, Sem, Cham et Japhet, et leurs épouses.

Que Jésus-Christ fut circoncis le huitième jour de sa naissance

Les huit béatitudes que Jésus-Christ nous propose dans Saint-Matthieu.

Un huit me rappelle encore que ma voix, pour louer Dieu dans toutes les langues, ne se sert que de huit mots, qui sont les huit parties du discours : le nom, le pronom, l'article, le verbe, l'adverbe, la préposition, la conjonction et l'interjection.

UN NEUF :

Me fait envisager les neuf chœurs des anges qui, sans cesse, louent le Seigneur.

Que Dieu ordonna à Noé de mettre dans l'Arche deux paires d'animaux impurs, et sept de tous ceux qui étoient purs, c'est-à-dire de ceux qu'on pouvoit offrir en sacrifice.

Le neuf me rappelle les neuf branches des sciences.

La théologie, la philosophie, la jurisprudence, la médecine, les mathématiques, la dialectique, la rhétorique, la poésie, la grammaire.

Enfin, les neuf planètes principales qui tournent autour du soleil, découvertes jusqu'à ce jour : Mercure, Vénus, Mars, Jupiter, Saturne, Herschell, Cérès ou Piazzi, Pallas ou Olbers, la Terre.

UN DIX :

Me rappelle que la terre a commencé à surnager le dixième mois après le déluge universel.

Il me rappelle encore que *Pharaon*, rebelle à la voix de Dieu, suscita contre son peuple les dix plaies d'Egypte.

Le dix, multiplié par cinq, donne cinquante jours après la sortie des Israélites de l'Egypte ; ils virent toute la montagne en feu, couverte d'un nuage épais, d'où scintilloient des éclairs, d'où grondoient des tonnerres, d'où sonnoient des trompettes : ils entendirent la voix de Dieu qui leur dicta ses dix commandemens.

Les dix sephiroth : la couronne, la sagesse, l'intelligence, la magnificence, la force, la beauté, la victoire, la gloire, le fondement, le royaume.

Un dix me représente aussi la parabole des dix vierges ; toutes attendoient l'époux. Cinq laissèrent éteindre leur lampe : emblème de l'imprévoyance de la moitié des hommes.

Les dix langues principales cultivées dans le monde : la grecque, la latine, la française, l'italienne, l'espagnole, l'anglaise, l'allemande, l'esclavone, l'arabe, et la persane.

UN VALET :

Me représente le centenier de l'Evangile marquant

à Jésus-Christ et aux hommes le profond respect dû aux supérieurs. Seigneur, mon serviteur est malade ; dites une parole, il sera guéri.—J'irai, répond Jésus ; et je le guérirai.—Seigneur, je ne suis pas digne que vous entriez dans ma maison ; j'ai pour vous le respect que me portent ceux qui sont au-dessous de moi : ils s'inclinent, et mes paroles sont des oracles pour eux.

Il me représente aussi l'indécence des valets de Caïphe et de Pilate, crachant au visage de Jésus-Christ.

Enfin Assuérus, surnommé le Juif errant, valet et cordonnier, né de la tribu de Nephthali, l'an du monde 3992.

UNE DAME :

Si mes yeux fixent une dame, elle me représente Eve, mère des humains.

Ainsi que cette autre sainte veuve juive, de la tribu de Siméon, qui délivra sa patrie, et rendit son nom si célèbre par la mort d'Holopherne.

Elle me rappelle aussi l'infidèle et perfide *Dalila*, gagnée par les Philistins pour leur apprendre le secret de la force de Samson, l'endormant dans ses bras pour le livrer à ses ennemis.

Je vois encore dans cette carte la reine de Saba, venue de l'extrémité du monde, sous le prétexte d'admirer la sagesse de Salomon qui se laisse séduire aux attraits de cette enchanteresse.

Mais j'y vois également cette chaste et humble Vierge , qui porta Jesus–Christ dans son sein.

Et je voudrois oublier que Saint–Jean–Baptiste fut décapité à la sollicitation d'Hérodias.

UN ROI :

Me représente Adam , commandant après Dieu à la nature, et aux animaux à qui il donna des noms. Bientôt il s'endort ; en s'éveillant , il trouve son image dans son épouse, sortie de son côté, formée de son cœur , anoblie par son sang , digne d'être sa société. Placés dans le paradis terrestre , ils en furent chassés pour avoir mangé du fruit de l'arbre de vie ; Adam passa ses jours à cultiver la terre avec ses enfans , compagnons de sa misère et de son péché. Il eut trente fils, on ne connoît les noms que de trois, *Caïn* , *Abel* et *Seth* , et autant de filles ; puis il paya la peine de son premier péché , en recevant la mort à l'âge de 930 ans. (Son épouse mourut 10 ans après lui.)

Les rois me représentent l'adoration des mages ou des trois Rois, que certaines chroniques appellent *Gaspard* , *Balthazar* et *Melchior* , offrant à Jésus–Christ l'or, la *myrrhe* et l'encens.

Les mauvais traitemens que l'on fit souffrir à Jésus–Christ après l'avoir revêtu de pourpre, lui avoir mis un roseau à la main et une couronne d'épines sur la tête , en l'appelant, par dérision, Jésus de Nazareth , roi des Juifs.

Cette couronne d'épines de la royauté me fait souvenir du passage d'Young : du trône à la chaumière, les soupirs se répondent ; elle m'inspire du respect, de l'amour et de la soumission pour mon prince, qui, sur le trône et sous le dais, porte son fardeau comme moi le mien.

Si je considère le nombre des cartes de mon jeu, j'en trouve cinquante-deux, parmi lesquelles douze seulement ont des figures ; elles me représentent les douze fontaines d'Elim.

Les douze pierres précieuses du rational du grand-prêtre.

La table des douze pains de proposition.

Les douze petits prophètes choisis et inspirés de Dieu pour instruire le peuple juif, et pour prédire l'avenir.

Les douze mois de l'année figurés par les douze signes du zodiaque.

Quand je m'arrête à la dénomination des cartes :

Le carreau me fait penser à l'endroit où fut placée la croix de J. C.

Le pique, à la lance qui lui ouvrit le côté.

Le cœur me remet devant les yeux le cœur de J. C. à découvert par le moyen de ses bras étendus sur la croix.

Le trèfle, par ses trois feuilles réunies, l'union, le zèle et l'amour des trois femmes qui allèrent le matin au tombeau de J. C., pour l'embaumer.

Les cinquante-deux cartes dont le jeu est composé, m'indiquent qu'il y a cinquante-deux semaines dans l'année.

Que l'année est composée de cinquante - deux dimanches.

Si je compte les points de toutes les cartes, j'en trouve trois cent soixante-cinq, formant le nombre des jours de l'année.

Enfin, reprit Richard, je n'aime point le jeu, et mes cartes sont un *memento* pour la religion. Je m'arrête ici, mon *colonel*, vous êtes équitable : et j'attends mon arrêt.

Le colonel dit : je pense que les meilleures raisons ne peuvent excuser une action criminelle. *Richard*, vons avez désobéi ; un jeune étourdi pourroit demain étudier votre commentaire, et tourner ainsi la religion en ridicule. *Richard*, vous aurez trois mois de cachot ; vous êtes simple fusilier : en sortant de prison, je vous avancerai en grade... Rassemblez vos notes, elles peuvent être utiles, et publieront vos réflexions, votre châtiment et votre récompense.

Richard fut effectivement condamné à trois mois de cachot ; il subit son arrêt, et fut ensuite fait sous-lieutenant.

Histoire du jeu de cartes du grenadier Richard.

(27) pag. 19. *Docteur Gall.*

Savant très-distingué par ses rares connoissances en médecine ; il est auteur du système perfectionné

de la cranologie, ou *craniologie*, étude du caractère,
des facultés intellectuelles par la forme du crâne, etc...

(28) pag. 21. *Prophétie.*

Prophétie qui se trouve dans un livre intitulé:
*Mirabilis liber qui prophetias, revelationes, necnon res
mirandas præteritas, præsentes et futuras apertè demonstrat*, imprimé à Paris, sans date et sans nom d'imprimeur, vers l'an 1540; 1 vol. in-8°, pet. pap.,
feuillet XLVIII et suivans.

On observe qu'on présente cette prophétie *sans le
moindre changement, pas même dans la ponctuation*,
d'après l'assurance qu'on a bien transcrit. Les lati-
nistes y verront quelques fautes, quelques mots qui
ne sont point de la bonne latinité, deux ou trois
qui ne sont pas même latins; ils reconnoîtront le latin
du XI⁰ et du XII⁰ siècles; ils y verront un mot
qu'on n'a pu déchiffrer dans le manuscrit : on ne
touche pas même à la traduction généralement fidèle,
qui offre deux ou trois inexactitudes très-légères,
elles seront marquées *en lettres italiques.* Cet extrait
du *Mirabilis liber* m'a été donné il y a long-temps
avec la traduction; je l'ai précieusement conservé.
Les lecteurs partageront, sans doute, mon étonnement, et y saisiront de *bien frappantes allusions.*

INCIPIT PRINCIPIUM *MALORUM.*

*Hanc prophetiam, cum figuris brevitatis causâ
omissis anno* M. *vel circiter conscriptam reperies in*

nobilissimo Gallorum regno, apud Parrhisios, in Sancti-Victoris librariâ : in aulâ ingressus et in scamno his tribus elementis k k k *obsignato.*

Moriens bibet de calice iræ Dei.

A minimo ad maximum gradum ascendisti miser... Cede igitur majori et meliori te, quia Deus transcludit regnum tuum.

Fraudulenter intrasti, potenter regnasti, et gemens morieris.

Ecce homo de Sacriotis (mot qui a été vraisemblablement mal lu dans le manuscrit.) *progenie, occultum principium habens, quo agnus ruit : neronicè regnans : moriens desolatus : abbreviabuntur dies illi : qui totum mundum tyrannus terribilis conturbabit. Gallum fert : aquilam deplumat : columbæ comminatur : gallus et aquila ejus superflua auferent; potestatem columba non timebit, ramum olivæ portans, et in petræ foraminibus nidificans, cujus securitas erit in angelo testamenti. Quid tantum affectas Babylonæ principatum quem diù obtinere non poteris ?....*

Stolam suam in agni sanguine dealbabit.

Alta ascendet duplici honore præventus.... Verumtamen quæ cogita' non implebit : alta corruent, infima sublimabit.... Ne impediaris a vento Aquilonis in tribulatione te defende.

Lupus habitabit cum agno, et pariter albabuntur.

Ad honores ascendit duplices homo iste, veniens de centro nubiloso....

Mobilis, immobilis fiet, et plura vastabit.

Nomen habet dissonum : crudelis, injustus, immundus, virtute carens, appetens vanitatem....

Contra columbam hæc imago turpissima pugnabit.

De infimo genere ascendet cruenta bestia, prima et novissima quæ filium innoxium crudeliter devoravit. Unus es, et parem non invenies ad innoxium sanguinem effundendum....

Pauca sparget, multa congregabit, egenus morietur, et propriâ sepulturâ carebit...

Duros corporis sustinebit dolores.

Accipe, supplantator, excelsos honores, arbor inutilis et infructuosa, quid cogitas te facturum ingentia, cùm sis mente et corpore debilis ? implere quæ cogitas non valebis, quia modicum vigilabis : citò dormies : et non surges : in tribulatione vives, quamvis parum.

Ad alta vocaris, ò princeps mente canus : quid agonizas ? Surge et esto robustus : interfice Neronem, et eris securus : sana vulneratum : accipe flagellum, interfice muscas, ejice vendentes de templo : ... dirige columbam, reprime sitibundos.

Obscuratum est aurum, mutatus est color optimus, rubigo te consumet : dulce principium invenisti, sed

finem tribulantem... ab aquilone pandetur omne ma-
lum. Obsecro , Domine , mitte quem missurus es.

Hæc est fera ultima aspectu terribilis. O fera cru-
delis omnia consumens, infernus te expectat.

... Quæ cogitas non explebis , de radice nigri prin-
cipis es assumptus. Recogita quæ fecit et quæ fecisti...
Miseria te consumet : in senectutem non devenies·
Stellas clarentes non rubiginabis : indignos exaltabis,
recogita , miser, quòd breviter morieris , et tribulatè·
vives.

... Infernus te expectat, si columbæ gemitus non
auditur ; clamat ultrà naturam : clamat et contrà natu-
ram, ejus vox miserabilis cœlos infestat. Amen.

Deo gratias.

ICI COMMENCENT LES MALHEURS.

Cette prophétie, ornée de figures qui ont été
omises pour cause de briéveté , écrite vers l'an 1000,
a été trouvée à Paris, à la bibliothèque de Saint-
Victor, à l'entrée de la salle, sur la tablette marquée
de ces trois lettres *kkk.*

En mourant il boira du calice de la colère de Dieu.

Tu es monté, misérable, du rang le plus bas au
plus élevé... cède donc la place à un plus grand et à
un meilleur que toi, parce que Dieu a *marqué la fin*
de ton règne.

Tu es entré par surprise, tu as régné par la violence, et
tu mourras dans les gémissemens.

Voilà un homme dont l'origine est obscure, par qui l'agneau a été précipité ; régnant à la manière de Néron : mourant abandonné : les jours de ce tyran terrible , qui troublera tout le monde seront abrégés : il porte un coq : il déplume l'aigle : il menace la colombe ; le coq et l'aigle lui enlèveront ce dont il auroit pu se passer ; la colombe ne craindra pas sa puissance, portant un rameau d'olivier, et faisant son nid dans les creux d'un rocher ; sa sûreté sera dans l'ange du testament ; pourquoi désires-tu tant l'empire de Babylone que tu ne pourras garder long-temps ?

Il trempera sa robe dans le sang de l'agneau.

Il montera au faîte des grandeurs , honoré de deux dignités... cependant il n'exécutera pas ce qu'il médite : les grands seront abaissés, il élevera ce qu'il y a de plus bas. Défends-toi, pour ne pas être terrassé par le vent d'aquilon.

Le loup habitera avec l'agneau, *et ils se baigneront ensemble.*

Il est monté à deux dignités cet homme qui est venu d'un pays couvert de nuages.

Il deviendra mobile, immobile, et fera beaucoup de ravages.

...... Il a un nom dissonant : il est cruel, injuste, immonde, sans vertu, recherchant avidement la vanité.

Ce vilain personnage combattra contre la colombe.

Cette bête féroce, altérée de sang, la première et la dernière s'élèvera de la race la plus basse ; elle a dévoré cruellement un fils qui ne lui avoit point fait de mal ; tu es unique, et tu ne trouveras pas ton pareil pour répandre le sang innocent....

Il répandra peu ; il ramassera beaucoup ; il mourra dans l'indigence, et sera privé de sépulture....

Il souffrira de cruelles douleurs de corps.

Usurpe, supplantateur, des dignités élevées ; arbre inutile et sans fruit, pourquoi penses-tu que tu feras de grandes choses, puisque tu es foible d'esprit et de corps ? Tu ne pourras pas accomplir ce que tu médites, parce que tu manqueras de vigilance, tu t'endormiras bientôt, et tu ne te leveras pas : tu passeras dans la tribulation le peu de jours que tu as à vivre.

Vous êtes appelé à de hautes destinées, ô prince dont l'esprit a la maturité de la vieillesse...., pourquoi restez-vous dans l'abattement ? levez-vous et faites usage de vos forces, tuez Néron, et vous serez en sûreté : guérissez le blessé : prenez un fouet, tuez les mouches : chassez les marchands du temple : dirigez la colombe, réprimez les gens avides.

L'or a perdu son éclat, sa belle couleur est changée, la rouille te consumera : tu as trouvé un commencement agréable, mais tu trouveras une fin pleine de tribulations. C'est de l'aquilon que se déployera tout ton malheur. Seigneur, envoyez, je vous supplie, celui que vous devez envoyer.

Cette bête féroce au regard terrible est la dernière; ô bête cruelle qui détruis tout, l'enfer t'attend.

... Tu n'accompliras pas ce que tu médites, tu es issu de la souche du prince noir; rappelle-toi ce qu'il a fait et ce que tu as fait..., la misère te consumera: tu ne parviendras pas à la vieillesse; tu n'obscurciras pas l'éclat des étoiles; tu éleveras ceux qui en sont indignes. Songe, misérable, que tu mourras bientôt, et que tu vivras dans la tribulation.

.... L'enfer t'attend, si tu es sourd aux gémissemens de la colombe; elle crie outre nature, et contre nature: sa voix, qui excite la pitié, te rend les cieux contraires. Ainsi soit-il.

Grâces à Dieu.

(29) pag. 22. *Pressentimens.*

. . « Il est des jours de sinistre présage
» Où l'homme, dans son cœur, cherche en vain son courage;
» Où d'affreux mouvemens la triste et sombre horreur
» Jette dans nos esprits le trouble et la terreur. »
(LE GOUVÉ.)

Malgré les précautions qu'on doit prendre sur tout ce qui tient du merveilleux, la vie de quelques hommes présente des particularités que l'histoire ne passe pas toujours sous silence, le lecteur lui donne le degré de créance qu'elles méritent.

Henri IV, quelques jours avant sa mort, sortant de la messe des Feuillans, rencontra Bassompierre et M. de Guise, qu'il prit à ses côtés, quittant Mme de Villeroi avec qui il étoit, ce prince leur dit :

Je viens des Feuillans, et j'ai vu la pierre que Bassompierre a fait mettre au-dessus de la porte avec cette inscription : *quid retribuam Domino pro omnibus quæ retribuit mihi ?*

J'ai ajouté pour lui : *Calicem salutaris accipiam.*

M. de Guise ne put s'empêcher de rire, et dit au *Roi* : vous êtes à mon gré un des hommes les plus agréables du monde ; et notre destin portoit que nous fussions l'un à l'autre ; si vous n'eussiez été qu'un homme d'une condition médiocre, j'aurois voulu vous avoir à mon service, à quelque prix que c'eût été ; mais puisque *Dieu* vous a fait naître un grand roi, il ne pouvoit pas être autrement que je ne fusse à vous.

Henri IV l'embrassa et lui répliqua :

Vous ne me connoissez pas encore, vous autres ; mais je mourrai un de ces jours, et quand vous m'aurez perdu, vous connoîtrez ce que je valois, et la différence qu'il y avoit de moi aux autres hommes. Bassompierre lui dit alors : mon Dieu, sire, ne cesserez-vous jamais de nous affliger, en nous disant que vous mourrez bientôt ? il n'y a point de félicité au monde pareille à la vôtre ; vous n'êtes qu'en la fleur de votre âge, en parfaite santé, et

force de corps, plein d'honneurs; jouissant de toute
tranquillité, du plus florissant royaume du monde,
aimé et adoré de vos sujets, plein de biens et d'argent, belles maisons, belle femme, beaux enfans qui
deviennent grands; que vous faut-il de plus, et
qu'avez-vous à désirer davantage? Le roi se mît
alors à soupirer et lui répondit: Ah! mon ami, il
faut quitter tout cela, et il ajouta ce vers d'Horace:

Linquenda tellus et domus et placens uxor, etc.

Mémoires de Bassompierre.

Le duc de *Buckingham*, la veille de son départ pour
la seconde expédition, pour faire lever le siége de La
Rochelle, dit à l'évêque de *Londres*, en l'embrassant: j'éprouve, *milord*, un pressentiment qui m'annonce que nous nous voyons pour la dernière fois.
La comtesse de Denbigh, sa sœur, répondant à une
lettre qu'elle avoit reçue de lui, la veille du jour de
son assassinat, en l'écrivant, ses yeux se remplirent
de larmes, la douleur l'oppresse, elle achève péni-
blement sa lettre (qui existe encore) par ces mots:
je ne sais ce qui doit arriver, en faisant des vœux pour
votre heureux retour, un nuage affreux a paru s'arrêter
sur ma tête; cette situation est trop violente, je ne la
puis soutenir, je me confie à la Providence; hélas!
qu'elle prenne soin d'un si tendre frère! L'évêque
d'Ely vint le lendemain pour l'instruire de la mort
du duc; elle dormoit; un instant après elle sonna
vivement ses femmes auxquelles elle dit, en poussant

des sanglots : « Je n'en puis douter , mon frère est
mort, je l'ai vu tout ensanglanté. » Ces faits sont appuyés sur des témoignages qu'on peut voir dans les
autorités historiques de l'Angleterre.

(3o) pag. 25. *Cabinet de l'oreille.*

Denis Ier, tyran de Syracuse; sa tyrannie est consacrée par un monument qui subsiste encore en
Sicile : c'est une grande caverne nommée l'oreille de
Denis-le-Tyran ; elle est creusée dans le roc , et a
exactement la forme d'une oreille humaine ; sa hauteur est de 8o pieds sur 25o de long ; elle étoit,
dit-on, construite de façon que tous les sons qui
s'y produisoient étoient rassemblés et réunis comme
dans un foyer, en un point qui s'appeloit le *tympan.*
Le tyran avoit fait faire au bout du tympan un petit
trou qui communiquoit à une chambre où il avoit
coutume de se cacher ; il appliquoit son oreille à
ce trou, et il entendoit distinctement tout ce qui
se disoit dans la caverne. Dès que cet ouvrage fut
achevé , et qu'on eut fait l'épreuve , il fit mettre à
mort tous les ouvriers qui y avoient travaillé ; il y
emprisonna ensuite toutes les personnes qu'il regardoit comme ennemis, et après avoir entendu leur
conversation , il les condamnoit ou les renvoyoit
absous.

(31) pag. 29. *Origine des cartes à jouer.*

C'est en Italie que les cartes à jouer ont été trouvées dans le XIVe. siècle. L'abbé *de Longuerue*, l'homme de France qui, peut-être, a su le plus de choses, avoit vu un jeu de cartes telles qu'elles étoient dans l'origine; elles avoient sept à huit pouces de longueur : on y voyoit un Pape, des Empereurs, et les quatre *monarchies* qui combattoient les unes contre les autres, ce qui a donné naissance à nos quatre couleurs. En 1390, on introduisit le jeu de cartes en *France* pour divertir le roi Charles VI, alors en démence. La chambre des comptes passa une somme considérable pour le jeu qui fut acheté; le peintre *Jacquemin Gringonneur* inventa particulièrement pour la Cour de France, dans le siècle suivant, les cartes que nous voyons aujourd'hui.

(32) pag. 29. *Alexandre.*

Ce héros marchoit vers Babylone à petites journées, pour reposer ses troupes fatiguées de sa dernière expédition. (il venoit de soumettre les Cosséens, nation féroce qui habite des montagnes voisines de la Médie) ; il n'en étoit plus qu'à trente stades, (trois mille sept cent cinquante pas géométriques) lorsque Néarque, qu'il y avoit envoyé par l'Océan et par les bouches de l'Euphrate, accourut à sa rencontre, le conjurant de ne point entrer dans cette ville qui pourroit lui être funeste, qu'il le savoit d'aruspices Chaldéens, dont l'expérience avoit démontré leur talent dans leur art.

Alexandre, cédant d'abord aux instances de Néarque et à l'opinion secrète qu'il avoit des connoissances de ces devins, envoya presque toute sa cour à Babylone, et prenant un autre chemin, il alla camper à deux cents stades de la ville, (huit lieues et tiers, de trois mille pas géométriques) ; mais à la persuasion d'Anaxarque, il finit par mépriser la science des Chaldéens comme vaine et superstitieuse, et il entra dans Babylone où les ambassadeurs de presque tous les Etats de l'Univers s'étoient rendus. Alexandre employa plusieurs jours à les entendre, et ne s'occupa plus que des funérailles d'Ephestion. Ce devoir rempli, il voulut s'embarquer sur le fleuve Pallacope (marais formés par les eaux de l'Euphrate) pour atteindre les confins de l'Arabie. Il se moquoit assez haut des Chaldéens, et ne craignoit plus l'avenir, puisque non-seulement il étoit entré dans Babylone, mais même qu'il en étoit sorti sans inconvénient. Il voulut reprendre son chemin toujours par les marais de Pallacope; il y rencontra des présages effrayans : entr'autres, son diadème, accroché par des branches pendantes sur sa tête, fut jeté dans les eaux ; beaucoup d'autres aussi menaçans succédèrent à celui-là. On fit pour les conjurer, des sacrifices continuels, tant selon les rits des Grecs, que selon ceux des Barbares, mais ils ne purent être expiés que par sa mort, qui eut lieu très-peu de temps après ces présages. Alexandre mourut âgé de trente-deux ans et huit mois, la première année de la cent quatorzième olympiade (trois cent vingt-quatre ans avant l'ère chrétienne).

(33) pag. 29. Jules César.

Un astrologue prédit la mort de César ; il a le courage de la lui annoncer ; il fend la foule et l'appelle par son nom, on le fait approcher en face de César : prends garde aux *ides de Mars*, dit l'astrologue. César l'envisage : c'est un visionnaire, dit-il, et il passe. Ce trait historique fidèlement conservé jette dans l'âme je ne sais quoi de mystérieux qui la prépare à un grand événement.

(34) pag. 29. Tibère.

Tibère, exilé à Rhodes sous le règne d'Auguste, se plaisoit à consulter les devins, sur le haut d'un rocher fort élevé au bord de la mer, et si les réponses du prétendu prophète donnoient lieu à ce prince de le soupçonner d'ignorance ou de fourberie, il le faisoit à l'instant précipiter dans la mer par un esclave : un jour ayant consulté dans le même lieu un certain Thrasylle, regardé comme habile dans cette science, et ce devin lui ayant

24

promis l'empire et toutes sortes de prospérités :
Puisque tu es si habile, lui dit *Tibère*, tu dois savoir
ton *horoscope* ; dis-moi combien il te reste de temps
à vivre ? *Thrasylle*, qui se douta, sans doute, du
motif de cette question, examina avec une feinte
sécurité l'aspect et la position des astres au moment
de sa naissance, bientôt après il laissa voir au prince
une surprise qui fut suivie de frayeur, et s'écria
qu'il étoit à cette heure même menacé d'un grand
danger. *Tibère*, satisfait de cette réponse, l'embrassa, le rassura, et, acceptant pour oracle tout ce
qu'il lui avoit dit de favorable, le mit au nombre de
ses amis.

(35) pag. 29. *Dioclétien*.

Dioclétien tua de sa propre main *Aper*, meurtrier
de *Numérien*, pour accomplir la prédiction que lui
avoit faite une *Druïde*, qu'il parviendroit à l'empire
aussitôt qu'il auroit immolé lui-même *Aper*. Comme
ce mot latin signifie *sanglier*; il tuoit auparavant tous
les sangliers qu'il rencontroit; après la mort d'*Aper*,
il dit à *Maximien-Hercule*, à qui il avoit confié cette
prophétie, la prédiction de la *Druïde* est accomplie.

(36) pag. 29. *Henri IV*.

« Prédiction faite au bon Henri par deux de ses
serviteurs avant le mardi 27 décembre 1594, jour
auquel Jean Chastel s'étoit glissé dans la chambre,

et avancé jusques auprès du Roi sans être aperçu, il tâcha avec un couteau qu'il tenoit, d'en donner dans la gorge de Sa Majesté; mais, parce que le Roi s'inclina à l'heure pour relever Mrs de Raguy et de Montigny au moment qu'ils lui baisoient les genoux, le coup (conduit par une admirable et secrète providence de Dieu, porta au lieu de la gorge, à la face, sur sa lèvre haute du côté droit, et lui entama et coupa une dent. » L'un de ces serviteurs étoit Risacazza, grand mathématicien, qui dit à Sa Majesté que s'il entroit ce jour à Paris[1], infailliblement il y seroit blessé; l'ayant assuré de même quelques jours auparavant à M. le président Nicolaï.

L'autre étoit Villandri, gentilhomme de sa maison, qui plus de trois mois auparavant avoit dit au Roi, qu'il avoit à se garder de la fin de cette année, et qu'il y devoit être blessé au visage par un jeune garçon. Mais Sa Majesté, ne tenant tous ces prédiseurs là que pour des fols et des conteurs, avoit fait état de leurs avis comme d'une fable, et s'en étoit moqué.

> (*Journal d'Henri IV, par Pierre de*
> *l'Etoile*, année 1594).

(37) pag. 29. *Charles Ier.*

Un *Druïde, astrologue*, homme de sainte vie et sage, âgé de cent vingt ans, vint voir le roi Jacques Ier. Il vit Charles Ier, encore enfant, et entre les bras de ses nourrices, son frère aîné, et héritier

24.

de la couronne y étant. Le vieillard, après avoir fait
ses complimens au père, prit l'enfant entre ses bras,
et lui donna sa bénédiction en ces termes : Je te
salue, royal enfant, héritier de deux couronnes;
ton règne sera long et heureux; mais à la fin, la
fleur de Lis te sera fatale. Les grands qui étoient présens, croyant que le grand âge avoit privé cet homme
de la raison, furent sur le point de le chasser; ils
lui ôtèrent l'enfant, et lui dirent qu'il se trompoit,
que l'enfant qu'il tenoit n'étoit pas l'héritier de la
couronne, mais que c'étoit son frère là présent; Il
repondit d'un air grave et assuré, qu'il avoit dit la
vérité, et ajouta que le frère aîné mourroit avant le
père, et que l'autre vivroit et succéderoit aux couronnes d'Ecosse et d'Ang'eterre. L'événement con-
firma une partie de sa prédiction; le frère aîné mourut à l'âge de douze ans, et le prince resta maître de ces
deux royaumes. On croit que, par la fleur de Lis, le
vieillard entendoit le Roi de France, parce qu'il a
pour ses armes les fleurs de Lis. Charles Ier est mort
sur l'échafaud, le 30 janvier 1646.

(*Espion Turc.*)

(38) pag. 29. *Louis XIV.*

Au moment de la naissance de Louis XIV, un
astrologue célèbre fit le thème de sa naissance. Quelques jours avant son accouchement, *Anne d'Autriche*
l'avoit fait venir au château de Saint-Germain, où

même elle le fit loger....., pour qu'il pût annoncer
à la minute quelles seroient les destinées de l'enfant
qu'elle portoit dans son sein. Il annonça que ses exploits surpasseroient ceux de tous ses ancêtres, qu'il
subjugueroit une partie de l'Espagne, de l'Italie et
de l'Allemagne.

(39) pag. 30. *Louis XV.*]

En 1757, madame de Pompadour fit venir devant
Louis XV, un fameux cartomancïen, qui, après
avoir tiré les cartes, lui dit: Sire, votre règne est
célèbre par de grands événemens ; celui qui le suivra
le sera par de grands désastres. Le sceptre chancellera
entre les mains de votre successeur; mais il sera sauvé
par un prince qui lui remettra la couronne sur la
tête, et le vengera des outrages de ses ennemis (1),
ce prince s'appellera Charles.

---

(1) L'astrologue s'est malheureusement trompé dans un
sens : mais voïci comment on pourroit le justifier. Devant
ménager l'amour-propre, et surtout la sensibilité du Roi,
il ne pouvoit point lui dire que son successeur, victime de sa
trop grande bonté, et de la perversité de son siècle, périroit
sur l'échafaud, il dit seulement : le sceptre chancellera entre
ses mains; un prince lui remettra la couronne sur la tête :
cette dernière phrase signifieroit alors : un prince réparera
l'injure qu'on lui a faite, relèvera la gloire des Lis.

Mais ce qui devient imposant et même frappant, c'est que

Le Roi voulut que le premier prince qui naîtroit fut nommé Charles, uniquement à cause de la prophétie. Quelques mois après, madame la Dauphine accoucha, et le nom de *Charles* fut donné le premier au nouveau-né (comte d'Artois) aujourd'hui *Monsieur, Frère du Roi.*

Cette anecdote est tirée mot pour mot, des affiches de Tours, vingt-cinquième année, N°. 14, du jeudi 5 avril 1792.

(40) pag. 30. *Ducs de Biron.*

Le premier s'étoit moqué de la divination, que la curiosité de Cathérine de Médicis avoit mise fort en vogue à la cour; néanmoins, peu de temps avant sa mort, pour en avoir vu quelques résultats frappans, il y ajoutoit foi avec autant de superstition, qu'il lui avoit manifesté d'incrédulité, et il s'étoit mis à consulter les diseurs de bonne aventure.

Un de ces gens-là lui ayant prédit six mois avant le siège d'Epernay, qu'il seroit tué d'un coup de canon, il fut tellement ébranlé de cette prédiction, que toutes les fois qu'il entendoit tirer, comme il

_____

Monsieur est le premier de nos princes que la Providence nous ait rendu, et l'enthousiasme étoit si grand, si sincère, et si universel, le jour de son entrée à Paris, que l'on peut dire, avec vérité, qu'il a préparé les voies du Seigneur.

l'avoua à ses amis, il ne pouvoit s'empêcher de
tressaillir de peur, et de baisser la tête.

Là, ayant entendu siffler le boulet qui l'atteignit,
comme il se jettoit de côté pour éviter le coup, le
malheur voulut qu'il le rencontrât si bien qu'il alla
au-devant de sa mort, et accomplit lui-même une
prédiction qui peut-être ne seroit pas arrivée s'il s'en
fût moqué.

(Mézeray.)

L'auteur qui nous a donné la relation du procès
de Biron, qu'on trouve à la fin de l'Abrégé de l'Histoire de nos rois, imprimée à Rouen en l'année 1611,
chez Jean Petit, nous apprend une chose singulière
de lui.

Il dit, dans des termes gaulois et un peu diffus,
que ce qui contribua le plus à sa perte, ce fut le
changement de sa fortune ; que n'étant que cadet de
sa maison, il en devint l'aîné par la mort de son
frère ; que d'abord il se fit appeler le baron *de Biron*,
et que cela lui enfla le cœur d'une étrange manière ;
qu'à dix-huit ou vingt ans, son père le mena à la
cour, où il ne fut pas plus tôt arrivé, qu'il se fit une
querelle avec le fils aîné du comte de la Vauguyon ;
que leur différend se termina par un combat de trois
contre trois ; que l'avantage tourna du côté de *Biron*,
puisque non-seulement il tua son adversaire, mais
encore ses deux seconds tuèrent les deux autres qui
accompagnoient la Vauguyon ; les amis des morts
firent courir le bruit que l'action n'étoit pas bonne

et qu'il y avoit eu de la fraude dans le combat. Cependant le père de *Biron* qui avoit le duc d'Epernon pour ami, obtint sa grâce, et la fit entériner au parlement; depuis le jour du combat jusqu'à celui de sa grâce, *Biron* fut obligé de se cacher. Pour éviter d'être reconnu, il se déguisa en porteur de lettres, et s'en alla un jour chez un vieux astrologue, nommé la Brosse, qui demeuroit près du Luxembourg. Il lui mit entre les mains l'horoscope qu'il s'étoit déja fait donner par un autre; et, dissimulant que ce fût le sien, il le présenta à la Brosse, comme celui d'un gentilhomme dont il se disoit le valet, et lui fit connoître qu'il n'avoit la curiosité de savoir la destinée de son maître, qu'à dessein de juger à peu près de la sienne. Que la Brosse, après avoir mûrement examiné la chose, lui dit qu'elle étoit véritablement d'un homme de qualité, et le regardant fixement lui-même : Je trouve, lui dit ce bon homme, que votre maître n'est pas plus âgé que vous. Qu'un peu après il lui dit encore : Mon ami, ne seroit-elle point de vous; dites-le moi, je vous en prie. Que *Biron* lui répondit, tout déconcerté : Je ne vous dirai point de qui; il n'est pas question de tant de paroles, dites-moi seulement quelle sera la vie et la fin de mon maître. Que l'astrologue qui étoit logé au plus haut de la maison, dans une petite guérite où il étudioit, lui dit : Eh bien ! mon fils, je vous dirai *que celui de cette nativité* parviendra un jour à de grands honneurs et dignités, tant par sa con-

duite que par de belles actions à la guerre, où il
sera heureux jusqu'au point d'être roi, s'il n'y avoit
un *caput ul got* qui l'en empêche ; Que là-dessus
Biron lui dit : qu'entendez-vous par ce *caput ul got?*
Mon enfant, lui dit ce bon homme, demeurons-en
là, je vous en dirai une autre fois davantage, il n'est
pas nécessaire de vous expliquer cela. Non, non,
je le veux savoir, lui dit *Biron*, et je veux tout à
l'heure que vous me le disiez. De sorte qu'après beaucoup de contestations, l'un de le savoir, et l'autre
de ne pas le dire, la Brosse fut enfin contraint de
lui répondre d'un ton aigre : J'entends, puisque
vous voulez le savoir, que votre maître en fera tant,
qu'il aura un jour la tête tranchée sur un échafaud.
Que là-dessus *Biron* se jeta sur le pauvre *astrologue*,
et qu'il le battit tant qu'il le laissa presque mort dans
sa guérite..... Il ne se contenta pas de cela ; il
eut encore la malice de l'enfermer dedans et d'emporter la clef de la porte avec lui ; que même en
s'en allant, il renversa un petit escalier de bois,
par où l'on montoit à la guérite, comme on diroit
de ces échelles de bois de quelques-moulins à vent ;
qu'après cela, *Biron* fit lui-même des plaisanteries
de sa prédiction à plusieurs personnes de ses amis ;
mais aussi qu'en revanche de toutes les sottises que
l'astrologue lui avoit dites, il l'avoit bien battu.

L'histoire ajoute que *Biron* avoit néanmoins beaucoup de foi à ces gens-là, et qu'ayant encore depuis
consulté un fameux astrologue nommé *César*, qui

passoit pour le plus habile du royaume, celui-ci ne
voulut jamais lui dire autre chose si ce n'est qu'il seroit heureux dans tout ce qu'il entreprendroit, et
qu'il ne s'en faudroit *que le coup d'un Bourguignon
par derrière qu'il ne fût Roi.*

Que *Biron*, croyant facilement tout ce qui flattoit
son ambition, n'eut pas de peine à se persuader, et
qu'il prit le reste pour quelques blessures qu'il recevroit à la guerre dans la chaleur du combat, soit par
derrière, ou autrement, de quelqu'un qui seroit Bourguignon. Cependant, lorsqu'il fut arrêté, étant à la
Bastille, quelque temps après que son procès fut instruit, une personne de sa connoissance l'étant allé
voir, et pleurant de le trouver là, il lui dit de ne se
point fâcher, et de s'informer seulement de quel
pays le bourreau de *Paris* étoit, que cette personne
le lendemain lui ayant rapporté qu'il étoit *Bourguignon*, Biron changea de couleur, et qu'il dit
aussitôt: Il n'y aura point de grâce pour moi; je suis
mort. En effet il eut la tête tranchée le 31 juillet 1602.

(41) pag. 30. *Schomberg.*

Il avoit fait tirer son horoscope à Lisbonne par
un juif portugais. On lui avoit prédit qu'il seroit
heureux dans les armes aussi long temps qu'il seroit
favorisé de l'amour; cette idée avoit servi à l'attacher
au commerce des femmes, comme à la règle de ses
prospérités.

(*Campagnes philosophiques de M. de Montcal.*)

(42) pag. 3o. *Maréchal de Luxembourg.*

François-Henri de Montmorency, pair et maréchal de France , duc de Luxembourg , croyoit à
l'astrologie judiciaire...... Il lui fut même prédit ,
n'étant encore qu'enfant, que ses faits d'armes le
rendroient le rival d'un grand prince, dont il seroit
l'élève ; que, par une singulière fatalité , il seroit
impliqué dans un procès, mais que plus heureux
que le comte *de Boutteville* (son malheureux père ,
décapité pour duel), il se retireroit de ce mauvais
pas, et soutiendroit sa haute réputation.

En effet, le maréchal de Luxembourg fut compris
dans l'horrible affaire des poisons. Il fut même
accusé d'en avoir fait composer, et en outre d'avoir
fait faire des conjurations contre la personne du *Roi*,
ce qui ne put être prouvé. Il se rendit à la Bastille,
par les conseils du marquis de Cavoye. Dès qu'il fut
dans cette prison, la jalousie de *Louvois* le poursuivit avec fureur ; il fut enfin interrogé : les imputations étoient aussi ridicules qu'atroces. Il subit
trois interrogatoires à la chambre royale, séante
à l'Arsenal, le 26 janvier 1680, le 2 mars et le 5
mai suivant. M. de Luxembourg fut déchargé de
cette accusation , par arrêt de la chambre , du 14
mai de la même année. On a dit dans quelques mémoires de ce temps-là , qu'il n'y eut de jugement
prononcé ni pour ni contre lui ; qu'après deux ans

d'exil, le Roi lui redonna sa confiance, etc. On y lit
que parmi les questions qu'on lui fit, on lui demanda
s'il n'avoit pas fait un pacte avec le diable, pour
pouvoir marier son fils à la fille du marquis de Louvois. L'accusé répondit : *Quand Matthieu de Mont-*
morency épousa une reine de France, il ne s'adressa
pas au diable, mais aux états-généraux qui déclarèrent
que pour acquérir au roi mineur l'appui des Montmorency,
il falloit faire ce mariage. Il sortit enfin de la Bastille après une assez longue détention, et continua de
faire à la Cour les fonctions de capitaine-des-gardes,
sans voir Louvois, son persécuteur, et sans que le
Roi lui parlât de l'étrange procès qu'il venoit d'es-
suyer. Il ne tarda pas de répondre à ses ennemis par
des victoires. Le maréchal de Luxembourg, digne
élève du grand Condé, mourut en 1695 ; les soldats
le pleurèrent comme leur père, et la nation comme
un de ses plus habiles défenseurs.

(43) pag. 3o. *Portefeuille d'une Sibylle.*

Tel est le titre d'un ouvrage que je me propose de
faire paroître par suite par cahier de cinq feuilles,
et de mois en mois.

(44) pag. 3o. *Sorts.*

Ce n'est point des sorts de *Dodone* ni de *Preneste*,
ni des sorts *Virgiliens*, ni de ceux d'*Homère*, même

des sorts modernes des saints, dont je veux parler,
mais de ce préjugé vulgaire si connu, et même si
accrédité dans les campagnes. S'il vous survient une
maladie chronique dont les causes paroissent inconnues ; si la mortalité se met sur vos bestiaux,
alors plus de doute : un ennemi secret vous en veut,
et d'accord avec *Typhon*, il fait gronder le tonnerre,
et confondant ainsi tous les élemens, il en fait émaner
une vapeur pestilentielle qui se répand comme un
torrent dévastateur sur tout ce que vous possédez ;
d'autres croient qu'au moyen d'un simple pacte avec
mons Lucifer, on a le pouvoir de leur nuire essentiellement.... Ces erreurs sont encore tellement accré-
ditées dans de certains pays, que vouloir les y fronder
ouvertement, c'est les consolider davantage. La raison
seule peut en démontrer l'absurdité, mais le temps
fera le reste.....

(45) pag. 3o. *Anneaux constellés.*

On peut les graver sur divers métaux : le *Soleil*,
roi du jour, a pour lui l'or ; la *Lune*, reine de la nuit,
a pour elle l'argent ; *Jupiter*, roi des astres, l'étain ;
Mars, dieu de la guerre, le fer ; *Vénus*, le cuivre ;
Mercure, ministre des dieux, le vif-argent ; *Saturne*,
dieu du temps, a pour lui le plomb, etc. Le Soleil
a pour pierre précieuse l'*escarboucle* ; la Lune a le
saphir ; Jupiter, la *topaze* ; Mars, le *rubis* ; Vénus,
l'*émeraude* ; Mercure, le *cristal* ; Saturne, le *grenat*.

(46) pag. 30. *Figures magiques.*

Sous le règne d'*Henri III* l'on accusa plusieurs personnes de composer des figures de cire préparée, et au moyen de certaines conjurations, elles les faisoient fondre graduellement, en ayant soin de les piquer aux endroits où elles pouvoient supposer que celui contre qui elles procédoient en souffriroit davantage. *Henri III* lui-même fut accusé de faire des oblations au *diable* dans le bois de Vincennes.... Les prédicateurs, pour animer le peuple contre ce malheureux *Roi*, débitoient publiquement que ce prince s'adonnoit à des sortiléges, et même que d'Espernon étoit un malin esprit incarné, et le sot peuple avoit la foiblesse de les en croire sur leur parole.

(*Journal de l'Etoile.*)

(47) pag. 30. *Pierre philosophale.*

L'alchimie est cette partie éminente de la *chimie*, qui s'occupe à perfectionner, à améliorer ou à transmuer les métaux. Cet art mystérieux s'appelle aussi science hermétique.

Le secret de la pierre *philosophale* a été en vogue parmi les *Chinois*, long-temps avant qu'on en eût les premières notions en *Europe*. Ils parlent dans leurs livres, en termes magnifiques, de la semence d'or et de la poudre de projection ; ils promettent de tirer

de leurs creusets , non-seulement de l'or , mais un
remède spécifique et universel , qui procure à ceux
qui le prennent une espèce d'immortalité.

Le grand-œuvre jusqu'à ce jour a dû être le but
de bien des recherches. Quelques *savans* prétendent l'avoir trouvé ; mais hélas ! il en est bien peu
en possession de cet unique trésor : s'il existe bien
réellement il ne peut se découvrir que par le
moyen de la révélation. Tous les efforts des hommes
doivent échouer dans les choses vraiment surna-
turelles.

Quelques *cabalistes* prétendent que le fameux
comte de *Saint-Germain* vit encore ; et les adeptes
de cette science *hermétique* vous assurent de la meilleure foi du monde, et avec le sentiment de la conviction, que ce grand *alchimiste* s'occupe journellement à faire de l'or , et passe ainsi son temps très-
agréablement ; qu'il voyage tantôt dans un pays ,
tantôt dans un autre; qu'il n'a point de demeure
fixe ; que l'univers est maintenant sa patrie.

Comme un nouveau *Sosie* , il jouit du privilége
immuable de revoir ses amis, mais sous la forme
ou les traits d'un *jeune adolescent....* Je ne désespère
donc pas , si cela est, de le voir un jour dans mon
cabinet sibyllin. Mais je m'engage à faire part à
mes lecteurs de mes précieuses découvertes ; et pour
réparer , autant qu'il me sera possible , les pertes
journalières que l'inexorable mort nous fait éprouver
depuis long-temps , je ferai en sorte d'obtenir de

cet homme unique , le secret si bien connu de
Mathusalem ; mais avec cette différence , que ceux
qui le pratiqueront , conserveront pendant des
siècles , les grâces et même la fraîcheur de la jeunesse ; mais sous l'expresse condition que la conduite intérieure , et même extérieure, sera parfaite ;
que la fidélité conjugale sera le premier des devoirs ;
qu'enfin, toutes les actions ne tendront qu'au but
le plus louable , et que l'amour de la patrie l'em-
portera sur toute considération , etc.

(48) pag. 3o. *Galilée.*

Galilée n'en fit pas moins reconnoître généralement l'immobilité de· l'astre qui imprime à toute la
nature le mouvement et la vie. Le vulgaire honora
cette découverte d'une admiration stérile ; mais le
véritable adepte y retrouva l'image sensible et fidèle
du moteur universel siégeant au sein de l'éternel
repos.

(49) pag. 3o. *Urbain Grandier.*

Urbain Grandier, curé de Saint-Pierre de Loudun,
réunissoit aux agrémens de la figure , les talens de
l'esprit , et surtout celui de la chaire ; applaudi des
hommes, recherché des femmes, ses succès excitèrent l'envie de quelques religieux de Loudun. Le
bruit vint à se répandre parmi le peuple, que les
Ursulines de Loudun étoient possédées. Comme
Grandier avoit été directeur de ces religieuses, ses

ennemis ne manquèrent pas de publier que c'étoit lui qui avoit ensorcelé tout le couvent. La magie étoit alors l'accusation à la mode : pour perdre plus sûrement Grandier, on le noircit auprès du cardinal de Richelieu ; on l'accusa d'être l'auteur d'une satire publiée depuis peu contre le ministre ; Richelieu envoya Laubardemont, sa créature, avec douze autres juges, pour instruire le procès de Grandier.

Après avoir entendu Astaroth, de l'ordre des séraphins, chef des diables, qui possédoient les ursulines ; Asmodée, de l'ordre des trônes ; Nephtha-tun, Cham, Uriel, de l'ordre des principautés, on le condamna à être brûlé vif comme coupable de magie et de possession.

Il est bien extraordinaire, sans doute, qu'on ait reçu en justice la déposition des diables, et que leur témoignage ait servi de preuve dans un procès criminel où les juges opinèrent pour la peine du feu.

Grandier (dit le père d'Avrigni) fut condamné sur le témoignage constant et uniforme du père *du mensonge* ; on le conduisit au lieu du supplice, et il aima mieux mourir sans confession, que de se confesser à un des religieux de Saint-François qu'on avoit nommé pour l'assister, prétendant qu'ils étoient ses parties. On assure qu'on lui refusa le gardien des Cordeliers de Loudun, en qui il avoit confiance ; dureté ou plutôt barbarie sans exemple en France, si le fait est certain.

(*Arrêts notables.*)

25

(5o) pag. 3o. *Gofridy.*

L'an 1611, le 3o avril, le parlement de Provence fit brûler le sorcier Gofridy.

Louis *Gofridy*, curé de la paroisse des Accoules de Marseille, avoit beaucoup de goût pour les livres de magie ; à force de lire de ces sortes de productions, il s'imagina qu'il étoit sorcier. Le diable lui donna le talent de se faire aimer de toutes les femmes en soufflant sur elles, et il souffla sur quelques-unes : la fille d'un gentilhomme, nommé la Palude, fut pour lui ce que la Cadière fut dans la suite pour le père *Girard*, s'il en faut croire des imputations dont rien n'a prouvé la vérité. Après avoir été sous sa direction, elle le quitta, et se retira dans un couvent d'*Ursulines. Gofridy* y envoya une légion de *diables ;* toutes les religieuses se crurent possédées : la sorcellerie de Gofridy n'étoit rien moins que démontrée ; que penser en effet des procès-verbaux, où des témoins, des juges, des greffiers, attestoient qu'ils avoient vu enfoncer des aiguilles dans certaines parties du corps de Gofridy et de la *Palude,* sa pénitente, sans qu'ils sentissent la moindre douleur ? Le parlement de Provence n'étoit pas le seul dont le greffe pouvoit fournir de pareilles procédures, d'après lesquelles on brûloit de prétendus sorciers.

(Ephémérides.)

Comme ministre des autels, Louis *Gofridy* méritoit d'être sévèrement puni pour ses profanations ; il avoit abusé pour séduire, pour corrompre ses péni-

rentes, de l'ascendant que lui donnoit sur elles la
qualité de confesseur et de directeur; son châtiment
eût été juste.

Mais appliqué à la question ordinaire et extraordinaire, comme sorcier; torturé avec une rigueur
que l'humanité désavoue; brûlé vif comme prince
des magiciens, Louis Gofridy inspire un intérêt
qu'on eût refusé au prêtre corrompu.

(51) pag. 31. *Taureau à être pendu.*

Les juges du comté de Valois firent le procès à
un taureau qui avoit tué un jeune homme d'un coup
de corne, et le condamnèrent, sur la déposition des
témoins, à être pendu.

La sentence fut confirmée par arrêt du parlement
de Paris, le 7 février 1314. (*Ephémérides.*)

(52) pag. 31. *Procédé contre les marionnettes.*

Quand le fameux Brioché alla en Suisse montrer
ses marionnettes, ne le prit-on pas pour un grand
magicien ? Et le magistrat ne l'auroit-il pas fait
griller en cérémonie, s'il n'eût trouvé fort à propos
un capitaine des gardes Suisses qui plaida sa cause
et celle de Polichinelle ? — Ne voulut-on pas aussi
brûler à Paris, Jean Fusth, quand il apporta pour
la première fois des livres imprimés ? Tout est miracle pour un homme ignare : le capitaine de vaisseau qui avala de l'eau-de-vie enflammée en présence d'un Hottentot, fut réputé le plus grand
magicien de l'univers, etc. (*Erreurs et Préjugés.*)

25.

(53) pag. 3r. *Songes mystérieux.*

Platon rapporte que *Socrate*, ayant entendu en
songe ce vers d'Homère :

Tu verras dans trois jours ces fertiles contrées,

se persuada qu'il mourroit dans trois jours ; et sa
prédiction se vérifia.   (*Plat. in crit.*)

Sylla ayant rêvé que la parque l'appeloit, com‑
muniqua le lendemain ce songe à ses amis, et fit
son testament. La fièvre le prit en effet le soir
même, et il mourut dans la journée.

Pline le jeune fait un récit fort singulier, comme
témoin oculaire. « Un de mes jeunes esclaves dor‑
» moit avec ses compagnons dans le lieu qui leur est
» destiné : deux hommes vêtus de blanc vinrent
» par les fenêtres, lui rasèrent la tête pendant qu'il
» étoit couché, et s'en retournèrent comme ils
» étoient venus. Le lendemain, lorsque le jour
» parut, on le trouva rasé, et les cheveux qu'on
» lui avoit coupés épars sur le plancher. »
          (*Pline, lio. VII, lettre* 27.)

Domitien, Marc-Aurèle, et tant d'autres, croyoient
aux songes. *Mithridate* surtout étoit un grand rêveur,
il tenoit une note exacte de ses songes ; *Auguste* se
faisoit répéter ceux de ses domestiques, et les écou‑
toit avec le plus grand sérieux.

La veille de sa mort, *César* soupa chez *arcus
Lepidus ;* après le souper il se retira chez lui, et
étant couché avec sa femme, à son ordinaire, voilà
tout d'un coup que les portes et les fenêtres de sa

chambre s'ouvrent d'elles-mêmes; il s'éveilla en
sursaut, et étonné du bruit et de la lumière, car il
faisoit clair de lune; il entend *Calpurnia* qui, profondément endormie, poussoit des soupirs et des
gémissemens confus, et proféroit des mots inarti-
culés qu'il ne pouvoit entendre; mais il sembloit
qu'elle le pleuroit en le tenant égorgé entre ses
bras. D'autres disent que ce ne fut pas le songe de
Calpurnia, mais qu'il y avoit au comble de la maison
de *César* une espèce de pinacle que le sénat lui avoit
accordé pour lui faire honneur, comme un ornement,
que *Calpurnia* songeoit qu'elle le voyoit arracher, et
que c'étoit ce qui causoit ses lamentations et ses larmes.

Le jour ayant paru, elle conjura *César* de ne point
sortir ce jour-là s'il étoit possible, et de remettre le
sénat; ou, s'il faisoit si peu de compte de ses songes,
d'avoir recours à quelqu'autre sorte de divination,
et de consulter les entrailles des victimes pour tâcher
de percer dans l'avenir. Cela lui causa quelque sorte
de soupçon et d'alarme; car jamais il n'avoit aperçu
en *Calpurnia* aucune foiblesse de femme, ni aucune
sorte de superstition, et alors il la voyoit très-in-
quiète et très-agitée. *Décius Brutus* surnommé *Albinus*,
en qui César avoit la plus grande confiance jusques-
là, que dans son testament il l'avoit institué son second héritier, et qui cependant étoit entré dans la
conspiration avec *Brutus* et *Cassius*, employa tant de
raisons qu'il le détermina, et, le prenant par la
main, le fitsortir .

Cicéron rapporte que deux amis voyageant en semble
arrivèrent à Mégare ; l'un d'eux alla loger dans une
hôtellerie, et l'autre chez un Mégarien de sa connoissance. Pendant la nuit, celui-ci crut voir en
songe son compagnon de voyage qui le supplioit de
venir à son secours, attendu que son hôte vouloit
le tuer ; l'impression que lui fit ce rêve, l'éveilla
d'abord, mais il se rendormit aussitôt, persuadé
que ce n'étoit qu'une vaine illusion. Quelques instans
après, son ami lui apparut de nouveau, lui annonça
que le crime étoit consommé, et que son hôte, après
l'avoir assassiné, avoit caché son cadavre sous du
fumier ; le mort le prioit instamment de se rendre
de grand matin à la porte de l'hôtellerie, avant qu'il
eût emporté son corps hors de la ville. Troublé de
cette vision terrible, l'ami se leva, et courut à l'hôtellerie, et trouva un charretier prêt à emmener un
chariot : il lui demanda ce qu'il y avoit dedans ; le
charretier troublé prit la fuite : le mort fut retiré de
dessous le fumier, et le maître de l'hôtellerie condamné au dernier supplice.

(*Val. Max.*, *liv. I*, *chap. 7*.)

On dit qu'il arriva à *Brutus* un grand et merveilleux prodige ; naturellement très-vigilant, il ne
donnoit au sommeil qu'une très-petite partie de la
nuit, tant à cause de sa grande tempérance et de
sa sobriété, que des travaux auxquels il s'étoit
accoutumé. Jamais il ne dormoit le jour, et la nuit il
ne reposoit que lorsque tout le monde étoit couché,

et qu'il ne trouvoit rien à faire, ni personne avec qui parler. Alors ayant la guerre sur les bras, et se trouvant chargé de toutes les affaires, il avoit toujours l'esprit occupé de ce qui pouvoit arriver; comme il étoit sur le point de partir avec toute son armée, une nuit qui étoit très-obscure, sa tente n'étant éclairée que par une petite lampe qui ne rendoit qu'une foible lumière, et toute son armée étant ensevelie dans le silence et dans le sommeil, il étoit plongé dans une méditation profonde, roulant dans sa tête mille différentes pensées; il lui sembl qu'il entendoit quelqu'un soupirer dans sa tente; il jette les yeux sur l'entrée, et vit une figure horrible, un corps étrange et monstrueux qui s'approcha de lui, et qui se tint debout près de son lit sans lui dire une seule parole; il eut l'assurance de lui demander : « Qui es-tu donc ? Es-tu un homme? » Es-tu un dieu ? Que viens-tu faire dans ma tente, » et que veux-tu ? » Le fantôme lui répondit : *Brutus, je suis ton mauvais génie, et tu me verras bientôt dans les plaines de Philippes.* — « Eh bien! » repartit *Brutus*, sans se troubler, nous t'y verrons. » Le fantôme ayant disparu, *Brutus* appela ses domestiques, qui lui dirent qu'ils n'avoient rien entendu ni vu. — La veille de la bataille de Philippes, ce même fantôme se présenta devant lui, et, après avoir été quelques momens en sa présence sans lui dire une seule parole, il disparut. (*Plutarque.*)

Le marquis de *Rambouillet*, frère aîné de ma-

dame la duchesse de Montausier, et le marquis de
Précy, aîné de la maison de Nantouillet, tous deux
âgés de 3o ans, étoient intimes amis, et alloient
à la guerre.

Un jour qu'ils s'entretenoient des affaires de
l'autre monde, après plusieurs propos par lesquels
ils s'avouèrent réciproquement n'en être pas absolument persuadés, ils se promirent mutuellement que
le premier des deux qui mourroit, en apporteroit des
nouvelles à l'autre; au bout d'environ trois mois le
marquis de *Rambouillet* étant parti pour la Flandres,
où la guerre étoit alors, son ami, que retenoit au
lit une grosse fièvre, se vit obligé de rester à *Paris*.

Six semaines après, le marquis de *Précy*, vers les
six heures du matin, entend tirer les rideaux de son
lit; il se tourne brusquement pour voir qui c'étoit,
et apercevant le marquis de *Rambouillet* en buffle et
en bottes, sort de son lit, lui saute au col, et lui témoigne toute la joie que lui cause son retour : mais
Rambouillet, en reculant de quelque pas, lui dit
d'un ton aussi grave que ferme, que ces caresses
ne sont plus de saison, qu'il ne vient que pour s'acquitter de la parole qu'il lui avoit donnée; qu'il avoit
été tué la veille, à l'armée; que tout ce qu'on disoit
de l'autre monde étoit certain, et qu'il devoit par
conséquent songer à changer au plus tôt de vie, attendu que lui-même *Précy* seroit aussi tué dans la
première affaire où il se trouveroit employé.

On ne peut exprimer l'excès de la surprise du

marquis de Précy.... Sans pouvoir croire à ce qu'il entendoit, il fit de nouveaux efforts pour embrasser son ami, qu'il croyoit le vouloir abuser pour s'apprêter matière à rire de sa crédulité, mais il n'embrassa que du vent; et *Rambouillet* pour lors lui montra du doigt ses blessures qui étoient dans les reins, et d'où le sang sembloit couler encore. Après quoi le fantôme s'évanouit, et laissa son ami dans une épouvante plus aisée à comprendre qu'à exprimer. L'instant d'après il sonna son valet-de-chambre, et fit faire une visite exacte dans la maison; plusieurs personnes accoururent, auxquelles il raconta en sanglottant cette étrange apparition, et dont le plus grand nombre imaginoit qu'elle ne pouvoit être attribuée qu'à l'ardeur de la fièvre; on le pria de se remettre au lit, en lui représentant que cette *vision* ne pouvoit être que l'effet d'un rêve.

Malgré toutes ses protestations sur la vérité de l'aventure, il ne passa pas moins pour un visionnaire jusqu'au jour où la poste de l'armée étant arrivée, on apprit qu'en effet le marquis de *Rambouillet* avoit été tué d'un coup de mousquet dans les reins, dans une bataille.

Cette première circonstance s'étant trouvée véritable et conforme en tout point au récit qu'en avoit fait Précy, ceux auxquels il en avoit fait part, commencèrent à croire qu'il pourroit bien en être quelque chose, attendu surtout que *Rambouillet*, ayant été tué précisément la veille du jour que

Précy l'avoit dit , il etoit physiquement impossible qu'il l'eût apprit naturellement : ce qu'il y a d'incontestable, c'est que le marquis de Précy s'étant trouvé, quelques temps après, entraîné dans les guerres civiles, fut en effet tué au combat de la Porte-Saint-Antoine.

(Extrait des Pièces intéressantes.)

Premier songe de Catherine Ire de Russie.

Elle rêva une nuit qu'elle voyoit sur son lit une multitude de petits serpens qui venoient à elle, la tête levée et en sifflant : ils en accompagnoient un d'une grosseur énorme, qui, s'élançant sur elle, la ceignoit de ses longs replis, la pressoit, et finit par l'envelopper depuis les pieds jusqu'à la tête. Après avoir fait des efforts incroyables pour s'en débarrasser, elle se roula sur lui, et l'étouffa au moment qu'il alloit la mordre à la gorge. Alors elle vit tous les petits serpens s'enfuir et disparoître.

Elle dit que ce songe lui annonçoit de grands chagrins et de grandes peines, mais qu'elle s'en débarrasseroit heureusement.

Que les petits serpens désignoient beaucoup d'ennemis secrets qu'elle avoit à la cour, et qu'elle les écarteroit quand elle auroit abattu un ennemi puissant qui vouloit attenter à sa vie. Elle fit ce rêve quinze jours avant que son intrigue avec *Mons de la Croix* fût découverte.

Le second songe précéda sa mort de trois mois; elle rêva qu'étant au bout d'une table, avec tous

ses' ministres, elle avoit aperçu tout à coup le
czar Pierre Ier, environné d'une lumière éclatante
et habillé à la romaine; qu'il s'étoit avancé vers elle
avec un air de majesté et de satisfaction, l'avoit em-
brassée et élevée dans l'espace immense des airs d'où,
jetant ses regards sur la terre, elle avoit vu ses filles,
Anne et Elisabeth, environnées d'une multitude de
gens de différentes nations qui se battoient.

Elle dit que ce rêve lui annonçoit qu'elle n'existe-
roit plus dans peu, et qu'il y auroit de grands
troubles dans l'empire après sa mort.

(*Extrait des Caprices de la Fortune.*)

Depuis notre révolution on m'a fait part d'un
nombre vraiment étonnant de songes mystérieux; il
en est même qui ont annoncé long-temps à l'avance
les grands événemens dont nous avons été les témoins
oculaires. Moi, qui crois foiblement aux rêves, je
dirai pourtant, avec une grande vérité, que le 22
juin 1813 je fis un songe vraiment symbolique, je
le racontai alors à plusieurs personnes intimes, et qui,
comme moi, en demeurèrent frappées.

Je rêvois donc qu'une partie de la France se
trouvoit envahie; que *Paris* surtout étoit sur le point
d'être pris; que déjà on apercevoit sur les hauteurs
qui le dominent de grands feux étincelaus. — L'intérieur de la capitale étoit très-agité. — Tous me
demandoient ce qu'ils avoient à craindre. — Je voulois fuir cette multitude; mais il m'étoit impos-

sible de pouvoir m'en débarrasser. J'arrive enfin,
après de nombreux détours, au Pont-Royal, où l'on
entendoit gronder fortement le canon; je voyois
même quelques obus, mais ils tomboient loin de moi.
— Tout à coup j'aperçois *Buonaparte*, mais pâle,
défiguré, et n'étant vêtu que d'un simple gilet blanc.
— Il veut passer la Seine pour gagner le faubourg
Saint-Germain : tous les bateliers le refusent. Je le
vois de loin les menacer; mais ils restent impassibles.
J'avance toujours, quoiqu'avec peine, et je rencontre
de nouvelles personnes, même du château, et qui
voulurent m'accompagner...., comme si ma présence
étoit une sauve-garde, et même une égide....

Arrivée aux Champs-Elysées, je voulois sortir de
Paris; j'en fus empêchée par une sentinelle portant
un uniforme étranger.— Bientôt plusieurs patrouilles
se croisent et me conduisent à une espèce de tente
foiblement éclairée. — Je vois deux grands livres
ouverts où l'on m'invite à signer mon nom, et à déclarer en même temps pour quel parti je tenois; je
n'hésite pas, et, sur ma réponse, plusieurs personnes qui se trouvoient-là voulurent m'imiter; des
militaires étrangers me montrèrent des thèmes de
naissance que j'avois faits pour plusieurs d'entre eux,
et ils me dirent : nous vous consulterons, madame;
mais après le siége vous viendrez aussi un jour
nous voir à Saint-Pétersbourg. — Tout à coup un
grand bruit se fait entendre, et les cris répétés *vive
notre Roi*, *vive Alexandre*, etc., éclatent de toutes

parts; plusieurs Russes entrèrent dans la tente où nous étions, et s'en emparèrent; l'un d'eux me donna un jeune chien que je posai par terre; ces étrangers s'expliquèrent par des signes, et dirent seulement. — La paix est faite. — Mais, comme amis des Français, nous resterons au milieu d'eux, et garderons, jusqu'à son entière ratification, les Champs-Elysées.

Je me réveillai dans un trouble impossible à décrire; mon agitation devint extrême, et je demeurai intimement convaincue que les troupes alliées entreroient en France, qu'elles viendroient même dans notre capitale; mais que, par une faveur miraculeuse de la Providence, elles respecteroient la plus belle des cités. — Cette fille aînée du bon Henri IV.

Le retour heureux de notre souverain légitime, cette arrivée si extraordinaire des Russes à Paris, leur campement aux Champs-Elysées. — Tout cela, dis-je, m'a fait regarder ce songe mystérieux comme une vision surnaturelle; je suis d'autant mieux fondée à le croire, que le jour même de l'entrée des alliés à Paris, il en vint plusieurs me *consulter*, et jusqu'au dernier moment de leur départ, un nombre prodigieux de ces nouveaux adeptes remplissoit journellement mon cabinet sibyllin.

(54) pag. 36. *Bossuet.*

« Un homme s'est rencontré d'une profondeur d'esprit incroyable, hypocrite raffiné autant qu'habile politique, capable de tout entreprendre et de

tout cacher, également actif et infatigable dans la
paix et dans la guerre, qui ne laissoit rien à la fortune
de ce qu'il pouvoit lui ôter par conseil et par prévoyance ; mais au reste, si vigilant et si prêt à tout,
qu'il n'a jamais manqué les occasions qu'elle lui a
présentées ; enfin un de ces esprits remuans et audacieux qui semblent être nés pour changer le monde.
Que le sort de tels esprits est hasardeux, et qu'il en
paroît dans l'histoire à qui leur audace est funeste !
mais aussi que ne font-ils pas quand il plaît à Dieu
de s'en servir ! Il fut donné à celui-ci de tromper les
peuples, et de prévaloir contre les rois. »

Bassuet Or. fun. de la reine d'Ang.

(55) pag. 38. *Young.*

Edouard Young, poëte anglais, curé de Wettwin.
L'instinct de son génie naissant le porta de bonne
heure à la poésie ; ennemi de tout ce qui sentoit
l'imitation, il abandonna son imagination à elle-
même ; et quittant les routes ordinaires, ce fut au
milieu des tombeaux qu'il voulut élever le monument
de son immortalité : c'étoit le placer dans des lieux
où il étoit le moins à craindre de se voir suivi par
des rivaux ; il veilloit ou se relevoit souvent la nuit
pour aller se promener dans le cimetière de son
église. On trouve en effet dans son poëme des Nuits,
une foule d'idées et de sentimens qui ne peuvent
naître que dans la solitude ténébreuse des tombeaux.

(56) pag. 38. *Hervey.*

Hervey (James), fils d'un curé, et curé lui-même dans la province de Northampton en Angleterre, mourut en 1759, à l'âge de 45 ans. Il n'est pas moins connu en France que dans sa patrie, par son poëme des *Tombeaux* et ses *Méditations.* Le vertueux Hervey ne fit que du bien aux hommes, et ne leur demanda jamais rien; pas même la reconnoissance ; quoique paisible et bienfaisant, il eut des ennemis, mais il n'en reconnut aucun. Quand on lui rapportoit une injure ou une calomnie bien atroce et bien absurde inventée contre lui : « Ces gens, répondoit-il, ont l'âme malade et désorganisée, il faut les plaindre, et prier Dieu de les guérir.... Pourqnoi me facherois-je contre eux? Se fâche-t-on contre un homme qui a le transport au cerveau ? » Cette âme si sensible et si douce qui devoit être naturellement foible contre le sentiment des maux, sut habiter et vivre en paix dans un corps infirme et toujours souffrant.

(57) pag. 43. *Ordre d'exil.*

Deux fois l'ordre de mon exil m'a été signifié dans le cours de trois lunes, et avec une injonction formelle de me rendre à l'invitation si souvent renouvelée de trahir la confiance de mes principaux adeptes, ou de m'éloigner sur-le-champ de quarante lieues de la capitale. Je leur dis que cet espace étoit facile à franchir, et que plus d'un *consultant* sauroit en rapprocher les distances; qu'il falloit établir une ligne de démarcation de deux cents postes au moins, pour empêcher de vrais maçons de correspondre entr'eux.

(58) pag. 43. *Soirée du 9 décembre 1809.*

Le samedi 9 décembre 1809, à huit heures du soir, je me rends à l'hôtel de la reine Hortense, rue de Cérutti. — Là, je vis la bonne Joséphine, elle étoit avec son aimable fille. — Le sentiment de la douleur les animoit mutuellement..........; restée seule avec cette femme si sensible, je passai près de deux heures dans une conversation bien intime et bien touchante. C'est là où j'ai su apprécier doublement le persécuteur et la noble victime; c'est dans cette entrevue que Joséphine me révéla de grandes choses, et je jugeai pourtant que ses peines personnelles n'étoient rien en comparaison de celle qu'elle prévoyoit, et que pourroit éprouver un jour son infidèle époux.

Je ne lui dissimulai pas que cette visite que j'avois l'honneur de lui rendre, me coûteroit momentanément ma liberté; mais j'ajoutai que je me trouvois trop heureuse de sa confiance, et surtout de pouvoir calmer son âme si douloureusement affectée. Ah! lui dis-je encore, je serois bien coupable à mes yeux si des craintes purement personnelles m'avoient fait négliger de me rendre aujourd'hui à votre invitation.

Elle me dit d'un air vraiment pénétré: si vous êtes arrêtée pour ma cause, j'oublierai alors tous mes

chagrins personnels, et je ferai tout pour vous sauver.
Cette femme excellente me tint religieusement sa parole, elle fit valoir en ma faveur les moyens les plus
persuasifs, mais elle n'obtint ma liberté que le douzième jour de mon arrestation.

(59) pag. 43. *L'ambassadeur de Perse.*

Plusieurs fois j'ai été admise auprès de cet *ambassadeur*, qui daignoit m'honorer d'une bienveillance
toute particulière, et même me prodiguoit ses gâteaux
de safran, etc.

Sa confiance étoit telle en mes lumières, qu'il me
présentoit gravement ses deux pouces où j'ai fait souvent les remarques les plus curieuses et les plus
étonnantes. J'ai même vu que les extrémités de
ses doigts, de même que ses ongles, étoient peintes
d'un bleu pâle; ses restraintes étoient nuancées de
couleurs diverses; bref, il me falloit voir ce singulier personnage pour augmenter de beaucoup le
domaine de mes connoissances dans l'art de la chiromancie. Cet illustre étranger se faisoit rapporter
scrupuleusement mes étonnantes prédictions : il les
commentoit en silence : mais souvent il me soumet-
toit des questions. Nous argumentions ensemble ;
j'écrivois mes réponses, elles lui étoient traduites à
l'instant. — C'est sur le divan (nom donné au siége
de l'ambassadeur) que je déroulois mes grandes
cartes cabalistique ; c'es' sur ce trép ed que ie rendois mes oracles. Et toute la suite de S. Exc.,

26

rangée sur deux lignes parallèles, et dans l'attitude
du respect et de l'admiration, écoutoit ce qu'annonçoient mes résultats. — Si j'élevois la voix, si je pro-
phétisois le retour prochain de S. Exc. à *Ispahan*,
alors la joie la plus brillante éclatoit dans ses regards,
il quittoit sa longue pipe, que deux esclaves recevoient à genoux. Ils avoient la précaution de laisser
leurs sandales à l'extérieur : après cette espèce d'hommage, ils s'en retournoient à pas comptés.

Bientôt l'ambassadeur renouveloit ses demandes
sur la santé de ses femmes, sur celle de ses enfans;
mais s'il m'arrivoit parfois de lui parler d'une jolie
Circassienne, l'ornement de son sérail, et qui, nuit
et jour, soupiroit après le retour de son bien-aimé,
alors Son Excellence étoit attendrie, et n'y tenoit
plus : elle se levoit elle-même de dessus son divan, et
m'offroit, d'un air tout-à-fait galant, sa boîte d'or
enrichie de diamans, non comme présent, mais par
une faveur tout-à-fait insigne et bien au-delà de ce
don, elle me permettoit d'imprégner mes doigts de
son merveilleux tabac. — Je refermois sa boîte qu'il
reprenoit d'un air gracieux. Alors il continuoit à
m'interroger sur l'influence des astres, qui avoient
présidé au moment de son heureuse naissance.

Sur un signe de Son Excellence, on apportoit le
thé, non dans des tasses de vermeil, mais dans
de petits coquetiers du Japon. C'étoit la même cérémonie que pour la pipe : la gravité et le recueillement y présidoient; deux esclaves se prosternoient

devant moi, l'un versoit l'eau pour laver, le second remplissoit lentement la petite mesure. — La pâtisserie venoit après. Mais j'avoue que son goût singulier me flattoit peu : aussi à ma première visite je la refusai. — Mais un signe de l'ambassadeur m'avertit que plus l'honneur étoit grand, et plus je devois savoir l'apprécier.

Au moment de quitter S. E. As-Ker-Kan, il falloit lui promettre une nouvelle consultation, et c'étoit sur un petit flacon d'essence de rose dont il me gratifioit que je lui en donnois la nouvelle assurance.

(6o) pag. 44. *Ostracisme.*

Loi par laquelle le peuple Athénien condamnoit sans flétrissure ni déshonneur, à dix ans d'exil, les citoyens dont il craignoit la trop grande puissance, et qu'il soupçonnoit de vouloir aspirer à la tyrannie.

Cette loi fut appelée *ostracisme*, d'un mot grec qui signifie proprement une écaille, ou une coquille, mais qui, dans cette occasion, est pris pour le bulletin, s'il m'est permis de me servir de cette expression, sur lequel les Athéniens écrivoient le nom du citoyen qu'ils vouloient bannir.

(61) pag. 46. *Extrait exact du thème de naissance de Buonaparte.* — 1807.

Le consultant est né sous une étoile heureuse ; à sa naissance, tous les astres se trouvoient dans une conjonction favorable. Le *Soleil*, *Mars* et *Jupiter* lui prodiguèrent tous leurs dons.

26.

· Il est né dans une île, qui maintenant fait une partie intégrante de la France. ·

Son père n'existe plus ; il a quatre frères et trois sœurs ; deux de ses frères ont été mariés deux fois....

. Sa mère habite aujourd'hui la capitale ; elle lui doit beaucoup.

. Le caractère du *consultant* est ferme et prononcé ; parfois *méditatif;* plus sérieux que gai, il tient beaucoup à son sentiment ; il n'aime pas à être gouverné, même par les femmes, évitant surtout de leur donner trop d'ascendant ; il donne très-difficilement sa confiance, il craint d'être deviné, ce qui lui fait cacher ses moindres actions ; il est sensible à l'offense, la pardonne difficilement ; il hait les ingrats.

Dès son jeune âge il dut être destiné pour l'état militaire, il a reçu les meilleurs principes, ceux-mêmes qui concernent l'artillerie. — Au passé, il a été attaché à un corps respectable, et s'est même trouvé dans une ville assiégée par eau.

· Il a parcouru la belle Italie, et est entré dans la capitale du monde chrétien ; un moment même il a dû y être considéré.

Ce *consultant* a vu un pays qui, dans des temps reculés, fut le berceau d'une religion ; il a dû être chargé d'un commandement où ceux qui avoient coopéré à son voyage ne croyoient plus le revoir ; son épouse même en perdoit l'espérance ; *il lui fut prédit, à elle ou à ses ayans-cause, qu'il reviendroit* (1), et trois semaines ou trois mois s'étoient à peine écoulés depuis son retour, qu'il fut investi de grands pouvoirs (courut même deux dangers, l'un par explosion), et finit par dicter des lois à ses ennemis les plus prononcés.

Son épouse est étrangère ; c'est une femme aimable qui possède à fond cette grâce, cette aménité qui font toujours rechercher les personnes qui en sont pourvues

Elle est douée d'un cœur sensible et bon ; son âme est grande et généreuse ; elle l'aime vraiment, je la vois doublement contrariée dans ce moment : elle craint, avec juste raison, qu'il ne change pour elle ;... que des propos tenus au hasard, et que le vulgaire se plaît à répéter, *ne se tournent par suite en certitude...*

Le *consultant* a dû faire la connoissance de cette aimable dame d'une manière toute singulière : une circonstance a décidé ce mariage ; *un homme en place a pu en donner le conseil ;* mais il étoit dans la destinée de l'un et de l'autre d'être unis ; il est des choses incroyables dans la vie..... Elle étoit veuve d'un homme blond, estimé dans le militaire, et qui lui avoit laissé deux enfans, garçon et fille.

Cette *dame*, avoit perdu son premier époux par le fer, et d'une manière terrible ; elle-même s'étoit vue renfermée dans un palais, qui jadis l'étoit, mais qui dans ces temps malheureux étoit devenu

----

(1) Je le lui ai annoncé plusieurs fois à elle-même et à d'autres personnes qu'elle m'envoyoit.

une *prison* ; aujourd'hui ce beau monument est rendu à sa première destination.

Cette épouse, à plus d'un titre, doit lui être chère ; elle porte bonheur à tout ce qui l'entoure : il suffit qu'elle veuille du bien pour qu'il vous en arrive. — Bref, tout doit lui réussir. Son fils est marié à une Allemande de bonne maison, qui dicte des lois ; il habite un pays où l'on aime la bonne musique ; sa fille s'est alliée à la propre famille du consultant ; elle porte même son nom propre...... Cette jeune *dame* a déja dû résider dans un pays où la marine et le commerce font la richesse des habitans ; elle a deux fils, l'un n'est plus ; elle en porte un troisième, et qui viendra à bien. (Prédiction réalisée).

Mon *consultant* est fortement préoccupé ; je le vois même incertain, ce qui ne lui arrive guère ; car il sait prendre un parti sur-le-champ. — Une démarche que doit faire son épouse (et qu'il lui conseille), étonnera bien du monde, intérieurement il ne peut que lui en savoir gré. — Néammoins cette *dame rencontrera quelques obstacles. — Qui plus tard finiront par s'aplanir. — Elle aura lieu cette démarche unique ; mais au bout d'un temps (vingt-huit lunes au plus) ; et le consultant saura un jour bien douloureusement ce que cette séparation lui aura coûté......*

Ce *consultant* a le sang échauffé, il a même besoin d'un peu de repos, cela ne s'accorde guère avec son caractère ardent. — L'exercice pris modérément lui devient nécessaire, ainsi que la transpiration non interrompue. Il a parfois des boutons qui paroissent sur la superficie de la peau. — Même un peu dans c˙ moment (1). Cela vient de veilles et de voyages; mais avec de bons soins multipliés, il n'a rien à craindre.

Une grande alliance se négocie dans ce moment; il n'y est point étranger. (Elle pouvoit même le concerner personnellement, ou les siens.)

Le nom du *consultant* se répétera aux extrémités de la terre : on le recherchera même non loin du pays de la grande muraille (2); il coopérera à de grands événemens; il sera le médiateur de grands intérêts. — Il lui est prédit qu'il sera l'homme unique...

J'ai déjà dit qu'il avoit vu une partie de l'Europe, l'Asie même ; *mais il voudra aller plus loin.....*

Il est quatre choses extraordinaires, que je lui dirai en temps et lieu (3) ; il doit les éviter, et s'en

---

(1) La bonne Joséphine le pansoit elle-même tous les jours au moment où j'écrivois cette prédiction ; sa singularité et sa justesse les étonnèrent tous deux ; ce fait' m'a été rapporté depuis par des témoins oculaires.

(2) La Perse.

(3) Cette explication me fut demandée par un autre horoscope que j'envoyai quelque temps après à Joséphine ; c'est là où je dis, 1°. que la guerre d'Espagne étoit impolitique, et deviendroit funeste ; 2°. qu'il étoit expressément recommandé à Buonaparte de ne jamais toucher à l'encensoir. → Qu'il deviendroit maître de *Rome ;* mais que tout ce qui touchoit au spirituel devoit être sacré pour lui ; 3°. qu'il se

garantir..... L'une entr'autres tient à sa vie ; cela
arrivera de trois à *sept années au plus tard.*

Le consultant est homme d'État, il travaille souvent dans le secret du cabinet et parlera aux plus
grands. Il a trois sortes d'amis : *de bien vrais, qui lui
sont attachés par la reconnoissance;* d'autres tiennent
à ·a fortune présente, d'autres épient ses moindres
actions. Quant à lui, bien fin qui le devine; il
montera aux plus grands honneurs auxquels un
homme puisse prétendre ; *mais si d'ici à sept années
il me consulte, et se ressouvient de mes prédictions
passées, tant mieux pour lui...*, car je vois tant d'événemens pour ce consultant, qu'il me faudroit un
in-folio pour les relater tous....

J'ignorois quel étoit le rang, quelle étoit la fortune
de la personne qui me *consultoit*; en faisant ce singulier horoscope, où j'ai laissé jusqu'aux fautes de
sa rédaction dont je ne rapporte ici qu'un foible

---

garde du vent d'aquilon, car c'est de l'aquilon que viendroient tous ses maux; la quatrième n'a pas besoin d'explication, elle se devine assez. — Buonaparte, en apprenant
mon résumé, demeura un moment interdit, et dit, en dînant,
1e jour même, qu'il alloit donner des ordres contre moi. Joséphine envoya une de ses femmes à dix heures du soir me
prévenir de ce que j'avois à craindre, et me conseiller de me
mettre en sûreté. — Sur-le-champ je consulte ma cabale en
présence de la personne, et j'ajoutai que je n'avois rien à redouter de lui dans ce moment. — Effectivement, le lendemain il n'en parla plus, tant cette prédiction personnelle et
mon sang-froid incroyable avoient dû le frapper.

extrait , je remarquois des choses si étonnantes
et même si frappantes; que je m'arrêtois, crainte
d'aller trop loin ; néanmoins pour ma sûreté, je me
renfermois dans de justes bornes , et ne donnois de
latitude à ma pensée qu'autant qu'elle ne s'éloignoit
point des règles de la prudence.

Plus de six mois après une personne douée de
toutes les vertus; un modèle parfait d'amour filial,
mademoiselle S. H..... enfin (que la mort a enlevée
si jeune à ses amis), me donna la copie de ce
fameux *thème* (1), et elle me dit que le messager
choisi pour m'apporter le mois et l'heure de la naissance de *Buonaparte*, et pour venir rechercher son
horoscope, étoit tout bonnement une fille de campagne , qui ne savoit ni lire ni écrire, et qui , par
parenthèse, étoit sourde.... ; elle tenoit cette commission d'un inconnu, tant on craignoit que je n'aie
quelques notions sur le rang et l'importance d'un
pareil personnage. Hélas! s'il m'avoit écoutée, il
seroit aujourd'hui le sauveur de la France; depuis
long-temps les lys refleuriroient parmi nous, et sous
leur ombrage paternel et protégé par eux, Buonaparte,
bien plus grand que *Monck*, vivroit paisiblement au
milieu des heureux qu'il auroit faits, et ne se serviroit
désormais de son épée que pour servir son Roi,
et prévenir et punir les attentats des méchans ,

_____

(1) Il est déposé à la police , depuis le 11 décembre 1809.

Voilà le beau rôle qu'il avoit à remplir, et voilà la mission dont il étoit chargé, etc.

(62) pag. 87. *Cazolle.*

Le morçeau suivant a été trouvé dans les papiers de M. de la Harpe.

Il me semble que c'étoit hier, et c'étoit cependant au commencement de 1788 ; nous étions à table chez un de nos confrères à l'Académie, grand seigneur et homme d'esprit. La compagnie étoit nombreuse et de tout état, gens de cour, gens de robe, gens de lettres, académiciens, etc. ; on avoit fait grande chère comme de coutume. Au dessert, les vins de Malvoisie et de' Constance ajoutoient à la gaieté de bonne compagnie, cette sorte de liberté qui n'en gardoit pas toujours le ton : on en étoit alors venu dans le monde au point où tout est permis pour faire rire. Champfort nous avoit lu de ses contes impies et libertins, et les grandes dames avoient écouté sans avoir même recours à l'évantail : de là un déluge de plaisanteries sur la religion ; l'un citoit une tirade de la Pucelle, l'autre rappeloit, ces vers philosophiques :

> Et des boyaux du dernier prêtre,
> Serrez le cou du dernier roi ;

et d'applaudir. Un troisième se lève, et tenant son verre plein : Oui, Messieurs, s'écrie-t-il, je suis aussi sûr qu'il n'y a pas de *Dieu*, que je suis sûr qu'Homère est un sot ; et en effet, il étoit sûr de

l'un comme de l'autre ; et l'on avoit parlé d'Homère
et de Dieu ; et il y avoit là des convives qui avoient
dit du bien de l'un comme de l'autre. La conversation devient plus sérieuse ; on se répand en admiration sur la révolution que Voltaire avoit faite, et
l'on convient que c'est là le premier titre à sa gloire.
« Il a donné le ton à son siècle, et s'est fait lire dans
l'antichambre comme dans le salon. » Un des convives nous raconta, en pouffant de rire, que son
coiffeur lui avoit dit tout en le poudrant : Voyez-vous,
monsieur, quoique je ne sois qu'un misérable cara-
bin, je n'ai pas plus de religion qu'un autre. On
conclut que la révolution ne tardera pas à se con-
sommer ; qu'il faut absolument que la superstition
et le fanatisme fassent place à la philosophie, et l'on
est à calculer la probabilité de l'époque, et quels
seront ceux de la société qui verront le règne de la
raison. Les plus vieux se plaignoient de ne pouvoir
s'en flatter, les jeunes se réjouissoient d'en avoir
une espérance très-vraisemblable, et l'on félicitoit
surtout l'Académie d'avoir préparé le grand œuvre,
et d'avoir été le chef-lieu, le centre, le mobile de la
liberté de penser.

Un seul des convives n'avoit point pris de part à
toute la joie de cette conversation, et avoit même
laissé tomber tout doucement quelques plaisanteries
sur notre bel enthousiasme ; c'étoit *Cazotte*, homme
aimable et original, mais malheureusement infatué
des rêveries des illuminés ; il prend la parole, et du

ton le plus sérieux : « Messieurs, dit-il, soyez satis-
faits, vous verrez tous cette grande et sublime révolution que vous désirez tant ; vous savez que je suis
un peu prophète : je vous le répète, vous la verrez. »
On lui répond par le refrain connu, faut pas être
grand sorcier pour ça. — « Soit, mais peut-être faut-
il l'être un peu plus pour ce qui me reste à vous
dire. Savez-vous ce qui arrivera pour vous tous réunis ici, et ce qui en sera la suite immédiate, l'effet
bien prouvé, la conséquence bien reconnue ? » —
Ah ! voyons (dit Condorcet avec son air et son rire
sournois et niais) ; un philosophe n'est pas fâché de
rencontrer un prophète. — Vous, M. de Condorcet,
vous expirerez étendu sur le pavé d'un cachot ; vous
mourrez du poison que vous aurez pris pour vous
dérober au bourreau, du poison que le bonheur de ce
temps-là vous forcera de porter toujours sur vous.

Grand étonnement d'abord ; mais on se rappelle
que le bon *Cazotte* est sujet à rêver tout éveillé, et
on rit de plus belle : — « M. Cazotte, le conte que
vous nous faites ici, n'est pas si plaisant que votre
Diable amoureux. Mais quel diable vous a mis dans
la tête ce cachot et ce poison et ces bourreaux ?
Qu'est-ce que tout cela peut avoir de commun avec
la philosophie et le règne de la raison ? — C'est
précisément ce que je vous dis : c'est au nom de la
philosophie, de l'humanité, de la liberté, c'est sous
le règne de la raison ; car alors elle aura des temples,
et même il n'y aura plus dans toute la France, en

ce temps-là , que des temples de la raison. — Par
ma foi (dit Champfort avec le rire du sarcasme),
vous ne serez pas un des prêtres de ces temples-là.
— Je l'espère ; mais vous, M. de Champfort , qui
en serez un et très-digne de l'être , vous vous cou-
perez les veines de vingt-deux coups de rasoir,
et pourtant vous n'en mourrez que quelques mois
après. » On se regarde, et on rit encore. « Vous,
M. Vicq-d'Azyr, vous ne vous ouvrirez pas les
veines vous-même, mais après vous les ferez ouvrir
six fois dans un jour, au milieu d'un accès de goutte;
pour être plus sûr de votre fait, et vous mourrez
dans la nuit. Vous, M. de Nicolaï, vous mourrez
sur l'échafaud ; vous , M. Bailly, sur l'échafaud....
— Ah ! Dieu soit béni (dit Roucher) il paroît que
monsieur n'en veut qu'à l'Académie, il vient d'en
faire une terrible exécution ; et moi, grâce au ciel,...
— Vous ! vous mourrez aussi sur l'échafaud. —
Oh ! c'est une gageure (s'écria-t-on de toutes parts);
il a juré de tout exterminer. — Non, ce n'est pas
moi qui l'ai juré. — Mais nous serons donc subjugués
par les Turcs et les Tartares ? Encore.... — Point du
tout ; je vous l'ai dit : vous serez alors gouvernés par
la seule philosophie, par la seule raison ; ceux qui
vous traiteront ainsi seront tous des philosophes,
auront à tout moment dans la bouche toutes les
mêmes phrases que vous débitez depuis une heure,
répéteront toutes vos maximes, citeront tout comme
vous les vers de *Diderot* et de la *Pucelle*... — On se

disoit à l'oreille : vous voyez bien qu'il est fou ; car il gardoit toujours le plus grand sérieux. — Est-ce que vous ne voyez pas qu'il plaisante, et vous savez qu'il entre toujours du merveilleux dans ses plaisan-teries. — Oui (répondit Champfort), mais son mer-veilleux n'est pas gai, il est trop patibulaire, et quand tout cela arrivera-t-il?—Six ans ne se passeront pas que tout ce que je vous dis ne soit accompli. »

Voilà bien des miracles (et cette fois c'étoit moi-même qui parlois), et vous ne m'y mettez pour rien ; vous y serez pour un miracle tout au moins aussi extraordinaire, vous serez alors chrétien.

Grandes exclamations : ah ! reprit Champfort, je suis rassuré, si nous ne devons périr que quand La Harpe sera chrétien ; nous sommes immortels.

Pour ça, dit alors madame la duchesse de Gram-mont, nous sommes bien heureuses nous autres femmes, de n'être pour rien dans les révolutions ; quand je dis pour rien, ce n'est pas que nous ne nous en mêlions toujours un peu, mais il est reçu qu'on ne s'en prend pas à nous, et notre sexe... — Votre sexe, mesdames, ne vous en défendra pas cette fois, et vous avez beau ne vous mêler de rien, vous serez traitées tout comme les hommes, sans aucune déférence quelconque. — Mais qu'est-ce que vous dites donc là, M. Cazotte? c'est la fin du monde que vous nous prêchez.—Je n'en sais rien ; mais ce que je sais, c'est que vous, madame la Duchesse, vous serez conduite à l'échafaud, et vous et beaucoup

d'autres dames avec vous, dans la charrette du
bourreau ; et les mains liées derrière le dos. — Ah !
j'espère que dans ce cas-là, j'aurois du moins un carrosse drapé de noir.—Non, madame ; de plus grandes
dames que vous iront comme vous en charette , et les
mains liées comme vous. — De plus grandes dames !
quoi ! les princesses du sang ? — De plus grandes
dames encore......: Ici un mouvement très-sensible
dans toute la compagnie, et la figure du maître se
rembrunit ; on commença à trouver que la plaisanterie étoit forte. Mad. de Grammont, pour dissiper le
nuage, n'insista pas sur cette dernière réponse, et
se contenta de dire du ton le plus léger : Vous verrez
qu'il ne me laissera seulement pas un confesseur. —
Non, madame, vous n'en aurez pas, ni vous ni personne ; le dernier supplicié qui en aura un par grâce
sera.....

Il s'arrêta un moment : Eh bien ! quel est donc
l'heureux mortel qui aura cette prérogative ! C'est
la seule qui lui restera, et ce sera le Roi de France.

Le maître de la maison se leva brusquement , et
tout le monde avec lui ; il alla vers M. Cazotte :
C'est assez faire durer cette facétie lugubre, vous la
poussez trop loin, et jusqu'à compromettre la
société où vous êtes, et vous-même. Cazotte ne
répondit rien, et se disposoit à se retirer, quand
madame de Grammont, qui vouloit toujours éviter
le sérieux et ramener la gaîté, s'avança vers lui :
« Monsieur le prophète, qui nous dites à tous notre

bonne aventure, vous ne nous dites rien de la
vôtre. » Il fût quelque temps en silence et les
yeux baissés : « Madame, avez-vous lu le siège
de Jérusalem, dans Joseph ? — Oh ! sans doute,
qu'est-ce qui n'a pas lu cela ?.— Mais faites comme s i
je ne l'avois pas lu. Hé bien ! madame, pendant ce
siége, un homme fit sept jours de suite le tour des
remparts, à la vue des assiégeans et des assiégés,
criant incessamment d'une voix sinistre et tonnante :
Malheur à *Jérusalem!* et le septième jour, il cria :
Malheur à *Jérusalem*, malheur à moi-même ! et dans
le moment une pierre énorme lancée par les ma-
chines ennemies, l'atteignit et le mit en pièces. »

Et après cette réponse, M. Cazotte fit sa *révérence
et sortit.* (*OEuvres posthumes de M. de Laharpe.*)

(63) pag. 88. *Celui qui dut une première fois la vie
à la piété filiale.*

Quelques jours avant le 2 septembre, mademoiselle *Cazotte,* mise à l'Abbaye avec son père, fut
reconnue innocente ; mais elle ne voulut pas l'y
laisser seul et sans secours : elle obtint la faveur de
rester auprès de lui. Arrivèrent ces journées effroya-
bles, qui furent les dernières de tant de Français.
La veille, mademoiselle *Cazotte,* par le charme de
sa figure, la pureté de son âme, et la chaleur de
ses discours, avoit su intéresser des Marseillais qui
étoient entrés dans l'intérieur de l'Abbaye. Ce furent
eux qui l'aidèrent à sauver ce vieillard : condamné
après trente heures de carnage, il alloit périr sou

lès coùps d'un groupe d'assassins ; sa fille se jette
entr'eux et lui ; pâle, échevelée, et plus belle encore
de son désordre et de ses larmes : *vous n'arriverez
point à mon père*, disoit—elle, qu'après m'avoir percé
le cœur. Un cri de grâce se fait entendre : cent voix
la répètent ; les Marseillais ouvrent le passage à mademoiselle de Cazotte, qui emmène son père, et
vient le déposer dans le sein de sa famille.

(64) pag. 88. *Rappelons plutôt ces femmes courageuses.*

Mad. le Fort, dans un des départemens de l'Ouest,
trembloit pour son mari, incarcéré comme conspi-
teur ; elle acheta la permission de le voir. Au déclin
du jour, elle vole le trouver avec des vêtemens
doubles ; elle obtient de lui qu'ils changeront d'ha-
billemens, et qu'ainsi déguisé, il sortira de la prison,
et l'y laissera. Le lendemain on découvre que sa
femme a pris sa place. Le représentant lui dit d'un
ton menaçant : Malheureuse, qu'avez-vous fait ?
Mon devoir, répond—elle, fais le tien.

(65) pag. 88. *Ombre de Davaux.*

M. Davaux, lieutenant-général du présidial de
Riom, avoit été arrêté dans cette ville, et devoit
être transféré à la Conciergerie ; il gémissoit sous le
poids de l'âge et des infirmités. Son épouse prévit
le sort dont il étoit menacé, et voulut partager le
sanglant sacrifice : elle n'avoit contr'elle aucun mandat
d'arrêt ; et, libre, elle s'élança sur la voiture qui
conduisoit à Paris les prisonniers des départemens ;

27.

à leur arrivée elle fut enfermée comme eux, et périt quelques mois après sur l'échafaud, à côté de son époux qu'elle tenoit embrassé.

(66) pag. 88. De la Vergne.

Madame la Vergne, femme du·commandant de Longwy, éleva pour lui la voix au tribunal révolutionnaire, lorsqu'il y fut interrogé sur la reddition de cette place; efforts impuissans! sa sentence fut prononcée devant elle; elle n'écouta plus que le désespoir; il suffisoit de proférer le cri de <i>vive le Roi!</i> pour être immolé : elle en fit retentir la salle. En vain les juges voulurent la regarder comme aliénée; elle s'obstina à répéter ce cri favorable à sa résolution, jusqu'à ce qu'elle obtînt d'être elle-même condamnée.

(67) pag. 86. De Cazotte.

Mademoiselle de Cazotte avoit sauvé son père une première fois des massacres de l'Abbaye; cependant sa joie ne fut pas de longue durée : le 12 septembre elle le voit jeter une seconde fois dans les fers. Elle se présente à la Conciergerie avec lui : la porte, ouverte pour le père, est refusée avec dureté à la fille; elle vole à la commune et chez le ministre de l'intérieur, et, à force de larmes et de supplications, leur arrache la permission de servir son père; elle passoit les jours et les nuits à ses côtés, et ne s'éloignoit de lui que pour intéresser ses juges en sa faveur, ou pour disposer des moyens de défense. Déjà elle

s'étoit assurée de ces mêmes Marseillais auxquels
elle fut si redevable dans son premier danger; déjà
elle avoit rassemblé des femmes qui lui avoient promis de la seconder : elle commençoit enfin à espérer,
lorsqu'on vint la mettre au secret. Son zèle s'étoit
fait tellement redouter des adversaires de son père,
qu'ils n'avoient trouvé que ce m yen pour qu'il ne
pût leur échapper une seconde fois. En effet, ils
égorgèrent pendant l'absence de sa fille, cet homme
qu'auroient dû faire respecter son grand âge, ses
talens, et ce spectacle effrayant de la mort qui, dans
les horreurs de septembre, avoit plané trente heures
sur sa tête. Mademoiselle Cazotte n'apprit qu'en
devenant libre une perte si cruelle. On conçoit l'étendue de sa douleur : elle n'eut d'autre consolation
que d'adoucir les chagrins de sa mère ; mais ce
modèle de la piété filiale n'a pu survivre à de si
grandes et de si cruelles infortunes.

(68) pag. 88. *Toi, Mouchy.*

On avoit conduit le maréchal de Mouchy au Luxembourg ; à peine y étoit-il que sa femme s'y rend. On
lui représente que l'acte d'arrestation ne fait pas
mention d'elle : elle répond, *puisque mon mari* est
arrêté, je le suis aussi ; enfin il reçoit son arrêt de
mort : elle monte avec lui dans la charrette fatale.
Le bourreau lui dit qu'elle n'est point condamnée :
puisque mon mari est condamné, je le suis aussi.
Telle fut son unique réponse.

(*Mérite des Femmes.*)

27.

(69) pag. 90. *Coches.*

Ce fut sous le règne de Louis **XIV**, vers l'année 1661, qu'on inventa la commodité des carrosses magnifiques, de ces carrosses ornés de glaces, et suspendus par des ressorts.

L'an 1662, le 7 février, établissemens des carrosses publics, par heures, lesquels succédèrent à ceux établis en 1650 sous le nom de carrosses à cinq sols; ceux d'aujourd'hui sont nommés fiacres, parce que les loueurs de ces premiers carrosses avoient pour enseigne l'image de saint Fiacre.

(70) pag. 95. *Laurier.*

Cet arbre nommé *Daphné* par les Grecs, est de tous les arbres celui qui fut le plus en honneur chez les anciens; ils tenoient pour prodige un laurier frappé de la foudre; admis dans leurs cérémonies religieuses, il entroit dans leurs mystères et ses feuilles étoient regardées comme un instrument de divination. Si, jetées au feu, elles rendoient beaucoup de bruit, c'étoit un bon présage; si au contraire elles ne pétilloient point du tout, c'étoit un signe funeste. Vouloit-on avoir des songes sur la vérité desquels on pût compter, il falloit mettre des feuilles de cet arbre sous le chevet de son lit; vouloit-on donner des protecteurs à la maison, il falloit planter des *lauriers* au-devant de son logis : dans combien de graves maladies son suc préparé, ou l'huile tirée de

ses baies, passoient-ils pour des contre-poisons salutaires ! on mettoit des branches de cet arbre à la
porte des malades; on en couronnoit les statues
d'Esculape ; tant de vertus qu'on attribuoit au laurier
le firent envisager comme un arbre divin et comme
l'arbre du bon génie.

(71) pag. 96. *Je lus dans les yeux d'un autre.*

Un employé à la préfecture de police me faisoit
quelquefois des signes très-intelligibles, et surtout
dans la matinée du vendredi, 23 décembre 1809 ;
ils se succédèrent avec une telle rapidité, que je
croyois vraiment qu'il me transmettoit des nouvelles *télégraphiques.* Je ne connoissois nullement ce
Monsieur; mais, comme je l'ai dit, l'un de mes mes-
sagers *aériens* étoit tombé à ses pieds..... Ce n'est
donc que par le plus grand des hasards que j'ai su
que cette personne m'avoit servie avec autant de
zèle que de discrétion:... Hélas ! lui-même fut arrêté
et conduit en prison, en juillet 1813 ; c'est de cette
époque où j'appris seulement combien j'étois redevable à ses soins. — Aussi je consultai sur-le-champ
ma véridique *cabale*, je pénétrai dans le sombre
avenir qui lui étoit réservé ; j'acquis dès lors la triste
certitude qu'il étoit persécuté pour la *plus noble des
causes.* — Je le dis à ses amis qui restèrent bien
étonnés ; je leur ajoutai même que la vie de la personne pour qui ils s'intéressoient seroit trois fois
dans un extrême danger; — mais que son bon *génie*

Oumabael (non redoutable), le feroit triompher à la fin de tous ses ennemis ; — que pourtant il ne sortiroit de Sainte-Pélagie, où il étoit détenu alors, que par un coup d'éclat ; que cela auroit lieu fin de *mars* , ou les premiers jours d'avril 1814....

Je ne connoissois que très – imparfaitement *M. Perlet*, (*car c'est de lui dont je parle*); je savois seulement, d'après la commune renommée, qu'il avoit été journaliste (mais il y en avoit tant alors); seulement je me rappelai d'un article publié dans son journal, n°. 994 , du 28 prairial an 3, en janvier, en faveur de madame duchesse d'Angoulême.

Et pour m'assurer de nouveau, si ce fait étoit exact et non controuvé, je me mis à feuilleter les mille et un journaux enfantés depuis notre révolution, et à commencer par *Etienne Feuillant;* le Postillon, par *Calais*, le père *Gérard*, le petit *Gautier*, etc. Je les passai tous en revue; justement je tombai sur celui de *Perlet*, et je vis que ma mémoire m'étoit restée fidèle. — Que le fait étoit très-vrai.

Il faut se reporter à l'époque où cet article a été publié pour juger de son importance, et du courage que Perlet a montré en bravant une mort certaine pour sauver cette intéressante princesse ; heureusement que l'opinion publique s'est fortement prononcée pour les principes d'humanité renfermés dans cet article, dont plus de cinq cents exemplaires ont été distribués dans *Paris*, sans quoi Perlet étoit sacrifié !

Les comités de la Convention furent forcés à un acte d'humanité qui n'étoit pas dans leurs sentimens; ils placèrent de suite, près de la princesse, mesdames *de Tourzel* et *Chantereine* pour lui donner des soins, et s'occupèrent de négocier avec l'Autriche pour la rendre à ses parens.

Cette conduite de *Perlet* prouvoit son dévouement pour la maison de *Bourbon;* elle étoit bien désintéressée, car le Roi actuel n'en a eu connoissance qu'au mois de mai 1806. Voici à cet égard ce que M. le comte d'Avaray écrivit de Mittau, le 24 mai 1806, à un ami de *Perlet:*

« Je savois, me dit le *Roi*, que les excellens S....., le disputoient d'attachement à ma personne et à ma cause aux plus fidèles de mes serviteurs; mais malgré ses titres et ses sentimens si hautement manifestés à une époque aussi critique, j'étois loin d'apprécier leur estimable ami. Je ne le connoissois que par ses malheurs, et je lis pour la première fois un article de son journal, qui dans le temps eût été une si *grande jouissance pour moi, et qui restera à jamais gravée dans mon cœur en caractères ineffaçables jusqu'au jour de la récompense, Dieu me l'accorde!* »

Telles sont les propres expressions du Roi; sa mémoire est toujours fidèle quand elle est l'organe de ses sentimens; en les faisant connoître à votre ami, veuillez, je vous prie, Monsieur, lui apprendre le témoignage de l'estime profonde et de l'attachement que je lui porte.   *Signé le comte* D'AVARAY.

Voici textuellement cet article du journal de Perlet :

« On assure que la fille de Louis Capet, détenue encore au Temple, et qui survit au reste de sa famille, y est malade : que ce bruit soit vrai ou faux, la position de cette jeune orpheline ne peut manquer d'exciter l'intérêt des amis de l'humanité : trop jeune pour être coupable, tombée du faîte des grandeurs, dont ses yeux ont pu entrevoir l'éclat; seule avec sa douleur, et avec les images d'un père, d'une mère, d'une tante, morts sur l'échafaud. Ce n'est pas le rang auquel le hasard l'avoit appelée, et qui lui a fait perdre la volonté d'un grand peuple, qui appelle sur elle nos regards; c'est son infortune : on lui donneroit des larmes, si elle étoit née dans les dernières classes de la société : pourquoi ne plaindroit-on pas son sort, parce qu'elle a eu le malheur de naître à côté d'un trône? Dès que son frère est mort, la raison d'Etat a cessé de parler; il n'existe plus le moindre motif pour garder enfermée dans une prison, celle dont la présence ne peut être, au dehors, d'aucun danger; nulle espérance ne repose sur la tête d'une fille, nulle illusion ne l'entoure; nous n'avons pas à craindre de voir ressusciter autour d'elle le fantôme de la royauté, à jamais détruite parmi nous.

» Des armées ne viendroient pas se rallier autour d'elle : les lois même de la monarchie renversée ne lui donnoient aucun droit à la couronne; pourquoi la forcerions-nous donc à consumer dans les larmes et dans l'affreuse solitude une beauté

et une jeunesse déjà flétries par tant de douleurs? Il
seroit indigne de la nation française, triomphante de
l'Europe, de redouter une fille de dix-sept ans. Il
seroit indigne de nous de vouloir la garder pour
otage ; nos otages, ce sont nos victoires, ce sont
nos quatorze armées : nous n'en n'avons pas besoin
d'autres. Que la fille du dernier de nos Rois aille
chercher des consolations au sein de sa famille,
qu'elle aille chercher en Espagne, en Autriche des
adoucissemens à son sort; ce n'est pas à des républicains à les lui envier. Ne différons pas plus long-
temps de la rendre à ses parens : ils sont encore nos
ennemis ? Qu'importe! désarmons leur fureur par
notre générosité, comme nous avons vaincu leurs
armées par notre courage.

» Que la Convention fasse déclarer à l'Espagne et à
l'Autriche que, du moment où elles voudront avoir
la fille de Louis Capet, elle sera envoyée à la fron-
tière, et libre de sortir de France, et en attendant
ce moment, pourquoi ne la placeroit-on pas dans la
même maison de santé que la veuve d'Orléans, ou
ne la réuniroit-on pas aux autres parentes qu'elle
peut encore avoir parmi nous? Là, elle recevroit
les soins que peut exiger sa santé altérée ; on ne seroit plus obligé d'entretenir à grands frais autour du
Temple une garde nombreuse et fatigante pour les
citoyens de Paris.

» Chez tous les peuples, et surtout chez les peuples
libres, le respect pour le malheur a été placé au

nombre des vertus : et certes, l'histoire présente peu
d'exemples d'une infortune semblable à l'infortune
de celle en faveur de qui nous provoquons l'humanité et la justice de la Convention nationale. »

Perlet ne s'est pas borné à cet acte de dévouement;
suivant toujours ses mêmes principes pour tout ce
qui pouvoit tendre à ramener nos princes légitimes
sur le trône, il a commandé en chef une grande partie de la garde nationale de Paris contre la Convention, les 12 et 13 vendémiaire an 4; il fut alors
condamné à mort.

Il a été arrêté et conduit en prison, le 28 juillet
1813, par ordre du ministre de la police, comme
prévenu d'entretenir une correspondance en Angleterre, en faveur des Bourbons. Il est resté, à cette
dernière époque, huit mois et quatre jours détenu,
il n'a dû sa liberté qu'à l'entrée des puissances alliées
dans Paris : sans cet événement il auroit été fusillé.

Ainsi, s'est réalisée mot à mot mon étonnante
prédiction du 22 septembre 1813...... Ainsi devoit
être sauvé un bon Français... Ma reconnoissance me
fait un devoir de consigner des faits aussi honorables,
et qui m'ont été transmis fidèlement par l'un de ses
amis. Puisse cet homme modeste ne me juger que
d'après l'intention ! ce que je dis ici ne peut qu'a-
jouter à sa réputation si justement méritée.

(72) pag. 97 *Loup-garou.*

En 1573, Gilles Garnier, sorcier de Lyon, fut
condamné par arrêt du Parlement de Dôle, à être

brûlé pour s'être changé en loup-garou le jour de Saint-Michel, et avoir mangé les cuisses, les bras et le ventre d'une petite fille.

Démonomanie de Bodin, *page* 192, *livre* 2.

(73) pag. 101. Mlle *de V....*

Aujourd'hui Mad. G....., un hasard heureux me la fit connoître, et un heureux hasard me permet aujourd'hui de mettre mes lecteurs dans cette confidence. A l'époque où l'on donna au Théâtre Français la comédie *des Précepteurs* de *Fabre d'Églantine*, Mlle Dev..... joua un rôle de soubrette avec cette grâce et cette perfection qu'on lui connoissoit (et qui ajoute encore à nos justes regrets) : il falloit faire les cartes à Mad. *Araminte*, et c'étoit assez difficile à la digne émule de *Joly* qui, malgré tous ses talens vraiment supérieurs, n'entendoit rien à l'interprétation de la cartomancie. Comment expliquer le grand tableau, comment peindre et désigner aux yeux des spectateurs, cet homme de campagne, ce marin qui, toujours colère, fronde ouvertement ce que fait sa sœur, et blâme avec sévérité, jusqu'au précepteur de son fils? Comment prouver à cette indolente veuve qu'un beau jeune homme, un être parfait, et qu'elle n'a jamais vu, se trouveroit heureux s'il pouvoit parvenir à la rendre sensible? Il falloit pour nuancer les couleurs, voir un élève du grand art *cabalistique*. Il falloit....Aussi Mlle Dev..... daigna me rendre visite ; j'ai gagné doublement à la connoître ; j'ai même eu le plaisir de lui annoncer son fils, et ce qui est flatteur pour moi, j'ai depuis ce moment le bonheur d'être honorée de sa constante amitié, et je m'en félicite.

(74) pag. 104. *Livre des prophètes.*

Prophétie d'Isaïe chap. XIV.

Le temps de la ruine de Babylone est proche, et les jours n'en sont pas éloignés ; car le Seigneur fera miséricorde à Jacob : il se réservera dans Israël des hommes choisis, et il les fera reposer dans leur terre. Les étrangers se joindront à eux, et ils s'attacheront à la maison de Jacob.

En ce temps-là, lorsque le Seigneur aura terminé vos travaux, votre oppression et cette servitude sous laquelle vous soupiriez auparavant, vous userez de ces discours figurés contre le Roi de Babylone, et vous direz : Qu'est devenu ce maître impitoyable ? comment ce tribut qu'il exigeoit si sévèrement a-t-il cessé ?

Le Seigneur a brisé la verge de fer de ce fier dominateur, qui dans son indignation, frappoit les peuples d'une plaie incurable ; qui, dans sa fureur, s'assujettissoit les nations, et qui les persécutoit cruellement.

Toute la terre est maintenant dans le repos et dans le silence, elle est dans la joie et dans l'allégresse.

Les sapins mêmes, et les cèdres du Liban se sont réjouis de ta perte : depuis que tu es mort, disent-ils, il ne vient plus personne qui nous coupe, et qui nous abatte etc.

(75) pag. 112. *Michel Nostradamus.*

Un empereur naîtra près d'Italie,
Qui à l'Empire sera vendu bien cher,
Diront avec quels gens il se rallie,
Qu'on trouvera moins prince que boucher.

(*Centurie* 1 , *quatrain* 60.)

Mars et le sceptre se trouvera conjoint
Dessous cancer, calamiteuse guerre ;
Un peu après sera nouveau roi oint,
Qui par long-temps pacifiera la terre.

(*Cent.* 6 , *quat.* 24.)

Mars nous menace par sa force bellique,
Septante fois fera le sang répandre
Ange et ruine de l'ecclésiastique,
Et plus qui d'eux rien voudront entendre.

(*Cent.* 1 , *quat.* 15.)

Comme un griffon viendra le roi d'Europe,
Accompagné de ceux d'Aquilon,
De rouges et blancs conduira grande troupe,
Et iront contre le roi de Babylon.

(*Cent.* 10 , *quat.* 86.)

Bien contigu des grands monts Pyrénées,
Un contre l'aigle grand copie adresser,
Ouvertes veines, forces exterminées,
Que jusqu'à Pan le chef viendra chasser.

(*Cent.* 4 , *quat.* 70.)

La république de la grande cité
A grand' rigueur ne voudra consentir :
Roi sortir hors par trompette cité,
L'échelle au mur la cité repentir.

(*Cent.* 3 , *quat.* 5o.)

Dans cité entrer exercit déniée,
Duc entrera par persuasion ;
Aux foibles portes clàm armée amenée,
Mettront feu, mort, de sang effusion.

(*Cent.* 5 , *quat.* 96.)

L'aigle posée entour des pavillons,
Par d'autres oiseaux, d'entour sera chassée,
Grand bruit des cimbres, tubes et sonnaillons
Rendront le sens de la dame insensée.

(*Cent.* 2 , *quat.* 44.)

Tout à l'entour de la grande cité,
Seront logés par champs et ville.
Donner l'assaut, Paris, Rome incité,
Sur le pont lors sera fait grand' pille.

(*Cent.* 5 , *quat.* 3o.)

Au déserteur de la grand' forteresse,
Après qu'aura son bien abandonné ;
Son adversaire fera si grand' prouesse,
L'empereur tôt mort sera condamné.

(*Cent.* 4 , *quat.* 65.)

Le sol et l'aigle au victeur paroîtront ;
Réponse vaine au vaincu l'on assure ;
Par cor ni cris harnois n'arrêteront
Vindicte paix, par mort l'achève à l'heure.

(*Cent.* 1 , *quat.* 38.)

Cent fois mourra le tyran inhumain.
Mis à son lieu savant et débonnaire,
Tout le sénat sera dessous sa main,
Fâché sera par malin téméraire.

(*Cent.* 10 , *quat.* 9º.)

Sangsue en peu de temps mourra ;
Sa mort bon signe nous donnera ;
Pour l'accroissement de la France ,
Alliances se trouveront ;
Deux grands royaumes se joindront,
Français aura sur eux puissance.

(*Prédiction* 58.)

Edition de Leyde , 1650. *Bibliothèque*
du Panthéon.

(76) pag. 112. *Saint-Lazare.*

Sous le gouvernement de *Robespierre et consorts* ,
cette maison renfermoit 765 personnes, 30 seulement devoient être épargnées ; les prisonniers de
Saint-Lazare essuyoient les privations des choses les
plus nécessaires à la vie : on avoit eu la barbarie de
refuser du lait à des femmes enceintes ; on a chassé
même des gardiens pour leur en avoir procuré ; on
ne permettoit qu'un seul repas, qui consistoit dans
quatre onces de viande , deux portions de légumes
des plus modiques, dont la malpropreté étoit dé-
goûtante ; il n'y avoit que le pain de supportable.
C'est de cette maison d'où est sorti ce *jeune Maillé* , à
peine âgé de 16 ans, pour monter à l'échafaud, pour
avoir observé qu'un hareng salé de son dîné étoit

rempli de vers..... Maintenant *Saint-Lazare* sert de
lieu de retraite et de correction aux femmes condamnées par arrêt de la Cour criminelle du département de la Seine ; toutes y sont occupées à divers
travaux manuels; et l'on prélève chaque jour une
rétribution sur chacune d'elles et dans la proportion
du gain de leurs ouvrages.... Un tiers leur est remis
chaque semaine, un autre tiers reste à la maison ;
le troisième, qui augmente d'une manière progressive
pendant la durée de leur détention, leur est donné
à l'expiration de leur peine ; et pour les mettre à
même de réparer, par une meilleure conduite,
leurs égaremens passés, on leur fournit les moyens
d'entreprendre quelque chose suivant leur genre
d'industrie et leur capacité.

(77) pag. 114. *Jansénius.*

Cornelius Jansenius, *évêque d'Ypres*, auteur du
grand ouvrage sur la Grâce. Les cinq propositions
qu'on lui attribue, furent condamnées comme héré-
tiques. Aussi tous ceux qui étoient attachés à l'ancienne et perpétuelle doctrine sur la grâce, ne firent
aucune difficulté de souscrire à cette condamnation.

(78) pag. 114. *Molinistes.*

Les *Molinistes* suivent la doctrine de *Molina*, jésuite ; d'autres celle de *Molinos*, chef des Quiétistes
modernes, et dont les erreurs sont si *solennellement*
 condamnées.

(79) pag. 118. *Il rit aux éclats.*

Corneille Agrippa nous apprend que si quelqu'un mange du piepou ou grenouillet, plante, que l'on nomme *apium risus*, en laquelle se plaisent les grenouilles, crapauds, serpens, et tous reptiles venimeux, il meurt en riant.

(80) pag. 118. *Au Louvre.*

Philippe-Auguste fit achever le vieux *Louvre* en 1214. Dans cette même année, un comte de Flandre, à la journée de Bouvines, y fut amené prisonnier, pris avec d'autres, et mis dans la tour ferrée qui étoit au milieu de la cour. François Ier la fit abattre en 1528, parce qu'elle empêchoit la vue du château. Charles V fit rebatir et accroître ce château ; *François Ier* fit commencer la grande salle du Louvre, qui fut achevée sous Henri II. Cette maison royale étoit encore hors de la ville du temps de Charles V.

(*Du Breul, Théâtre des antiquités à Paris.*)

(81) pag. 118. *Sorciers.*

Hommes et femmes qu'on prétend s'être livrés au démon, et avoir fait un pacte avec lui pour opérer par son secours des prodiges et des maléfices.

Il est des esprits foibles qui ne voient partout que *lutins*, que fantômes et que sorciers.... J'en vois même qui me fixent avec une certaine curiosité, et me regardent parfois en tremblant, et pourtant je n'ai l'aspect nullement diabolique..... Aussi je

28

l'avoue, je ne corresponds directement qu'avec les
génies supérieurs.

(82) pag. 118. *L'esprit follet.*

L'existence des follets, lutins et farfadets est reconnue par tous les anciens, même les modernes. Les
Grecs et les Romains les adoroient sous le nom de
pénates, génies, dieux lares et tutélaires. Les Rabbins
assurent que les follets sont des esprits imparfaits,
que Dieu avoit commencés le vendredi, et qu'il n'eut
pas le temps d'achever le lendemain à cause du
sabbat; ils sont pour la plupart d'une humeur très-
obligeante: ils pansent les chevaux, ils tirent les
bottes, et font le service de la cuisine, etc.

(83) pag. 118. *Maléfices.*

En 1628, selon le récit du père Calmet, des Bordes,
valet de chambre du duc de Lorraine, Charles IV,
fut accusé d'avoir avancé la mort de la princesse
Christine, mère du duc, et d'avoir causé diverses
maladies que les médecins attribuoient à des maléfices.
Charles IV avoit conçu de violens soupçons contre
des Bordes, depuis une partie de chasse dans laquelle
ce valet de chambre avoit servi un grand dîner au
duc et à sa compagnie, sans autres préparatifs que
d'ouvrir une petite boîte à trois étages, dans laquelle
se trouvoit un repas exquis à trois services. Ce *des
Bordes*, dans une autre partie de chasse, avoit
ressuscité trois perdus, qui depuis trois jours étoient

au gibet, et leur avoit ordonné de venir rendre
hommage au duc, après quoi il les avoit renvoyés
à leur potence. On vérifia encore qu'il avoit ordonné aux personnages d'une tapisserie de s'en dé-
tacher et de venir danser dans le salon. Charles IV,
effrayé de ces prestiges, voulut qu'on informât contre
des Bordes. On lui fit son procès dans les formes ;
il fut condamné au feu, et exécuté.

(84) pag. 119. Charmes.

Rien n'est plus célèbre dans l'antiquité que les
enchanteurs, et rien n'est plus commun de nos jours.
Sans recourir à la vertu des *simples*, au cœur d'une
colombe, *au nid d'une hirondelle*, ni même aux *philtres*,
nos aimables désœuvrés parviennent souvent à persuader une femme sensible qu'ils ressentent pour elle
ce qu'ils savent si bien exprimer ; leurs douces paroles
vont jusqu'à l'âme, et le cœur boit à longs traits le
poison de la dissimulation et de la perfidie. Voilà les
seuls enchanteurs à craindre, et voilà ceux qui malheureusement régneront toujours.

(85) pag. 120. Lamies, vampires.

L'effet des vampires est attesté par toute l'Euro
c'étoient des morts qui sortoient la nuit de leur cimetière, pour aller sucer les vivans. Toute la Hongrie,
la Pologne, l'Autriche, la Moravie, la Lorraine,
furent ainsi sucées pendant près de dix ans : en 1726,

28.

on ouvrit la fosse d'un vieux *vampire*, nommé *Arnold Paule*, qui suçoit tout le voisinage : on le trouva dans sa bière, l'œil éveillé, le teint frais et vermeil, et l'air gaillard : le bailli de l'endroit, homme expert en vampirisme, lui fit enfoncer un pieu dans le cœur ; on lui coupa la tête, on brûla son corps, après quoi il ne suça plus personne. Ce fait a été reconnu et attesté par deux officiers du tribunal de Belgrade, qui assistèrent à l'exécution, et par un officier des troupes de l'empereur, témoin oculaire.

(86) pag. 120. *Mandragores.*

Les mandagores sont des racines qui imitent la figure humaine, et qui, d'après le dire de certains curieux, ont des propriétés toutes particulières.

[(87) pag. 120. *Milliers d'infortunés.*

En 1571, un sorcier, nommé *Trois-Echelles*, fut exécuté en Grève, pour avoir eu commerce avec les mauvais démons, et accusa douze cents personnes du même crime, dit Mézerai, qui trouva ce nombre de douze cents bien fort ; car, ajoute-t-il, un auteur le rapporte ainsi : je ne sais s'il le faut croire ; car ceux qui se sont une fois rempli l'imagination de ces noires fantaisies, croient que tout est plein de diables et de sorciers. L'auteur que Mézerai ne nomme point, mais qu'il désigne pour un démonographe, *c'est Bodin.*

(88) pag. 120. *L'ombre de Samuel.*

Saül fit évoquer l'ombre de Samuel par la pyto-
nisse d'Endor. — Ce prophète lui apparut et lui dit :
Pourquoi m'interrogez-vous, puisque le Seigneur
vous a déja abandonné pour passer à celui qui doit
régner à votre place ? Dieu va faire fondre sur vous
tous les maux dont il vous a menacé ; il donnera votre
royaume à David ; il va vous livrer aux Philistins,
et demain vous et vos enfans serez avec moi. *Samuel*
disparut à cette parole.

(89) pag. 120. *Mages.*

Savans Chaldéens, fidèles interprètes du fameux
livre de *Thot.*

(90) pag. 120. *Prêtresses de Delphes.*

C'est ainsi que prophétisoit la pythie de *Delphes* :
après s'être assise sur son trépied, et avoir été quelque
temps exposée aux vapeurs qui sortoient de l'antre
sacré, elle entroit en fureur, et l'on prenoit pour
des oracles les réponses qu'elle faisoit.

(91) pag. 120. *Trophonius.*

Fils d'*Apollon ;* il rendoit des oracles dans un antre
affreux : ceux qui vouloient le consulter devoient se
purifier. Après bien des cérémonies, ils entroient dans

la caverne, et s'y étant endormis, ils voyoient ou entendoient en songe ce qu'ils demandoient.

(92) pag. 120. *Tirésias.*

Tirésias de Thèbes fut un devin fameux. Jupiter et Junon disputant un jour sur les avantages de de l'homme et de la femme, prirent pour juge *Tiré-sias* qui décida en faveur des hommes : Jupiter, en recomnoissance, lui donna la faculté de lire dans l'avenir; mais *Junon* mécontente le rendit aveugle.

(93) pag. 120. *Feu sacré.*

Presque tous les peuples du monde ont eu un feu sacré : on le retrouve chez eux dans l'antiquité la plus reculée. Les Indiens, les Perses, les Egyptiens, les Juifs, les Grecs et les Romains, les peuples du Nord et de l'Amérique ont eu ce culte sur lequel on a fait jusqu'à présent tant de recherches et de raisonnemens inutiles, pour savoir à présent quel étoit l'objet de ce *culte* universel. Chez les anciens, il ne faut que considérer les alarmes où ils étoient lorsque, par quelqu'accident ou par quelque négligence, le feu sacré venoit à s'éteindre. Rome se croyoit alors menacée d'une ruine totale, c'étoit le présage le plus affreux pour la république et pour l'empire : toutes les affaires publiques et particulières cessoient dès lors. On recouroit aux expiations, on consultoit les *Sibylles* sur le danger de l'Etat; on punissoit de

mort les gardiennes du feu sacré qui, par une cou‑
pable négligence, pouvoient attirer sur l'Etat et les
familles les malheurs-les plus affreux, etc.

(94) pag. 120. *Devins.*

L'astrologie est chérie aux Indes, où rien ne se
fait sans consulter les astrologues.

(95) pag. 120. *Démon Méridien.*

C'est un assez bon *diable*, mais d'une espèce tout
extraordinaire : aux uns il prodigue ses dons, mais il
en est qui sont en butte à son courroux infernal ;
de là le soin que prennent les Russes quand il leur
naît un enfant, d'attacher sur lui une espèce d'amu‑
lette, pour que le *Démon méridien* protège le nouveau‑
né, et soit favorable à toute la famille. Dans la
grande et petite *Tartarie*, ils sont naturellement très‑
superstitieux, et croient aux maléfices.

(96) pag. 121. *Cardan.*

Cardan fit un voyage en Ecosse en 1552; l'arche‑
vêque de Saint-André, primat du royaume, le
manda après avoir eu recours inutilement aux mé‑
decins du Roi de France, et puis à ceux de l'empe‑
reur. Ce prélat paya fort bien les frais de ce voyage.
Ce fut en cette occasion qu'il alla à Londres, et
qu'il fit un horoscope du roi Edouard (l'astrologie

judiciaire étoit dans ces temps-là une sorte de fureur). L'archevêque de Saint André avoit alors quarante-deux ans ; son mal étoit une grande difficulté de respirer, et revenoit tous les huit jours *depuis deux ans :* il donna, dit-on, une terrible preuve de sa science, à l'archevêque qu'il avoit guéri, lorsque, prenant congé de lui, il lui tint ce discours : « *Qu'il avoit bien pu le guérir de sa maladie, mais qu'il n'étoit pas en son pouvoir de changer sa destinée,* ni d'empêcher qu'il ne fût pendu. Sa prédiction fut vérifiée par l'événement : dix-huit ans après, ce prélat fut condamné, par les commissaires que lui donna Marie, régente d'Ecosse, à être pendu ; ce qui fut exécuté. Il ne faut pas s'étonner si quelques historiens, les Ecossais principalement, traitent *Cardan* de magicien.

(97) pag. 121. *Lutin.*

Le père Calmet atteste qu'un seigneur de sa connoissance avoit un lutin, qui lui tenoit lieu de valet-de-chambre, l'habilloit, le peignoit, et lui faisoit la barbe avec une rare dextérité.

En 1132, il y avoit à *Hildersheim,* en Saxe, un lutin fort officieux, qu'on appeloit Bonnet-Pointu. Il s'amusoit à fendre du bois, allumer le feu, tourner la broche, mettre le couvert ; mais un garçon de cuisine l'ayant un jour fort maltraité, il l'étrangla pendant la nuit, le coupa par morceaux, et le mit en ragoût. On fut obligé de procéder contre lui par voie de censure, et de l'excommunier.

(*Erreurs et Préjugés.*)

(98) pag. 121. *Esprits familiers.*

Théodore-Agrippa d'Aubigné, aïeul de madame *de Maintenon*, rapporte dans ses Mémoires, qu'on le surnommoit le prophète, à cause de la justesse de certaines prédictions. — Il dit de même, qu'il avoit une espèce de lutin muet à son service; ce que ses ennemis n'ont pas manqué de lui reprocher.

« Ce muet étoit un jeune homme, si tant est qu'on lui puisse donner ce nom; car les plus doctes ont jugé, après l'avoir pratiqué, que c'étoit un démon incarné : ce muet donc paroissoit âgé de dix-neuf à vingt ans. Lorsque je le pris chez moi, il étoit né sourd et muet; il avoit le regard affreux, le visage livide, et il s'étoit fait une habitude de s'expliquer par ses doigts et ses gestes, d'une manière fort intelligible. Il demeura avec moi en Poitou, quatre ou cinq ans, partie à la Chevrelière, et partie aux Ousches, où tout le monde le venoit voir par admiration, à cause de son art de divination, qui lui faisoit découvrir les choses les plus cachées, et retrouver celles que l'on avoit perdues; de plus, il disoit, à ceux qui le lui demandoient, leurs généalogies, les métiers de leurs pères, aïeuls, bisaïeuls et trisaïeuls, leurs mariages, et le nombre des enfans qu'ils avoient eus; il spécifioit toutes les pièces de monnoie que chacun avoit dans sa poche; il pénétroit les plus secrètes pensées de ceux qui l'interrogeoient; enfin, il prédisoit l'avenir. Ce furent les

ministres les plus estimes de la province qui m'en
donnèrent connoissance, et l'envie en même temps
de l'avoir auprès de moi. Quand il y fut, je defendis
à mes enfans et à mes domestiques, sous de grosses
peines, de lui faire aucune question sur les choses
futures : mais malgré mes défenses ils ne le question-
noient que là-dessus, par la règle, *nitimur in ve-
titum.*

» J'eus pendant un mois la curiosité de savoir les
heures où Henri IV faisoit ses promenades, les
propos qu'il y tenoit, les noms de ceux à qui il parloit, et plusieurs autres choses semblables : le tout,
confronté de cent lieues loin avec les réponses du
muet, se trouvoit entièrement conforme.

» Un jour les filles du logis lui ayant demandé
combien le Roi vivroit encore d'années, le temps et
les circonstances de sa mort, il leur marqua trois
ans et demi, et désigna la ville, la rue, et le
carrosse avec les deux coups de couteau qu'il
recevroit dans le cœur; il leur prédit encore de
plus tout ce que le Roi Louis XIII a fait jusqu'à
présent, 1650, etc. »

(99) pag. 121. *Hennissement de chevaux.*

Il n'est bruit dans les campagnes, que de semblables choses : là, c'est un grand *cheval noir* qui
revient toutes les nuits : plus loin, c'est une levrette;
mais s'il se trouve par hasard trois chemins qui se
joignent ensemble, il doit y avoir nécessairement un

loup blanc ; les hénissemens des chevaux se font entendre proche des vieilles masures abandonnées ; le
cri de la chouette est un mauvais présage, et surtout si elle s'arrête sur votre maison. Mais, pour
obvier à de graves inconvéniens, une personne
dominée par la peur ne doit jamais aller de nuit
dans un cimetière : déjà son esprit est frappé, et les
vapeurs qui sortent nécessairement de la terre,
peuvent lui créer des fantômes ; son imagination les
grossit encore, et souvent l'on voit des gens de la
meilleure foi du monde, vous assurer qu'ils ont
vu un revenant : tant les esprits sont portés au
merveilleux !

(100) pag. 122. *Berger savant.*

Les bergers savans sont encore très-communs de nos
jours, chaque pays a le sien, c'est surtout en Brie
où ils sont tout-à-fait redoutables. Si l'un de ces
malins sorciers vous en veut, il empêche vos chevaux de marcher, il vous rend de même immobile ;
mais si malheureusement il veut, dis-je, pousser la
plaisanterie trop loin, alors vous avez un *charme :*
votre vue est trouble, vous courez malgré vous, et
Dieu sait où vous vous arrêtez. Quelquefois les
esprits simples attribuent ces plaisanteries à la haute
magie, tandis que toutes ces choses étonnantes ne
sont tout simplement qu'une récréation de physique.

(101) pag. 122. *Grand veneur.*

Le chasseur noir de la forêt de Fontainebleau, ébranla, dit-on, le grand cœur de *Henri IV*, en lui criant, *amendez-vous !*

On cherche encore, dit le duc de Sully dans ses Mémoires, de quelle nature pouvoit être ce prestige vu si souvent et par tant d'yeux dans la forêt de Fontainebleau : c'étoit un fantôme environné d'une meute de chiens, dont on entendoit les cris, et qu'on voyoit de loin, mais qui disparoissoit lorsqu'on s'en approchoit.

Péréfixe fait aussi mention de ce fantôme, *et le nomme le grand veneur.*

(102) pag. 122. *La fée Mélusine.*

Qui n'a pas entendu parler de la fée Mélusine, l'honneur et la gloire de la maison de Lusignan ? C'étoit elle qui, d'un mot, en avoit bâti le château ; elle se montroit sur les tours, moitié femme et moitié serpent ; elle venoit se baigner dans la fontaine, le samedi pendant vêpres, et ne manquoit jamais d'annoncer tantôt par des cris, tantôt par des chansons, la paix et la guerre, la mort et la naissance des seigneurs de Lusignan. Elle étoit également révérée des grands et des petits ; l'empereur Charles-Quint et la reine Catherine de Médicis voulurent apprendre sur les lieux même tout ce qui concernoit la fée Mélusine; et quand le château de Lusignan fut rasé par ordre de Henri III, Brantôme nous assure que plusieurs personnes la virent distinctement en l'air, et que les officiers de l'armée l'entendirent se lamenter, comme une fauvette à laquelle on dérobe ses petits.

Une semblable merveille se voit au château de Rannes en *Normandie* : c'est l'antique manoir d'une fée, qui, justement indignée de la conduite de son perfide époux, jura dans sa colère d'exterminer l'ingrat ainsi que sa perfide rivale; ce qu'elle fit. Après ce bel exploit elle quitta furtivement le château. L'on voit encore très-distinctement ses petits pieds imprimés sur l'une des fenêtres.

Depuis ce temps immémorial, cette cruelle fée apparoît tous les *samedis* dans une antique tourelle de ses domaines; elle est couverte d'un long voile qui la cache à tous les yeux; et chaque année à la terrible époque, elle pousse les cris les plus lugubres et les plus douloureux. Ainsi elle expie le double crime que la jalousie lui a fait commettre. Hélas! elle appelle à grands cris son bien-aimé, et le bien-aimé qui se rappelle du passé, ne se laisse point fléchir aux accens de sa voix doucerette.

(103) pag. 128. *Plomb fondu.*

Divination fort en usage (mais souvent dangereuse pour les yeux si l'on n'y veille avec soin).

Faites fondre un morceau de plomb neuf; mais

avec l'extrême précaution de vous en tenir écarté ;
ayez trois vases neufs préparés pour le recevoir ; au
bout de cinq ou sept minutes au plus, vous pouvez
l'expliquer ; souvent vous y verrez des choses curieuses qui pourront vous étonner. Ce procédé est
très-ancien, et nous vient des peuples du Nord.

(104) pag. 135. *Sabbat.*

· Les assemblées du Sabbat sont encore très-fré-
quentes dans certain pays de la Bohême ; mais pour
être admis à une pareille fête, il faut être protégé spécialement du démon *Verdelet.* Il faut encore sacrifier
trois chats, dont un doit être noir; car sa tête renferme un os qui fait des merveilles; il possède la vertu
de vous rendre invulnérable aux coups de messieurs
les diables, et indépendamment de cette belle propriété, il vous rend encore invisible à tous les yeux.
La graisse préparée du chat noir est un excellent
cosmétique qui a l'art de donner à la laideur l'apparence de la beauté. Bref, pour être admis aux
grands honneurs du Sabbat, il faut que les trois
fourrures des victimes relèvent encore l'éclat de
votre parure; elles doivent former l'aigrette, et
tomber négligemment sur l'épaule gauche; mais l'on
ne doit les poser sur sa tête qu'avec une extrême
précaution. Mille sorciers, avant d'être brûlés, ont
avoue dans leurs interrogatoires qu'ils avoient
été au Sabbat, portés sur le dos de mons *Verdelet,*

Vers la fin du dix-septième siècle, la cour ayant
sursis à l'exécution de plusieurs d'entr'eux convaincus de correspondre avec ledit diable, le parlement de
Rouen adressa au Roi de très-humbles remontrances,
et le supplia de vouloir bien permettre qu'on brûlât
incontinent lesdits sorciers. Heureusement que de
nos jours l'on ne parle plus guère de semblables
rêveries; et si, parfois, l'on se les rappelle encore,
c'est pour nous prémunir et nous empêcher d'y re-
tomber. Car du moment que nous pourrions croire
à de semblables absurdités, nous serions bien près
de la cruelle et funeste ignorance; nous serions bien
près de rallumer ces torches funéraires et sanglantes
qui, dans nos derniers siècles, ont fait périr tant
d'innocentes et si malheureuses victimes, etc.

(105) pag. 138. *Marc de café.*

Ballotté entre la tasse et la soucoupe, rien n'échappe
à l'œil au moyen de cette divination; les choses les
plus cachées y paroissent même dans tout leur jour.
— C'est la clef de plus d'un mystère, etc.

(106) pag. 139. *Un sort.*

Je m'ennuyois dans ma prison, et cela est assez
facile à comprendre, moi, la plus occupée et la plus
distraite de toutes les femmes, et qui chaque jour
reçois chez moi un cercle nombreux et si bien choisi,
je me trouvois en ce moment seule, mais absolument

seule : aussi, je l'avoue, une sorte d'humeur noire vint s'emparer de moi. *Le malin auroit bien voulu profiter de certains momens d'impatience pour m'attirer à lui* (car *j'aurois été une excellente capture*); mais je me contentai, dans mes boutades, d'exercer la patience de mon gardien Vautour : je traçai donc avec du charbon une équerre autour de lui; je lui dis même quelques mots italiens, auxquels il ne put rien comprendre. — De là ses cris : Je suis ensorcelé, je suis mort.

(107) pag. 140. *Bohémienne.*

Les Bohémiens exercent particulièrement la chiromancie, c'est-à-dire, l'art de prédire l'avenir par l'inspection de la main. Cette méthode est fort ancienne : on croit la reconnoître dans quelques passages de l'Ecriture : *In manu omnium*, dit Job, *signat ut noverint singuli opera sua ;* le ciel met dans la main de l'homme le cachet de sa destinée. *Longitudo dierum*, dit Salomon, *in dexterâ ejus, et in sinistrâ ejus divitiæ et gloria :* sa main droite porte le présage de sa longue carrière, et sa gauche annonce la gloire et la richesse. *Aristote*, dont le génie nous a transmis tant de connoissances, recommande la *chiromancie* comme une science positive, et déclare qu'il existe dans la main une ou deux lignes parallèles, dont l'étendue ou la brièveté détermine la durée de la vie. Tyrtamus, docte *gene hliaque*, étant venu d'Afrique à Athènes, avec toute la réputation d'un grand homme, en son genre de *chiromance*, *Socrate*, pour le surprendre, fit

dessiner exactement tous les traits et lignes de l'une
de ses mains, et envoya cela par un de ses disciples,
avec ordre de dire que la figure ou dessin étoit de la
main d'une femme. Le savant *Tyrtamus* connut qu'il
étoit d'un homme, et de plus, enclin au vol : ce qui
fut entendu et reporté avec mépris contre le docte
Genethliaque; mais le sage *Socrate* avoua qu'il avoit
été enclin à tel vice, et que la raison seule l'en avoit
empêché.

On partage la main en plusieurs régions qui sont
chacune sous l'influence d'une planète. Le pouce
appartient à *Vénus;* l'index à *Jupiter;* le doigt du
milieu à *Saturne;* l'annulaire au *Soleil;* et l'auriculaire
à *Mercure;* le centre de la main à *Mars;* le reste à la
Lune, etc.

C'est en voyant la main de la bonne Joséphine,
en 1794, que je prophétisai avec connoissance de
cause, qu'un jour viendroit qu'elle joueroit le plus
beau rôle en France, etc.

Si quis majus quàm sapientia humana velit consequi,
Divinationi det operam, necesse est.

Pour parvenir aux sciences plus qu'humaines, il
faut s'appliquer à l'art de la divination.

SOCRATE.

(108) pag. 141. *Marc divinatoire.*

Il existoit à *Stockholm* une demoiselle *Harrisson,*
fameuse par ses prétendues connoissances sur l'avenir;
le hasard avoit si bien servi sa réputation, qu'on

29

alloit en foule de toutes parts la consulter. Les provinces, la ville, la cour, tout avoit l'air de croire
à son art. Gustave voulut l'interroger aussi ; ce ne
fut ni sur la main du roi, ni dans les astres, ni dans
un jeu de cartes, qu'elle chercha son sort : c'étoit
dans du marc de café qu'elle lisoit l'avenir, et le
destin lui parloit du fond de sa tasse. A peine l'eut-
elle interprétée au sujet de Gustave, que, pleine de
trouble et toute effrayée : Ah! sire, s'écria-t-elle,
quelle fin cruelle! Quoi donc! lui dit le roi.... Non,
sire, je ne puis me résoudre. Mais vous me connoissez,
je ne suis pas craintif; parlez, je vous écouterai sans
effroi, et quel que soit votre oracle, je suis capable
de le retenir sans inquiétude. *Hé bien, sire, dit-elle,
vous devez être un jour assassiné par la première personne
que vous allez trouver sur le pont du Nord, en sortant de
chez moi. Gustave* montre beaucoup de calme, de la
gaîté même; il cause un moment sur ce ton-là avec
mademoiselle Harrisson, et sort ensuite, impatient de
connoître l'assassin qu'elle avoit indiqué. Il arriva au
pont du Nord, et la première personne qu'il aperçoit, est le jeune comte de Ribbing. Le roi courut
à lui: mon cher comte, lui dit-il, si je ne connoissois
votre cœur et vos principes, je devrois vous redouter;
et il lui raconte la prédiction qu'il venoit d'entendre.
Il met le jeune homme à son aise, et plaisantant sur
ce sinistre horoscope, ils se séparèrent, après s'être
un peu égayés aux dépens de la sibylle.

Lorsque dans la suite les liaisons de Ribbing le

rendirent suspect à Gustave, ce prince dut sûrement
se rappeler l'oracle; et il est tout simple qu'il en ait
eu l'esprit frappé au moment de l'assassinat, voilà
pourquoi il dit : *je viens d'être blessé par un grand
masque noir*. Au milieu d'un groupe de masques qui
l'avoient entouré et serré, il ne put pas discerner
avec précision l'homme qui avoit porté le coup ;
il fut moins frappé du petit masque noir (*Ankastroëm*),
que du grand masque (Ribbing) qui, peut-être,
l'avoit approché encore de plus près, puisqu'il s'étoit
chargé de désigner la victime. (*Causes célébres*).

(109) pag. 160. *Un jeune chêne.*

Les anciens avoient consacré le chêne à Jupiter,
et le regardoient comme l'emblème de la durée et de
la force ; une couronne de chêne étoit chez eux la plus
belle récompense de la vertu. Ils attribuoient à ceux
de la forêt de *Dodone* le pouvoir de rendre des oracles ; et dans nos Gaules, les *Druïdes* célébroient, à
l'ombre de ces arbres, leurs mystères sacrés.

(110) pag. 161. *Druïdes.*

Le culte des *Druïdes* avoit beaucoup d'affinité avec
celui des prêtres égyptiens : leur chef, que l'on
pouvoit regarder comme la personne la plus considérée des Gaules, portoit une couronne de larges
feuilles de chêne, et son assistant tenoit un sceptre
en forme de croissant ; et chaque année, à l'époque

prescrite par leur rit, ils alloient en grande pompe
dans une forêt, où ils célébroient leurs mystères : le
chef y coupoit le gui sacré avec une serpe d'or.

(111) pag. 162. Ce chêne.

Charles II, roi d'Angleterre, errant de contrée
en contrée pour se soustraire à la mort, à laquelle
l'avoit voué la haine des ennemis de son père et des
siens, se vit réduit à faire le métier de bûcheron.
Apercevant un jour beaucoup de troupes, il monta,
pour plus de sûreté, sur un grand chêne, dont les
feuilles et les branches lui servirent d'asile pendant
vingt-quatre heures. Il vit passer sous ses pieds plusieurs soldats, tous employés à sa recherche, et qui,
la plupart, témoignoient une envie extrême de le
trouver. Cet arbre reçut par la suite le nom de
chêne royal; on alloit encore le voir avec une sorte
de vénération au commencement du dix-huitième
siècle, et les astronomes l'ont placé parmi les constellations du pôle austral.

(Dict. des Hommes illustres.)

(112) pag. 178. Mad. B. M. N.

Il faut avoir été en <i>prison</i>, sous le régime affreux
de la terreur, pour pouvoir se faire une idée des
craintes journalières qui agitoient sans cesse les malheureux détenus. Le moindre bruit nous rappeloit
les massacres affreux de septembre. Une visite noc-

turne étoit souvent à nos yeux l'avant-coureur d'un
événement funeste. — Chaque jour la mort mois-
sonnoit quelques-unes des nôtres , et l'on se disoit
le soir : — Demain sera mon tour. — Comme j'étois
arrêtée pour avoir prêché une *contre-révolution* , j'é-
tois une femme bien précieuse aux yeux de mes infortunées compagnes, qui, toutes comme moi , sou-
piroient ardemment pour leur liberté prochaine.
Hélas ! nous faisions en secret des vœux pour que
Pitt et *Cobourg* vinssent nous délivrer ; mais ô
souhaits superflus ! nos armées triomphoient toujours..... Il falloit en référer en dernier ressort aux
cartes , et un jeu de piquet étoit souvent l'arbitre de
nos grandes destinées ; j'employois mes foibles talens
à nous distraire , et à nous prémunir de certaines
embûches (des moutons). Un certain jour que je
faisois une grande patience à mademoiselle B. *Montansier,* je remarquai une visite des quatre valets, etc.
Vite, vite , lui dis-je , mettez-vous au lit, vous êtes
bien malade , vous avez la fièvre (à peu près comme
Basile). Hé ! ne voyez-vous pas que vous allez être
transférée. Votre mort est certaine ; mais vous l'é-
viterez ; vous verrez encore tomber deux factions
avant de sortir définitivement ; et si un peu plus
tard vous changez de prison , vous n'aurez rien
à craindre ; vous vivrez très-âgée. Elle suivit mon
conseil à la lettre ; le lendemain on vint pour la
conduire à la Conciergerie (elle étoit bien malade),
et avec un peu d'argument justificatif, on finit par

le croire..... On emmena de la petite Force plu—
sieurs personnes qui périrent le même jour. La
prédiction parut d'autant plus étonnante que la
faction de *Danton*, etc., succomba quelques jours
après ; et celle de Robespierre la suivit de très-près.
Mademoiselle B. *Montansier* fut pendant quelque
temps au Plessis, et sortit heureusement comme je
l'avois prédit.

(113) pag. 179. *Madelonnettes.*

.. *C'est dans ce lieu où l'on peut méditer sur l'incons-*
tance du bonheur et les vicissitudes de la vie ; c'est
là où j'ai passé quinze jours, qui m'ont paru des
siècles. Sous le règne de l'affreuse terreur, l'on avoit
le plus grand soin de classer tous les détenus d'après
le genre du délit dont ils étoient accusés. — Les aristocrates se réunissoient, et nous passions des journées
agréables (à l'inquiétude près); mais aux *Made-*
lonnettes tout y est confondu : vous payez pour être
à la pistole, cela suffit. J'avoue de bonne foi que
dans ma première indignation j'ai formé des souhaits
pour que ceux qui disposent à leur gré de la liberté
de leurs semblables, finissent par venir juger eux-
mêmes si le régime leur convient.

Sensible *John Howard*, si tu avois visité l'intérieur
de cette prison, depuis long-temps le régime en
seroit plus doux, le crime seul habiteroit ces voûtes
sombres, ces longs corridors où le jour pénètre à
peine ; et tu dirois encore : Ah ! celui qui écoute le

cri de sa conscience et qui se repent, est déjà trop
puni d'y être renfermé.

Plusieurs personnes ainsi que moi, nous nous trouvions détenues aux *Madelonnettes*, pour des causes
bien différentes les unes des autres; car la plupart
sont ce que l'on nomme *des habituées.* Nous nous
contentions de nous plaindre, et de cacher nos effets.
Souvent dans notre chambre, le loup se trouvoit
enfermé dans la bergerie; j'avoue que dans un accès
d'humeur satirique j'ai fait un certain Mémoire sur
le régime de cette prison, et qui, retouché avec des
couleurs un peu plus douces, pourra piquer un jour
la curiosité, etc.

(114) pag. 180. *Etrennes.*

Nonius Marcellus en rapporte sous les Romains
l'origine à *Tatius*, roi des Sabins, qui régna dans
Rome, conjointement avec *Romulus*, et qui, ayant
regardé comme un bon augure le présent qu'on lui
fit, le premier jour de l'an, de quelques branches
coupées dans un bois consacré à *Strénua*, déesse de
la force, autorisa cette coutume dans la suite, et
donna à ces présens le nom de *Strenæ*

(115) pag. 200. *Influence des astres.*

Ou les douze maisons du Zodiaque, dans lesquelles les
planètes ont l'empire sur les autres.

Le *Soleil* a son trône dans le signe du Lion; *Mercure* a son
trône dans le signe de la Vierge; *Vénus* a son trône dans le
signe du Taureau; la *Lune* a son trône dans le signe de l'Eere

visse; *Mars* a son trône dans le signe du Scorpion; *Jupiter a*
son trône dans le signe du Sagittaire; *Saturne* a son trône
dans le signe du Verseau.

PUISSANCE ET FORCE DES PLANÈTES.

Le *Soleil* est fort et puissant dans le Lion; *Mercure* est fort
et puissant dans la Vierge et dans la Balance; *Vénus* dans le
Taureau et les Gémeaux; la *Lune* dans l'Ecrevisse; *Mars*
dans le Scorpion et le Bélier; *Jupiter* dans le Sagittaire et les
Poissons; *Saturne* dans le Verseau et le Capricorne.

JOIE DES PLANÈTES.

C'est-à-dire où elles se plaisent, comme les hommes chez
leurs amis.

Le *Soleil* au *Sagittaire*, il est ami de *Jupiter*; *Mercure* au
Bélier, il est ami de *Mars*; *Vénus* au *Lion*, elle est amie du
Soleil; La *Lune* à l'*Ecrevisse*, elle est amie de la *Terre*;
Mars à la *Vierge*, il est ami de *Mercure*; *Jupiter* dans le
Verseau, aime un peu *Saturne*; *Saturne* dans les *Poissons*,
un peu ami de *Jupiter*.

EXALTATION DES PLANÈTES.

C'est-à-dire, où elles siègent en chef par la déférence qu'ont
pour elles les autres planètes.

Le *Soleil*, au *Bélier*; *Mercure*, dans la *Vierge*; *Vénus*,
dans les *Poissons*; la *Lune*, dans le *Taureau*; *Mars*, dans le
Capricorne; *Jupiter*, dans l'*Ecrevisse*; *Saturne*, dans les
Balances.

TRISTESSE ou DÉTRIMENT DES PLANÈTES.

C'est-à-dire, où elles influent un caractère contraire à
leur bonté, respectivement à la terre:

Le *Soleil* au *Verseau*, *Mercure* au *Sagittaire* et aux *Poissons*,

Vénus au *Bélier* et au *Scorpion*, la *Lune* au *Capricorne*, *Mars* au *Taureau* et à la *Balance*, *Jupiter* dans les *Gémeaux* et à la *Vierge*, *Saturne* dans l'*Ecrevisse* et au *Lion*.

DÉPRESSION ET CHUTE DES PLANÈTES.

C'est-à-dire où elles sont infortunées.

Le *Soleil* à la *Balance*, *Mercure* aux *Poissons*, *Vénus* dans la *Vierge*, la *Lune* dans le *Scorpion*, *Mars* dans l'*Ecrevisse*, *Jupiter* dans le *Capricorne*, *Saturne* dans le *Bélier*.

OBSERVATIONS.

Mercure est *bon* avec les *bons* et *méchant* avec les *méchans*.

La *tête* du *Dragon* est *méchante* avec les *bons*, et *bonne* avec les *méchans*, etc.

(116) pag. 201. *Lavoisin.*

Vers l'an 1677, une femme nommée Lavoisin s'unit avec Lavigoureux et un ecclésiastique nommé Lesage, pour trafiquer des poisons d'un italien nommé Exili, qui avoit fait, en ce genre, de tristes découvertes; ils voiloient cet horrible commerce du prétexte d'amuser les personnes curieuses, par des prédictions et des apparitions d'esprits. Plusieurs morts subites firent soupçonner des crimes secrets; on établit à l'arsenal en 1680, la chambre des poisons, qu'on appela la chambre ardente.

Lavoisin et ses complices ayant été arrêtés comme soupçonnés d'avoir vendu de ces poisons, qu'on appeloit poudre de succession, elle fut condamnée à être brûlée vive en place de Grève, etc.

(117) pag. 201. *Belle Tiquet.*

Cette dame étoit fille d'un libraire nommé *Carlier*, qui lui
avoit laissé 500,000 francs, et autant à un frère qui étoit
capitaine aux gardes; elle fut orpheline à quinze ans. Comme
elle étoit belle et riche, elle ne manqua pas d'adorateurs.
M. Tiquet, qui étoit du nombre, fut préféré à ses rivaux; il
étoit conseiller au parlement; ce mariage fut d'abord fort
heureux : ils eurent un fils et une fille. Mme Tiquet faisoit de
la dépense à proportion du bien qu'elle croyoit avoir, et son
mari, qui lui avoit persuadé qu'il en avoit autant qu'elle,
n'osoit pas la désabuser. Il le fallut pourtant enfin, et
Mme Tiquet apprit qu'il s'en falloit de beaucoup que son
mari eût quelque chose, puisque c'étoit avec son bien à elle
qu'il avoit payé toutes les dépenses qu'il avoit été obligé de
faire pour l'obtenir. Ce mécompte causa la division dans le
ménage, et le bien de Mme Tiquet se trouvant diminué, elle
demanda sa séparation, et l'obtint. Un jour, étant chez la
comtesse d'Aunoy, elle paroissoit émue. Lorsqu'on lui demanda ce qu'elle avoit, elle répondit qu'elle venoit de passer
une partie de la journée avec le *Diable*. Vous avez eu là une
vilaine compagnie, répondit Mme d'Aunoy. Ho ! dit Mme Tiquet, quand je dis que j'ai vu le *Diable*, c'est-à-dire une de
ces femmes qui se mèlent de prédire l'avenir. Eh ! que vous
a-t-elle promis ? demanda Mme d'Aunoy. Toutes sortes de
bonnes choses, dit Mme Tiquet; elle m'a assuré que dans
deux mois je serois élevée sur un théâtre au-dessus de tous
mes ennemis, hors d'état de craindre leur malice, et parfaitement heureuse.

Au bout de quelques jours, M. Tiquet fut assassiné : des soupçons tombèrent sur sa femme, qui fut arrêtée et convaincue
de ce crime; elle fut condamnée à avoir la tête tranchée en place
de Grève. Ainsi finit la belle Mme Tiquet qui avoit fait l'orne-

ment de Paris; il lui arriva ce que la devineresse lui avoit prédit, puisqu'avant deux mois elle se vit élevée sur un échafaud, et délivrée, par la mort, de toutes ses peines.

(118) pag. 201. *Lescombat.*

Cette femme fit assassiner son mari par Mongeot son amant; il fut prédit à ce malheureux jeune homme, à l'âge de 22 ans, qu'une liaison dangereuse seroit la cause de sa fin funeste et prématurée.

(119) pag. 202. *Jacques Clément.*

Jeune religieux jacobin, esprit foible, croyant peut-être recevoir la couronne du martyre, ou, comme quelques-uns prétendent, déterminé par la duchesse de Montpensier, sœur des Guises, il se présente devant le monarque, sous prétexte de quelques secrets importans qu'il a à lui communiquer de la part de ses fideles serviteurs, et massacre Henri III, au moment où le Roi se baisse pour l'embrasser : aussitôt tous ceux qui étoient présens percent l'assassin de mille coups, et son corps fut jeté par la fenètre, traîné sur une claie et brûlé. Le malheureux prince se disposa à la mort, et excita l s seigneurs à reconnoître Henri de Navarre pour Roi de France ; mais il déclara à ce prince qu'il ne seroit jamais tranquille sur le trône s'il ne renonçoit au calvinisme.

(120) pag. 202. *Jean Chatel.*

Dans le moment que le Roi Henri IV se penchoit pour embrasser un seigneur, il fut blessé d'un coup de couteau à la levre par Jean Chatel. Le bruit se répandit que cet attentat avoit été commis par le conseil des Jésuites ; on mit des

gardes dans leur maison ; on trouva parmi les papiers du
père Guignard des écrits injurieux à la dignité des Rois.
Jean Chatel fut écartelé ; le père Guignard fut pendu, etc.

(122) pag. 202. *Ravaillac.*

Pierre du Jardin s'étant trouvé à Naples avec Ravaillac,
apprit de la bouche même de ce scélérat , la conspiration
contre Henri IV : M. de Breves, notre ambassadeur à Rome,
à qui il en donna avis, écrivit à M. de Sully ; ce ministre en
parla à Henri IV, qui méprisa malheureusement cet avis.
On seroit tenté de croire à une fatalité inévitable et absolue ,
quand on réfléchit qu'on n'arrêta pas Ravaillac, lorsqu'il
rentra en France. (*Mémoires de Sully*, *année* 1605.)

(122) pag. 202. *Robert Damiens.*

Robert-François Damiens, assassin de Louis XV, étant
domestique de madame de Sainte-Rheuse, dont l'époux
étoit premier commis au bureau de la guerre, il lui fut
prédit par cette dame qui se connoissoit en *chiromancie*, que
lui *Damiens* seroit ou rompu vif, ou écartelé ; et Louise Henriette Deuser, attachée au service de madame de Sainte-
Rheuse, lui avoit fait la même prédiction ; son regard sinistre
et méchant , joint au vol considérable qu'il avoit fait quelque
temps auparavant à un sieur Michel, tout cela, dis-je, avoit
dû motiver ce sinistre horoscope.
(*Procès criminel de Damiens.*)

(123) pag. 203. *Marat.*

De tous les monstres enfantés par la révolution, un
des plus hideux, des plus exécrables, fut ce Marat que
les Furies infernales sembloient avoir vomi sur la terre. Ce

misérable tomboit en dissolution depuis long-temps, et les vers avoient déjà rongé la moitié de leur proie, quand Charlotte Corday fit l'honneur au monstre de lui donner une mort dont il étoit si indigne.

Ephémérides.

(124) pag. 203. *Hébert.*

Cet *Hébert*, qui versa des larmes de rage de se trouver si foible au moment où le ministre de la justice vint signifier au vertueux Louis XVI le jugement exécrable que la convention venoit de rendre contre lui; cet *Hébert*, sans honte et sans pudeur, osa déposer, sans rougir, des faits absurdes, et qui outrageoient la pudeur et la vérité. Cet homme enfin auteur du journal ordurier du père Duchêne, n'étoit pas sans moyens. Mais foible par caractère, il s'étoit laissé entraîner par le torrent, et il suivoit son cours.

Je vis de loin l'ascendant de sa cruelle destinée : je l'en prévins, et long-temps à l'avance. J'ai tout fait en 1793 pour qu'il abjurât ses erreurs ; et pour me récompenser de mes bons conseils, il a pu coopérer... mais je m'arrête : je respecte sa famille.

(125) pag. 203. *Robespierre.*

J'ai vu de bien près ce farouche *Maximilien*, et j'ai pu le juger. Il n'avoit que l'audace du crime ; mais livré à lui même, c'étoit un homme sans caractère........ Que de projets n'enfantoit-il pas dans un jour ?— Plusieurs sont encore inconnus. —Superstitieux à l'excès, rapportant tout au destin, il croyoit vraiment être un envoyé du ciel, pour coopérer à notre entière régénération ; profondément hypocrite, il finissoit par croire, comme *Cromwel*, qu'il étoit inspiré. Je l'ai remarqué en me *consultant*, fermer les yeux pour toucher les *cartes ;* frissonner même à l'aspect d'un neuf de pique. Oui , j'ai fait trembler ce *monstre:* mais peu s'en est fallu que je ne sois sa victime. Son génie *Chamael* n'a pu l'emporter sur le mien. *Ariel* le commande.

(126) pag. 203 *Carrier*.

Dans le procès de *Carrier*, on trouve cette déposition : *Naudy* dépose que, se trouvant un jour chez *Carrier* avec quelques généraux, il entendit Grandmaison leur dire : « En voilà deux mille huit cents d'expédiés; » et sur la demande de l'explication de ce propos , Carrier répondit : « Quoi ! vous n'entendez pas ce que cela veut dire ? que j'en ai fait descendre deux mille huit cents dans la baignoire nationale. » Ce monstre est accusé d'avoir provoqué les mariages républicains, qui consistoient à suspendre, pendant une demiheure, un jeune homme avec une jeune femme, à leur donner ensuite un coup de sabre sur la tête , et à les précipiter enfin dans l'eau. *Carrier* périt sur l'échafaud, châtiment trop doux pour un pareil antropophage.

(127) pag. 203. *Fouquier-Tainville*.

Tous ces monstres, dont Fouquier-Tainville étoit le chef , étoient accusés et convaincus d'avoir fait périr, sous la forme mal déguisée de jugement, une foule innombrable de Français de tout âge, de tout sexe, en imaginant, à cet effet, des projets de conspirations dans les diverses maisons d'arrêt de Paris ; en dressant, ou faisant dresser dans ces maisons , des listes de proscription ; en rédigeant , de concert avec certains membres du gouvernemeut, des projets de rapports, sur ces prétendues conspirations, propres à surprendre la religion des comités de la convention nationale, et à leur arracher des arrêtés et des décrets sanguinaires ;

En amalgamant dans le même acte d'accusation plusieurs personnes de tout âge, de tout sexe, de tout pays, et absolument inconnues les unes aux autres ;

En requérant et ordonnant l'exécution de certaines femmes qui s'étoient dites enceintes ;

En jugeant dans une heure soixante individus à la fois ;

En encombrant sur des charrettes, destinées pour l'exécution, des hommes, des femmes, des jeunes gens, des vieillards, des sourds, des aveugles, des malades, des infirmes ;

En faisant préparer des charrettes dès le matin, et long-temps avant la comparution des accusés à l'audience ;

En ne désignant pas, dans les actes d'accusation, les qualités des accusés d'une manière précise : de sorte que par cette confusion, le père a péri pour le fils, et le fils pour le père, etc.;

Et enfin, en faisant saigner les condamnés, pour affoiblir le courage qui les accompagnoit jusqu'à la mort.

(Ephémérides.)

(128) pag. 128. *L'atroce Simon.*

Simon, autrefois cordonnier, ivrogne, joueur, débauché, fut nommé par les factieux, gouverneur du roi (Louis XVII). L'âge, l'innocence, l'infortune, la figure céleste, la langueur et les larmes de l'enfant royal, rien ne pouvoit attendrir ce gardien féroce. Un jour, étant ivre, peu s'en fallut qu'il n'arrachât, d'un coup de serviette, l'œil de ce jeune prince que par raffinement d'outrage, il avoit contraint de le servir à table. Il le battoit sans pitié : un jour, dans un accès de rage, il prit un chenet, et l'ayant levé sur lui, il le menaça de l'assommer. L'héritier de tant de rois, et roi lui-même, n'entendoit à chaque instant que des mots grossiers, et des chansons obscènes. Capet, lui dit un jour Simon, si les Vendéens te délivroient, que me ferois-tu ? — « Je vous pardonnerois, » lui répondit le jeune roi.

Simon est mort sur l'échafaud.

(129) pag. 204. *Deux ombres.*

Ces deux hommes se sont rendus immortels par leurs forfaits révolutionnaires. Le premier, dans sa criminelle audace,
osa conduire son Roi à l'échafaud, il dit au vertueux
Louis XVI en l'interrompant : *Je vous ai amené ici non pour
haranguer, mais pour mourir.* Le second, digne émule de ce
monstre, se montra compagnon fidèle de son infamie dans
cette journée si déplorable du 21 janvier 1793 ; et non con-
tent d'avoir applaudi et même encouragé un affreux régicide, il osa encore, dans sa fureur impie, *renier son Dieu,*
profaner jusqu'aux vases sacrés, et paroître publiquement
dans cette capitale, revêtu d'habits sacerdotaux ... Cet élève
de Momus a joué dans ses derniers momens son rôle au naturel ; il est mort fou. Santerre a fini d'une manière aussi frappante en poussant des cris affreux ; l'ombre de son Roi le
poursuivoit, et le remords avoit fini par l'atteindre.

(130) pag. 204. *Catherine Théot.*

Catherine Théot, grande, sèche, presque diaphane comme
la sibylle de Cumes, annonçoit non-seulement le dogme de
l'immortalité de l'âme, mais elle promettoit l'immortalité
du corps.

Ne devant jamais finir elle-même, sa nature étoit de vieillir
jusqu'à soixante-dix ans, époque à laquelle, comme le phé-
nix renaît de ses cendres, elle devoit rajeunir éclatante de
fraîcheur et de beauté, dans l'opération miraculeuse du
grand œuvre qui devoit s'opérer pendant une nuit bienheu-
reuse.

Au milieu de cet amas de merveilleuses rêveries, il est
difficile de démêler le fond réel de cette prétendue conspiration de la mère de Dieu. Robespierre, l'ambitieux
Robespierre connoissoit la foiblesse du vulgaire, voulant

mettre à profit les erreurs de la terre, souriant à la destruction du culte de Jésus–Christ, qu'il avoit stimulé en sous–
œuvre, tout ayant l'air de l'improuver, imagina de soigner,
de conserver comme pierre d'attente, les extravagances de
Catherine Théot, en même temps qu'il méditoit sa religion
nouvelle à l'Etre suprème, afin d'agglomérer une immense
popularité, et d'acquérir une prépondérance souveraine.

(*Causes secrètes.*)

(131) pag. 205. *Vilate.*

Vilate, ex-prêtre au tribunal révolutionnaire de Paris, et
auteur des causes secrètes de la révolution du 9 au 10 thermidor, est mort sur l'échafaud.

(132) pag. 205. *Wilcherichz.*

Le fameux *Wilcherichz*, savetier de profession, et Polonais
d'origine, venoit souvent nous visiter à la Petite-Force :
comme administrateur des prisons, il avoit le droit de nous
parler à toutes, et promettoit des mises en liberté qui n'arrivoient jamais. Un jour, en plaisantant, je dis à voix basse, à
plusieurs de mes compagnes que le pauvre *Wilcherichz* ne
tarderoit pas à porter de nos nouvelles dans l'autre monde,
que je lisois cela dans sa main, je la tenois alors, venant
de lui remettre un mémoire. Il m'entendit, et voulut me
faire transférer sur-le-champ à la Conciergerie, me disant
galamment que je lui servirois de messager fidèle pour prévenir *Caron.* Mais je me servis de l'argument du médecin de
Louis XI, et ma présence d'esprit me sauva la vie. *Wilcherichz* est mort sur l'échafaud.

(133) pag. 205. *Danton.*

Danton étoit le fondateur du club des Cordeliers, le pro-
moteur de toutes les grandes mesures révolutionnaires.

Ministre de la justice après le 10 août, son ministère, qui ne dura qu'un mois, fut marqué par les massacres de septembre; membre du comité de salut public dans la journée du 31 mai, il poursuivit avec acharnement l'arrestation des chefs de la Gironde; et lorsqu'ils furent traduits au tribunal révolutionnaire, il appuya de toutes ses forces le décret de la convention, « qui autorisoit le jury à mettre fin aux débats, et à retirer la parole aux accusés, quand il se sentiroit suffisamment instruit. » Lorsque *Danton*, assis sur ces mêmes bancs, voulut, à son tour, développer ses moyens de défense, le jury déclara qu'il se sentoit suffisamment instruit; et il fut condamné (le 6 avril 1794) par ce même tribunal dont il avoit demandé l'institution.

(134) pag. 205. *Chaumette.*

Chaumette, procureur-général de la commune de Paris, mourut sur l'échafaud le 14 avril 1794.

(135) pag. 205. *Legendre.*

Boucher de profession et membre de la convention nationale; c'est lui qui fit cette horrible motion de couper le corps de l'infortuné Louis XVI en quatre-vingt-trois parties, et d'en envoyer une dans chaque département; il s'offrit pour être l'exécuteur de cet ordre barbare : heureusement qu'il ne fut point donné. *Legendre*, dans ses derniers momens, a cherché à réparer ses trop longues et funestes erreurs. Après la journée du 9 thermidor, cet énergumène n'étoit plus le même; je l'ai vu s'attendrir sur les malheurs de son roi, je l'ai vu gémir d'y avoir pris une part aussi active. Il faut encore mieux voir un coupable se repentir, que de le voir persévérer dans l'impénitence finale.

(136) pag. 205. *Bourdon de l'Oise.*

Après la journée du 9 thermidor, lui et *Legendre* furent nommés par la convention pour s'occuper exclusivement des

maisons d'arrêt ; ils mirent un grand nombre de détenus
en liberté, et firent des rapports favorables sur d'autres. Au 18
Fructidor, Bourdon de l'Oise fut déporté ; il est mort dans
son exil.

(137) pag. 205. *Jacques Roux.*

Jacques Roux, prêtre constitutionnel, s'intitulant pré-
dicateur des sans-culottes , le même qui avoit accompagné
Louis XVI le 21 janvier, le même qui refusa de prendre des
mains du Roi son immortel Testament. « Je vous prie de
remettre ce papier à la reine, à ma femme, » ajoute le vertueux Louis. — « Cela ne me regarde point , répondi Jacques
Roux, en refusant de prendre l'écrit. Je ne suis chargé que
de vous conduire à l'échafaud. » Ce monstre d'inhumanité,
ce grand coupable, ayant été traduit au tribunal de police
correctionnelle pour quelques mouvemens dont on l'accusoit d'être l'auteur, est renvoyé pardevant le tribunal révolutionnaire ; mais au moment où il sortoit , il tire de sa poche
un couteau qu'il s'enfonce à plusieurs reprises dans le sein.
Ainsi mourut , le 14 janvier 1794 , ce prêtre sacrilége.

(138) pag. 205. *Bernard.*

L'un des commissaires de la commune , spécialement
nommés pour conduire le plus vertueux des rois à l'échafaud. Ce prêtre apostat, étoit loin d'avoir cette douce humilité , et ce noble désintéressement du pauvre *prêtre Bernard*,
qui , interrogé par le cardinal de *Richelieu* quels étoient ses
propres besoins, étant disposé à lui accorder tout ce qu'il
pouvoit demander, ce vertueux *ecclésiastique* hésitoit toujours:
« Eh bien , lui dit à la fin le *ministre* , avouez qu'un bon
bénéfice ne nuiroit pas à vos affaires. » — « Ah ! monseigneur,
ajoute ce *respectable vieillard* , je ne voudrois qu'une chose ;
et je prie instamment votre *éminence* de vouloir bien me
l'accorder. Comme docteur de Sorbonne , j'assiste souvent

30.

les *patiens* jusqu'au lieu de leur supplice, et la charrette qui nous conduit est si délâbrée, que je crains toujours qu'elle ne nous joue d'un mauvais tour en route. » Le *cardinal* rit beaucoup de la simplicité du pauvre prètre ; il accorda la demande, et le combla de bienfaits non pour lui, car il pratiquoit la charité chrétienne : aussi il appeloit les prisonniers ses seuls enfans en J. C.

(139) pag. 205. *Chabot.*

Un vil capucin, nommé Chabot, dont l'effronterie faisoit le principal mérite, étant membre de l'assemblée législative, osa entrer chez Louis XVI le chapeau sur la tête ; il croyoit apparemment entrer au chapitre de son ordre. Cette impudence donna lieu au couplet suivant :

Oui, chez le roi, cet homme honnête
Peut entrer chapeau sur la tête
        D'un air mutin ;
Car Chabot, qui n'a point d'astuce,
Prend un chapeau pour le capuce
        D'un capucin.

En allant au supplice, le 6 avril 1794, *Chabot* criait à la multitude : « Si Marat n'eût pas été assassiné, il iroit avec nous à la guillotine ; » et la multitude étoit fâchée que *Marat* eût été assassiné.

(140) pag. 205. *Gobel.*

Gobel, d'abord évêque de Lyda, membre de l'assemblée constituante en 1789, devint évêque constitutionnel de Paris, en 1791 ; l'ambition lui avoit fait lever l'étendard du schisme, la peur lui fit lever en 1793 (le 7 novembre), celui de l'apostasie, et c'est ce qui le perdit : Robespierre ne lui pardonna point d'avoir servi d'instrument à son rival Hébert, dont la popularité éclipsa la sienne pendant tout le temps que

dura ce bouleversement des autels. On assure qu'en mourant
il donna des marques de repentir ; *il fut exécuté le 14 avril*
1794. (Ephémérides.)

(141) pag. 205. *Galligaï.*

La maréchale d'Ancre fut accusée de sortilége, et l'on ar-
gumenta contre elle, de s'être servie d'images de cire qu'elle
conservoit dans des cercueils ; d'avoir fait venir des sorciers
prétendus religieux, dits Ambroisiens de Nancy, en Lorraine, pour l'aider dans l'oblation d'un coq, qu'elle faisoit
pendant la nuit dans l'église des Augustins et dans celle de
Saint–Sulpice ; et enfin, d'avoir chez elle trois livres de caractères diaboliques, et une boîte où étoient cinq rouleaux
de velours, desquels caractères, elle et son mari usoient
pour dominer sur les volontés des grands. On se souviendra
avec étonnement, dit M. de Voltaire, dans son *Essai
sur le Siècle de Louis XIV,* jusqu'à la dernière postérité, que la maréchale d'Ancre fut brûlée en place de
Grève comme sorcière ; et que le conseiller *Courtin*, interro-
geant cette femme infortunée, lui demanda de quel sortilége
elle s'étoit servie pour gouverner l'esprit de Marie de Médicis. La maréchale lui répondit : « Je me suis servie du
pouvoir qu'ont les âmes fortes sur les esprits foibles. » Cette
réponse ne servit qu'à précipiter l'arrêt de sa mort.

(142) pag. 205. *Larivière.*

C'est Larivière, médecin du roi, professant l'astrologie
judiciaire, qui fit le thème de la naissance de Louis XIII. Il
fit ces prédictions à Henri IV :

« Sire, votre fils vivra âge d'homme, et régnera plus que
» vous ; mais vous et lui, serez d'inclinations et d'humeurs
» différentes : il aimera ses opinions et fantaisies, et quelque.
» fois celles d'autrui. Plus penser que dire sera de saison ;
» désolations menacent nos anciennes sociétés ; tous vos ména-
» gemens seront déménagés. Il exécutera choses fort grandes,

» sera fort heureux en ses desseins, et fera fort parler de
» lui dans la chretienté ; toujours paix et guerre ; de lignée
» il en aura, et après lui, les choses empireront. »

(*Extrait des Amours d'Henri IV.*)

(143) pag. 206. *Catherine de Médicis.*

De son vivant, tous les *devins*, les *nécromanciens* furent
autorisés et fêtés par elle : un d'eux lui prédit qu'elle mourroit
près de Saint-Germain : frappée de cette prédiction, on la
vit fuir tout ce qui portoit ce nom ; c'est de là qu'elle fut
habiter l'hôtel Soissons. Le hasard cependant fit accomplir
la prédiction, et porta au plus haut degré de réputation,
celui qui avoit tiré cet horoscope. — Le confesseur qui l'as-
sistoit au lit de la mort, se nommoit Laurent de Saint-Germain. Ainsi, malgré ses précautions, elle ne put fuir sa
destinée.

On dit q 'elle avoit beaucoup de confiance dans le fameux
Luc Gauric, qui lui fit voir dans un miroir ardent et enchanté,
ceux qui régneroient en France à l'avenir : elle vit d'abord
Henri IV, Louis XIII et *Louis XIV*, et, enfin, une troupe
de jésuites qui devoient abolir la monarchie, et gouverner
eux-mêmes. Ce miroir étoit encore, il n'y a pas long-temps,
dans le palais du Louvre.   (*Espion Turc.*)

Un historien, qui mérite la confiance, raconte que Catherine de Médicis avoit voué ses enfans au diable, et fai
frapper une médaille qui consacroit cette offrande ; que cette
médaille étoit de cuivre, ovale, en forme de bouclier ou de
rondache, semblable à celles que les Romains consacroient
à leurs dieux ; que cette princesse y étoit représentée à genoux
en attitude de suppliante, rendant hommage au *démon*, qu
étoit peint sur un trône élevé ; qu'elle avoit à ses côtés ses
trois fils, François, Charles et Henri, avec cette devise en
français : *Soit, pourveu que je règne.* Se trouvant contrai nte

d'abandonner au prince de Condé le maniement des affaires
du royaume, elle étoit si affligée, qu'elle se retira dans son
cabinet, pour s'abandonner entièrement à la solitude pendant
quelques jours, et ne voulut point qu'aucun de sa cour l'approchât; finalement, elle fit appeler M. *de Mesme*, et lui
confia une boîte bien fermée à clef, et lui dit que la guerre
civile lui donnant de mauvais présages de sa destinée, elle
avoit jugé à propos de lui remettre entre les mains ce sacré
dépôt, qu'il étoit le plus riche trésor qu'elle eût dans le
monde; avec ordre de ne l'ouvrir jamais, ni de le donner à
personne, à moins que ce ne fût par son commandement,
signé de sa propre main.

La reine étant morte sans retirer cette boîte, M. *de Mesme*
étant mort après Catherine de Médicis, les héritiers de
M. *de Mesme* l'avoient gardée, et en 1704, le comte d'Avaux
la possédoit, et la montroit aux curieux qui doutoient de sa
réalité. (*Histoire de la Cour de Catherine de Médicis.*)

(144) pag. 206. *Prophéties modernes.*

Prophétie du père Beauregard, jésuite, prononcée dans
l'église Notre-Dame de Paris, quelque temps avant la
révolution.

« Oui, vos temples, Seigneur, seront dépouillés et détruits,
vos fêtes abolies, votre nom blasphémé, votre culte proscrit.
Mais qu'entends-je, grand Dieu! que vois-je? aux saints
cantiques, qui faisoient retentir les voûtes sacrées, en votre
honneur, succèdent des chants lubriques et profanes; et toi,
divinité infâme du paganisme, impudique *Vénus*, tu viens ici
même prendre audacieusement la place du Dieu vivant,
t'asseoir sur le trône du Saint des Saints, et recevoir l'encens
coupable de tes nouveaux adorateurs! »

. . . .
. . . .

Les armées ennemies ne fondront point sur l'empire apos-

tat ; elles le cerneront et donneront aux rebelles le temps de
rentrer dans le devoir : mais, loin de faire aucun acte de
soumission , ils se plongeront dans les excès contraires.
Quand ils verront l'orage prêt à fondre sur eux , ils seront
abattus par la crainte sans être conseillés par la sagesse .

C'est du nord que doivent venir les armées destinées à
réduire les apostats ; différens motifs engageront les principales puissances à les combattre ; leur chef succombera , et
l'empire des Lis sera rétabli pour jamais. La destruction des
apostats sera portée aux neuf dixièmes.

Cette prophétie est faite en 1756 ; elle fut léguée par son
auteur au dauphin Louis XVI. Le motif du legs fut la persuasion où il étoit , que les événemens qu'il croyoit lire dans
l'avenir , se passeroient sous le règne de l'infortuné monarque , etc.

(*Extrait d'un manuscrit volumineux déposé et gardé aux
archives du château de Lusa en Suisse.*)

(145) pag. 206. *Savans astrologues.*

Jean-Baptiste *Morin*, fameux astrologue et tireur d'horoscopes, fut souvent consulté par le cardinal de Richelieu. Le
cardinal Mazarin lui donna une pension de deux mille livres
et la chaire de mathématiques au collége Royal. Si l'on s'en
rapporte à certains historiens, *Morin* avoit prédit à six jours
près, le jour de la mort de Louis XIII ; à dix heures près ,
l'heure de la mort du cardinal de Richelieu. Mais le triomphe
de ses horoscopes, c'est qu'en voyant ou la personne de
Cinq-Mars ou son portrait, sans connoître qui c'étoit, il
annonça que cet homme-là auroit la tête tranchée.

(146) pag. 209. *Animaux domestiques.*

La reine Marie-Antoinette avoit au Temple un chien
qui l'avoit constamment suivie ; lorsqu'elle fut transférée à
la Conciergerie, le chien y vint avec elle ; mais on ne le laissa

pas entrer dans cette nouvelle prison. Il attendit long-temps
au guichet, où il fut maltraité par les gendarmes, qui lui
donnèrent des coups de baïonnettes : ces mauvais traitemens
n'ébranlèrent point sa fidélité; il resta toujours près de l'endroit où étoit sa maîtresse ; et lorsqu'il se sentoit pressé par
la faim, il alloit dans quelques maisons voisines du Palais, où
il trouvoit à manger; il revenoit ensuite se coucher à la porte
de la Conciergerie. Lorsque la reine Marie-Antoinette eu
perdu la vie sur l'échafaud, le chien veilloit toujours à la
porte de sa prison ; il continuoit d'aller chercher quelques
débris de cuisine chez les traiteurs du voisinage, mais ne se
donnoit à personne, et il revenoit toujours au poste où sa
fidélité l'avoit placé : il y étoit encore en 1795; et tout le
quartier le désignoit sous le nom de chien de la reine.

On pourroit citer beaucoup d'autres traits de la fidélité et
de l'intelligence des chiens : on a parlé de faire l'histoire de
ces animaux pendant la révolution ; mais l'humanité auroit
peut-être trop à rougir.

> Et moi, qui proscrivis leurs honneurs funéraires,
> J'implore un monument pour des cendres si chères,
> Pour toi qui, presque seul au siècle des ingrats,
> Dans les temps du malheur ne l'abandonnas pas.
> (*Note du poëme de la Pitié.*)

M. Delille s'étoit élevé, dans son poëme des Jardins,
contre les monumens élevés à des chiens.

Mais la fidélité du chien méritoit la réparation que lui fait
aujourd'hui M. Delille. L'histoire de ce fidèle animal s'est
quelquefois mêlée à l'histoire même de l'homme. Homère,
qui avoit chanté les dieux et les exploits d'Achille, ne dédaigne pas de parler dans l'Odyssée, du chien d'Ulysse, qui
fut le premier à reconnoître son maître. L'Ecriture sainte
parle du chien de Tobie, etc.

(147) pag. 211. *Pucelle d'Orléans.*

Cette héroïne naquit ,à *Don Remy*, près de Vaucouleurs en Lorraine. Son courage, peu commun dans une jeune fille de dix-sept ans, joint à beaucoup d'exaltation dans les idées, devinrent le salut de la France. Charles VII, languissant à *Chinon* dans les délices de la volupté, étoit à la veille de perdre sa couronne sans retour, lorsque Jeanne d'Arc, se croyant inspirée, s'offrit pour délivrer la ville *d'Orléans* prête à succomber sous le joug des Anglais ; elle fut repoussée d'abord comme visionnaire par le conseil du roi : cependant, après y avoir réfléchi, ce conseil, voulant profiter d'une circonstance qui pouvoit ranimer le soldat découragé par de perpétuels revers, accueillit les offres de Jeanne, qui remplit complètement sa promesse, et mena le roi à Reims pour y être sacré. Elle vouloit se retirer après ce dernier exploit ; cependant elle ne crut pas devoir résister aux instances du roi et à celles de toute l'armée : mais alors la fortune cessa de la favoriser ; blessée d'abord dans une attaque près Paris, elle fut faite prisonnière par les Bourguignons, au siége de Compiègne, vendue ensuite par eux aux Anglais, et conduite à Rouen : ces derniers, par esprit de vengeance, la firent condamner au feu comme sorcière.

Cette héroïne, digne d'un meilleur sort, subit la mort avec ce courage qui distingue dans leurs derniers momens, ceux qui ont l'âme droite et la conscience pure.

(148) pag. 211. *Agnès Sorel.*

Le Roi Charles VII, ayant eu la curiosité de la voir, ne put s'empêcher de l'aimer, et lui donna le château de Beauté-sur-Marne, et plusieurs terres ; ce prince en vint même jusqu'à quitter, pour l'amour d'elle, le soin de son royaume et les affaires publiques ; mais Agnès, née avec un esprit au-des-

sus de son sexe, lui reprocha vivement son indolence ; pour
l'animer davantage contre les Anglais, elle l'assura qu'un
astrologue lui avoit prédit qu'elle seroit aimée du plus grand
roi du monde; mais que cette prédiction ne le regardoit
point, puisqu'il négligeoit d'arracher à ses ennemis un Etat
qu'ils avoient usurpé sur lui : *Je ne puis*, ajouta-t-elle,
accomplir ma prédiction qu'en passant à la cour du roi d'An-
gleterre.

Ces reproches touchèrent tellement le monarque français
qu'il prit les armes pour satisfaire en même temps et son
amour et son ambition; la belle Agnès gouverna ce prince
jusqu'à sa mort.

(149) pag. 211. *Diane de Poitiers.*

Diane de Poitiers, *duchesse de Valentinois*, maîtresse de
François Ier et de Henri II, connue sous le nom de *Diane*
de Poitiers, fille de Jean, seigneur de Saint-Vallier; elle
avoit été placée fort jeune auprès de la duchesse d'Angoulême, mère de François Ier, et ensuite étoit entrée au service
de la reine *Claude*, en qualité de fille d'honneur. Son crédit
et sa beauté sauvèrent la vie à son père, dont elle obtint la
grâce, au moment où il alloit être décapité, pour avoir
favorisé l'évasion du connétable de Bourbon. Elle mourut
le 26 avril 1566. On disoit de son temps, qu'elle ne devoit
qu'à la magie le grand ascendant qu'elle avoit sur l'esprit du
roi Henri II.

(150) pag. 214. *Gabrielle d'Estrées.*

Gabrielle d'Estrées, surnommée la *belle Gabrielle*,
avoit passé une partie du carême de l'an 1599, à Fontainebleau; mais la biénséance et la politique ne permettant
pas au roi de la garder auprès de lui pendant le temps de
Pâques, il l'avoit priée de retourner à Paris; il la conduisit
jusqu'à Melun. Ces deux amans, dit Sully, sembloient avoir un

pressentiment qu'ils ne se reverroient plus : ils s'accabloient
de caresses, les larmes aux yeux , et se parloient comme si
c'eût été pour la dernière fois; ils prenoient congé l'un de
l'autre, et aussitôt se rappeloient, s'embrassoient, et ne pouvoient se séparer.

Elle vint loger chez Zamet : c'étoit un Italien qui avoit
acquis de grandes richesses, en s'intéressant dans toutes sortes
de maltôtes; c'est lui qui se qualifioit, dans le contrat de
mariage de sa fille, *seigneur suzerain* de dix-sept cent
mille écus.

La duchesse fut reçue de son hôte avec tout l'empressement imaginable. Le jeudi-saint, ayant bien dîné, il lui
prit quelques éblouissemens dans l'église du Petit Saint-
Antoine, où elle étoit allée entendre les ténèbres ; revenue
chez *Zamet*, et se promenant dans le jardin, après avoir
mangé d'un citron (d'autres disent une salade), elle sentit
tout-à-coup un feu dans la gorge, et des douleurs si aiguës
dans l'estomac, qu'elle s'écria : « qu'on m'ôte de cette maison,
je suis empoisonnée. »

On l'emporta chez elle; son mal y redoubla avec des
crises et des convulsions si violentes, qu'on ne pouvoit regarder sans effroi cette tête si belle quelques heures auparavant.

On empoisonna cette favorite, dit un écrivain de ce temps-
là, parce que le roi étoit déterminé à l'épouser. On parla de
cette mort avec la diversité dont on parle d'ordinaire de celle
des grands. Le Pape crut que c'étoit un effet de ses prières ;
d'autres dirent que le diable l'avoit mise en cet état, parce
qu'elle s'étoit donnée à lui pour posséder seule les bonnes
grâces de Sa Majesté ; d'autres descendant dans plus de détails,
disoient que le dernier soir de sa vie, elle avoit commandé
à mademoiselle *de la Bretonnière*, l'une de ses confidentes,
qui couchoit ordinairement dans sa chambre, de ne pas s'a-
larmer, si durant la nuit elle entendoit du bruit, et de ne
point quitter son lit; qu'effectivement, pendant la nuit,

cette fille entendit un bruit épouvantable, et semblable à celui que font des gens qui se battent à outrance; que, suivant l'ordre de sa maîtresse, elle demeura tranquille, et trouva le lendemain qu'on avoit tordu le cou à madame de Beaufort. On ajoutoit que la duchesse savoit long-temps à l'avance quelle devoit être sa fin; et qu'un jour qu'elle se promenoit aux Tuileries, elle y avoit trouvé un célèbre magicien qui disoit la bonne aventure à plusieurs dames de la cour; qu'elle avoit eu envie de savoir quelle seroit sa destinée, et qu'elle l'avoit fort pressé de la lui dire; que le magicien s'en étant excusé long-temps, et lui ayant dit que sa fortune étoit si grande, qu'elle n'avoit plus rien à souhaiter, elle avoit continué de le presser de lui dire au moins comment elle finiroit ses jours, et qu'enfin cet homme, ainsi pressé, lui avoit répondu qu'elle prit son miroir de poche, et qu'elle y verroit de quoi satisfaire sa curiosité; que la duchesse l'ayant fait, elle y avoit vu le démon qui la prenoit à la gorge, et en avoit été tellement effrayée, qu'elle s'étoit évanouie entre les bras d'une de ses filles qui la suivoit. Mais les gens sages ne donnèrent point dans ces visions.

(Extrait des Amours d'Henri IV.)

(151) pag. 214. *Mademoiselle de la Fayette.*

Tous les Mémoires du siècle de Louis XIII s'accordent à donner à mademoiselle de la Fayette un si beau caractère, une âme si grande et si pure, qu'il m'a toujours paru qu'il étoit impossible de choisir pour un roman historique une héroïne plus intéressante et plus parfaite. Cette jeune personne aimoit le *roi*; mais la pureté de son âme faisoit sa sécurité: cet attachement ne pouvoit l'effrayer; dans ses idées il n'avoit rien de commun avec l'amour. Mais, hélas! cette douce illusion devoit disparoître: en cherchant à combattre avec elle-même, elle s'aperçut trop tard que toutes ses pensées se rapportoient à Louis. En vain elle cherche aux pieds des autels la force nécessaire pour triompher de sa raison. Son cœur aimant et sensible lui confirme de nouveau qu'il faut fuir la cour, qu'il faut mettre entr'elle et le roi une barrière insurmontable.

Elle se retira au couvent des Filles Sainte-Marie, au faubourg Saint-Antoine. Louis XIII fut étonné et affecté de cette résolution; il se rendit au parloir; à l'aspect de cette figure céleste, vêtue d'une robe de bure noire, et dont le visage enchanteur étoit couvert d'un long voile blanc, le roi resta pétrifié, les yeux fixés sur elle : Pardonnez-moi, lui dit-elle d'un ton calme et plein de douceur, d'avoir ainsi disposé de moi-même à votre insu !.... *Sire, trop de sensibilité nous conduisoit dans une route dangereuse*.... *Grand Dieu !* s'écria Louis ! est-ce une vision ? est-ce un ange qui m'apparoît !.... C'est une amie, reprit-elle, qui se consacre à prier Dieu pour la France et pour vous..... etc.

(*Madame de Genlis.*)

(152) pag. 214. *La douce la Vallière.*

Louise-Françoise de la Baume le Blanc, duchesse de la Vallière, descendoit de l'ancienne maison de la Baume, originaire du Bourbonnais; elle fut élevée fille d'honneur d'Henriette d'Angleterre, première femme de Philippe, duc d'Orléans. Dès ses premieres années elle se distingua par un caractère de sagesse fort remarquable dans une occasion où de jeunes personnes de son âge montrèrent beaucoup de légèreté. *Monsieur* dit tout haut : Pour mademoiselle *de la Vallière*, je suis assuré qu'elle n'y aura pas de part, elle est trop sage pour cela. Elle se fit aimer et estimer à la cour, moins encore par ses qualités extérieures, que par un caractère de douceur, de bonté et de naïveté, qui lui étoit comme naturel; quoique vertueuse, elle avoit le cœur extrêmement tendre et sensible. Cette sensibilité la trahit; elle

vit Louis XIV, et elle l'aima avec transport. Le roi instruit
de ses sentimens lui donna tout son amour; elle fut pendant
deux ans l'objet caché de tous les amusemens galans, et de
toutes les fêtes que Louis XIV donnoit; enfin, lorsque leurs
sentimens eurent éclaté, il créa pour elle la terre de Vaujour
en duché-pairie, sous le nom de la Vallière. La nouvelle
duchesse recueillie en elle-même, et renfermée dans sa pas-
sion, ne se mêla point des intrigues de la cour, ou ne s'en
mêla que pour faire du bien; elle n'oublia jamais qu'elle
faisoit mal, mais elle espéroit toujours qu'elle feroit mieux:
c'est ce qui lui fit recevoir avec beaucoup de joie le remercî-
ment d'un pauvre religieux, qui lui dit, après avoir reçu
d'elle l'aumône, avec un ton prophétique :

*« Ah ! madame, vous serez sauvée; car il n'est pas possible
que Dieu laisse périr une personne qui donne si libéralement
pour l'amour de lui. »*

Dieu se servit de l'inconstance du roi pour la ramener à
lui. La duchesse *de la Vallière* s'aperçut dès 1669, que
madame *de Montespan* prenoit de l'ascendant sur le cœur
de ce monarque; elle supporta avec une tranquillité admirable le chagrin d'être long-temps le témoin du triomphe de
sa rivale, et sans presque se plaindre, elle ne combattit que
par le spectacle d'un amour vrai, sans intérêt et sans art;
enfin, en 1675, elle se fait carmelite, à Paris, se couvre du
cilice, marche pieds nus, jeûne rigoureusement, chante la
nuit au chœur. Tout cela ne rebute point la délicatesse d'une
femme accoutumée à tant de gloire, de mollesse et de plaisir.
Elle vécut dans ces austérités depuis 1675, jusqu'en 1710,
année de sa mort, sous le nom de Louise Sœur de la
Miséricorde.

En entrant dans le cloître, elle se jeta aux genoux de la
supérieure, en lui disant : *« Ma mère, j'ai toujours fait un si
mauvais usage de ma volonté, que je viens la remettre entre
vos mains pour ne la plus reprendre. »*

Lorsque le duc *de Vermandois*, son fils, mourut, elle répondit avec courage à ceux qui lui annoncèrent cette perte, qu'elle n'avoit pas trop de larmes pour elle-même, et que c'étoit sur elle qu'elle devoit pleurer ; et elle ajouta cette parole si souvent imprimée : *Il faut que je pleure la naissance de ce fils encore plus que sa mort.*

Madame de la Vallière eut trois fils de Louis XIV : l'un mort en bas âge ; l'autre, mort de la peur que sa mère avoit eue d'un coup de tonnerre ; et le troisième, duc de Vermandois, amiral de France. Sa fille épousa le prince de Conti.

(153) pag. 218, *Chevalier sans peur et sans reproche.*

L'amiral Bonnivet sourd aux avis de Bayard, et ne profitant pas des avantages qu'il avoit, fut obligé de lever le siége de Milan : Bourbon et Lannoi le suivirent pour l'attaquer au passage de la Jessia. Bonnivet abandonné des Suisses, et blessé, se retire dans une litière, laissant la conduite de l'armée au chevalier Bayard, qui, après des prodiges de valeur, se sentant blessé, se mit au pied d'un arbre, et mourut en héros chrétien, reprochant à Bourbon qui le plaignit, son infidélité et sa rébellion.

(154) pag. 218. *Connétable Duguesclin.*

Duguesclin, par les ordres du Roi, avoit quitté la Castille, et après avoir contribué à toutes les conquêtes, il se rendit à Paris, où Charles V lui présenta l'épée de connétable. Il fallut forcer sa modestie à l'accepter. Il employa jusqu'aux joyaux de son épouse pour lever des gens de guerre, et choisit pour son confrère d'armes Olivier de Clisson ; la coutume de Duguesclin étoit avant d'aller au combat, de *manger trois soupes au vin* en l'honneur de la Sainte-Trinité. Il mourut le 13 juillet 1380, devant Châteauneuf-Randon, qu'il assiégeoit.

L'ennemi étoit pénétré de tant de respect et d'admiration pour ce grand capitaine qu'il vint déposer aux pieds de ses dépouilles mortelles, les clefs de la ville qu'il avoit promis de lui remettre si elle n'étoit pas secourue au jour indiqué.

(155) pag. 218. *Les deux Biron.*

Voy. la note 40. Biron, pag. 30.

(156) pag. 218. *Maréchal de Turenne.*

Henri de la Tour-d'Auvergne, vicomte de Turenne, naquit à Sédan le 11 septembre 1611. La nature et l'éducation concoururent également à former ce grand homme ; il montra dès sa plus tendre jeunesse, le goût le plus décidé pour l'art de la guerre, où il devoit un jour acquérir tant de gloire. Cependant la délicatesse de son tempérament sembloit s'opposer à ce qu'il embrassât ce parti, et on ne le lui dissimuloit point. Il s'échappa un jour furtivement et pendant une saison rigoureuse, et courut sur le rempart de Sédan, où il passa la nuit couché sur l'affût d'un canon ; il n'avoit pas dix ans ; la crainte que l'on eut qu'il ne se livrât à quelques autres tentatives imprudentes empêcha qu'on ne lui parlât davantage de la délicatesse de son tempérament.

Son oncle maternel, le prince *Maurice* de Nassau, voulut que son neveu commençât par prendre le mousquet, et qu'il servît comme un simple soldat avant que de l'élever à aucun grade : il fut fait maréchal-de-camp à vingt-trois ans, maréchal de France à trente-deux, et maréchal général des camps et armées du Roi à quarante-huit.

Le désintéressement et la générosité tiennent un des premiers rangs parmi les vertus militaires de cet homme illustre. Lors de la campagne de 1673, un officier général lui proposa, dans le comté de la Marck, un gain de quatre cent mille livres, dont la cour ne pourroit jamais rien savoir. Je vous suis fort obligé, répondit-il, mais comme j'ai souvent

31

trouvé de ces occasions sans en avoir profité, je ne crois pas devoir changer de conduite à mon âge.

A peu près dans le même temps, une ville fort considérable lui offrit cent mille écus pour qu'il ne passât point sur son territoire. Comme votre ville, dit-il aux députés, n'est point sur la route où j'ai résolu de faire marcher l'armée, je ne puis en conscience prendre l'argent que vous m'offrez.

Turenne étoit bon. Un jour qu'il visitoit son camp, quelques officiers qui le précédoient, demandèrent à des soldats qu'ils virent très-embarrassés, ce qu'ils faisoient là : « Nous cachons, répondirent-ils, jusqu'à ce que le général soit passé, des vaches que nous avons dérobées. » *Turenne*, qui étoit assez près pour entendre la conversation, ajouta tout de suite : « Il pourra passer bientôt ; mais une autre fois, pour n'être pas pendus, je vous conseille de vous mieux cacher. »

On n'oubliera point ici le trait qui lui mérita le titre glorieux de père des soldats. L'armée de France faisoit une pénible retraite pendant laquelle *Turenne* étoit jour et nuit en action pour mettre les troupes à couvert des insultes des Impériaux. Dans le cours de cette marche, le vicomte, étant retourné sur ses pas pour voir si tout étoit en ordre, aperçut un soldat qui, n'ayant plus la force de se soutenir, s'étoit jeté au pied d'un arbre, pour y attendre la fin de ses maux ; *Turenne* aussitôt descend de cheval, aide ce soldat à se relever, lui donne sa monture, et l'accompagne lui-même à pied jusqu'à ce qu'il eût pu joindre les chariots où il le fit placer.

On sait les honneurs que Louis XIV fit rendre à la mémoire du maréchal de *Turenne*. Il fut enterré à Saint-Denis dans le tombeau des Rois ; ses restes ont été respectés par les profanateurs, qui ont dispersé les cendres de nos Rois, et ils sont conservés dans l'Hôtel des Invalides.

(157) pag. 218. *Prince Eugène.*

Ce prince, si fatal à la grandeur de Louis XIV, étoit né à Paris en 1665. Il fut d'abord destiné à l'état ecclésiastique ;

sous le nom d'abbé de Carignan. Quelques écrivains prétendent qu'*un habile mathématicien l'ayant un jour regardé avec application, lui dit qu'il se falloit défaire de ce petit collet inutile, que sa destinée l'appeloit à autre chose, et que, pour la rendre heureuse, il falloit porter le plumet, et se servir de l'épée pour soutenir son rang.* Il sollicita inutilement en France une abbaye ou un emploi militaire. Piqué du refus qu'il essuya, il se rendit en 1684 auprès de la princesse sa mère, à Bruxelles, et de là il alla servir en Allemagne contre les Turcs, et s'attacha au service de l'empereur, qui rendit plus de justice à son mérite, en lui donnant un régiment de dragons.

Ce grand homme, trop peu connu en France dans sa jeunesse, avoit les qualités qui font un héros pendant la guerre, et un grand homme pendant la paix : dans le cours de ses victoires et de son ministère, il méprisa également le faste et les richesses ; il cultiva même les lettres, et les protégea autant qu'on le pouvoit à la cour de Vienne.

Il mourut également regretté de l'empereur, de tous les ordres de l'empire, et des soldats dont il étoit le père, par l'attention qu'il avoit à ménager leur sang, et à les soulager dans leurs besoins. Louis XIV disoit du prince Eugène, que c'étoit le plus généreux de tous ses ennemis.

(158) pag. 218. *Maréchal de Saxe.*

Maurice, comte de Saxe, naquit en 1696, de Frédéric-Auguste Ier, électeur de Saxe, roi de Pologne, et de la comtesse de Konismarck, Suédoise, aussi célèbre par son esprit que par sa beauté. Ce fut contre ces mêmes Français, qu'il devoit commander un jour avec tant de gloire, que le comte de Saxe fit ses premières armes, en 1708.

Il se trouva en 1709 aux siéges de Mons et de Tournay, et à la bataille de Malplaquet. En 1717, il alla servir en Hongrie, sous le prince Eugène, contre les Turcs, et s'acquit de la gloire à la bataille de Belgrade.

En 1720 il vint en France, et fut présenté au régent, qui lui proposa d'entrer au service du roi, ce qu'il accepta, du consentement de roi Auguste.

En 1726 il fut élu duc de Courlande ; mais la Pologne et la Russie n'ayant pas voulu reconnoître cette élection, il fut obligé de se retirer, n'ayant pas assez de forces pour se soutenir contre ces deux puissances.

On prétend que la duchesse douairière de Courlande, Anne Iwanowa, nièce de Pierre-le-Grand, qui l'avoit soutenu d'abord, dans l'espérance de l'épouser, l'abandonna ensuite, désespérant de pouvoir fixer son inconstance ; cette inconstance lui fit perdre, non-seulement la Courlande, mais encore le trône de Russie, sur lequel cette princesse monta depuis.

Ce fut le 26 mars 1744 que le comte de Saxe fut élevé à la dignité de maréchal de France (en 1330, le 3 juin, les maréchaux de France furent créés au nombre de deux seulement; leurs appointemens étoient de cinq cents livres, mais seulement en temps de guerre. Leur nombre fut porté à quatre, sous Charles VII, et réduit à deux sous Charles VIII ; François 1er en créa jusqu'à cinq, et Louis XIV les augmenta considérablement). Dès ce moment, maître absolu de ses opérations, il s'égala aux Turenne et aux Luxembourg, par sa belle campagne de Courtrai, regardée comme son chef-d'œuvre. La savante inaction à laquelle se condamna ce général, est préférée à ses expéditions les plus actives et les plus brillantes; on sait que, par une seule position habilement choisie, il déconcerta toutes les mesures, et rendit inutile la supériorité des ennemis.

En 1745, le maréchal de Saxe mourant gagna la bataille de Fontenoi (le 11 mai). Ses nombreux succès forcèrent toutes les puissances ennemies à demander la paix. Ce héros ne survécut pas long-temps à tant de gloire, et mourut deux ans après à Chambord que le roi lui avoit donné, avec des pensions considérables, et des lettres de naturalité; il étoit, ainsi que son père, d'une force de corps surprenante.

Il est bien fâcheux, dit une grande princesse, en apprenant sa mort, qu'on ne puisse pas dire un *De profundis pour un homme qui a fait chanter tant de Te Deum.*

Louis XV fit transporter son corps avec la plus grande pompe à Strabourg, pour y être inhumé dans l'église luthérienne de Saint-Thomas.　　　(*Ephémérides.*)

(159) pag. 218. *Mademoiselle de Montpensier.*

Anne-Marie-Louise d'Orléans, duchesse de Montpensier, fille de Gaston et de Marie de Bourbon, nous a laissé des Mémoires où elle retrace fidèlement les moindres circonstances de sa vie privée ; elle peint parfois avec des couleurs un peu sombres les principaux personnages du siecle de Louis XIV. « *Un auteur contemporain assure qu'il lui fut prédit de jeune âge, qu'une action irréfléchie feroit manquer pour elle un très-grand mariage ; que son caractère prononcé lui feroit tenir tête aux personnages du plus haut rang ; mais qu'elle finiroit par être la victime d'un méchant ingrat qu'elle auroit comblé de biens.* »

Cette princesse fit tirer le canon de la Bastille sur les troupes du roi, au combat du faubourg Saint-Antoine ; aussi le cardinal Mazarin dit sur-le-champ : ce coup-là vient *de tuer son mari.*

Elle aima Pequillin, duc de Lauzun, aussi célèbre par sa grande faveur auprès de Louis XIV, que par son étonnante disgrâce. La petite-fille d'*Henri* voulut épouser un simple gentilhomme ; le consentement fut d'abord accordé : le roi étoit près de signer, lorsque la reine et les princes du sang lui présentèrent cette alliance comme injurieuse pour la famille royale.

Les deux amans furent réduits à se faire donner secrètement la bénédiction nuptiale. Le roi instruit de ce mariage clandestin, ou irrité suivant les autres, des propos outrageans de *Lauzun* contre madame *de Montespan*, à qui il attribuoit une partie de sa disgrâce, le fit arrêter et conduire à Pignerol.

Après avoir langui dix ans en prison, il en sortît enfin; mais ce ne fut qu'après que madame de Montespan eut engagé *Mademoiselle* à donner la souveraineté de *Dombes* et le comté d'Eu au duc du Maine, encore enfant, qui le possédi : près la mort de cette princesse. Elle ne fit cette donation que dans l'espérance que *Lauzun* seroit reconnu son époux; elle se trompa, le *roi* lui permit seulement de donner à ce mari secret les terres de Saint-Fargeau et de Thiers, avec d'autres revenus considérables, que Lauzun ne trouva pas suffisans; elle fut réduite à être secrètement sa femme, et à n'en être pas bien traitée en public; ses bienfaits furent payés de la plus noire ingratitude. On prétend que Lauzun, revenant un jour de la chasse, lui dit : *Louise d'Orléans, tire-moi mes bottes.* Cette princesse s'étant récriée sur cette insolence, il fit du pied un mouvement qui étoit le dernier des outrages. Alors la femme de *Lauzun* se rappela qu'elle avoit failli être celle d'un empereur; elle en prit l'air et le ton : Je vous défends, lui dit-elle, de vous présenter jamais devant moi. (Ainsi s'est réalisé mot à mot son fâcheux horoscope).

Elle fut la seule princesse de l'Europe qui refusa constamment de porter le deuil de l'usurpateur *Cromwel*.

Elle mourut en 1693, âgée de 66 ans; un siècle après, jour pour jour, son tombeau fut violé.

(160) pag. 218. *Maréchal Fabert.*

Abraham Fabert, petit-fils d'un libraire de Nançy, parvint, sous le règne de Louis XIII, uniquement par son mérite, au grade de maréchal de France; sa vie fut un tissu d'exploits brillans, de services utiles, d'actions généreuses, de traits et de mots nobles. « Si pour empêcher, disoit-il, qu'une place que le roi m'auroit confiée, tombât au pouvoir de l'ennemi, s'il ne falloit que mettre à la brèche ma personne, ma famille et tout mon bien, je ne balancerois pas. » Louis XIV lui offrit en 1662, le cordon bleu; mais n'ayant pas cru pouvoir, sans altérer la constitution de l'ordre, dispenser *Fabert* de faire les preuves de noblesse nécessaires, et les amis de Fabert l'exhortant à les faire, comme on les faisoit quelquefois : « J'ai donné publiquement, répondit-il, les seuls titres véritables que j'avois à cet honneur. S'ils ne sont pas encore suffisans, je ne veux compromettre, ni la gloire de l'ordre, ni la mienne. »

(*Éphémérides.*)

M. de Fabert dit dans un endroit de ses Mémoires, qu'un soir étant dans son lit, il s'endormit après avoir fait de longues et sérieu es réflexions sur ce que nous sommes et sur ce que nous devons devenir, et qu'au milieu de son sommeil, il entendit tirer les rideaux de son lit ; que, s'étant éveillé par ce bruit, il vit dans sa ruelle une espèce d'homme d'une figure extraordinaire ; qu'il le questionna, et qu'il fut surpris de la manière dont cet homme répondit à toutes ses questions ; qu'enfin, après lui avoir demandé bien des choses, il voulut savoir son sentiment sur l'origine du monde, et que ce savant lui dit de s'en tenir à ce que Moïse avoit écrit là-dessus.

M. de Fabert s'est interrompu dans cet endroit, et a laissé quelques feuilles en blanc.

Madame du Noyer rapporte dans ses Lettres galantes, que ce maréchal, étant à sa maison de campagne, se trouva une fois légèrement incommodé ; que, s'étant mis au lit sans vouloir rien prendre, il ordonna à son valet-de-chambre d'ouvrir une fenêtre, et de lui dire s'il ne voyoit point quelque chose dans la campagne. Le valet obéit, et répondit qu'il ne voyoit rien. Quelque temps après, son maître lui fit encore le même commandement, et alors il répondit qu'il voyoit, mais d'extrêmement loin, une petite lumière comme une bougie ; enfin, pour la troisième fois, il ouvrit la fenêtre, alors il dit à M. *de Fabert*, que la petite bougie approchoit, et qu'elle étoit tout auprès du parc.

C'est assez, dit le *maréchal*, allez-vous coucher, et qu'on me laisse seul. Le valet obéit ; mais comme il étoit inquiet de l'indisposition de son maître, et du manége qu'il lui venoit de faire faire, il resta quelque temps à la porte de la chambre, entendit ouvrir la fenêtre, et quelque chose qui fit du bruit ; ensuite, il entendit parler, distingua parfaitement bien deux voix qui contestoient sur le plus ou le moins, mais il n'osa se risquer d'entrer après les défenses de son maître. Enfin la dispute cessa ; tout le monde parut endormi ; mais le matin, à l'heure ordinaire, le valet voulut entrer dans la chambre de M. de Fabert ; il le trouva au travers du lit, la tête en bas, et le cou tordu. On ne douta point que ce ne fût le *diable* qui avoit fait cette belle exécution, et que la dispute qu'on avoit entendue n'eût été causée par quelque erreur de calcul. Enfin, dit madame du Noyer, ce conte courut tout Paris : il y eut même des personnes de la première distinction qui demeurèrent convaincues que M. de Fabert n'avoit pu parvenir à de si grands honneurs qu'au moyen d'un pacte avec le *diable*.....; que cet esprit de perdition étoit venu au temps prescrit exécuter les clauses de son double traité. On fit à son inventaire la recherche la plus curieuse et la plus exacte dans ses effets, pour voir si l'on ne trouveroit point parmi les papiers la griffe de *mons Lucifer*. Heureusement que l'esprit de mensonge s'en étoit probablement emparé....

On croyoit, comme article de foi, dans le dix-septième siècle, aux *possessions*, *etc.*; quiconque auroit voulu les révoquer en doute, auroit passé lui-même pour un double sorcier : le fanatisme et la coupable et cruelle intolérance aiguisoient leurs poignards. Les cendres des bûchers fumoient encore, et un militaire aussi distingué et aussi recommandable que le *maréchal Fabert* auroit eu tout à craindre non-seulement pour sa réputation immortelle, mais même pour ses derniers restes, si l'on avoit seulement découvert

dans sa bibliothèque un petit *talisman* sur du parchemin
vierge..... Heureusement pour sa mémoire, il ne se trouva
chez lui que deux mandragores d'une beauté rare et achevée;
comme elles étoient mâle et femelle, les imbécilles dirent
hautement que ces racines étoient le sceau et la preuve
irrécusable de son alliance diabolique : mais les gens sages
méprisèrent tous ces contes populaires, et la dépouille mortelle du maréchal fut enfin respectée.

(161) pag. 218. *Chevert.*

François de Chevert, né à Verdun le 21 février 1693;
d'abord simple soldat, il devint par son mérite commandeur
grand'croix de l'ordre de Saint-Louis, chevalier de l'aigle
blanc de Pologne, gouverneur de Givet et de Charlemont,
et lieutenant-général des armées du Roi. Le public lui désiroit un titre de plus; ce désir même et son épitaphe le lui
donnent; on y lit ces mots :

Sans aïeux, sans fortune, sans appui,
Orphelin dès l'enfance ;
Il entra au service à l'âge de onze ans ;
Il s'éleva, malgré l'envie, à force de mérite,
Et chaque grade fut le prix d'une action d'éclat.
Le seul titre de maréchal de France
A manqué, non pas à sa gloire,
Mais à l'exemple de ceux qui le prendront pour modèle.

On a retenu cet ordre singulier, qu'il donna un à grenadier, au siége de Prague : *Va droit à ce fort sans t'arrêter;
on te dira : qui va-là ? tu ne répondras rien ; on te dira encore,
tu avanceras toujours, sans rien répondre ; à la troisième fois
on tirera sur toi, on te manquera, tu fondras sur la garde, et
je suis là pour te soutenir.* Le grenadier obéit, et tout arriva
comme *Chevert* l'avoit prédit.

(162) pag. 218. *Chevalier d'Assas.*

Dans la campagne de 1760, le prince héréditaire de

Brunswick assiégeoit *Wesel*, dont la prise eût engagé les Hollandais à se déclarer contre la France. Le marquis de *Castries* s'avança avec rapidité, emporta *Rhinsberg* l'épée à la main, et jeta des secours dans *Wesel.* Méditant une affaire plus décisive encore, il vint camper à un quart de lieue de l'abbaye de Chastereaux. Le prince crut devoir l'attendre devant *Wesel;* il se décida à l'attaquer, et se porta au-devant de lui par une marche forcée la nuit du 15 au 16.

Le général français qui se doute du dessein du prince, fait coucher son armée sous les armes; il envoie à la découverte pendant la nuit, le chevalier *d'Assas,* capitaine au régiment d'Auvergne. A peine cet officier a-t-il fait quelques pas, que des grenadiers ennemis, en embuscade, l'environnent et le saisissent à peu de distance de son régiment. Ils lui présentent la bayonnette en lui disant, que s'il fait du bruit il est mort. D'Assas se recueille un moment pour mieux renforcer sa voix, il crie: *A moi, Auvergne, voilà les ennemis!* Il tombe aussitôt percé de coups.   (*Ephémérides.*)

(163) pag. 219. *Jules César.*

César étoit né à Rome, l'an 98 avant J. C., de l'illustre famille de Jules, qui se vantoit de descendre de Jules, fils d'Enée. On parle beaucoup de la fortune de *César;* mais cet homme extraordinaire avoit tant de grandes qualités, quoiqu'il eût bien des vices, qu'il eût été bien difficile que, quelques armées qu'il eût commandées, il n'eût pas été vainqueur, et qu'en quelque république qu'il fût né, il ne l'eût pas gouvernée.

Il fut assassiné en plein sénat par ceux auxquels il avoit accordé la vie dans les champs de Pharsale, et qu'il avoit depuis comblés de bienfaits. Il leur disputoit sa vie avec le plus grand courage, lorsqu'ayant reconnu son fils, il s'enveloppa la tête dans son manteau, et alla tomber percé de *vingt-trois coups au pied de la statue de Pompée.*

(164) pag. 219. *Brutus.*

Brutus étoit fils de César ; mais l'amour de la liberté publique lui mit un poignard à la main. — Il osa en frapper son
père, et le parricide *Brutus* put encore survivre à ses remords..... Il vainquit *Octavius* ; mais il fut vaincu à son tour.
La mort de *Cassius* enlevoit aux conjurés celui des deux
généraux qui savoit le mieux la guerre. — *Brutus*, voyant
que les ennemis cherchoient à lui débaucher ses troupes,
tenta une seconde fois le sort des armes. Après s'être défendu
jusqu'à l'extrémité, il se retira derrière un petit ruisseau, où
s'étant assis, il fit éclater son désespoir, en prononçant ces
deux vers qu'un poëte grec met dans la bouche d'Hercule en
mourant : « Misérable vertu, tu n'étois donc qu'un nom !
Je t'avois cultivée comme une réalité ; mais tu n'es que
l'esclave de la fortune. » Revenu à lui-même, il se retira en
particulier avec *Straton* son ami, et le pria de lui rendre, en
le tuant, les devoirs de l'amitié. *Straton* refusa d'abord ; mais
comme *Brutus* appeloit un esclave, *Straton*, jaloux qu'un
autre lui rendît ce dernier service, présenta, en détournant
la tête, la pointe de son épée à *Brutus*, qui, s'étant précipité
dessus, expira dans le même moment.

Auguste s'étant fait apporter sa tête, la fit embarquer pour
Rome, avec ordre de la jeter aux pieds de la statue de
César.....

On a remarqué que la liberté romaine avoit commencé et
fini par un Brutus.

(165) pag. 219. *Auguste.*

Cinna, petit-fils de Pompée, et qui n'avoit d'autre lustre
que sa noblesse, imagina de former une conspiration contre
l'empereur : Cinna ayant été dénoncé par un des complices,
Auguste résolut d'en faire justice ; mais l'intervalle d'une nuit

donna lieu à des réflexions qui l'agitèrent avec violence ; tantôt il s'en prenoit à lui-même, et ne se trouvoit pas digne de vivre, puisque tant de citoyens souhaitoient sa mort. Livie, sa femme, témoin de sa perplexité, lui conseilla d'esayer le parti de la clémence. Auguste, frappé de l'expédient, le saisit sur-le-champ : il révoqua ses ordres, se fait amener *Cinna*, l'entretient seul à seul, lui expose, par le détail, tous les bienfaits dont il l'avoit comblé, et termine chaque trait de générosité pour lui, par ce reproche terrible : *Et vous voulez m'assassiner !* Cinna, comme la plupart des coupables, crie à la fausseté. *Auguste* lui impose silence ; il lui nomme les complices, et lui fait le détail de la conspiration. Cinna, tout tremblant, n'ose ouvrir la bouche. Le prince continue : il lui demande pour quel motif il s'est porté à un pareil dessein ; il lui fait sentir finement qu'il n'avoit rien moins que les talens nécessaires au gouvernement d'un empire ; et, après l'avoir confondu en lui peignant son ingratitude, Auguste prend un air de bonté, et lui annonce qu'il lui pardonne. *Cinna*, soyons amis, lui dit-il ; il y joint les effets, et lui assure le consulat pour l'année suivante. *Cinna*, attendri, pénétré, tombe aux genoux du prince, les arrose de ses larmes, et lui jure fidélité : il lui tint parole. Depuis ce moment, *Cinna* fut le plus constant ami d'Auguste, et en mourant, il l'institua son héritier.   (*Ephémérides.*)

(166) pag. 219. *Titus.*

Cet *empereur* fut appelé, de son vivant, les délices du *genre humain*, titre qui n'a jamais été donné à aucun souverain : la bienfaisance étoit le caractère particulier de ce prince. On connoît cette belle parole qu'il prononça un jour qu'il n'avoit rien donné : *Mes amis, voilà un jour perdu.*

Boileau fit ces beaux vers sur cet empereur :

Qui rendit de son joug l'univers amoureux,
Qu'on n'alla jamais voir sans revenir heureux ;

Qui soupiroit le soir, si sa main fortunée
N'avoit, par des bienfaits, signalé la journée.

(167) pag. 219. *Alexandre.*

Alexandre-le-Grand, fils de Philippe, roi de Macédoine,
né à Pella, 356 ans avant J. C. La nuit même que fut consumé le célèbre temple de Diane à Ephèse, annonça de
bonne heure ce qu'il devoit être un jour. Encore fort jeune
il dompta le cheval Bucéphale, qu'aucun écuyer n'avoit pu
réduire; il gémissoit des victoires de son père : *il prend tout,*
disoit-il, *il ne me laissera plus rien à faire.* Il lui sauva la vie
dans une bataille; et n'avoit que vingt ans, lorsqu'il lui
succéda.

A peine fut-il monté sur le trône, qu'il entreprit la con-
quête du monde, qu'il commença par celle de la Thrace et
de l'Illyrie, et par la destruction de Thèbes. Quand il eut
achevé de soumettre les Grecs, il tourna ses vues vers la
Perse, ou régnoit *Darius Cadoman;* toute l'Asie fut bientôt
soumise. Revenant ensuite de la Cappadoce vers Tarse, il
force les Perses à abandonner les défilés étroits de la Cilicie ;
se rend maître de Tarse et des richesses que cette ville renfermoit.

Cependant *Darius* s'avançoit pour le combattre. Ce prince
s'étant engagé dans les défilés de la Cilicie, près de la ville
d'Issus, livra bataille dans un endroit où le terrain donnoit
tout l'avantage à Alexandre, qui le défit entièrement, s'em-
para de son trésor, et fit prisonniers sa femme et ses enfans ;
il les traita avec la bonté d'un père et la magnificence d'un
roi. S'étant transporté dans leur tente, accompagné d'E-
phestion, les reines se prosternèrent devant ce favori qu'elles
prirent pour le roi ; mais ayant reconnu leur erreur, elles
lui en firent des excuses. Non, ma mère, répondit le conquérant à *Sysigambis,* mère de *Darius,* vous ne vous *êtes*

point trompée : celui-ci est un autre Alexandre. La bataille d'Issus fut suivie de la réduction de plusieurs villes, et surtout de celle de Tyr, qui excita sa colère par une résistance opiniâtre. Après le siége de cette ville, il passa en Judée pour châtier les Juifs qui lui avoient refusé des secours ; mais *Juddus*, leur grand-prêtre, revêtu de ses habits pontificaux, marcha à sa rencontre. Dès que ce prince vit le grand *prêtre* ainsi revêtu, frappé de respect et d'étonnement, il s'avança et s'inclina devant lui. Ses officiers étant étonnés des marques de respect qu'il rendoit à ce prêtre juif, il dit qu'il adoroit le Dieu dont ce sacrificateur étoit le ministre, et qu'étant en Macédoine, avant de partir pour l'Asie ; ce même homme, revêtu des mêmes habits, lui avoit apparu en songe, qu'il l'avoit excité à exécuter l'expédition qu'il méditoit, que son Dieu marchoit à la tête de son armée, et lui feroit vaincre les Perses.

Ce prince, voyant que son songe commençoit à s'accomplir, marcha vers Jérusalem, et alla au temple offrir des sacrifices. *Juddus* le calma, en lui montrant le livre où Daniel prédit qu'après les trois premiers Rois de Perse (c'est-à-dire) *Cyrus, Cambyse*, et *Darius*, il s'élèveroit un quatrième Roi, c'étoit *Xercès*, beaucoup plus puissant que les précédens ; que ce prince rassembleroit tous les peuples de ses Etats pour faire la guerre à la Grèce (ce qui arriva effectivement); mais il fut vaincu par les Grecs ; qu'ensuite il s'élèveroit un Roi plein de courage, et qui réussiroit dans toutes ses entreprises ; que l'armée des Macédoniens partiroit de l'occident pour venir attaquer l'empire des Perses ; qu'elle seroit conduite par un chef plein de force et de gloire ; qu'elle traverseroit des pays immenses ; qu'elle iroit chercher l'ennemi dans le cœur de ses Etats ; qu'elle l'abattroit par des victoires réitérées, et qu'elle détruiroit la puissance des Perses.

Alexandre, ravi de joie que les oracles des Juifs eussent annoncé son règne et ses conquêtes, donna des marques de son affection aux ministres de cette nation. Il leur demanda quelle grâce ils souhaitoient de lui ; ceux-ci ayant répondu qu'il leur permit de vivre selon les lois de leurs pères, il leur accorda leur demande.

Alexandre pleura la mort de Darius ; et après avoir vaincu tous les rois, il fit des Indes une province de son empire ; n'ayant plus de royaume à conquérir, il revint à Babylone.

Je laisse, disoit-il en mourant, mon empire au plus digne : mais je prévois que mes meilleurs amis me préparent de sanglantes funérailles.

(168) pag. 219. *Saint Roi.*

Saint Louis fut appelé au trône en 1226 ; il étoit âgé de 12 ans. Sa mère, la reine Blanche, avoit été nommée régente par le feu roi.

Joinville rapporte qu'il a vu maintes fois saint Louis, après avoir ouï messe en été, aller s'asseoir auprès d'un chêne dans le bois de Vincennes, et que tous ceux qui avoient à faire à ce bon prince, venoient lui parler sans qu'aucun huissier ni autre les en empêchât. Il épousa en 1234 Marguerite de Provence ; elle n'eut en dot que 20,000 francs.

Ce fut saint Louis qui fit bâtir à Paris l'hôpital des Quinze-Vingts, après son premier voyage de la Terre-Sainte, pour y loger trois cents gentilshommes auxquels les infidèles avoient crevé les yeux.

La malheureuse expédition dans laquelle périt saint Louis, fut la sixième et la dernière des croisades ; le malheur qui l'avoit terminée, éteignit cet enthousiasme religieux qui avoit dépeuplé l'Europe pendant deux siècles.

(169) pag. 219. *Reine Marguerite.*

La sévère reine Blanche, accoutumée à gouverner, craignoit que son fils ne donnât à Marguerite la confiance qu'il avoit en sa personne ; et pour ce sujet, elle en devint tellement jalouse qu'elle ne pouvoit souffrir qu'il s'entretînt avec elle ; c'est pourquoi elle les épioit à toute heure pour empêcher qu'ils ne se communiquassent leurs pensées ; et quand la cour faisoit voyage, elle les séparoit toujours, les mettant en divers logis bien éloignés ; de sorte que le bon roi, de peur de la fâcher, se cachoit pour aller voir la reine ; et il avoit ordonné à ses gens, quand il seroit dans la chambre avec elle, de faire crier les petits chiens pour l'avertir de se détourner, s'ils l'apercevoient venir. *Joinville* dit à ce propos que Blanche l'ayant trouvé un jour près de la reine, laquelle étoit presque au moment de mourir des douleurs d'une fausse couche, elle prit *saint Louis* par la main, et le mit dehors, lui disant : Vous n'avez que faire ici. Sur quoi la pauvre *Marguerite* s'écria : Hé ! ne me laisserez-vous jamais voir mon cher seigneur, ni en la vie, ni à la mort ? Et disant cela, elle tomba en foiblesse, d'où elle ne fût pas aisément sortie, si le roi ne fût rentré pour la consoler.

(*Mézerai.*)

(170) pag. 219. *Louis XII.*

Quelques courtisans l'excitoient à se venger de *la Trimouille* qui l'avoit fait prisonnier à *Saint-Albin* (n'étant alors que duc d'Orléans), et sembloit avoir pris plaisir à l'insulter. Un roi de France, répondit *Louis*, ne venge point les querelles d'un duc d'Orléans.

(171) pag. 219. *François Ier.*

François Ier, s'étant égaré à la chasse, entra sur les neuf heu es du soir, dans la cabane d'un *charbonnier.* Le mari étoit absent; il ne trouva que la femme accroupie auprès du feu. C'étoit en hiver, et il avoit plu. Le roi demanda une retraite pour la nuit, et à souper; il falloit attendre le retour du mari. Pendant ce temps, le roi se chauffa, assis sur une mauvaise chaise, la seule qu'il y eût dans la maison. Vers les dix heures arrive le *charbonnier*, las de son travail, fort affamé, et tout mouillé. Le compliment d'entrée ne fut pas long : la femme exposa la chose à son mari, et tout fut dit. Mais à peine le charbonnier eut-il salué son hôte, et secoué son chapeau tout trempé, que, prenant la place la plus commode et le siége que le roi occupoit, il lui dit : Monsieur, je prends votre place, parce que c'est celle où je me mets toujours, et cette chaise, parce qu'elle est à moi :

> Or, par droit et par raison,
> Chacun est maître en sa maison.

François applaudit au proverbe, et se plaça ailleurs sur une sellette de bois. On soupa; on régla les affaires du royaume; on se plaignit des impôts : le *charbonnier* vouloit qu'on les supprimât. Le prince eut de la peine à lui faire entendre raison. A la bonne heure donc, dit le *charbonnier;* mais ces défenses rigoureuses pour la chasse, les approuvez-vous aussi ? Je vous crois honnête homme, et je pense que vous ne me perdrez pas. J'ai là un morceau de sanglier qui en vaut bien un autre : mangeons-le; mais surtout bouche close François promit tout, mangea avec appétit, se coucha sur des feuilles, et dormit bien. Le lendemain, il se fit connoître, et permit la chasse au *charbonnier*, qui lui avoit donné l'hospitalité.

32

!(172) pag. 220. *Henri IV.*

« Cayet, sous-précepteur d'Henri IV, rapporte que
Jeanne d'Albret voulant suivre son mari aux guerres de
Picardie, le roi son père lui dit qu'il vouloit que si elle deve-
noit grosse, elle lui apportât sa grossesse en son ventre, pour
enfanter en sa maison, et qu'il feroit nourrir lui-même l'enfant, fils ou fille; que cette princesse se trouvant enceinte,
et dans son neuvième mois, partit de Compiègne, traversa
toute la France, jusqu'aux Pyrénées, et arriva en quinze
jours à *Pau*, dans le Béarn.

» Elle étoit curieuse, ajouta l'historien, de voir le testament
de son père; il étoit dans une grosse boîte d'or, sur laquelle
étoit aussi une chaîne d'or, qui eût pu faire autour du cou
vingt-cinq ou trente tours; elle la lui demanda. Elle sera
la tienne, lui dit le père, dès que tu m'auras montré l'enfant
que tu portes; et afin que tu ne me fasses pas une pleureuse
ou un rechigné, je te promets le tout, pourvu qu'en enfan-
tant, tu chantes une chanson béarnaise, et quand tu enfan-
teras j'y veux être.

» Entre minuit et une heure, le 13 décembre 1553, les
douleurs prirent à la princesse; son père averti, descend ;
l'entendant venir, elle chanta la chanson béarnaise, qui
commence par Notre-Dame du bout du pont, aidez-moi en
cette heure.

« Etant délivrée, son père lui mit la chaîne d'or au cou,
et lui donna la boîte d'or où étoit son testament, lui disant :
Voilà qui est à vous, ma fille; mais ceci est à moi, prenant
l'enfant dans sa grande robe, sans attendre qu'il fût bonnement accommodé, et l'emporta dans sa chambre.

» Le petit prince fut nourri et élevé de façon à être propre
à la fatigue et au travail, ne mangeant souvent que du pain
commun; le bon Roi, son grand-père, l'ordonnoit ainsi, et
ne vouloit qu'il fût délicatement mignardé, afin que de

jeunesse il s'apprlt à la nécessité. Souvent on l'a vu, à la
mode du pays , parmi les autres enfans du château et village
de Coirasse, pieds déchaux et tête nue, tant en hiver
qu'en été. »

Quel fut ce prince ? *Henri IV*,

Qui fut de ses sujets le vainqueur et le père.

(173) pag. 220. *Elisabeth.*

Elisabeth, reine d'Angleterre, fille de Henri VIII et
d'Anne de Boulen, monta sur le trône après la mort de
Marie, sa sœur aînée, fille du premier mariage de Henri VIII,
avec Catherine d'Aragon. Parvenue au trône à la mort de
sa sœur Marie, désirant secouer le joug de la cour de Rome,
pour se faire chef de la religion, ce changement coûta beaucoup de sang. Le supplice de la reine d'Ecosse , celui de son
favori le comte d'Essex, sont sans doute des taches à sa mémoire; mais lorsqu'on envisage son règne, sous les rapports
de la politique, l'on ne peut lui refuser de justes éloges. Les
Espagnols vaincus, *Henri IV* et les Hollandois secourus, le
manufactures, le commerce, et la marine créés; la police,
l'ordre, l'économie dans les finances établis, tant de travaux
glorieux et utiles, sont plus que suffisans pour fixer en sa
faveur l'opinion de la postérité.

Le comte *d'Essex* fut de tous les amans d'Elisabeth, celui
qu'elle aima et qu'elle haït le plus : elle étoit vieille, et il
étoit dans tout l'éclat de sa jeunesse; il la gouvernoit, et le
lui faisoit sentir. Or, ce que la reine craignoit le plus, c'étoit
d'être et de paroître gouvernée : *L'insolent*, disoit-elle avec
indignation, *voudroit persuader qu'il gouverne* l'Angleterre ;
mais je lui ferai voir qu'il n'est, quand je le veux, que le
dernier de mes sujets.

D'Essex avoit des qualités brillantes, une valeur héroïque,
de grands talens; il avoit rendu d'importans services; il avoit

32.

enlevé Cadix aux Espagnols, et fait respecter en France les
armes de l'Angleterre. Son commerce avec la reine étoit
toujours troublé par des orages; il prenoit avec elle les airs
avantageux d'un favori qui n'aime pas, et qui veut qu'on
sache qu'il est aimé. Ses avis étoient souvent rejetés, parce
qu'ils étoient de lui; et souvent la reine ne le consultoit, que
pour lui donner le dégoût de voir prévaloir l'avis contraire
au sien. Un jour qu'elle venoit d'en user ainsi, dans une
délibération importante, le comte d'Essex s'oublia jusqu'à
lui tourner le dos, avec un mouvement expressif de colère
et de mépris : indignée d'une telle insolence, Elisabeth lui
donna un soufflet; le comte, ne se connoissant plus, porte
la main à son épée... Il s'arrête: j'ai tort, dit-il, tout est
permis à une femme; mais je jure que Henri VIII ne
m'auroit pas fait impunément un tel affront.

Il resta long-temps dans la disgrâce, sans vouloir faire la
moindre démarche pour en sortir, quoique les courtisans,
qui jugeoient que la reine étoit trop irritée contre lui, pour
ne pas lui pardonner, s'empressassent d'offrir leur médiation.
Elisabeth attendoit toujours que le comte s'humiliat, et lui
demandât pardon; mais comme enfin elle ne pouvoit se passer
de lui, et que le comte ne pouvoit se passer de sa faveur, la
réconciliation se fit d'elle-même.

Cependant la reine et le comte d'Essex avoient souvent
besoin de se séparer.

D'Essex demanda la vice-royauté d'Irlande, et pour son
malheur, il l'obtint A son départ la reine lui donna des
instructions, dont elle lui défendit expressément de s'écarter.
Le comte qui n'aimoit ni les ordres, ni les défenses, suivit
un plan tout différent. Et malheureusement le succès ne
justifia point sa désobéissance; il demanda du secours
contre les rebelles d'Irlande; on lui en envoya, mais avec
de nouveaux ordres qu'il méprisa encore, et toujours sans
être justifiés par le succès. Averti que la reine étoit irritée,

et que ses ennemis triomphoient, il part sans congé, passe
en Angleterre, et usant de tous les droits d'un favori, entre
en habit de campagne jusques dans la chambre de la reine,
au moment où elle se levoit, met un genou en terre, lui
baise la main, reçoit un accueil qui l'encourage, croit avoir
effacé des torts en se montrant, et avoir terrassé ses ennemis
d'un coup-d'œil.

Le soir la face de la cour change, l'orage se déclare ; la
reine d'un ton et d'un visage sévère, demande compte à
d'Essex des affaires de l'Irlande, et lui annonce que sa conduite ayant donné lieu à des reproches graves, elle veut qu'il
se justifie devant les lords du conseil. Le comte fut condamné
à perdre ses emplois, et à rester en prison tant qu'il plairoit
à la reine. *Elisabeth* déclara qu'elle avoit voulu le punir,
et non le perdre, et le comte eut sa maison pour prison.

Il eut, ou bien il feignit une maladie qu'on attribua au
chagrin ; il n'en fallut pas davantage pour ranimer dans le
cœur d'*Elisabeth* les restes de sa tendresse pour le comte.
Elle lui fit porter des paroles de réconciliation ; elle parut
même lui rendre une partie de sa faveur, mais une partie
seulement, et le comte s'en aperçut trop bien. Un refus
formel qu'il essuya sur une grâce pécuniaire qu'il demandoit,
fit éclater son ressentiment ; il laissa échapper dans sa fureur
un de ces mots que rien ne peut plus réparer : cette vieille
femme, dit-il, a l'esprit aussi mal fait que le corps. Du
moment où ces paroles eurent été redites à *Elisabeth*, le
comte d'Essex fut condamné sans retour.

Le comte n'avoit plus qu'un moyen de sauver sa tête :
c'étoit d'être irréprochable, et de ne fournir à la vengeance aucune occasion. Il prit le parti d'être coupable :
il voulut se rendre redoutable à *Elisabeth* ; il écouta et
rassembla les mécontens ; il courut dans la ville de Londres
l'épée à la main, tâchant de soulever le peuple : personne
ne se joignit à lui, ses amis même l'abandonnèrent. Il fut

pris , jugé et convaincu d'avoir formé le complot de forcer
le palais, et d'obliger la reine à chasser les ministres qu'il
haïssoit. Condamné à perdre la tête, il mourut avec assez de
foiblesse.

La mort du comte d'Essex fut vengée. *Elisabeth* éprouva
qu'on n'immole pas impunément ce qu'on aime. Depuis cette
fatale époque, le sommeil entroit à peine dans ses yeux , et
la joie n'entra plus dans son cœur : un silence farouche,
une langueur mortelle, des rêveries souvent suivies de larmes,
des soupirs qui lui échappoient toutes les fois qu'on pronon-
çoit devant elle le nom de l'infortuné comte d'Essex, annonçoient le chagrin profond qui la consumoit, et la conduisoit lentement au tombeau.

Pendant qu'*Elisabeth* étoit dévorée de ce cruel chagrin,
la comtesse de *Nottingham* vint lui donner le coup mortel,
en lui révélant un terrible mystère.

Il faut savoir que le comte d'Essex, après la prise de
Cadix, dans le moment le plus brillant de sa faveur, et dans
l'un des plus tendres épanchemens de l'amitié, avoit dit à
la reine : L'ardeur de vous servir m'éloigne souvent de votre
cour ; quand je vais combattre contre vos ennemis , je laisse
les miens auprès de vous; puis-je espérer que votre cœur
me défende dans tous les cas possibles contre vos propres
torts et contre mes erreurs ? Elle lui donna une bague, et
lui jura sur ce *talisman* que, dans quelque disgrâce qu'il pût
tomber, méritée ou non, ce monument de sa tendresse,
remis sous ses yeux, seroit pour le comte un gage certain de
clémence et de salut.

Après la condamnation du comte, *Elisabeth* attendoit
impatiemment cette bague, et ne la voyant point arriver ,
elle crut que le comte poussoit le mépris pour elle, jusqu'à
aimer mieux mourir que de lui devoir la vie. De là tant d'ir-
résolution et d'agitation. Cependant le comte avoit confié la
bague à la comtesse de *Nottingham*, et l'avoit chargée de

la remettre à la reine; mais le duc de *Nottingham*, ennemi
capital du comte d'Essex, et qui espéroit succéder à sa faveur, exigea de sa femme qu'elle gardât la bague, et laissât
mourir d'*Essex*. Long-temps après, la comtesse de *Nottingham*,
étant près de mourir elle-même, fit prier la reine de la
venir voir; et après lui avoir demandé pardon de ce qu'elle
alloit lui dire, et l'avoir assurée qu'elle mouroit de ses remords, elle lui avoua en pleurant cette horrible infidélité :
Dieu peut vous pardonner, lui dit Elisabeth, *mais je ne vous
pardonnerai jamais.* Elle rentra chez elle désespérée, et
mourut douze jours après, à l'âge de 70 ans, sans avoir pu
recevoir la moindre consolation.

(*Ephémérides.*)

(174) pag. 220. *Sully.*

Le véritable ami de son Roi et de sa patrie, grand guerrier, politique excellent, et ministre d'Etat immortel; Sully
assez courageux pour porter au pied du trône les vérités les
plus austères; assez heureux pour trouver un Roi qui lui
savoit gré d'oser quelquefois lui déplaire.

Après la mort d'Henri IV, Sully porta toute sa vie à son
cou une *chaîne* de diamans où pendoit une grande médaille
d'or sur laquelle étoit empreinte l'image de ce prince; de
temps en temps il la prenoit, s'arrêtoit à la contempler, et la
baisoit. Il conserva cette chaîne jusqu'à la mort.

(175) pag. 220. *Sixte-Quint.*

Agir toujours avec hauteur et même avec violence quand
il est un simple moine, dompter tout d'un coup la fougue
de son caractère dès qu'il est cardinal; se donner quinze
ans pour incapable d'affaires et surtout de régner, afin de
déterminer un jour en sa faveur les suffrages de tous ceux

qui compteroient régner sous son nom ; les cardinaux, dupes
de son artifice, ne l'appeloient que la bête romaine ; on le
voyoit la tête penchée sur l'épaule, appuyé sur un bâton,
comme s'il n'eût pas eu la force de se soutenir, ne parlant
plus qu'avec une voix éteinte, et les interruptions d'une toux
viole e, qui sembloit annoncer sa fin ; quand on lui disoit
que l'élection pourroit bien le regarder, il répondoit qu'il
seroit mort avant la fin du conclave ; mais à peine fut-il élu,
qu'étant sorti de sa place il jeta son bâton, et entonna le
Te Deum d'une voix terrible, qui fit trembler tous les cardinaux.

Son élévation à la pourpre romaine lui fut annoncée
n'étant encore que simple cordelier. Un jour qu'il marchan-
doit une paire de souliers, on lui fait six jules ; il lui en
manquoit une pour conclure son marché : Allez, frère, lui
dit le cordonnier (qui l'avoit long-temps examiné, vous me
la paierez quand vous serez pape). Le fils de Saint-François
en accepte l'augure : il avoit dès-lors la coutume d'inscrire
jour par jour ce qui lui arrivoit de particulier. Quelques
années après son élévation au souverain potificat, le hasard
la lui remet sous la main son agenda perpétuel : il le compulse,
et cherche à s'acquitter sur-le-champ de sa dette envers son
astrologue ; il fait rechercher le cordonnier, et le paie en
souverain, et nomme son fils à un évêché.

(176) pag. 220. *Cardinal de Richelieu.*

Il portoit toujours un livre sur lui qu'il appeloit l'âme de
Richelieu, et qui contenoit les desseins, les intérêts, les
secrètes pratiques et les inclinations de tous les princes qui
étoient en correspondance et en quelqu'engagement avec la
France, et sur lesquels la France avoit quelques prétentions.
Les plus habiles *astrologues* de l'Europe lui avoient envoyé
les horoscopes de tous les Rois et de tous les grands hommes,

et y avoient ajouté leurs jugemens sur la longueur de leur vie, et sur ce qu'ils pouvoient entreprendre dans tous les temps. Le cardinal dit un jour qu'il entretenoit un grand nombre de courtisans dont il pouvoit aisément se passer, mais qu'il savoit par leur moyen ce qui se faisoit, ce qui se disoit, et même au loin. Il soutint une fois qu'il avoit su en moins de deux heures que le roi d'Angleterre avoit signé la sentence de mort de..... Si ces particularités sont véritables, il faut que ce ministre ait possédé quelques dons surnaturels. Il avoit dans un lieu secret de son cabinet une certaine figure mathématique sur la circonférence de laquelle étoient écrites toutes les lettres de l'alphabet; sur cette figure il y avoit un dard qui marquoit les lettres, et ces lettres marquoient aussi ses correspondances. Il sembloit que ce dard se dirigeoit par la sympathie d'une pierre, que ceux qui donnoient ou recevoient de ses avis avoient toujours auprès d'eux; cette pierre avoit été séparée d'une autre que le *cardinal* portoit toujours sur lui : et l'on a assuré qu'avec un pareil instrument il donnoit et recevoit des avis sur-le-champ. Ce grand homme, qui savoit que tous ces bruits couroient, se contentoit d'en rire; cependant il dit une fois d'un air sérieux que Dieu lui avoit donné deux anges : l'un blanc, et l'autre noir, pour l'informer de tout ce qui se passoit, tant bon que mauvais, et que, par leur secours, il renversoit la cabale de ses ennemis. Il envoya un homme aux galères, accusé d'avoir brisé le portrait du Roi; mais, après en avoir référé avec ces deux *génies*, il apprit que c'étoit le sien que l'on avoit mis en pièces : il dit à ceux qui étoient auprès de lui, que cet homme devoit avoir sa grâce, puisqu'il n'avoit fait aucun mal à l'original. Ce ministre mourut le 4 décembre 1642.   (*Espion Turc.*)

(177) pag. 220. *Mazarin.*

Jules Mazarin, né à Piscina dans l'Abbruzze, en 1602, d'une famille noble, gouverna la France après la mort du cardinal de Richelieu, depuis l'année 1643, jusqu'à sa mort, arrivée au château de Vincennes, en 1661. Il régna au milieu des orages : tout ce qu'on a fait contre lui de chansons et de libelles, formeroit une bibliothèque considérable.

Ce ministre, qu'on a tant comparé à Richelieu son prédécesseur et son protecteur, avoit sans doute moins d'étendue d'esprit, moins d'élévation dans l'âme, moins d'énergie dans le caractère. L'un gouvernoit par la force, l'autre par l'adresse, aucun par la raison, ni par la justice ; l'un accabloit ses ennemis, l'autre les trompoit ; l'un commandoit, l'autre négocioit, etc.

Un vieillard, prétendant être inspiré, se présenta au cardinal Mazarin : il lui dit que c'étoit en vain qu'il se fioit à ses citadelles ailées (c'est ainsi qu'il nommoit les vaisseaux) ; qu'il comptoit sur ses nombreuses armées et ses prodigieux trésors ; que Dieu s'étoit déclaré contre toutes les nations de l'Europe : que la guerre étoit commencée au ciel entre les potentats qui avoient la garde des royaumes et des empires, qu'on verroit bientôt l'étendard de l'éternel déployé dans le firmament ; que les astres en faisant leurs cours combattroient contre les méchans hypocrites professant la religion chrétienne ; que les *Ismaélites* sortiroient de leurs trous, et se répandroient comme un torrent des montagnes d'Orient ; qu'ils inonderoient toute la chrétienté, et qu'enfin l'Allemagne, la France, l'Italie et l'Espagne seroient ravagées, leurs belles villes pillées, et les habitans emmenés en captivité ; que le Pape et tous ses prêtres seroient exterminés ; et que toutes les nations embrasseroient une même loi.

Le vieillard fut mis en prison ; mais le lendemain il fut

trouvé se promenant dans les rues : le geôlier le mit aux
fers ; mais le jour suivant il étoit debout à la porte de la
prison, prêchant au peuple. Les uns disent qu'il est chimiste,
et qu'il a trouvé le grand secret ; d'autres disent qu'il est
prophète, mais la plupart croient qu'il est magicien. Je ne
suis point admirateur des visionnaires ; cependant je trouve
dans la constance de cet homme quelque chose d'extraordinaire : le temps nous apprendra si c'est un vrai ou un faux
prophète.

Le roi et la cour portèrent le deuil à la mort du cardinal. On a prétendu qu'il avoit amassé plus de deux cent
millions, etc. (*Espion Turc.*)

(178) pag. 220. *Louis-le-Grand.*

Louis XIV, né à Saint-Germain-en-Laye, le 5 septembre
1638, après un mariage stérile de vingt-trois années, fut surnommé Dieu-Donné. Il vint au monde avec des dents,
comme Hercule ; la nature fit tout pour lui, et son éducation
fut entièrement négligée. M. de Péréfixe, qui fut depuis
archevêque de Paris, fut son précepteur ; mais la tendresse
de la reine ne permettoit pas qu'on gênât son auguste élève.
La nature et l'usage furent ses seuls maîtres, et l'amour de
la gloire perfectionna leur ouvrage.

C'étoit un des plus beaux hommes et des mieux faits de
son royaume ; le son de sa voix étoit noble et touchant. Tous
les hommes l'admiroient, et toutes les femmes étoient sensibles à son mérite. Il se complaisoit à en imposer par son
air ; et l'embarras de ceux qui lui parloient, étoit un hommage qui flattoit sa supériorité.

Son siècle est comparé avec raison à celui d'Auguste.
Louis XIV avoit un goût naturel pour tout ce qui fait les
grands hommes : il sut distinguer et employer les personnes
de mérite, dont il aimoit les études ou les talens, par ses

récompenses; jamais prince n'a plus donné, ni de meilleure
grâce. On ne connoît point d'homme illustre du siècle passé
sur qui sa générosité ne se soit répandue. L'ambition et la
gloire lui firent entreprendre et exécuter les plus grands
projets, et il se distingua au-dessus de tous les princes de son
siècle, par un air de grandeur, ses faits d'armes, sa magnificence, et la liberalité qui accompagnèrent toutes ses
actions.

(179) pag. 220. *Charles I*er.

Un roi condamné à mort, au nom de la nation qu'il gouverne, et expirant sur un échafaud, est un terrible spectacle
pour le monde, et une grande leçon pour les souverains.
Cette leçon n'auroit pas dû être répétée; mais l'histoire
avertira toujours inutilement les rois et les peuples, et c'est
ainsi que le cours des siècles ramène les mêmes horreurs et
les mêmes attentats.

Traçons un tableau rapide du règne de *Charles I*er, et
remarquons les fautes successives qui le conduisirent par
degrés jusqu'à cette terrible catastrophe, dont les Anglais
rougissent aujourd'hui, et qu'ils expient tous les ans par un
jeûne solennel.

La première faute de Charles Ier, fut de donner sa confiance au duc *de Buckingham*, homme vain, fier, et emporté,
tellement odieux à la nation, qu'un gentilhomme anglais
l'assassina presque publiquement, et osa s'en glorifier.

Charles demanda au parlement des subsides, qui lui furent
refusés en partie, parce que sa demande, toute juste qu'elle
étoit, ne parut point telle à des esprits aigris, inquiets et
soupçonneux. Le *roi* cassa le parlement, eut recours à des
emprunts forcés, les fit servir à une expédition contre l'Espagne, qui ne réussit pas, et les murmures redoublèrent.
Charles convoqua un second parlement, qu'il cassa comme
le premier, parce que ce parlement n'entra pas davantage

dans ses vues ; un troisième parlement eut le même sort,
avec cette différence, qu'après la dissolution de celui-ci,
plusieurs membres des communes, opposés à la cour, furent
emprisonnés ; ce n'étoit pas là le moyen de ramener des
esprits obstinés.

Après la mort de *Buckingham*, le *roi*, pour complaire
à la nation, avoit choisi pour ministre le comte *de Strafford*,
l'un des chefs les plus ardens de la faction opposée à la cour.
Il se flattoit que, par le moyen d'un homme si accrédité
auprès du peuple, il pourroit le reconcilier avec l'autorité
royale ; il se trompa ; *Strafford*, trop reconnoissant, passa
d'un excès à l'autre, et devint aussi violent royaliste qu'il
avoit été républicain outré. La haine nationale fut enflammée
de nouveau ; *Charles* fut accusé, par les Puritains, d'avoir
corrompu l'intégrité de ce bon citoyen, et *Strafford* expia sur
un échafaud, le crime d'avoir trop bien servi son *roi*. On a
justement reproché à *Charles* la foiblesse qu'il eut de signer
cette condamnation, qui enhardit les Anglais à repandre un
sang plus précieux.

La guerre éclata enfin, l'an 1641, entre le roi et le parlement : *Charles* avoit de la peine à lever une armée ;
l'université de Cambridge lui sacrifia ses trésors. Sa femme,
Henriette de France, fille d'Henri IV, qui avoit presque
toutes les qualités du roi son père, secourut en héroïne un
époux qu'elle aimoit tendrement ; elle vend ses meubles et
ses pierreries, emprunte de l'argent en Angleterre, en Hol-
lande, donne tout à son mari, négocie dans les cours du
Nord, et cherche partout de l'appui, excepté dans sa patrie, *où le cardinal de Richelieu, son ennemi*, et le roi, son
frère, étoient mourans.

La bataille décisive de Nazebi, donné le 14 juin 1645,
laissa le roi sans ressources. Les parlementaires durent le
succès de cette journée à cet homme fameux, destiné à
jouer un si grand rôle dans cette scène sanglante. *Charles*

désespéré, se retira en Ecosse; le parlement saisit cette occasion de regarder cette retraite de *Charles* comme une renonciation au trône : en conséquence, il fut déclaré à son de trompe déchu de tous les droits qu'il pouvoit avoir à la couronne d'Angleterre. Ce décret fut bientôt suivi d'un autre, qui abolissoit entièrement la royauté ; le nom du roi fut effacé de tous les munumens publics, ses statues furent abattues, et ses armes ôtées de tous les endroits où elles étoient.

Les Ecossais eurent la bassesse de livrer le roi, ou plutôt de le vendre pour deux millions au parlement. *Charles*, instruit de cette infâme lâcheté, dit qu'il aimoit encore mieux être avec ceux qui l'avoient acheté si chèrement, qu'avec ceux qui l'avoient si lâchement vendu.

Il paroît que l'ambitieux *Cromwel* projeta dès ce moment tout ce qu'il exécuta depuis ; il se servit des soldats, dont il étoit aimé, pour porter la terreur dans le parlement et dans toute la nation : il fit emprisonner quelques membres qui lui étoient suspects ; d'autres s'étant retirés, il ne resta plus que des âmes basses et féroces, qui formèrent la chambre des communes, à laquelle *Cromwel* joignit une espèce de chambre haute, composée d'officiers à ses ordres. Tel fut le prétendu conseil de la nation, qui, le jour même de Noël, nomma des juges commissaires pour faire le procès au roi *Charles*. On pense bien que *Cromwel* fut du nombre des juges. Jean *Bradshaw*, huissier de la chambre basse, fut nommé président à la première assemblée ; lorsque l'huissier appela tous les commissaires, on s'étonna de ne pas voir *Fairfax*, qui avoit été nommé chef de la commission. On entendit partir de la galerie une voix de femme, qui cria : *Il a trop de bon sens pour se trouver ici.*

Quand on lut ensuite l'accusation, et qu'on annonça qu'elle étoit faite au nom de tout le peuple d'Angleterre, la même voix s'écria : *Non, non, pas même de la vingtième partie.*

Alors, par une férocité digne d'un pareil temps et d'une pareille cause, quoiqu'on eût distinctement reconnu la voix d'une femme, on donna ordre de faire feu sur le côté d'où la voix étoit partie.

Charles comparut quatre fois devant cette cour de justice que *Cromwel* animoit de son esprit, quatre fois il fut accusé :

D'avoir voulu rendre sa puissance arbitraire ;

D'avoir cherché à faire entrer des troupes étrangères dans le royaume ;

D'avoir résolu de rétablir le papisme, et de détruire la religion anglicane ;

D'avoir donné des commissions pour faire massacrer les protestans en Irlande ;

D'avoir été la principale cause du sang répandu en Angleterre par les guerres civiles qu'il y avoit excitées.

Quatre fois *Charles* récusa le tribunal devant lequel on le contraignoit de comparoître, comme étant incompétent, et protesta qu'il étoit innocent de tous les crimes dont on le chargeoit : quelques témoins déposèrent, en présence de *Charles*, l'avoir vu les armes à la main contre les troupes du parlement ; et d'autres scélérats, apostés par la faction de *Cromwel*, se mirent à crier : *Il est coupable, il est coupable; qu'il meure.*

Quelques-uns des juges furent d'avis de condamner *Charles* à une détention perpétuelle ; mais Cromwel opina fortement à la mort, et son avis entraîna la majorité des suffrages.

L'arrêt ne fut pas plus tôt prononcé qu'on entendit murmurer diverses personnes, et surtout les dames qui étoient présentes, lesquelles dirent tout haut : *Que Dieu ne manqueroit pas de venger l'injustice que l'on faisoit à un roi innocent, et de faire tomber sur les Anglais des châtimens proportionnés à la grandeur de leur crime*; entr'autres la femme d *Fairfax*, du haut d'une galerie où elle étoit, se mit à crier en s'adressant aux commissaires : *Le Roi meurt innocent, mais vous, tant que vous vivrez, vous porterez le titre odieux de juges iniques et barbares.* La femme du baron *de Grey* ne put aussi s'empêcher de parler fortement contre l'injustice des commissaires, et cria d'un ton assez haut pour être entendue : qu'ils condamnoient à mort un roi innocent pour mettre à sa place un tyran.

Charles, jusqu'au moment fatal, parut d'une humeur douce et tranquille : cette fermeté ne l'abandonna pas sur l'échafaud ; il salua civilement et sans affectation, les personnes qui étoient autour de lui, pardonna à ses ennemis, exhorta la nation à rentrer dans les voies de la paix : retroussa ses cheveux sous un bonnet de nuit qu'on lui présenta, posa lui-même sa tête sur le billot, et l'exécuteur, qui étoit masqué, la lui trancha d'un coup, devant son palais de Withall, dans la quarante-neuvième année de son âge. Son corps fut transporté dans la chapelle de Windsor ; mais on n'a jamais pu le retrouver.

Les colonels *Thomlinson* et *Haker* qui avoient conduit le *roi* sur l'échafaud, vendirent fort cher le billot, la hache, et généralement tout ce qui avoit servi à cette exécution tragique, jusqu'au bois même de l'échafaud. Ils tirèrent surtout beaucoup d'argent des habits de ce prince, de son manteau, de son pourpoint et de son épée.

(*Ephémérides.*)

(180) pag. 220. *Ses deux fils.*

Après la malheureuse journée de *Worcester*, Charles II courut de nombreux dangers ; forcé de fuir pour éviter une mort certaine, il se cacha dans un bois que les branches et les feuilles rendoient si épais qu'un homme n'y pouvoit être découvert sans une recherche exacte. *Careles* capitaine d'infanterie, qui d'abord s'y étoit réfugié, fit comprendre au roi qu'il ne pouvoit sortir de ce lieu avec sûreté ; c'est pourquoi

il lui conseilla de monter sur un arbre d'où lui-même venoit
de descendre : ils furent assis là tout le jour, virent sans péril
plusieurs personnes qui venoient exprès dans le bois pour
les chercher, et entendirent leurs discours, et entr'autres,
de quelle manière ils en useroient avec le *roi* s'ils pouvoient
le prendre.

Le jour s'étant passé dans l'arbre, il ne fut pas au pouvoir
du *roi*, d'oublier qu'il avoit été deux jours et deux nuits sans
manger, ni dormir que très-peu : de sorte que, quand la nuit
vint, il eut envie de l'un et de l'autre. Il résolut donc, par
l'avis et le secours de son camarade, de quitter ce bienheureux arbre ; et, à la faveur de l'obscurité, ils traversèrent le
bois, et entrèrent dans les closages les plus éloignés des
grands chemins, après avoir traversé les haies et les fossés,
et marché au moins huit ou neuf milles, le roi ayant eu
beaucoup de peine à faire ce chemin à cause de la pesanteur
de ses bottes, dont il n'avoit pu se débarrasser quand il se
fit couper les cheveux, parce qu'il n'avoit pas de souliers.
Enfin ils arrivèrent dans une pauvre chaumière, dont *Careles*
connoissoit le propriétaire. Ce paysan, en reconnoissant un
des deux, comprit aussitôt leur état, et ce qu'ils vouloient :
il les mena sur l'heure dans une grange pleine de foin, qui
étoit le meilleur appartement qu'il eût : mais quand ils y furent,
et eurent conféré avec leur hôte, touchant l'humeur et la disposition où étoient les habitans de cette contrée, il fut conclu
que le péril seroit plus grand, s'ils demeuroient tous deux ensemble. *Careles* promit que dans deux jours il enverroit un
homme de confiance au roi pour le conduire en quelqu'autre
lieu de sûreté ; *Charles* dormit fort bien dans ce lieu, jusqu'à
ce que l'hôte lui apportât un morceau de pain et un grand
pot de lait de beurre, ce qu'il trouva meilleur que tout ce
qu'il avoit jamais mangé.

Le troisième jour *Careles* lui envoya un homme un peu
au-dessus de la condition de son hôte, pour le conduire

33

dans une autre maison plus éloignée des grands chemins ;
pour mieux se déguiser, il changea ses habits avec ceux du
paysan : il auroit bien voulu garder sa chemise ; mais il fit
réflexion qu'on n'est jamais mieux reconnu dans le déguisement, que quand on porte du linge fin avec de mauvais
habits, de sorte qu'il la quitta pour une autre commune. Son hôte lui procura de même une paire de souliers,
mais qui lui furent extrèmement incommodes. En cet équipage, il sortit de son premier logement, au commencement de la nuit, sous la conduite de son guide, qui lui
fit traverser les haies et les fossés pour éviter le péril
de rencontrer des passans. Cette marche lui étoit si pénible, et il étoit si fatigué, qu'il fut près de se désespérer,
et à préférer d'être pris, et à tout souffrir, plutôt que
d'acheter sa sûreté à ce prix-là. Ses souliers l'avoient si fort
blessé, qu'avant que d'avoir fait la moitié du chemin, il les
jeta, et fit le reste du chemin avec ses bas, qui furent
aussitôt usés : les épines, en passant les fossés, et les cailloux
en d'autres endroits, lui blessèrent tellement les pieds, qu'il
se coucha plusieurs fois contre terre, dans une ferme résolution d'y rester jusqu'au matin, pour se retirer avec moins
de tourment, quelque péril qu'il y eût : mais son guide
l'exhorta, et lui persuada si bien de faire de nouveaux efforts,
qu'enfin, avant qu'il fût jour, ils arrivèrent en la maison
qui lui étoit destinée. Son appartement fut encore dans la
grange, sur de la paille au lieu de foin ; il trouva là du potage
et d'autres mets ordinaires à ces sortes de gens ; il eut
soin de se pourvoir de souliers et de bas un peu meilleurs ;
et quand ses pieds furent assez bien rétablis pour pouvoir
marcher, il fut conduit de là dans une autre pauvre maison,
qui n'étoit pas très-éloignée.

Peu de jours après, un religieux bénédictin de ce canton,
lui fut envoyé par *Careles*, et lui fut d'un grand secours.
Quand les endroits où il le menoit étoient trop éloignés,

il lui fournissoit un cheval, et il lui donna des habits plus
propres que les haillons dont il étoit revêtu. Cet homme
lui dit que lord *Wilmot* étoit aussi caché dans la maison
d'un de ses amis, dont Sa Majesté fut fort aise, et souhaita
de trouver quelque moyen de s'entretenir avec lui : ce que
l'autre fit sans peine, et les fit rencontrer une nuit ou deux
en un certain endroit. *Wilmot* dit au roi, que, par un très-
grand bonheur, il s'étoit retiré dans la maison d'un bon
gentilhomme, nommé M. *Lane*, qui avoit toujours été
fidèle aux infortunés Stuarts.

Charles resta lui-même quelque temps dans cette maison où
il étoit informé, chaque jour, de la consternation générale
où étoit le royaume, par la crainte que le roi ne tombât au
pouvoir de ses ennemis, et des soins que l'on prenoit de
s'informer de lui. Il vit la proclamation imprimée, par laquelle on promettoit mille livres sterling à celui qui livreroit
et découvriroit la personne de *Charles Stuart*, et ceux-là
déclarés coupables de haute trahison, qui seroient assez hardis
pour le retirer et le cacher. Il comprit par là l'obligation
qu'il avoit à ceux qui lui étoient fidèles. Il étoit temps alors
de voir comment il pourroit parvenir jusqu'au bord de la
mer, pour y trouver le moyen de se transporter hors du
royaume. Il en étoit presqu'au milieu, mais un peu plus vers
le nord, où les ports et la côte lui étoient tout-à-fait inconnus.

M. Lane avoit une nièce, ou très-proche parente, mariée
à un gentilhomme nommé M. Norton, et qui demeuroit à
quatre ou cinq journées du lieu ou étoit le roi. Il fut résolu
sur cela que mademoiselle Lane iroit rendre visite à cette
parente, que l'on savoit être bien intentionnée, et qu'elle
iroit en croupe derrière le roi, à qui on donneroit un habit
et des bottes convenables à son déguisement, et qu'un domestique de son père, avec ses livrées, l'accompagneroit. A
chaque maison où ils logeoient, ils prenoient un grand soin
qu'on menât aussitôt le roi dans une chambre, mademoiselle

Lane disant que c'étoit le fils d'un voisin, que le père lui
avoit envoyé pour l'amener en croupe, dans l'espérance
qu'il seroit plus tôt guéri d'une fièvre quarte, qui l'avoit extrêmement incommodé, et dont il n'étoit pas encore délivré.
Par cet artifice, elle lui faisoit toujours donner un bon lit, et
les meilleurs mets, qu'elle lui portoit souvent elle-même,
pour empêcher les autres de la faire.

Ils arrivèrent en la maison de M. *Norton*, et comme c'étoit
un jour de fête, ils virent beaucoup de monde à l'entour
d'un jeu de boule, qui étoit devant la porte, et le premier
que le roi remarqua, fut un de ses chapelains, allié de
M. Norton, assis pour regarder jouer.

Guillaume, qui étoit le nom qu'on avoit donné au roi,
alla droit à l'écurie mener son cheval, en attendant que sa
demoiselle lui eût fait préparer une chambre pour se
retirer.

Un moment après un laquais vint appeler Guillaume à
l'écurie, pour lui montrer sa chambre, où il fut fort aise
de se trouver dégagé de la compagnie qui étoit en bas.

A l'heure du souper, on servit du potage; mademoiselle *Lane* en mit dans un petit plat, « et pria le sommelier
de porter ce plat de potage à *Guillaume*, et de lui dire,
qu'on lui enverroit aussitôt de la viande. » Le sommelier
porta le potage dans la chambre, avec une serviette, une
cuiller, et du pain : ce qui fut une nouvelle agréable au
jeune homme, qui avoit envie de manger.

Le sommelier le regardant attentivement, se jeta à genoux,
et lui dit, les larmes aux yeux, « qu'il étoit ravi de voir Sa
Majesté. » Le roi fut extrêmement surpris; néanmoins il
se posséda assez pour rire, et pour lui demander ce qu'il
vouloit dire. Cet homme avoit été fauconnier du chevalier
Thomas-Germain, et fit voir qu'il savoit bien ce qu'il disoit,
en répétant quelques particularités que le roi n'avoit pas
oubliées. Le roi le conjura « de ne pas parler de ce qu'il

savoit, même à son maître, quoiqu'il le crût un très-honnête homme. » Le sommelier le lui promit, et lui tint sa parole, et le roi en fut mieux servi tout le temps qu'il fut en haut.

Quand le roi eut reçu des nouvelles de lord Wilmot, avec qui il correspondoit directement, et qu'il apprit que le colonel François *Windham* demeuroit à un peu plus d'une journée du lieu où il étoit, il prit congé de mademoiselle *Lane*, qui demeura chez monsieur Norton, son parent. Sa Majesté et Wilmot rencontrèrent le colonel *Windham*; ils séjournèrent quelques jours dans sa maison, pendant que le colonel projetoit « en quel lieu le roi s'embarqueroit, et comment ils trouveroient un vaisseau tout prêt : » ce qui n'étoit pas facile, la frayeur qui s'étoit emparée de tous les gens bien intentionnés étant si grande, qu'on ne pouvoit pas, sans beaucoup de peine, trouver un vaisseau freté pour les pays étrangers.

Enfin, après les plus grands dangers, Charles II dut au zèle et à la fidélité de ses fidèles amis la possibilité de quitter l'Angleterre. Un vaisseau étant tenu prêt sur la côte de Sussex, l'on envoya dire au roi de se trouver à *Stone-Henge* sur la plaine, à trois milles de Heale, où une femme qui l'avoit déjà sauvé eut soin de le conduire. Il s'embarqua à Brigt-*Hemsted*, petite ville de pêcheurs, et, par la bénédiction de Dieu, arriva au mois de novembre sain et sauf en Normandie. Il mit pied à terre dans une petite anse, d'où il se rendit à Rouen, et de là il donna avis de son arrivée à la reine sa mère

Charles II fut rappelé au trône le 8 mai 1660; on publia le même jour une déclaration du nouveau roi, contenant une amnistie générale du passé pour tous ceux qui, dans quarante jours, à compter de celui de cette publication, rentreroient sous l'obéissance du légitime souverain.

Charles fit son entrée le 8 juin suivant.

(*Mémoires de Clarendon.*)

(181) pag. 220. *Le prince Edouard.*

Le prince Charles Edouard étoit fils de celui qu'on appeloit le prétendant, ou le chevalier de Saint-Georges. On sait assez que son grand-père avoit été détrôné par les Anglais, son bisaïeul condamné à mourir sur un échafaud par ses propres sujets, sa quadrisaïeule livrée au même supplice par le parlement d'Angleterre. Ce dernier rejeton de tant de Rois et de tant d'infortunés, consumoit sa jeunesse auprès de son père retiré à Rome. Il avoit marqué plus d'une fois le désir d'exposer sa vie pour remonter au trône de ses pères. On l'avoit appelé en France dès l'an 1742, et on avoit tenté en vain de le faire débarquer en Angleterre.

Ce prince s'entretenant un jour avec le cardinal de *Tencin*, à qui son père avoit donné sa nomination au cardinalat par un accord fait entr'eux, celui-ci lui dit: « Que ne tentez-vous de passer sur un vaisseau vers le nord de l'Ecosse, votre seule présence pourra vous former un parti et une armée; alors il faudra bien que la France vous donne des secours. »

Ce conseil hardi, conforme au courage de Charles Edouard, le détermina. Il ne fit confidence de son dessein qu'à sept officiers, les uns Irlandais, les autres Ecossais, qui voulurent courir sa fortune. L'un d'eux s'adresse à un négociant de Nantes, nommé *Walsh*, fils d'un Irlandais attaché à la maison de *Stuart*. Ce négociant avoit une frégate de dix-huit canons, sur laquelle le prince s'embarqua le 12 juin 1745, n'ayant, pour une expédition dans laquelle il s'agissoit de la couronne de la Grande-Bretagne, que sept officiers, environ dix-huit cents sabres, douze cents fusils, et quarante-huit mille francs. La frégate étoit escortée d'un vaisseau du roi, de soixante-quatre canons, nommé *l'Elisabeth.*

Le prince aborda d'abord dans une petite île presque déserte au-delà de l'Irlande, vers le cinquante-huitième degré. Il cingle au continent de l'Ecosse. Il débarque dans un

petit canton, appelé le Moidart : quelques habitans auxquels
il se déclara, se jetèrent à ses genoux ; mais que pouvons-
nous faire? lui dirent-ils. Nous n'avons point d'armes, nous
sommes dans la pauvreté, nous ne vivons que de pain d'a-
voine, et nous cultivons une terre ingrate.

Je cultiverai cette terre avec vous, répondit le prince, *je
mangerai de ce pain, je partagerai votre pauvreté, et je vous
apporte des armes.*

On peut juger si de tels sentimens et de tels discours atten-
drirent ces habitans. Il fut joint par quelques chefs des tribus
de l'Ecosse. Ceux du nom de *Macdonal*, de *Lohil*, les
Camerons, les *Frasers* vinrent le trouver.

Les sept hommes que le prince avoit menés avec lui,
étoient le marquis *de Tullibardine*, frère du duc *d'Athol*;
un *Macdonal*, Thomas *Shéridan*; *Sullivan*, désigné maré-
chal-des-logis de l'armée qu'on n'avoit pas; Kelli, Irlandais,
et Strickland, Anglais.

On n'avoit pas encore rassemblé trois cents hommes autour
de sa personne, qu'on fit un étendard royal d'un morceau
de taffetas apporté par *Sullivan*. A chaque moment la troupe
grossissoit, et le prince n'avoit pas encore passé le bourg de
Fenning qu'il se vit à la tête de quinze cents combattans,
qu'il arma de fusils et de sabres dont il étoit pourvu.

Il eut quelques succès qui augmentèrent le courage et l'espérance, et attiroient de tous côtés de nouveaux soldats. On
marchoit sans relâche. Le prince *Edouard* toujours à pied,
à la tête de ses montagnards, vêtu comme eux, se nourris-
sant comme eux, traverse le pays *d'Athol*, *le Perh-Shire*,
s'empare de Perth, ville considérable dans l'Ecosse. Ce fut
là qu'il fut proclamé solennellement régent d'Angleterre,
d'Ecosse et d'Irlande, pour son père Jacques III.

Le duc de Perth, le lord George Murrai, arrivèrent alors
à Perth, et firent serment au prince. Ils amenèrent de
nouvelles troupes ; le prince dit qu'il falloit aller droit à

Edimbourg, la capitale de l'Ecosse. Mais comment espérer
de prendre *Edimbourg* avec si peu de monde, et point de
canon? Il avoit des partisans dans la ville; mais tous les citoyens n'étoient pas pour lui : *Il faut me montrer*, dit-il,
pour les faire déclarer tous; et sans perdre de temps, il marche à la capitale : il arrive, il s'empare de la porte. L'alarme
est dans la ville; les uns veulent reconnoître l'héritier de
leurs anciens rois, les autres tiennent pour le gouvernement.
Les magistrats se rendent à la porte, dont Charles-Edouard
étoit maître. Le prévôt d'Edimbourg, nommé *Stuard*, qu'on
soupçonna d'être d'intelligence avec lui, paroit en sa présence, et demande d'un air éperdu ce qu'il faut faire. Tomber à ses genoux, lui répondit un habitant, et le reconnoître. Il fut aussitôt proclamé dans la capitale.

A peine étoit-il maître de la ville d'Edimbourg, qu'il
apprit qu'il pouvoit donner une bataille, et il se hâta de la
donner. *Charles Edouard* étoit si rempli de l'idée qu'il devoit vaincre, qu'avant de charger les ennemis, il remarqua
un défilé par où ils pouvoient se retirer, et il le fit occuper
par cinq cents montagnards. Il tire son épée, et jetant le
fourreau loin de lui : *Mes amis*, dit-il, *je ne la remettrai
dans le fourreau que quand vous serez libres et heureux.*
Toute sa troupe marche rapidement aux Anglais sans garder
de rang, ayant des cornemuses pour trompettes; ils tirent
à vingt pas; ils jettent aussitôt leurs fusils, mettent d'une
main leurs boucliers sur leur tête, et se précipitant entre
les hommes et les chevaux, ils tuent les chevaux à coups de
poignard, et attaquent les hommes le sabre à la main. Les
Anglais plièrent de tous côtés sans résistance; on en tua
huit cents : le reste fuyoit par l'endroit que le prince avoit
remarqué; et ce fut là même qu'on en fit quatorze cents
prisonniers. Tout tomba au pouvoir du vainqueur; il se fit
une cavalerie avec les chevaux des dragons ennemis. Le
prince Edouard dans cette journée ne perdit pas soixante

hommes. Il ne fut embarrassé dans sa victoire que de ses prisonniers ; leur nombre étoit presque égal à celui des vainqueurs. Il les renvoya sur leur parole, après les avoir fait
jurer de ne point porter les armes contre lui d'une année.
Il garda seulement les blessés pour en avoir soin : cette magnanimité devoit lui faire de nouveaux partisans.

Ce prince eut encore de nombreux avantages ; mais il ne
recevoit que de foibles secours d'hommes et d'argent. Les
milices anglaises reprirent Edimbourg. Ces milices répandues dans le comté de Lancastre lui coupent les vivres ; il
faut qu'il retourne sur ses pas. Son armée étoit tantôt forte,
tantôt foible, parce qu'il n'avoit pas de quoi la retenir continuellement sous les drapeaux par un paiement exact. Cependant il lui restoit encore environ huit mille hommes.

Le duc de Cumberland marchoit en Ecosse ; il arriva à
Edimbourg le 10 février. Le prince Edouard fut obligé de
lever le siége du château de *Sterling*. L'hiver étoit rude ; les
subsistances manquoient. Sa plus grande ressource étoit dans
quelques partis, qui erroient tantôt vers *Invernes*, et tantôt
vers *Aberden*, pour recueillir le peu de troupes et d'argent
qu'on hasardoit de lui faire passer de France. La plupart
de ces vaisseaux étoient observés et pris par les Anglais ;
trois compagnies du régiment de Fitz-James abordèrent
heureusement. Lorsque quelque petit vaisseau abordoit, il
étoit reçu avec des acclamations de joie ; les femmes couroient au devant ; elles menoient par la bride les chevaux
des officiers. On faisoit valoir les moindres secours, comme
des renforts considérables ; mais l'armée du prince *Edouard*
n'en étoit pas moins pressée par le duc de *Cumberland*. Elle
étoit retirée dans Invernes, et le pays n'étoit pas pour lui.

Le duc *de Cumberland* passe enfin la rivière de Spée, et
marche vers Invernes ; il fallut en venir à une bataille décisive.

Les deux armées furent en présence, le 27 avril 1746, à

deux heures après midi, dans un lieu nommé Culloden. Les montagnards ne firent point leur attaque ordinaire qui étoit si redoutable. La bataille fut entièrement perdue, et le prince, légèrement blessé, fut entraîné dans la fuite la plus précipitée. [Il fut obligé de se jeter dans une rivière à trois milles d'*Invernefs*, et de la passer à la nage. Quand il eut gagné l'autre bord, il vit de loin les flammes au milieu desquelles périssoient cinq ou six cents montagnards dans une grange, à laquelle le vainqueur avoit mis le feu, et il entendit leurs cris.

Il marcha cinq jours et cinq nuits, sans presque prendre un moment de repos, et manquant souvent de nourriture. Ses ennemis le suivoient à la piste. Tous les environs étoient remplis de soldats qui le cherchoient; et le prix mis à sa tête redoubloit leur diligence.

Il n'y a pas d'exemple sur la terre d'une suite de calamités aussi singulières et aussi horribles que celles qui avoient affligé toute sa maison. Il étoit né dans l'exil, et il n'en étoit sorti que pour traîner, après des victoires, ses partisans sur l'échafaud, et pour entrer dans des montagnes. Tout ce long amas d'infortunes uniques se présentoit sans cesse au cœur du prince, et il ne perdoit pas l'espérance. Il marchoit à pied, sans appareil à sa blessure, sans aucun secours, à travers ses ennemis; il arriva enfin dans un petit port nommé Arizaig, à l'occident septentrional de l'Ecosse.

La fortune sembla vouloir alors le consoler. Deux armateurs de Nantes faisoient voile pour cet endroit, et lui apportoient de l'argent, des hommes et des vivres; mais, avant qu'ils abordassent, les recherches continuelles qu'on faisoit de sa personne, l'obligèrent de partir du seul endroit où il pouvoit alors trouver sa sûreté. *Onel*, un de ses partisans irlandais, au service d'Espagne, qui le joignit dans ces cruelles conjonctures, lui dit qu'il pouvoit trouver une retraite assurée dans une petite île voisine nommée *Stornai*, la

dernière qui est au nord-ouest de l'Ecosse. Ils s'embarquèrent
dans un bateau de pêcheur : mais à peine sont-ils sur le
rivage qu'ils apprennent qu'un détachement de l'armée du
duc *de Cumberland* est dans l'île. Le prince et ses amis furent
obligés de passer la nuit dans un marais. Pour se dérober à
une poursuite si opiniâtre, ils hasardèrent au point du jour de
rentrer dans leur petite barque, et de se remettre en mer
sans provisions, et sans savoir quelle route tenir. A peine
eurent-ils vogué deux milles qu'ils furent entourés des
vaisseaux ennemis.

Il n'y avoit plus de salut qu'en échouant entre des rochers
sur le rivage d'une petite île déserte et presque inabordable :
ce qui, en d'autre temps, eût été regardé comme une des plus
cruelles infortunes, fut pour eux leur unique ressource.
Ils cachèrent leur barque derrière un rocher, et attendirent
dans ce désert que les vaisseaux anglais fussent éloignés, ou
que la mort vînt finir tant de désastres. Il ne restoit au prince,
à ses amis, et aux matelots qu'un peu d'eau-de-vie pour soutenir leur vie malheureuse. On trouva, par hasard, quelques
poissons secs que des pêcheurs, poussés par la tempête, avoient
laissés sur le rivage. On rama d'île en île ; quand les vaisseaux
ennemis ne parurent plus, le prince aborde dans cette même
île de Wigt où il étoit venu prendre terre lorsqu'il arriva
de France. Il y trouve un peu de secours et de repos ; mais
cette légère consolation ne dura guères. Des milices du duc
de Cumberland arrivèrent au bout de trois jours dans ce
nouvel asile : la mort ou la captivité paroissoit inévitable. Le
prince avec ses deux compagnons se cacha trois jours dans
une caverne : il fut encore trop heureux de se rembarquer
et de fuir dans une autre île déserte, où il resta huit jours
avec quelques provisions d'eau-de-vie, de pain d'orge, et
de poisson salé.

Ils se remettent donc en mer, et ils abordent pendant la
nuit. Ils erroient sur le rivage, n'ayant pour habits que des

lambeaux déchirés de vêtemens à l'usage des montagnards.
Ils rencontrèrent au point du jour une demoiselle à cheval,
suivie d'un jeune domestique. Ils hasardèrent de lui parler:
cette demoiselle étoit de la maison de *Macdonal*, attachée
aux Stuarts. Le prince la reconnut, et s'en fit reconnoître:
elle se jeta à ses pieds. Le prince et ses amis, et elle, fondoient
en larmes; et les pleurs que mademoiselle *Macdonal* versoit
dans cette entrevue si singulière et si touchante, redou-
bloient par le danger où elle voyoit le prince. On ne pouvoit faire un pas sans risquer d'être pris. Elle conseilla au
prince de se cacher dans une caverne qu'elle lui indiqua au
pied d'une montagne, près de la cabane d'un montagnard,
connu d'elle, et affidé; et elle promit de venir le prendre
dans cette retraite, ou de lui envoyer quelque personne sûre,
qui se chargeroit de le conduire.

Le prince s'enfonça donc encore dans une caverne avec
ses fidèles compagnons; le paysan montagnard leur fournit
un peu de farine d'orge, détrempée dans de l'eau; mais leur
inquiétude et leur désolation furent au comble, lorsqu'ayant
passé deux jours dans ce lieu affreux, personne ne vint à
leur secours. Tous les environs étoient garnis de milices; il
ne restoit plus de vivres à ces fugitifs. Une maladie cruelle
affoiblissoit le prince: son corps étoit couvert de boutons
ulcérés; cet état, et ce qu'il avoit souffert, et tout ce qu'il
avoit à craindre, mettoient le comble à cet excès des plus
horribles misères que la nature humaine puisse éprouver;
mais il n'étoit pas au bout.

Mademoiselle *Macdonal* envoie enfin un exprès dans la
caverne; et cet exprès leur apprend que la retraite dans le
continent est impossible; qu'il faut fuir encore dans une
petite île, nommée *Benbecula*, et s'y réfugier dans la maison
d'un pauvre gentilhomme qu'on leur indique. La même
barque qui les avoit portés au continent, les transporte donc
dans cette île: ils marchent vers la maison de ce *gentil-*

homme. Mademoiselle *Macdonal.* s'embarque à quelques
milles de là pour les aller trouver. Mais ils sont à peine
arrivés dans l'île, qu'ils apprennent que le gentilhomme chez
lequel ils comptoient trouver un asile, avoit été enlevé la
nuit avec toute sa famille. Le prince et ses amis se cachent
encore dans des marais. *Onel* enfin va à la découverte. Il
rencontra mademoiselle *Macdonal* dans une chaumière. Elle
lui dit qu'elle pouvoit sauver le prince, en lui donnant des
habits de servante qu'elle avoit apportés avec elle ; mais
qu'elle ne pouvoit sauver que lui, qu'une seule personne de
plus seroit suspecte. Ces deux hommes n'hésitèrent pas à
préférer son salut au leur. Ils se séparèrent en pleurant.
Charles Edouard prit des habits de servante, et suivit, sous le
nom de Betti, mademoiselle *Macdonal.* Les dangers ne ces-
sèrent pas, malgré ce déguisement. Cette demoiselle et le
prince déguisé se réfugèrent d'abord dans l'île de *Skie*, à
l'occident de l'Ecosse.

Ils étoient dans la maison d'un gentilhomme , lorsque
cette maison est tout-à-coup investie par les milices ennemies. Le prince ouvre lui-même la porte aux soldats. Il eut
le bonheur de n'être pas reconnu ; mais bientôt après on
sut dans l'île qu'il étoit dans ce château. Alors il fallut se
séparer de mademoiselle *Macdonal* , et s'abandonner seul
à sa destinée. Il marcha dix lieues entières, suivi d'un simple
batelier ; enfin , pressé de la faim, et prêt à succomber ,
il se hasarda d'entrer dans une maison, dont il savoit bien
que le maître n'étoit pas de son parti. *Le fils de votre roi* , lui
dit-il , *vient vous demander du pain et un habit. Je sais que
vous êtes mon ennemi ; mais je vous crois assez de vertu pour
ne pas abuser de ma confiance et de mon malheur. Prenez les
misérables vêtemens qui me couvrent , gardez-les ; vous pourrez
me les apporter un jour dans le palais des rois de la Grande-
Lretagne.*

Le gentilhomme auquel il s'adressoit, fut touché comme
il devoit l'être. Il s'empressa de le secourir, autant que la

pauvreté de ce pays pouvoit le permettre, et lui garda le secret.

Dans les inquiétudes où l'on étoit en France sur la destinée du *prince Edouard*, on avoit fait partir, dès le mois de juin, deux petites frégates, qui abordèrent heureusement sur la côte occidentale d'Ecosse, où ce prince étoit descendu, quand il commença cette entreprise malheureuse. Enfin, le 29 septembre le prince arriva par des chemins détournés, et au travers de mille périls nouveaux, au lieu où il étoit attendu. Ce qui est étrange, et ce qui prouve bien que tous les cœurs étoient à lui, c'est que les Anglais ne furent avertis ni du débarquement, ni du séjour, ni du départ des vaisseaux ; enfin le prince, après tant de malheurs et de dangers, arriva le 10 octobre 1746, au port de Saint-Paul-de-Léon, avec quelques-uns de ses partisans, échappé comme lui à la recherche des vainqueurs.

Le prince Edouard ne fut pas alors au terme de ses calamités : car étant réfugié en France, et se voyant obligé d'en sortir pour satisfaire les Anglais, qui l'exigèrent dans le traité de paix, son courage, aigri par tant de secousses, ne voulut pas plier sous la nécessité. Il résista aux remontrances, aux prières, aux ordres, prétendant qu'on devoit lui tenir la parole de ne le pas abandonner. On se crut obligé de se saisir de sa personne. Il fut arrêté, garrotté, mis en prison, conduit hors de France. Ce fut là le dernier coup, dont la destinée accabla une génération de rois, pendant trois cents années.

Charles Edouard, depuis ce temps, se cacha au reste de la terre. Que les hommes privés, qui se plaignent de leurs petites infortunes, jettent les yeux sur ce prince et sur ses ancêtres.

(*Précis du Siècle de Louis XV, par M. de Voltaire.*)

(182) pag. 220. *Pierre I.*

Pierre *Alexiowith*, surnommé le Grand, né en 1672, fut mis sur le trône après la mort de son frère aîné Fœdor, au préjudice d'Ivan, son autre frère, dont la santé étoit aussi foible que l'esprit. Il fut le réformateur, ou plutôt le créateur de sa nation. Avant lui la Russie n'étoit rien : elle est aujourd'hui un des empires les plus puissans de l'Europe et de l'Asie. Ce pays lui doit tout : lois, police, discipline militaire, marine, commerce, sciences, beaux-arts; il a tout entrepris, et ce qu'il n'a pas achevé, s'est perfectionné selon ses vues. Par une singularité dont il n'est point d'exemple, ce sont quatre femmes, montées après lui successivement sur le trône, qui ont maintenu tout ce qu'il acheva, et ont perfectionné tout ce qu'il entreprit. Il mourut le 28 janvier 1725.

(183) pag. 221. *Madame de Maintenon.*

Françoise d'Aubigné, marquise de Maintenon, étoit petite-fille du célèbre Théodore – Agrippa d'Aubigné, gentilhomme ordinaire de la chambre de Henri IV. Son père, Constant d'Aubigné, fut mis en prison à Bordeaux, pour quelques intelligences avec les Anglais. Délivré de sa prison par la fille du gouverneur, il épousa sa bienfaitrice, et la mena à la Caroline. De retour en France avec elle, au bout de quelques années, tous deux furent enfermés à Niort en Poitou, par ordre de la cour; ce fut dans cette prison de Niort que naquit, en 1635, Françoise d'Aubigné, destinée à éprouver toutes les rigueurs et toutes les faveurs de la fortune.

Menée à l'âge de trois ans en Amérique, abandonnée par un domestique sur le rivage, elle pensa y être dévorée par un serpent. Dans son retour d'Amérique en France, on la crut morte d'une maladie qui régnoit dans le vaisseau, et on alloit la jeter à la mer, lorsqu'elle donna un signe de vie. Ramenée orpheline en France, à l'âge de douze ans, élevée comme par charité chez madame de Neuillant, sa parente, elle fut trop heureuse d'épouser en 1651 Paul Scarron, qui logeoit auprès d'elle, rue d'Enfer.

Après la mort de son mari, arrivée en 1660, elle fit solliciter long-temps et inutilement une petite pension auprès de Louis XIV; ce refus l'obligea d'accepter l'éducation des enfans d'une princesse de Portugal. Elle alloit partir pour ce royaume, lorsqu'ayant été saluer la marquise de Montespan, dont elle étoit avantageusement connue, la marquise la détourna de ce voyage, se chargea de son placet, obtint la pension, et présenta elle-même au roi madame Scarron, qui devoit un jour la supplanter.

Louis XIV, dans les commencemens, étoit prévenu contre elle; il la trouvoit pédante et bel esprit. Mais une réponse du duc du Maine frappa singulièrement le roi. « Vous êtes » bien raisonnable, lui disoit un jour ce prince.—Comment » ne le serois-je pas, reprit l'enfant, j'ai une gouvernante qui » est la raison même. — Allez, reprit le roi, allez lui dire » que vous lui donnez cent mille francs pour vos dragées. »

Ce fut de cette libéralité du roi, qu'elle acheta la terre de Maintenon, dont elle prit le nom.

Elle sut inspirer tout à la fois à Louis XIV tant de tendresse et de scrupule, que le roi l'épousa secrètement, au mois de janvier 1686. L'archevêque de Paris, Harlay de Chanvalon, donna la bénédiction nuptiale; le confesseur y assista; Montchevreuil et Bontemps y assistèrent comme témoins.   (*Ephémérides.*)

(184) pag. 221. *Marie-Thérèse.*

Marie-Thérèse d'Autriche, fille de Philippe IV, roi d'Espagne, avoit épousé Louis XIV en 1660; mariage qui étoit un des principaux articles du traité des Pyrénées, et en vertu duquel une branche de la famille des Bourbons occupe aujourd'hui le trône d'Espagne.

On sait qu'en apprenant la mort de Marie-Thérèse, Louis XIV dit : Voilà le premier chagrin qu'elle m'ait jamais donné. Elle mourut le 30 juillet 1683.

(185) pag. 221. *Catherine In.*

Catherine Alexiowna, née en Livonie de parens pauvres et obscurs, se trouvoit dans Mariembourg, lorsque les Russes prirent cette ville d'assaut, et emmenèrent tous les habitans en captivité. Catherine se trouva au nombre des captifs ; sa figure et son esprit la firent remarquer du général russe Menzikoff, qui la plaça auprès de sa sœur.

C'est là qu'il lui fut prédit par un célèbre physionomiste qu'elle étoit appelée par son étoile à jouer le plus grand rôle ; qu'elle fixeroit même le cœur d'un souverain, et qu'un jour enfin, elle seroit assise auprès de son maître le *Czar.*

Quelque temps après, *Pierre-le-Grand* se trouvant à manger chez le général, on la fit servir à table ; elle frappa tellement les yeux du Czar par sa bonne grâce, et répondit avec tant d'esprit à toutes ses questions, qu'il en devint éperdûment amoureux.

Il l'épousa d'abord secrètement, en 1707, et ensuite publiquement, en 1712 ; il la couronna lui-même solennellement en 1724, et l'année suivante, qui fut celle de sa mort, il la déclara, par son testament, héritière de l'empire.

Elle se montra digne de succéder à ce grand homme, en suivant son plan de gouvernement, en achevant ce qu'il avoit commencé ; ce fut, en un mot, le génie de *Pierre-le-Grand*, qui dirigea toutes les affaires sous le règne de *Catherine*. Son règne fut malheureusement trop court ; elle ne survécut à son mari que deux ans.

(186) pag. 221. *Louis XV.*

Louis XV, troisième fils du duc de Bourgogne, et de Marie-Adélaïde de Savoie, petit-fils de Louis, dauphin, n'avoit que cinq ans et demi lorsqu'il monta sur le trône.

34

Philippe, duc d'Orléans, neveu du feu roi, fut déclaré régent par le parlement.

Louis fut sacré à Reims le 25 octobre, et le 22 février suivant 1723, étant entré dans sa quatorzième année, il se rendit au parlement, où il fut déclaré majeur.

Aucun des prédécesseurs de Louis XV ne l'a surpassé pour l'étendue et la variété des connoissances. Il avoit composé, au sortir de l'enfance, sous la direction du célèbre géographe de Lisle, un traité du cours des principales rivières de l'Europe, qui a vu le jour en 1718. La physique expérimentale, l'astronomie, la géographie, la chimie, et la plupart des arts libéraux, firent de grands progrès sous le règne de Louis XV, par la protection qu'il leur accorda, et les libéralités dont il combla ceux qui les cultivoient avec succès. Des voyages furent entrepris aux frais du gouvernement, par Maupertuis, au Pôle Arctique; par la Condamine, à l'Equateur; et par d'autres savans, à la Californie, aux Philippines, en Sibérie, pour enrichir l'histoire naturelle et perfectionner la navigation. Le commerce reçut aussi de l'accroissement, à cause des grands chemins, des ponts et chaussées qu'on fit construire dans toutes les provinces; sous un règne aussi paisible, Louis XV s'occupa du bonheur individuel et général : aussi fut-il nommé le Bien-Aimé.

(187) pag. 221. *Le Dauphin.*

Le dauphin revenoit de chasser la perdrix à Vil'e-Preux : ayant voulu décharger son fusil avant de monter en carrosse, il ne s'aperçut pas que M. de Chambors, son écuyer de service, s'avançoit en ce moment pour lui donner la main. Chambors reçut le coup qui le renversa par terre. On ne sauroit peindre la désolation et le désespoir du dauphin à la vue de ce terrible accident. Chambors lui dit : Ma vie n'est-elle pas à vous ? Ne devoit-elle pas être sacrifiée à votre ervice ?

Ces sublimes paroles servoient encore à redoubler le désespoir du prince ; il aida lui-même à mettre le malheureux
Chambors dans la voiture qui devoit le ramener à Versailles,
il vouloit y monter avec lui ; Chambors s'y opposa, et lui
dit : Monsieur, je vous recommande ma femme et l'enfant
qu'elle porte. Dès qu'on est arrivé à Versailles, le dauphin
fait dire à Chambors que, s'il peut supporter sa vue, il veut
aller lui rendre tous les services qui dépendront de lui ;
Chambors le supplie de s'épargner un spectacle qui lui seroit
trop sensible, et le conjure de modérer sa douleur. Le célèbre Moreau, premier chirurgien de l'Hôtel-Dieu, accourt,
par ordre du prince, employer tout son art pour conserver
la vie à Chambors, mais tous ses soins sont inutiles ; la blessure étoit mortelle, et le malheureux Chambors expire, le 21
août suivant, dans la vingt-neuvième année de son âge, laissant sa veuve, âgée de vingt-un ans, grosse de quatre mois.
Le dauphin écrivit la lettre suivante à cette veuve désolée :

« Vos intérêts, madame, sont devenus les miens ; vous me
verrez toujours aller au-devant de ce que vous pouvez souhaiter, et pour vous et pour cet enfant que vous allez mettre au
jour ; je serois bien fâché que vous vous adressassiez à d'autre
qu'à moi ; ma seule consolation dans l'horrible malheur dont
je n'ose me retracer l'idée, est de contribuer à adoucir autant qu'il dépendra de moi, la douleur que vous ressentez,
et que je ressens comme vous-même. »

Le dauphin tint sur les fonts de baptême le fils dont madame de Chambors accoucha cinq mois après la mort de
son mari ; il s'intéressa toujours vivement au sort de cet
enfant, à la situation de sa mère, et à celle des personnes
qui lui appartenoient.

Le dauphin s'interdit, pour le reste de sa vie, le plaisir
de la chasse, et fut toujours inconsolable d'avoir fait inno-
cemment une veuve et un orphelin.

(*Ephémérides.*)

34.

(188) pag. 221. *Fénélon.*

François de Salignac de la Motte Fénélon étoit né au château de Fénélon en Quercy, le 5 août 1651.

Des inclinations heureuses, un naturel doux, jointe à une grande vivacité d'esprit, furent les présages de ses vertus et de ses talens. Dès l'âge de dix-neuf ans, il prêcha et enleva tous les suffrages.

Louis XIV lui confia l'éducation de ses petits-fils, les ducs de Bourgogne, de Berry et d'Anjou.

En 1695, Fénélon obtint la digne récompense de ses soins par la nomination à l'archevêché de Cambrai.

Les premières années de son épiscopat furent troublées par sa grande querelle avec Bossuet, dont il avoit d'abord été le disciple et l'ami, et dont il devint alors malgré lui le rival et l'ennemi.

On crut voir dans son Télémaque, une critique indirecte du gouvernement de Louis *XIV*: *Sésostris*, qui triomphoit avec trop de faste ; *Idoménée*, qui établissoit le luxe dans Salente, et qui oublioit le nécessaire ; le marquis de Louvois sembloit, aux yeux des mécontens, représenté sous le nom de *Protésilas*, vain, dur, hautain, ennemi des grands capitaines qui servoient l'État, et non le ministre.

Fénélon a laissé encore plusieurs ouvrages estimés de tous les gens de goût : mais son livre par excellence a toujours été regardé comme un des plus beaux monumens d'un siècle florissant.

(189) pag. 221. *Louis XVI.*

D'autres, du jour fatal, retraceront l'image ;
Dans ce vaste Paris, le calme du cercueil ;
Les citoyens, cachés dans leurs maisons, en deuil,

Croyant sur eux du ciel voir tomber la vengeance ;
Le char affreux, roulant dans un profond silence ;
Ce char qui plus terrible, entendu de moins près,
Du crime, en s'éloignant, avance les apprêts ;
L'échafaud régicide et la hache fumante ;
Cette tête sacrée et de sang dégouttante,
Dans les mains du bourreau de son crime effrayé.
Ces tableaux font horreur ; et je peins la pitié !
La pitié pour Louis ! il n'est plus fait pour elle.
O vous ! qui l'observiez de la voûte éternelle,
Anges, applaudissez ; il prend vers vous l'essor.
Commencez vos concerts, prenez vos lyres d'or.
Déjà son nom s'inscrit aux célestes annales ;
Préparez, préparez vos palmes triomphales.
De sa lutte sanglante il sort victorieux,
Et l'échafaud n'étoit qu'un degré vers les cieux.

(Poème de la Pitié.)

Que le jour auquel je suis né périsse ! s'écrioit par l'inspiration divine et dans un sens mystérieux et figuré, l'un des plus saints patriarches ; qu'il périsse, le jour auquel je suis né, qu'il se change en ténèbres ; que, du haut du ciel, Dieu ne le regarde que comme s'il n'avoit jamais existé ; qu'il ne soit point éclairé de la lumière ; qu'il soit couvert de l'ombre de la mort ; qu'une sombre obscurité l'environne, et qu'il soit plongé dans l'amertume !   (*Job.*)

Si Dieu a mis dans la bouche d'un homme juste de semblables imprécations contre le jour de sa naissance, de quels anathèmes la France doit-elle couvrir le jour où son roi, et un aussi bon roi, a été condamné et mis à mort ?

Extrait du Mandement de Messieurs les vicaires-généraux du chapitre métropolitain de Paris, le siége vacant, qui ordonne que le 21 janvier, jour anniversaire de la mort de Louis XVI, il soit célébré, dans toutes les églises du diocèse, un service solennel, qui sera précédé d'une cérémonie-expiatoire.

(190) pag. 222. *Madame Clotilde.*

Sœur de l'immortel Louis XVI.

(191) pag. 222. *Céleste Elisabeth.*

Le 10 mai 1794, madame Elisabeth, sœur de Louis XVI, est réunie à son frère et à sa belle-sœur par le même genre de mort.

Mon pinçeau fatigué de peindre des forfaits,
Se voue à dessiner des pudiques portraits.
Au nom d'Elisabeth, quel mortel insensible
Ne sent pas de sa mort le contre-coup terrible !
En opposition à la férocité,
Peignez-vous la vertu, modeste avec fierté;
Elle bénit le ciel qui la prend pour victime,
Et sa tranquilité désespère le crime.
Elle donne en mourant à tous ses compagnons
De son calme divin l'exemple et les leçons.
De son corps virginal sa tête est séparée;
Hélas! pour un instant le ciel nous l'a montrée!
Ainsi, sous les efforts des autans furieux,
Périt le jeune lis, l'amour de nos aïeux.

(*Fragment d'un poëme inédit sur la révolution*, *fait par M. Des Lys.*)

Je vais citer des vers inédits du même auteur; c'est un hommage que je rends à ses talens et à son mérite personnel. Arrêté le 5 novembre 1813 (comme zélé partisan de la maison de Bourbon), il fut jeté dans les cachots de la Grande Force *avec de dignes amis, qui partageoient sa noble et constante opinion.* Ce poëte aimable invoqua de nouveau sa muse,

dans un moment bien douloureux : elle lui inspira alors des
Stances Prophétiques ; et enfin il se chanta lui-même dans
le morceau suivant :

> Dans un obscur cachot, plein d'honneur et de foi,
> Je gémis dans les fers par amour pour mon roi ;
> Sous le fer des bourreaux dût ma tête s'abattre,
> Je meurs pour *Louis Seize et les fils d'Henri Quatre.*
> Abhorrant des Français la trop coupable erreur,
> Le vice n'a jamais approché de mon cœur.
> *Elisabeth, Lamballe*, à vos ombres sacrées,
> Je consacre en mourant mes cendres épurées.

(192) pag. 222. Marie-Antoinette.

Juges de votre reine, écoutez ses forfaits.
Sa facile bonté prodigua les bienfaits,
Son cœur, de son époux partagea l'indulgence ;
Ce cœur, fait pour aimer, ignora la vengeance.
« J'ai tout vu, j'ai su tout, et j'ai tout oublié. »
Ce mot, inconcevable aux âmes sans pitié,
Ce mot dont la noblesse encouragea le crime,
Il fut de son grand cœur l'expression sublime:
Elle fit des heureux, elle fit des ingrats.
Tigres, oserez-vous ordonner son trépas ?
Ah ! leurs horribles fronts l'ont prononcé d'avance.
Mais je n'attendrai point l'effroyable sentence :
Non, je n'attendrai point qu'une exécrable loi
Envoie à l'échafaud l'épouse de mon roi :
Non, je ne verrai point le tombereau du crime,
Ces licteurs, ce vil peuple, outrageant leur victime.
Tant de rois, d'empereurs, dans elle humiliés,
Ses beaux bras, ô douleur ! indignement liés,
Le ciseau dépouillant cette tête charmante,
La hache, ah ! tout mon sang se glace d'épouvante !

Non : je vais aux déserts enfermer mes douleurs ;
Là, je voue à son ombre un long tribut de pleurs ;
Là, de mon désespoir douce consolatrice,
Ma lyre chantera ma noble bienfaitrice ;
Et les monts, les vallons, les rochers et les bois,
En lugubres échos répondront à ma voix.

(*Poëme de la Pitié.*)

Je ne peux me refuser de citer ces beaux vers de M. l'abbé Delille; c'est un hommage que je rends à la mémoire du Virgile Français, de ce chantre immortel qui vouloit bien m'honorer de son estime particulière. Ce beau génie, mais si modeste, avoit la conviction bien intime qu'un jour l'auguste maison de Bourbon seroit rendue aux vœux de la France, et remonteroit sur le trône de ses aïeux ; mais hélas! il est mort trop tôt pour sa gloire : car sa Muse auroit célébré avec un noble enthousiasme, le retour d'un souverain bien-aimé, et des illustres princes ses augustes et généreux bienfaiteurs.

(193) pag. 223. *Louis-Charles.*

Le onze décembre mil sept cent quatre-vingt-douze, dès cinq heures du matin, on entendit battre la générale dans tout Paris, et l'on fit entrer de la cavalerie et du canon dans le jardin du Temple. Ce bruit auroit cruellement alarmé la famille royale, si elle n'en avoit pas connu la cause ; elle feignit cependant de l'ignorer, et demanda quelques explications aux commissaires de service : ils refusèrent de répondre.

A neuf heures, le roi et monsieur le dauphin montèrent pour le déjeuner dans l'appartement des princesses ; leurs majestés restèrent une heure ensemble, mais toujours sous les yeux des municipaux. Le roi quitta la reine, madame Élisabeth et sa fille ; leurs regards exprimoient ce qu'ils ne pouvoient pas se dire : monsieur le dauphin descendit, comme les autres jours, avec le roi.

Ce jeune prince qui engageoit souvent Sa Majesté à faire avec lui une partie au siam, fit ce jour-là tant d'instances, que le roi, malgré sa situation, ne put s'y refuser. Monsieur le *dauphin* perdit toutes les parties, et deux fois il ne put aller au-delà du nombre de seize. « Toutes les fois que j'ai ce point de seize, dit-il avec un léger dépit, je ne peux gagner la partie. » Le roi ne répondit rien ; mais je crus m'apercevoir que ce rapprochement de mots lui fit une certaine impression. (*Journal de M. Cléry.*)

Ce jeune prince, né le 27 mars 1784, meurt enfermé dans la tour du Temple, le 8 juin 1795.

(194) pag. 223. *Premier dauphin.*

L'an 1789, le 4 juin, mourut au château de Meudon, Louis-Joseph-Xavier-François, dauphin de France, âgé de sept ans, étant né le 22 octobre 1781.

(195) pag. 223. *Petite madame Sophie.*

Marie-Sophie-Hélène-Béatrix de France, seconde fille du roi, est morte le 19 de ce mois, à Versailles, âgée de onze mois et dix jours. Le corps de cette princesse, qui a été transporté le même jour au palais de Trianon, en a été transferé le lendemain à l'abbaye royale de Saint-Denis, où il a été inhumé en y arrivant, et sans aucun cérémonial, conformément aux ordres du roi.

(*Mercure de France de* 1787.)

(196) pag. 223. *Marie-Charlotte.*

L'an 1778, le 19 décembre, naissance de Madame, fille de Louis XVI.

Monsieur, aujourd'hui Louis XVIII, la tint sur les fonts
de baptême, au nom du roi d'Espagne, et Madame au
nom de l'impératrice-reine ; elle fut nommée *Marie-Thérèse-*
Charlotte, et titrée MADAME, fille du roi.

Elle sortit du Temple, le 20 décembre 1795, et fut
échangée à Bâle, le 26 du même mois, contre *Quinette*,
Bancal, *Camus*, *Lamarque*, *Maret*, *Semonville* et *Beur-*
nonville.

Le 8 juin 1799, Madame Royale épousa, à Mittau, monseigneur le duc d'Angoulème, fils ainé du comte d'Artois
(*Monsieur*).

Et le 3 mai 1814, cette auguste princesse nous a été rendue. Ah ! puisse la moderne et pieuse *Antigone*, cet ange de
paix et de bonté, retrouver dans notre constant amour un
dédommagement aux maux qu'elle a soufferts ! Puisse la fille
du vertueux *roi*, dans un riant avenir, voir combler, pour
son bonheur et le nôtre, tous ses vœux les plus chers !.........

(197) pag. 223. *Victimes de ses jours déplorables.*

M. Thierry, valet-de-chambre du roi, fut massacré le 2
septembre. L'infâme Maillard le somme de déclarer dans
quel poste du château il se trouvoit au moment du combat :
il l'accuse surtout de s'être montré le 10 août, au château des
Tuileries, armé d'un poignard. Thierry nie ; il prétend
hardiment que s'il s'est trouvé auprès du roi le 10 août,
c'est que son service l'y appeloit, et qu'il avoit fait son devoir.
Maillard prononce à la Force, et Thierry n'est plus.

Viennent ensuite Bocquillon et Buos, juges-de-paix. Vous
êtes accusés par le peuple, leur dit aussi-tôt Maillard, de vous
être réunis à des collègues aussi infâmes que vous, pour
former au château des Tuileries un comité secret, destiné à
venger la cour de la journée du 20 juin, et à en punir les

auteurs. — Il est vrai, répondit Bocquillon d'un visage calme
et serein, que je suis trouvé à ce comité ; mais je défie
qu'on me prouve que j'aie participé à aucun acte arbitraire.
— A la Force ! à la Force ! s'écrièrent les membres de cette
commission infernale ; le président prononce : *Bocquillon* et
Buos ne sont plus.

Maillard se présente aux Suisses : vous avez, leur dit-il,
assassiné le peuple au 10 août, il demande aujourd'hui vengeance ; il faut aller à la Force. Les malheureux tombent tous
à ses genoux, et s'écrient : grâce, grâce ! Il ne s'agit, répond
flegmativement *Maillard*, que de vous transférer à la Force,
peut-être ensuite vous fera-t-on grâce. Mais ils n'avoient que
trop entendu les cris de la multitude, qui juroit de les exterminer ; aussi répliquèrent-ils d'une commune voix : Eh !
monsieur, pourquoi nous trompez-vous ? nous savons bien
que nous ne sortirons d'ici que pour aller à la mort. Paroissent au même temps deux égorgeurs du dehors, qui leur
disent du ton le plus inflexible : allons, allons, décidez-vous,
marchons. Alors ce ne fut plus que des lamentations, des
gémissemens horribles : tous les Suisses de s'enfoncer dans
la prison, de se serrer mutuellement, de se cramponner les
uns aux autres, s'embrassant, et poussant des cris plaintifs
et douloureux ; l'empreinte du désespoir rendoit plus intéressante encore la figure de quelques vieux vétérans ; leurs
cheveux blancs inspiroient le respect, et leurs regards, semblables à celui de Coligny, paroissoient retenir les assassins
qui étoient le plus près d'eux : mais la fureur de ceux qui
étoient sur le derrière, et qui ne pouvoient rien voir, augmentoit encore. Des hurlemens redoublés demandent des victimes. Tout à coup un de ces malheureux se présente avec
intrépidité. Il avoit une redingote bleue, paroissoit âgé de
trente ans. Sa taille étoit au-dessus de l'ordinaire, sa physionomie noble, son air martial. Il avoit ce calme apparent
d'une fureur concentrée : je passe le premier, dit-il du ton le

plus ferme, je vais donner l'exemple.... Puis lançant avec
force son chapeau derrière sa tête, il crie à ceux qui étoient
devant : par où faut-il aller? montrez-moi-le donc. On lu.
ouvre les deux portes : il est annoncé à la multitude p r
ceux qui l'étoient venus chercher ainsi que ses camarades ;
il s'avance avec fierté. Tous les opérateurs se reculent, se sé-
parent brusquement en deux. Il se forme autour de la victime un cercle des plus acharnés, le sabre, la baïonnette, la
hache et la pique à la main ; le malheureux objet de ces terribles apprêts fait deux pas en arrière, promène tranquillement ses regards autour de lui, croise les bras, reste un
moment immobile ; puis aussitôt qu'il aperçoit que tout
est disposé, il s'élance lui-même sur les piques et les baïonnettes, et tombe percé de mille coups.

Les derniers soupirs de l'infortuné mourant sont entendus
de ses malheureux camarades qui répondent par des cris
affreux ; déjà plusieurs avoient cherché à se cacher sous des
tas de paille qui se trouvoient dans une des salles de la prison, lorsque douze des plus forcenés massacreurs du dehors
viennent les prendre l'un après l'autre ; et les immolent
successivement comme le premier. Un seul a le bonheur
d'échapper à cette horrible boucherie ; déjà saisi par son
habit, atteint d'un premier coup, il alloit subir le même sort
que les autres, lorsqu'un Marseillais s'élance, se fait passage
à travers la voûte d'acier prête à se refermer sur lui-même :
qu'allons-nous faire ? s'écrie-t-il dans son patois ; mes camarades, je connois ce bon garçon : il n'est point un soldat du
10 août, il n'est que fils de Suisse, et il s'est rendu lui-
même en prison, parce qu'on l'avoit assuré que tout ce qui
est suisse seroit égorgé : mettez-le en liberté, lui répond la
multitude. Aussitôt le Marseillais le prend par un bras, un
massacreur le prend par un autre ; on met bas les armes,
plusieurs l'embrassent et le félicitent. Il sort comme triom-
phant des étreintes de la mort qui l'enveloppoit, et est

reconduit au milieu des cris de *vive la nation*, avec les dé-
monstrations de la joie la plus vive et la plus bruyante.

Le jeune Maussabré, officier de la garde constitutionnelle
du roi, voulut se cacher dans une cheminée; on brûla de la
paille pour l'étourdir et le faire descendre : il tomba, et on
le massacra sans vouloir l'entendre.

Au couvent des Carmes, cent quatre-vingt-cinq prêtres
furent massacrés ; de ce nombre : l'archevêque d'Arles,
Dulau, recommandable par son zèle et par ses vertus; l'évêque de Beauvais, la Rochefoucault et son frère, l'évêque de
Saintes. Celui-ci n'avoit pas été arrêté par la municipalité;
mais aussitôt qu'il apprit que son frère étoit en prison, il
alla se réunir à lui, malgré les vives instances de sa famille
et de ses amis ; ce fut lui qui fut massacré le dernier. Mais
à sept heures et demie du soir les portes de l'église qu'on
avoit tenues constamment fermées pendant l'exécution,
furent ouvertes au peuple, afin qu'il parût légitimer par sa
présence les assassinats qui venoient de se commettre.

(*La vérité sur les auteurs des massacres de septembre.*)

(198) pag. 223. *Divin maître.*

Si, étant prêt d'offrir votre don à l'autel, vous vous y sou-
venez que votre frère a quelque chose contre vous, laissez
là votre don devant l'autel, et allez auparavant vous récon-
cilier avec votre frère; et après vous reviendrez offrir votre
don.   (*Saint-Mathieu*, ch. 5. v. 20.)

(199) pag. 223. *Immortel testament.*

Je pardonne de tout mon cœur à ceux qui se sont faits mes
ennemis, sans que je leur en aie donné aucun sujet, et je
prie Dieu de leur pardonner, de même qu'à ceux qui par un
faux zèle, ou par un zèle mal entendu, m'ont fait beaucoup de mal.

. . . .

. . . .

Je sais qu'il y a plusieurs personnes de celles qui m'étoient attachées qui ne se sont pas conduites envers moi comme elles le devoient, et qui ont même montré de l'ingratitude; mais je leur pardonne (souvent dans les momens de troubles et d'effervescence, on n'est pas le maître de soi), et je prie mon fils, s'il en trouve l'occasion, de ne songer qu'à leur malheur.

. . . .

. . . .

Je pardonne encore très-volontiers à ceux qui me gar- doient, les mauvais traitemens et les gênes dont ils ont cru devoir user envers moi : j'ai trouvé quelques âmes sensibles et compatissantes ; que celles-là jouissent dans leur cœur de la tranquillité que doit leur donner leur façon de penser !

. . . .

. . . .

(*Testament de Sa Majesté Louis XVI.*)

(200) pag. 224. *Frédéric.*

Frédéric II qui éleva la Prusse à un rang si distingué par- mi les puissances de l'Europe, avoit succédé, le 31 mai 1740, à son père Frédéric-Guillaume I, électeur de Brandebourg, en faveur duquel l'empereur Léopold I avoit érigé la Prusse ducale en Royaume.

Frédéric, heureux dans ses guerres et dans ses traités, ne s'appliqua plus qu'à faire fleurir les lois et les arts dans ses Etats, et il passa tout d'un coup du tumulte de la guerre à une vie retirée et philosophique. Il s'adonna à la poésie, à l'élo- quence, à l'histoire ; tout cela étoit dans son caractère. C'est en quoi il étoit beaucoup plus singulier que Charles XII, qu'il ne regardoit pas comme un grand homme, parce que Charles n'étoit qu'un héros.

La sœur chérie du grand Frédéric, la princesse Frédérique Sophie Wilhelmine de Prusse, margrave de Bareith, nous

donne dans ses Mémoires des détails aussi singuliers que piquans
sur le caractère de ce prince, et les dissensions cruelles qui
régnoient dans sa famille, et qui mettoient dans une opposition continuelle le *père* et le *fils;* elle raconte de même,
qu'un officier suédois fait prisonnier au siège de Stralsund,
nommé *Cron,* s'étoit rendu fameux par son savoir dans
l'astrologie judiciaire : la *Reine* fut curieuse de le voir. Il lui
pronostiqua qu'elle accoucheroit d'une princesse ; il prédit
au grand *Frédéric* qu'il deviendroit un des plus grands princes
qui eussent jamais régné, qu'il feroit de grandes acquisitions,
et qu'il mourroit empereur (ou peu s'en faut). Ma main,
dit la *Princesse,* ne se trouva pas si heureuse que celle de
mon frère : il l'examina long-temps, et branlant la tête, il
dit que toute ma vie ne seroit qu'un tissu de fatalités, que je
serois recherchée par quatre têtes couronnées, celle de *Suède,*
d'*Angleterre,* de *Russie* et de *Pologne,* et que cependant je
n'épouserois jamais aucun de ces rois. Cette prédiction s'accomplit.

(201) pag. 224. *Bon Léopold.*

L'an 1785, le 27 avril, mort héroïque de Léopold, duc de
Brunswick, âgé de 33 ans, et englouti sous les eaux de l'Oder
en voulant secourir les malheureux entraînés par le débor-
dement de cette rivière.

(202) pag. 224. *Gustave III.*

Le roi soupant dans ses appartemens, avant l'ouverture
d'un bal masqué qui devoit avoir lieu pendant la nuit, reçut
un billet écrit en français où on l'avertissoit qu'il seroit
entouré et assassiné dans une des salles du bal. Cette lettre,
conforme à tant d'autres avis du même genre, ne fit aucune
impression sur le roi ; il étoit dans le caractère de ce prince
de répondre comme César : *Ils n'oseroient.* La même con-

fiance qui avoit perdu César, perdit Gustave ; et, pour second trait de ressemblance, il périt comme lui victime de sa clémence.

Le roi se rendit le soir au bal, sans daigner même se faire accompagner A peine fut-il entré dans la salle qu'on lui avoit désignée, qu'il fut entouré par plusieurs masques en dominos noirs ; l'un d'eux le serre dans la foule, lui applique un pistolet sur la hanche. « Je suis blessé, s'écrie le roi, en ôtant son masque, qu'on me ramène dans mes appartemens. » Aussitôt plusieurs voix crient au *feu*, pour occasionner une confusion à l'aide de laquelle les coupables puissent s'évader ; mais l'officier de garde ordonne sur-le-champ de fermer les portes. Le lieutenant de police fait démasquer tous les assistans ; on les fouille, sans trouver ni armes ni instrumens tranchans : seulement on aperçoit à terre le pistolet dont s'est servi l'assassin, et un grand couteau tel que ceux que les Suédois sont en usage de porter lorsqu'ils vont à la campagne.

L'assassin *Ankastroëm* avait déjà trempé dans une conspiration formée contre le roi. Condamné à mort, il dut sa grâce à la clémence de Gustave ; ainsi le forfait de la plus atroce ingratitude se joignoit ici au régicide. On découvrit que le chef principal de la conjuration étoit le vieux général major *de Pechlin*, et le baron de Ribbing, l'un des conjurés.

Gustave fut assassiné le 16 mars 1792, et mourut le 29 du même mois.

Ainsi s'est réalisée la prédiction de mademoiselle Harrisson ; elle avoit prévenu le roi contre le mois de mars et les habits rouges.   (*Éphémérides.*)

(203) pag. 224. *Marie-Thérèse.*

Marie-Thérèse d'Autriche, impératrice d'Allemagne, reine de Hongrie et de Bohême, fille de l'empereur Charles VI, naquit à Vienne le 13 mai 1717, et épousa le 12 février 1736

François duc de Lorraine, qui parvint depuis à l'empire sous le nom de François Ier.

Charles VI étant mort en 1740, l'électeur de Bavière fut élu empereur à Francfort par les armes de la France, sous le nom de Charles VII. Cet électeur s'étoit déjà emparé de l'Autriche et de la Bohême, tandis que le roi de Prusse, de son côté, s'emparoit de la Silésie. Ce qui restoit des dépouilles de Charles VI étoit sur le point d'être enlevé à sa fille, et il sembloit que la maison d'Autriche alloit être ensevelie dans le tombeau de son dernier empereur.

Marie-Thérèse, obligée de quitter Vienne, alla se jeter dans les bras des Hongrois. Ayant assemblé les quatre ordres de l'Etat, elle parut au milieu d'eux, tenant entre les bras son fils aîné, encore au berceau ; et, parlant en latin, elle leur dit avec cette grâce, cet air de grandeur et de majesté qui caractérisoient cette princesse : « Abandonnée de mes amis, persécutée par mes ennemis, attaquée par mes plus proches parens, je n'ai de ressource que dans votre fidélité, dans votre courage et dans ma constance. Je remets entre vos mains la fille et le fils de vos rois, qui attendent de vous leur salut. »

Tous les Palatins attendris tirent leur sabres, en s'écriant avec transport : *moriamur pro rege nostro Theresiâ.*

Le courage de Marie-Thérèse la secourut autant que ses propres sujets et ses alliés. Enfin, après une guerre de huit ans, elle parvint à faire une paix avantageuse, qui lui assura la possession de l'immense héritage que ses ancêtres lui avoient transmis.

Marie-Thérèse, sans autre garde que le cœur de ses sujets, se rendoit également accessible à tout le monde. « Je ne suis » qu'un pauvre paysan, disoit un simple laboureur de Bohême; » mais je parlerai à notre bonne reine quand je voudrai, et elle m'écoutera comme si j'étois un monsei- » gneur. »

35

L'an 1780, le 29 novembre, mort de l'impératrice Marie-Thérèse.   (*Ephémérides.*)

(204) pag. 225. *Joseph II.*

Très-peu de souverains réunirent au même degré l'amour du travail, l'application soutenue, l'activité, le zèle de la chose publique et l'étendue des connoissances. Aucune vie n'a été plus occupée que celle de cet empereur. Né avec le courage personnel, il avoit étudié la guerre dans tous ses détails. Sous son règne, l'armée autrichienne a changé de face, et a pris rang parmi les meilleures troupes de l'Europe. On a reproché à Joseph II l'affectation d'imiter le feu roi de Prusse ; mais cette prétendue ressemblance n'exista jamais que dans le système militaire, celui de la Prusse ayant forcé l'empereur à lui opposer une contre-épreuve en plusieurs parties.

(205) pag. 225. *L'immortelle Catherine.*

Sophie - Auguste, princesse d'Anhalt - Zerbst, née le 25 avril 1729, épousa en 1745 Charles-Pierre Ulric, fils de Charles-Frédéric duc de Holstein-Gottorp, et d'Anne, fille de Pierre Ier. Elle fut rebaptisée, suivant les usages de l'Eglise grecque, et reçut le nom de Catherine Alexiefna. Elle avoit seize ans quand elle se maria; deux enfans seulement ont été le fruit de ce mariage, le grand-duc Paul Ier, né en 1754, et Anne Pétrowna, née en 1757, et morte en 1759.

L'impératrice Catherine II monta sur le trône à l'âge de trente-quatre ans, et le succès de la révolution ne fut pas moins dû à son courage et à son habileté, qu'au zèle de son parti, et à la faveur du peuple qui voyoit son intérêt dans la cause qu'elle défendoit.

La mort de Pierre III ne fut suivie d'aucun de ces événemens tragiques dont les révolutions avoient jusqu'alors constamment été souillées. Personne ne fut même envoyé en Sibérie ; il n'y eut aucune exécution ni publique ni secrète ; l'impératrice pardonna même à ses ennemis personnels. Le maréchal de Munich, qui avoit donné les meilleurs avis à l'empereur, et qui lui avoit offert de le défendre au péril de sa vie, ne fut point vu de mauvais œil. L'impératrice fut au contraire charmée de l'attachement que cet étranger avoit manifesté pour celui qui l'avoit tiré de la Sibérie ; et lorsqu'elle lui en parla, « Il est vrai, lui dit-il, madame, que je lui ai offert de le couvrir de mon corps ; mais après vingt ans de captivité, je lui devois ma liberté, pouvois-je moins faire ? n'étois-je pas engagé par les liens les plus forts du devoir et de la reconnoissance à me dévouer à son service ? Votre Majesté est à présent ma souveraine, et elle trouvera chez moi la même fidélité. » L'impératrice, frappée de cette réponse courageuse, ne montra pas moins de grandeur d'âme de son côté ; elle lui accorda une confiance sans bornes qui fut bien justifiée par la conduite du maréchal.

Cette princesse, si extraordinaire en tout, gouverna la Russie avec autant de sagesse que de véritable gloire ; son nom est immortel, et le sera toujours.

(Voyage philosophique.)

(206) pag. 295. *Alexandre Ier.*

Ce grand, ce magnanime Alexandre Ier, est entré dans la capitale le 31 mars 1814.

Tout Paris a pu contempler ce héros aussi modeste que généreux dans la victoire.

La France lui doit son repos et sa gloire immortelle.

La présence des souverains alliés, de ce noble et généreux héritier de la grande Catherine, a dû nécessairement électriser nos âmes comprimées jusqu'à ce jour sous l'affreuse tyrannie. Ces deux monarques reçurent les maires de Paris

au village de Pantin; l'empereur Alexandre leur adressa
ces paroles d'autant plus remarquables, que les promesses
qu'elles renferment se sont toutes réalisées :

« Le sort de la guerre m'a conduit jusqu'ici. Votre empereur qui étoit mon allié, m'a trompé trois fois; il est venu
jusque dans le cœur de mes Etats, y apporter des maux
dont les traces dureront long-temps. Une juste défense m'a
amené jusqu'ici, et je suis loin de vouloir rendre à la France
les maux que j'en ai reçus. Les Français sont mes amis, et
je veux leur prouver que je viens rendre le bien pour le
mal. *Napoléon* est mon seul ennemi; je promets ma protection spéciale à la ville de *Paris;* je protégerai, je conserverai
votre garde nationale qui est composée de l'élite de vos citoyens: c'est à vous à assurer votre bonheur à venir. Il vous
faut un gouvernement qui vous donne le repos, et qui le
donne à l'Europe : c'est à vous à émettre votre vœu, vous
me trouverez prêt à seconder vos efforts. »

Ce digne souverain nous a tenu parole.

(207) pag. 225. *Stanislas.*

Leczinski Stanislas, premier roi de Pologne, duc de Lorraine et de Bar, étoit né à Léopold, le 20 octobre 1677.
Son père étoit grand-trésorier de la couronne.

Stanislas fut député en 1704, par l'assemblée de Varsovie,
auprès de Charles XII, roi de Suède, qui venoit de conquérir
la Pologne. Il étoit alors âgé de 27 ans, palatin de Posnanie,
général de la grande Pologne, et avoit été ambassadeur extraordinaire auprès du Grand-Seigneur en 1699. Il n'eut pas de
peine à s'insinuer dans l'amitié du roi de Suède, qui le fit
couronner roi de Pologne à Varsovie en 1705.

Ce prince ne régna pas long-temps ; Charles XII, après
plusieurs avantages considérables, fut défait entièrement au
mois de juillet 1709. Sa chute entraîna celle de Stanislas.

Après la mort du roi Auguste en 1733, ce prince se rendit en Pologne, dans l'espérance de remonter sur le trône. Il y eut un parti qui le proclama roi; mais son compétiteur, le prince électoral de Saxe, l'emporta sur Stanislas. Ce prince infortuné se rendit à Dantzick, pour soutenir son élection; mais le grand nombre qui l'avoit choisi céda bientôt au petit nombre qui lui étoit contraire. Dantzick fut pris; Stanislas, obligé de fuir, n'échappa qu'à travers beaucoup de dangers, et à la faveur de plus d'un déguisement, après avoir vu mettre sa tête à prix par le général des Moscovites, dans sa propre patrie.

Stanislas, par suite du traité de paix de 1736, succédoit dans la Lorraine à des princes chéris, qu'elle regrettoit tous les jours. Le roi de Pologne arriva, et ces peuples retrouvèrent en lui leurs anciens maîtres.

Ce prince mourut accidentellement par le feu, le 23 février 1766, et la Lorraine le pleure encore.

La princesse Marie, sa fille, épousa Louis XV, roi de France.

(208) pag. 226. *Deux paysans béarnais.*

Lorsque Henri n'étoit encore que roi de Navarre et duc d'Albret, il faisoit sa résidence à Nérac, petite ville de Gascogne. Il vivoit en simple gentilhomme, et chassoit souvent dans les Landes, pays abondant en toutes sortes de gibier. Au milieu de sa chasse, il alloit souvent se délasser et prendre quelque nourriture chez un *berret.* C'est ainsi qu'on appelle les paysans du Béarn, du nom d'un bonnet de laine, d'une façon particulière, qu'ils portent ordinairement. D'aussi loin que le nouveau *Philémon* et sa femme voyoient arriver le prince, ils couroient au-devant de lui; et prenant chacun une de ses mains, ils répétoient dans leur patois, avec une satisfaction peinte sur leur visage: Eh, bonjour, mon Henri! bonjour, mon Henri! Ils le menoient en triomphe dans

leur cabane, et le faisoient asseoir sur une escabelle. Le *berret*
alloit tirer de son meilleur vin ; la femme prenoit dans son
bahut du pain et du fromage. Henri, plus satisfait du bon
cœur de ses hôtes qu'il ne l'eut été de la chère la plus délicate, mangeoit avec appétit, et s'entretenoit familièrement
avec eux des choses qui étoient à leur portée. Son repas
fini, il prenoit congé de ces bonnes gens, en leur promet-
tant de revenir toutes les fois que sa chasse le conduiroit de
leur côté : ce qui arrivoit fréquemment. Lorsque ce prince
fut devenu paisible possesseur du trône de France, le *berret* et
sa femme apprirent cet événement avec une joie qu'il seroit
difficile d'exprimer. Ils se rappelèrent qu'il mangeoit avec
plaisir de leurs fromages ; et comme c'étoit le seul présent
qu'ils fussent en état de lui offrir, ils en mirent deux dou-
zaines des meilleurs dans un panier. Le *berret* se chargea
de les porter lui-même, embrassa sa femme, et partit. Au
bout de trois semaines il arriva à Paris, courut au Louvre,
dit à la sentinelle, dans son langage : Je veux voir notre
Henri, notre femme lui envoie des fromages de vache. La
sentinelle surprise de l'habillement extraordinaire, et plus
encore du jargon de cet homme, qu'il n'entendoit pas, le
prit pour un fou, et le repoussa, en lui donnant quelques
bourrades. Le *berret* fort triste, et se repentant déjà de son
voyage, descend dans la cour, et se demande à lui-même
ce qui peut lui avoir attiré une si mauvaise réception, à lui
qui venoit faire un présent au roi. Après en avoir long-temps
cherché la raison, il se met dans l'esprit que c'est parce
qu'il a dit des fromages de vache : il se promet bien de se
corriger. Pendant que notre homme est plongé dans ces
belles réflexions, Henri IV, regardant par hasard à travers
la fenêtre, voit un berret qui se promène dans la cour. Cet
habillement, qui lui étoit connu, le frappe, et cédant à sa
curiosité, il ordonne que l'on fasse monter ce paysan. Celui-
ci se jette aussitôt à ses pieds, embrasse ses genoux, et lui

dit affectueusement : Bonjour, mon bon Henri, notre
femme vous envoie des fromages de bœuf. Le roi, presque
honteux qu'un homme de son pays se trompât aussi gros-
sièrement devant toute sa cour, se pencha avec bonté, et lui
dit tout bas : Dis donc des fromages de vache. Le paysan,
qui pensoit toujours au traitement qu'on venoit de lui faire,
répondit dans son patois : Je ne vous conseille pas, mon
Henri, de dire des fromages de vache ; car, pour m'être
servi, à la porte de votre chambre, de cette façon de parler,
un grand drôle, habillé de bleu, m'a donné vingt bourrades
de fusil, et il pourroit bien vous en arriver autant. Le roi
rit beaucoup de la simplicité du bonhomme, accepta ses fromages, le combla d'amitié, fit sa fortune et celle de toute sa
famille.   (*Histoire d'Henri IV.*)

(209) pag. 226. *Un fin Normand.*

Quelques jours avant la bataille d'Ivri, Henri IV arriva
un soir *incognito* à Alençon, avec peu de suite, et descendit
chez un officier qui lui étoit fort attaché. Cet officier étoit
absent, et sa femme, qui ne connoissoit pas le roi, le reçut
comme un des principaux chefs de l'armée, c'est-à-dire de
son mieux, et avec d'autant plus d'empressement qu'il se disoit
l'ami de son mari. Cependant vers le soir, ce prince croyant
apercevoir quelques marques d'inquiétude sur le visage de
son hôtesse : « Qu'est-ce donc, lui dit-il, madame, vous
causerois-je ici quelque embarras ? A mesure que la nuit
vient, je vous trouve moins gaie, parlez-moi librement,
et soyez sûre que mon intention n'est pas de vous gêner en
rien. » « Monsieur, lui répondit la dame, je vous avouerai
franchement l'espèce d'embarras où je me trouve. C'est
aujourd'hui jeudi ; pour peu que vous connoissiez la province, vous ne serez pas étonné de la peine où je suis
pour pouvoir, aussi bien que je le voudrois, vous donner
à souper. J'ai vainement fait parcourir la ville entière, il ne

s'y trouve exactement rien, et vous m'en voyez désespérée.
Un de mes voisins seulement dit avoir à son cruc une dinde
grasse, et qu'il me cédera volontiers, pourvu qu'il vienne
en manger sa part. Cette condition me paroit d'autant plus
dure que cet homme n'est en effet qu'une espèce d'artisan
renforcé, que je n'oserois admettre à votre table, et qui
pourtant tient si fort à sa dinde, que, quelques offres que je
lui fasse, il prétend ne la lâcher qu'à ce prix. Tel est au vrai
le sujet de mon inquiétude. » « *Cet homme*, dit le roi, *est-il
un bon compagnon?* » «Oui, monsieur, c'est le plaisant du quartier; honnête homme, d'ailleurs, bon Français, tres-zélé
royaliste, et assez bien dans ses affaires. »—«Oh! madame, qu'il
vienne : je me sens beaucoup d'appétit, et dût-il nous ennuyer
un peu, il vaut encore mieux souper avec lui, que de ne
point souper du tout. » Le bourgeois averti arriva endimanché,
avec sa dinde : et, tandis qu'elle rôtissoit, il tint les propos
les plus naïfs et les plus gais, raconta les histoires scandaleuses
de la ville, assaisonna ses récits de saillies aussi vives que
plaisantes, amusa enfin le roi, de façon que ce monarque,
quoique mourant de faim, attendit le souper sans impatience.
La gaîté de cet homme, quoiqu'il ne perdit pas un coup
de dent, se soutint, augmenta même, tant que dura le repas.
Le bon roi rioit de tout son cœur; et plus il s'épanouissoit,
plus le joyeux convive étoit à son aise et redoubloit de bonne
humeur. Au moment ou Sa Majesté quitta la table, l'honnête bourgeois tombant tout à coup à ses pieds : « Sire,
s'écria-t-il, pardon! ce jour est certainement pour moi le
plus beau de ma vie. J'ai vu passer Votre Majesté lorsqu'elle
est arrivée ici : j'ai été assez heureux pour la reconnoitre : je
n'en ai rien dit, pas même à madame, lorsque j'ai vu qu'elle ne
connoissoit point notre grand roi...; pardon, sire! pardon!...
Je prétendois vous amuser quelques instans; j'aurois sans
doute été moins bon, et Votre Majesté n'eût pas joui de la
surprise de ma voisine. » La dame en ce moment étoit égale-

ment aux pieds du roi, qui les fit relever avec cette bonté qui fut toujours la base de son caractère. «Non, sire, s'écria le bourgeois, en s'obstinant de rester à genoux; non, sire, je resterai comme je suis jusqu'à ce que Votre Majesté ait daigné m'entendre encore un instant. » «Hé bien! parle donc, » lui dit le monarque vivement enchanté de cette scène. « Sire, lui dit cet homme, d'un air et d'un ton également graves, la gloire de mon roi m'est chère, et je ne puis penser qu'avec douleur combien elle seroit ternie d'avoir souffert à sa table un faquin tel que moi…..; et je ne vois qu'un seul moyen de prévenir un tel malheur. » « *Quel est-il?* » répliqua Henri. « C'est, reprit le bourgeois, de m'accorder des lettres de noblesse. » « A toi? » « Pourquoi non, sire? quoique jadis artisan, je suis Français, j'ai un cœur comme un autre : je m'en crois digne, du moins par mes sentimens pour mon roi… » « *Fort bien, mon ami!* …. mais qu lles armes prendrois-tu? » « Ma dinde; elle m'a fait aujourd'hui trop d'honneur pour cela. » «Hé bien! soit, s'écria le monarque en éclatant de rire; *ventre-saint-gris*, tu seras gentilhomme, et tu porteras ta dinde en pal. » Depuis cette époque, soit que ce particulier fût déjà assez riche, soit que par la suite il le fût devenu, il acheta dans les environs d'Alençon une terre qui a été érigée en châtellenie sous son nom, qu'il ne voulut jamais changer. Ses descendans la possèdent encore actuellement, et portent en effet pour armes *une dinde en pal.*

(*Mercure de France du mois de juillet* 1761.)

(210) pag. 230. *L'antique Palais.*

On n'a jamais connu le fond de l'histoire d'un œillet donné à la reine, par un chevalier de Saint-Louis, à l'époque où elle étoit détenue à la Conciergerie. Je vais retracer avec précision ce que je sais, et les découvertes que j'ai pu faire par moi-même.

Au mois de mars de 1793, j'étois employée en qualité de secrétaire et de lectrice auprès de M. *d'Amerval de la Saussotte*, qui avoit épousé une des nièces de *l'abbé Terrai*. Ce zélé royaliste ne négligeoit aucun moyen pour remonter l'opinion publique, et la diriger en faveur de la reine.

Nous étions un certain nombre de personnes, pensant de la même manière, occupées journellement à composer des ouvrages que nous répandions dans la capitale et même dans l'antre des fougueux jacobins. Je semois ces écrits où se peignoit notre opinion jusque dans les groupes populaires.

Bientôt, *Marat*, le monstre *Marat*, dénonce dans son journal de sang nos prétendus conciliabules. Il y nomme en toutes lettres M. *d'Amerval* de la Saussotte, indique son domicile, rue Honoré-Chevalier, n°. 19. Ce vieillard parut un moment consterné; mais reprenant tout à coup son énergie et son courage, il nous dit :

« Non seulement, il faut sauver la reine, mais encore donner à la France une constitution *monarchique*, la seule qui lui convienne. »

Ce respectable et zélé royaliste nous présentoit le système des deux chambres. Sa vieille femme de charge vouloit un parlement féminin, et moi je me croyois inspirée du ciel comme la *Pucelle d'Orléans*. Enfin, au milieu de nos débats politiques, nous finissions par ne plus nous entendre ; mais, à quelques nuances près, notre opinion étoit la même.

Je m'étois liée d'amitié avec une dame qui venoit chez M. *d'Amerval ;* elle connoissoit particulièrement *Michonis*, et me fit trouver avec lui à un dîner qu'elle donna en juin 1793 Cette adepte préconisa devant lui *mes talens dans les hautes sciences cabalistiques*, piqua la curiosité du *municipal*, qui se hasarda à me consulter lui-même. Quelle fut sa surprise quand je lui annonçai *qu'il déposeroit comme témoin dans un procès célèbre, et qu'il finiroit lui-même par être la victime du parti qu'il servoit!* Il resta étonné, et d'un air très-mécontent me dit que mon oracle ne s'accompliroit pas.

Le 5 août 1793 la reine fut transférée à la Conciergerie, et *Michonis* employa tout son pouvoir pour adoucir son sort.

Il entendit de loin gronder l'orage, le vit s'approcher, mais ne put se garantir de sa fureur. Dans les premiers jours de septembre, la même dame avec laquelle j'avois eu quelques légers différends, m'invite à venir chez elle pour cimenter notre réconciliation. Mais le véritable but de sa démarche étoit de me faire retrouver avec *Michonis*; après nous être entretenus quelques momens des affaires publiques, je témoignai combien la situation de la *reine* m'intéressoit vivement. Que vous êtes heureux, *monsieur*, ajoutois-je, de pouvoir lui donner quelques consolations! Il ne tiendra qu'à vous de m'imiter, me dit *Michonis*; sous un déguisement je vous introduirai à la Conciergerie; je ferai plus, vous aurez même un entretien avec la *reine* : *proposez à cette noble victime de lui annoncer son destin, mais surtout, dites-lui la vérité. Engagez-la fortement d'écouter les conseils de ses amis, nous sommes en nombre..... et voulons la sauver.......*

Il n'en fallut pas davantage pour me monter l'imagination. Quoi! me dis-je à moi-même, je verrai la reine! j'aurai le double bonheur de l'entretenir, et de lui donner un conseil salutaire! Mais, hélas! dans quel horrible lieu! à quels dangers je m'expose! N'importe, il faut tout braver! que je serois heureuse si je pouvois empêcher un double régicide! Le jour est pris : je pénètre dans le palais de la Vengeance. Madame Richard étoit prévenüe de l'objet de ma visite : elle avoit ordonné de laisser entrer un petit commissionnaire qui alloit apporter différentes provisions. Michonis se fait attendre un peu; enfin il arrive, et après avoir traversé ensemble un long corridor où règne une éternelle nuit, il m'introduit enfin dans la chambre de la reine.

Cette princesse étoit assise, et raccommodoit ses bas. Ma

dame *Richard* nous suivoit, et lui apportoit un potage qu'elle
avoit préparé elle-même. J'éprouvois un si grand trouble que
je ne pouvois avancer. Sa Majesté me prend d'abord pour l'un
des commissionnaires qui communiquoit avec les gendarmes;
j'avois un panier au bras qui renfermoit quelques fruits. C'est
dans ce lieu d'horreur et de misère que j'ai vu Marie-Antoinette,
l'épouse de mon roi; c'est dans cette entrevue si touchante et
si douloureuse que j'ai pu apprécier la noble générosité de son
âme : je me prosterne à ses pieds, les sanglots m'étouffent;
la reine s'avance vers moi, et me relève avec un air de
bonté. « Les momens sont précieux, me dit-elle : mes argus
ne sont pas loin, et ces murs ont des oreilles. »

    J'ai vu ma souveraine en proie à la plus cruelle infortune ;
j'ai fait tous mes efforts pour l'adoucir, j'aurois voulu qu'elle
daignât m'écouter : mais, au mot de fuite, que je hasarde en
tremblant, la reine me répond : Que me proposez-vous,
mademoiselle, et que deviendroient mes pauvres enfans ?
Les meurtriers de leur malheureux père épuiseroient sur eux
le double crime qu'ils veulent exécuter sur moi. Mais, reprenant tout à coup un air calme, mais pénétré : Ma jeune
amie, ajouta-t-elle, vous n'êtes pas mère, vous ne suivez
dans vos conseils que l'élan de votre cœur. Quant à moi,
je vais traîner ma triste existence dans ce cachot, et je n'en
sortirai bientôt que pour mourir......

    Mes prières, mes larmes, celles de Michonis ne purent la
détourner de fuir une mort certaine ; l'amour maternel
triompha. La reine me permit de lui baiser la main, et
ajouta : Je voudrois faire pour vous ce que mon cœur m'inspire.... mais...... Ah ! madame, m'écriai-je, je suis récom-
pensée de ma démarche, je vous ai vue... hélas ! il me reste
encore un regret.... mais une de vos larmes vient de
tomber sur ce mouchoir que je tiens à la main, je le conserverai toujours avec vénération.

    Je quittai cette princesse sur qui les yeux de toute l'Eu-

rope étoient ouverts. Hélas! au moment où je fixois sur elle
un dernier regard, je la voyois parvenue au dernier période
du malheur; dans son réduit sombre et humide, une antique
tapisserie y tomboit en lambeaux.

Un méchant paravent environnoit sa couche de douleur,
et la fille des Césars n'avoit pas de chaussure. Les cris qui
retentissoient autour d'elle, la fatiguoient horriblement.

J'aperçus sur sa table un vieux jeu de cartes; Michonis
me dit à l'oreille : La reine est si malheureuse, qu'elle le
consulte quelquefois pour l'interroger sur la santé de ses
enfans.

Hélas! quand les cœurs de presque tous les Français lui
sembloient fermés, la reine, par son courage plus que
sublime, accomplissoit déjà son affreuse destinée.

(211) pag. 231. *Princesse de Lamballe.*

Lamballe a succombé, Lamballe dont le zèle
A la reine, en mourant, est demeuré fidèle ;
Et ces cheveux si beaux, ce front si gracieux,
Dans quel état, ô ciel, on les montre à ses yeux !

La princesse de Lamballe avoit été trop désignée aux bourreaux pour leur échapper. Amie de la reine dans ses jours
de bonheur, elle fut aussi sa compagne fidèle dans ses longues calamités. Menacée de la proscription, elle n'avoit point
songé à fuir : elle espéroit être enfermée avec la reine, et
lui donner toutes les consolations de l'amitié. Elle ne goûta
pas long-temps cet espoir : elle fut renfermée à la Petite-
Force. Lorsque les assassins, venus pour l'égorger, la virent,
ils parurent oublier un moment leur cruauté ; mais bientôt
revenus à eux-mêmes, ils l'accablèrent d'invectives ; et pour
la tourmenter encore plus, ils couvrirent d'opprobre le nom
de la reine. On veut qu'elle répète ces outrages. « Non,
non, s'écrie-t-elle ; jamais, jamais. » En même temps elle
se sent défaillir, ses yeux se ferment, et c'est en ce moment

qu'elle est frappée ; son corps sanglant fut bientôt déchiré par les assassins , et sa tête fut portée au bout d'une pique , devant le Temple , prison de la famille royale; et les féroces geôliers de la reine choisirent ce moment pour lui permettre de respirer un peu à la fenêtre, où cet affreux spectacle fut le premier qui s'offrit à ses yeux. -(*Poëme de la Pitié.*)

(212) pag. 231. *Le duc de Penthièvre.*

La vie de ce prince fut consacrée toute entière au soulagement de l'humanité : son nom seul semble être devenu celui de la bienfaisance même. On peut lui appliquer ce qu'on avoit dit d'Henri IV :

Seul prince dont le pauvre ait gardé la mémoire.

Après avoir perdu son épouse et son fils , par une mort prématurée, il étoit réservé à des épreuves encore plus terribles : qu'on se figure la consternation de ce malheureux père , lorsqu'il apprit la mort épouvantable de la princesse de Lamballe ! Pendant qu'il pleure sur la destinée affreuse de sa fille, arrive la catastrophe du 21 janvier : l'auguste vieillard ne put résister à ce dernier coup; il mourut au château de Vernon, entre les bras de sa chère Adélaïde, madame la duchesse douairière d'Orléans.

(213) pag. 231. *Grand Condé.*

Condé est le nom d'une branche illustre de la maison de France, descendue de Louis Ier, prince de Condé, frère puîné d'Antoine, roi de Navarre, premier prince du sang de France , qui fut père de *Henri IV.*

Le quatrième prince de Condé, Louis II, est le Grand-Condé, homme de génie en tout, surtout à la guerre. Il avoit le génie des batailles, il avoit ces illuminations soudaimes, par lesquelles *Bossuet* l'a si heureusement caractérisé. C'est de lui que ce même Bossuet, le seul orateur digne de louer le Grand-Condé, a dit + « Nous ne pouvons rien , foibles orateurs, pour la gloire des âmes extraordinaires. Le sage a raison de dire que leurs seules actions les peuvent louer dignement : toute autre louange languit auprès des grands noms ; et la seule simplicité d'un récit fidèle pourroit soutenir la gloire du prince de Condé. »

Ce prince mourut le 11 décembre 1686.

(*Ephémérides.*)

(214) pag. 231. *Duc d'Enghien.*

Le duc d'Enghien est arrêté en pleine paix sur un sol étranger; lorsqu'il avoit quitté la France, il étoit trop jeune pour la bien connoître. C'est du fond d'une chaise de poste, entre deux gendarmes, qu'il voit, comme pour la première fois, la terre de sa patrie, et qu'il traverse pour mourir les champs illustrés par ses aïeux. Il arrive au milieu de la nuit au donjon de Vincennes. A la lueur des flambeaux, sous les voûtes d'une prison, le petit-fils du Grand-Condé est déclaré coupable d'avoir comparu sur des champs de bataille; convaincu de ce crime héréditaire, il est aussitôt condamné. En vain, il demande à parler à Buonaparte (ô simplicité aussi touchante qu'héroïque ! le brave jeune homme étoit un des plus grands admirateurs de son meurtrier), il ne pouvoit croire qu'un capitaine voulût assassiner un soldat.

Encore tout exténué de faim et de fatigue, on le fait descendre dans les ravins du château; il y trouve une fosse nouvellement creusée. On le dépouille de son habit; on lui attache sur la poitrine une lanterne pour l'apercevoir dans les ténèbres, et pour mieux diriger la balle au cœur. Il demande un confesseur, et prie ses bourreaux de transmettre les dernières marques de son souvenir à ses amis ; on l'in.

sulte par des paroles grossières ; on commande le feu ; le
duc d'Enghien tombe, sans témoins, sans consolation, au
milieu de sa patrie, à quelques lieues de Chantilly, à quelques
pas de ces vieux arbres sous lesquels le saint roi Louis rendoit
la justice à ses sujets, dans la prison où M. le prince fut renfermé. Le jeune, le beau, le brave, le dernier rejeton du
vainqueur de Rocroy, meurt comme seroit mort le Grand-
Condé, et comme ne mourra pas son assassin. Son corps
est enterré furtivement, et Bossuet ne renaîtra point pour
parler sur ses cendres.

(De Buonaparte, des Bourbons. M. de Chateaubriand.)

(215) pag. 233. 22 mars 1594.

Henri IV fit son entrée à Paris le 22 mars 1594, un mardi ;
le roi s'étoit mis en marche pour aller rendre ses actions
de grâces dans l'église de Notre-Dame. Le peuple ne cessoit
de lui témoigner sa joie par des cris d'allégresse et de <i>vive
le roi</i>! Lorsque ce prince eut mis pied à terre à la porte de
l'église, la foule devint si considérable, qu'il étoit pressé de
tous les côtés. Les capitaines de ses gardes voulurent faire
retirer cette multitude pour lui faciliter le passage. « Non,
leur dit-il, j'aime mieux avoir plus de peine, et qu'ils me
voient à leur aise ; car ils sont affamés de voir un roi. »

(Journal de l'Etoile.)

(216) pag. 223. 31 mars 1814.

Le 31 mars 1814, sur les dix heures du matin, j'étois
à la place Louis XV pour m'assurer quelle étoit l'opinion
publique. Plusieurs dames étoient occupées à découper et à
distribuer des rubans blancs : la multitude se contentoit de
les regarder, et sembloit se dire : Qu'est-ce que cela signifie?
Plusieurs même hésitèrent d'abord à porter cette marque

ostensible de salut (ils étoient bien pardonnables, on ne
savoit alors ni ce qui se disoit, ni ce qui se passoit), je m'approche de. l'une de ces zélées Françaises, et me pàrai sur-
le-champ de ce signe de paix; tout à coup un homme d'une
figure sinistre. d'un regard menaçant, dit à cette personne,
aussi respectable par son âge, que recommandable par ses
beaux sentimens: *f....-royaliste, tu ferois bien mieux de garder
les cadeaux , que de venir ici prêcher la révolte.* Va, lui
répond cette femme courageuse, quand on a été froissée
comme moi par la révolution, l'on peut émettre ici librement sa pensée. J'ai perdu sur l'échafaud les objets qui
m'étoient les plus chers; moi—même je ne suis, sortie que
par un miracle des cachots de l'affreuse tyrannie; imitez-
moi, monsieur, et criez *vive le roi.* A ces mots je félicite
cette dame sur sa noble opinion, et je m'entretiens avec
elle à peu près dix minutes. Plus loin, un jeune homme
déchiroit son mouchoir blanc, et le distribuoit aux froids
spectateurs: un autre échauffoit les esprits par la lecture
de la proclamation de MONSIEUR, frère du Roi : en l'applau-
dissant, je fus reconnue par quelques adeptes; l'un même
dit tout haut: Ah! mademoiselle Le Normand, vous me
l'aviez prédit, que pour 1814 nous serions tous heureux.
Mon nom se répète dans divers groupes, l'effet de la tête
de Méduse n'est pas plus prompt: nombre de personnes que
je venois de pérorer à ma manière arborèrent sur-le-
champ le petit bout de ruban; les uns me disoient: Mais
on dit que Buonaparte revient; d'autres ajoutoient, en parlant de moi: Du moment qu'elle se prononce aussi affirma-
tivement, nous ne devons rien craindre; quelques gens du
peuple reprirent: Si c'est une savante, elle devroit bien nous
dire si les Cosaques vont piller: Rassurez-vous, leur dis-je à
tous; *Paris sera préservé, une main plus puissante que celle des
hommes veille constamment sur lui.* Néanmoins mes prophéties n'étoient pas au gré de tous mes curieux: j'en vis même

36

me témoigner par leurs gestes qu'ils étoient loin d'être convaincus de la vérité de mes discours. Une nombreuse cavalcade vint aussitôt à paroître : en voyant cette écharpe blanche, ce signe honorable de nos preux chevaliers, mes yeux se mouillent de larmes, mon cœur se dilate, la joie la plus pure s'empare de mes sens, les cris de *Vive le roi*, que ces braves Français répètent, m'électrisent au point que je me mets à danser. Courage, madame, me dit l'un d'eux; c'est bien, mais très-bien. Tous les spectateurs me regardent, et moi je leur dis : Le retour de nos princes légitimes doit combler tous nos vœux; comme inspirée, je vous annonce le bonheur, l'abondance, et la fin des maux qui désolent depuis vingt-cinq ans notre commune et malheureuse patrie. Et la multitude, la bouche béante, restoit étonnée et muette de surprise. Plusieurs personnes rentrèrent chez elles avec plus de calme; d'autres furent au Palais-Royal et dans la rue Vivienne, etc. , et assurèrent qu'elles m'avoient vue, qu'elles m'avoient parlé, que je portois la *cocarde blanche*, et disois hautement qu'on n'avoit rien à craindre; que si un parti contraire à Buonaparte avoit voulu le renverser pour reprendre sa place, il auroit été vaincu à son tour; que c'étoit la maison de Bourbon qui devoit régner maintenant sur nos cœurs ; qu'elle étoit notre *égide*, notre dernier et plus sûr *palladium*.

A midi, les souverains alliés firent leur entrée solennelle dans la capitale; les paroles les plus flatteuses sortoient de leur bouche : Nous ne venons pas en conquérans, nous sommes vos alliés, répétoient-ils sans cesse. Je porte les Français dans mon cœur, s'écrioit l'empereur Alexandre. Un jeune homme, M. Charles du Rozoir, ayant témoigné à ce puissant monarque son admiration sur l'affabilité avec laquelle il accueilloit le moindre citoyen, Alexandre lui fit cette réponse : N'est-ce pas pour cela que nous sommes souverains !

Entourés de leur nombreux état-major, les deux monarques firent halte aux Champs-Elysées, et se placèrent sur le côté droit, vers le milieu de l'avenue; là, les troupes défilèrent devant LL. MM., dans le plus bel ordre, et pendant plusieurs heures. Cette imposante cérémonie militaire acheva d'entraîner la partie la plus éclairée de la nation : il fut permis à une foule de citoyens d'exprimer des sentimens depuis si long-temps contenus au fond des cœurs. Aux acclamations de *Vive l'empereur Alexandre ! Vive le roi de Prusse !* se mêlent enfin sans contrainte les cris de *Vive le roi ! Vivent les Bourbons ! Vive Louis XVIII !* On ceignoit l'écharpe, on arboroit la cocarde blanche. Sensibles aux marques d'un enthousiasme aussi vif que sincère, les souverains, les officiers généraux alliés répondoient avec une noble réserve : « Français ! nous ne prétendons point influencer votre opinion : déclarez-vous d'une manière positive et légale, et nous vous répondons du reste. » Une scène plus touchante encore marqua l'arrivée d'Alexandre vers les Champs-Elysées : une dame qui s'étoit signalée par sa participation active au mouvement royaliste, madame de Semallé, se jette aux genoux du czar, et les yeux mouillés de larmes elle lui demande son roi. « Vous le voulez, la nation française le désire; hé bien, vous l'aurez, » répond Alexandre en la relevant. Cette bonté, presque divine, laissoit dans tous les cœurs une impression profonde qui s'exaltoit par les plus ardens témoignages de reconnoissance et de respect.

(Extrait de *la Campagne de* 1814, par M. Alphonse de Beauchamp.)

(217) pag. 234. *Pour le bien des miens.*

Manifeste adressé aux vrais Français, à nos fidèles sujets et à tous ceux qui, dévoués à l'honneur et à leur patrie, chérissent encore l'illustre maison de Bourbon.

36.

Au nom de Louis XVIII votre roi.

Toutes les puissances de l'Europe ont juré d'un accord unanime, de ne poser les armes que lorsque les descendans de Saint-Louis remonteroient sur le trône occupé par leurs aïeux depuis plus de huit siècles. L'illustre *Henri IV* fut persécuté par la Ligue, mais il triompha des complots des factieux; il n'employa que la douceur et la clémence, et tout en prouvant la bonté et la justice de sa cause, il eut encore à combattre; mais cet homme immortel prouva à la France, et surtout à sa bonne ville de *Paris*, combien il étoit avare du sang de ses sujets: il nourrit les assiégés, et il disoit qu'il auroit voulu pour la moitié de son royaume pouvoir racheter la vie de deux hommes qui périrent lors de son entrée dans sa capitale.

Nous marcherons sur les traces de ce grand roi; comme lui nous réclamons une couronne, et, à son exemple, nous ne nous ressouviendrons que de l'honneur d'être né Français, et d'être le père d'une nation si généreuse.

Notre malheureux frère est péri victime de sa clémence. Un affreux régicide a été consommé; nous n'en accusons pas la nation; des monstres abominables conseillèrent le crime, et des factieux indignes du nom français l'ont fait exécuter.

Qu'un monument funèbre atteste à l'univers l'éternelle douleur des bons royalistes, et porte le désespoir dans l'âme des méchans; que le 21 janvier nous rappelle chaque année ce jour de deuil: la tête de notre malheureux frère est ceinte de l'auréole du martyre; il fut vertueux, son siècle le méconnut, et le nôtre l'honorera comme un saint. Déjà Pie VI, de glorieuse mémoire, l'a béatifié; mais c'est au pontife, persécuté de nouveau pour notre sainte religion, qu'il appartient aujourd'hui de prononcer sur son apothéose.

Ce vicaire de J. C. est chassé du patrimoine de Saint-Pierre; son bercail est détruit, ses brebis égarées appellent de toutes parts leur pasteur, le schisme est dans l'Eglise; que les ministres restés fidèles à leur dieu, à leur pontife, à leur roi, adressent au ciel les plus ferventes prières pour la conservation de l'héritier de J. C, et pour préserver notre royaume des projets homicides du fléau des humains.

Pie VII a frappé des foudres de l'Eglise le tyran usurpateur; aussi ce perfide le persécute, et bientôt le Saint-Père ne trouvera plus où reposer sa tête. Il est sous le fer d'un audacieux... il expie bien un moment de foiblesse et d'erreur. Oui, Français, il fut répréhensible un moment ; nous-mêmes l'accusâmes d'une lâche condescendance; mais quand nous avons connu la pureté de ses intentions, nous avons répété dans notre douleur : Il a cru pouvoir ramener *Moloch* au culte du vrai Dieu, et faire triompher un jour la plus sainte comme la plus noble des causes.......

Nation fidèle et généreuse, rappelez votre *roi*, renoncez à servir un barbare ; s'il avoit fait le bonheur de nos sujets, sans renoncer à nos droits, nous aurions attendu avec calme et résignation qu'il plût à la Providence de nous rappeler au trône de nos pères ; et comme le bon *Henri*, notre illustre aïeul, nous aurions tout espéré de la justice de notre cause.

Mais la France n'offrira bientôt plus que des ruines, les villes seront désertes : la famine, la guerre et la peste sont au milieu de vous ; ce moderne *Néron*, qui vous gouverne, veut faire de votre malheureuse patrie de vastes catacombes.

Ce n'est pas l'honneur national qu'il consulte, mais bien sa propre sûreté ; cet homme altéré de sang a juré de vous détruire ; il est l'instrument dont s'est servi la Divinité pour châtier les méchans. Maintenant le glaive est remis dans le fourreau ; que ce nouveau *Catilina* cesse d'exister parmi nous ; l'illustre d'Enghien fut immolé par lui, il est l'assassin de vos frères..... ; *et le Soleil pâlit d'avoir éclairé le berceau d'un homme aussi perfide.*

Soldats, combattez pour l'honneur ; votre *roi* a les yeux sur vous ; partout nous avons des émissaires secrets ; tous ceux

qui reviendront à leur maître jouiront de toutes les préro-
gatives attachées à leur noble état; leurs rangs, leurs pensions, tout sera conservé, et une croix honorable remplacera
les dons d'un tyrannicide.

Nos troupes arrivent paisiblement; leur discipline est
parfaite, elles combattent pour les lis, et le lis est le symbole
de la paix.

Français, ouvrez vos villes, nous vous apportons l'abondance, une union durable, et l'amitié sincère de nos alliés :
nous avons pour gage de notre parole royale une trève de
long cours; un nouveau pacte de famille nous unit à la
Russie, et notre illustre maison va remonter sur trois
trônes que le Corse Buonaparte avoit fait écrouler.

Que *Paris*, la plus noble des cités, ne voie dans notre
approche que sa gloire, que sa grandeur ; qu'elle craigne
tout de l'homme qui lui donne des lois...... Mais notre œil
vigilant renversera ses complots funestes.....; cette capitale
sera rendue à son premier éclat...... ; nous surpasserons ce
qu'a fait le moderne *Attila* par ostentation: paix et pardon,
voilà notre devise. Le passé sera oublié; l'homme en place,
s'il s'en rend digne, sera conservé, ou rappelé plus tard;
l'acquéreur de biens nationaux maintenu; le propriétaire et
le cultivateur jouiront par suite d'une grande diminution
d'impôts, et le négociant pourra maintenant correspondre
avec tout l'univers.

Cette singulière et étonnante production date du 9 janvier
1814; elle a été communiquée et transcrite par une infinité
de personnes très-répandues dans Paris, à cette époque,
et même dans les provinces; il en est qui, dans leur noble
zèle, l'ont fait afficher manuscrite au Pont-Neuf, etc. *L'auteur
gardoit l'anonyme* ; le degré d'authenticité dont ce manifeste
sembloit revêtu, ne laissoit aucun doute sur sa véracité; *il a*

pu et dû préparer les voies...., dans une seulemaison, on en a tiré quatre-vingts *copies* dans la même nuit. On commençoit par se le montrer confidentièllement; et au bout de *vingt-quatre* heures, c'étoit le secret de la comédie. Ce manifeste, dis-je, est le fruit d'une gageure en faveur de l'auguste famille des Bourbons. Sa rédaction est peu soignée; c'est un délassement de 57 minutes; je n'ai rien changé au manuscrit; *l'auteur* se trouve doublement heureux, sa récompense est dans son cœur....., et souvent en lisant son ouvrage, il se disoit à lui-même : La plus grande partie des gens sages pourra me révoquer en doute, la multitude sera étonnee, les *femmes* me commenteront, mais leur opinion prononcée m'assure de son heureux succès. C'est à mes lecteurs à deviner le mot de cette *énigme*......., qui n'en est pas une pour bien des gens.... Mais j'ai promis de garder ce secret.

      (218) pag. 237. *Diné chez M. de C......,*
           ex-ambassadeur en S....

Quelques jours après m'avoir consultée, le général *du B...* se trouve invité chez M. de C.....; la société y étoit nombreuse et bien choisie. Après s'être entretenu de l'histoire du jour, on parle politique : la conversation tombe justement sur ce qui doit nécessairement se passer en Suède un peu plus tard; on commente la prédiction faite à Gustave III. A propos, mesdames, dit le général *du B....*, je vais vous en raconter une qui m'est personnelle; mais je vous avoue d'avance qu'elle ne m'effraie nullement; et il leur dit : *Je dois être arrêté sous peu ; je corresponds avec plusieurs personnes notamment avec quelqu'un qui me trahit dans une ville neutre ; je suis environné de fourbes qui m'épient journellement, je dois me trouver dans une infortune affreuse ; et sur ma demande réitérée quel seroit mon genre de mort : — Le feu, m'a-t-on* répondu.

*J'oubliois ; je dois brûler certains papiers, si je les confie
même à une femme, je peux être accablé par des preuves ; mais
si je veux quitter* Paris *dans trois jours ; alors, mes destinées
s'éclaircissent.* En vérité, mademoiselle le Normand ne m'a pas
flatté. A ce nom chacun se récrie : *Général,* faites-y attention, cela devient sérieux ; et l'un après l'autre répète mes
nombreuses prédictions. On lui conseille de quitter momentanément la capitale, l'on fait même une gageure.... Il plaisante agréablement les dames, et ne promet rien.... Au moment où il me consultoit, sa correspondance étoit déjà connue : la ville neutre étoit *Hambourg ;* la gêne affreuse, une
perte de 60,000 fr. qu'il avoit sur lui....lors de son arrestation....Ses papiers confiés furent déposés par crainte... ; et
le feu termina son existence quelques semaines apres.

(219) pag. 216. *Lavoisier.*

Le 8 mai 1794, le tribunal révolutionnaire fit égorger
Lavoisier, membre distingué de l'académie des sciences ; ce
grand chimiste demanda quelques heures de sursis pour pouvoir transmettre à la postérité une précieuse découverte qui
intéressoit le bien général. Ses bourreaux le refusèrent.

(220) pag. 240. *Avel de Loizerolles.*

M. de Loizerolles père étoit chevalier, conseiller d'Etat,
lieutenant-général-honoraire du gouvernement de l'artillerie de France et bailliage royal de l'Arsenal.

M. de Loizerolles s'étoit constamment distingué dans l'exercice de ses fonctions, par la noblesse de ses sentimens, son
intégrité et son désintéressement. A l'époque de la terreur,
il fut arrêté, conduit d'abord à la prison de Sainte-Pélagie
ensuite à celle de Saint-Lazare.

Son fils ne voulut point l'abandonner, et demanda à partager sa captivité.

Le 7 thermidor de l'an III, deux jours avant l'époque mémorable qui délivra la France de ses tyrans, il fut enlevé de Saint-Lazare, et conduit à la Conciergerie pour être jugé. Il jouissoit d'une si haute réputation d'honneur, de bienfaisance et de vertu, que la société populaire de la section de l'Arsenal, instruite du danger qui le menaçoit, nomma quatre députés pour se rendre sur-le-champ au tribunal révolutionnaire, et demander, au nom du peuple, qu'il fût acquitté et mis en liberté.

Le respectable vieillard (il étoit plus que sexagénaire) fut traduit le 8 thermidor devant les assassins qui se décoroient du titre de juges ; il conçoit alors le noble dessein de se dévouer pour son fils : alors les députés de la section populaire accourent ; vain effort : les tyrans les précipitent eux-mêmes dans les cachots, et l'illustre victime est immolée.

M. de Loizerolles fils a consacré un poëme à la mémoire de son vertueux père ; il étoit difficile de faire un plus noble emploi de ses talens : avec quelle force et quelle verve poétique il a peint surtout le moment de la catastrophe ! Cependant le poëte, bien pénétré des règles de l'art et des lois de la bienséance, ne s'est point appesanti sur des détails révoltans qui appartiennent désormais au pinceau de l'histoire. Il n'insiste que sur la découverte de l'erreur de l'âge, qu'un père généreux dissimula, par un dévouement sublime, pour s'immoler à la place de son fils, et sur la tranquille barbarie des assassins qui acceptèrent, au yeux d'un public stupide, cet admirable et horrible échange. (Ce poëme a été traduit en italien et en allemand)

Ce digne fils d'un tel père a hérité de ses vertus et de ses nobles sentimens pour l'auguste famille qui nous gouverne : il vient de mettre au jour un poëme sur le martyre de saint

Louis II. Cet ouvrage ne peut qu'ajouter à sa réputation littéraire.

(221) pag. 240. *Fils de l'immortel Buffon.*

Parmi les nombreuses victimes assassinées le 10 juillet 1794, on remarque le fils du comte de Buffon, âgé de trente ans.

(222) pag. 240. *Le jeune de Sombreuil.*

M. *de Sombreuil*, gouverneur des Invalides, dans les horribles journées de septembre 1792, ne dut la vie qu'à la tendresse courageuse de sa fille; mais plus tard il ne put échapper à de nouveaux bourreaux : le jeune *de Sombreuil*, son fils, périt lui-même pour la plus noble des causes, et fut l'une des honorables victimes sacrifiées à Quiberon.

(223.) pag. 240. *Princesse de Monaco.*

Dans les journées des 7 et 8 thermidor, huit femmes des plus intéressantes par leur jeunesse, leur beauté, leur air de candeur, sont condamnées à mort par l'infâme tribunal révolutionnaire; elles se déclarent enceintes : le soir on les conduit à l'hospice ; le lendemain matin elles subissent l'humiliante visite, et dans l'après-midi sept sont suppliciées.

Parmi ces dernières se trouvoit la princesse de Monaco. Je n'oublierai jamais le spectacle déchirant dont elle me rendit le témoin; elle sortoit à la file du quartier des femmes, sans montrer d'autre émotion que celle d'une indignation légitime contre ses assassins; elle adressa ces paroles aux détenus qui se trouvoient sur son passage : « Citoyens, je vais à la mort avec toute la tranquillité qu'inspire l'innocence, je vous souhaite à tous un meilleur sort. Puis, se tournant vers l'infâme guichetier qui l'entraînoit à la voiture, elle tire de son sein un paquet de ses beaux cheveux, et lui dit en le lui remettant : « J'ai une grâce à te demander, promets-tu de me l'accorder ? » Celui-ci l'ayant promis : « Voilà, continua-t-elle, un paquet de mes cheveux, j'ose l'implorer de ta pitié, je la réclame en mon nom, et au nom de tous ceux qui m'entendent, envoie-le à mon fils, l'adresse est dessus : me le promets-tu ? Jure-moi, en présence de ces honnêtes gens que le même sort attend, que tu me rendras ce dernier service que j'espère des humains. » S'adressant ensuite à une de ses femmes enveloppée dans la même proscription qu'elle, mais dont l'abattement contrastoit beaucoup avec la fermeté de sa maîtresse : « Du courage, ma chère amie, du courage ! il n'y a que le crime qui puisse montrer de la foiblesse. »

(Almanach des Prisons.)

(224) pag. 240. Charlotte Cordai.

Marie-Charlotte Cordai d'Armans, née à Saint-Saturnin-des-Lignerets, près Caen, le 28 juillet 1768, avoit reçu de la nature une imagination extrêmement vive et prompte à s'enflammer ; élevée dans un couvent, elle en avoit rapporté une austérité de mœurs qu'elle conserva toujours. Il paroit que, menant dans sa famille une vie retirée, elle s'occupoit de l'étude de l'histoire ancienne, et qu'elle avoit puisé dans cette lecture ce principe d'énergie et de résolution forte, avec lequel elle eût sauvé son pays, si son courage eût trouvé beaucoup d'imitateurs.

Cette femme étonnante donna un grand exemple de dévouement pour la patrie, en tuant <i>Marat</i>, qu'on regardoit dans les départemens comme le chef des terroristes, et la principale cause de tous les malheurs de la France.

Le 17 juillet 1794, sur les sept heures du soir, cette femme extraordinaire fut conduite à l'échafaud, à travers une foule

immense qu'elle regardoit sans dédain et sans fierté ; elle
reçut la mort avec le même courage qu'elle l'avoit donnée.

[(*Ephémérides.*)

(2a5) pag. 24ɪ. *Cazolle.*

M. de Cazotte est péri sur l'échafaud, à l'âge de 74 ans,
victime de son noble dévouement à la cause de son roi;
j'étois présente aux débats de son injuste procès ; ses réponses
déconcertèrent un moment ses bourreaux. Il leur dit,
même d'un air et d'un ton prophétique : *que n'ayant pu rem-*
plir la mission dont le ciel l'avoit chargé pour sauver l'infor-
tuné monarque de la fureur des factieux, il étoit trop heureux
de mourir le premier.

Et sur la demande du *président,* de s'expliquer d'une manière claire et précise sur le sens qu'il attachoit à cette dernière réponse, il s'écria d'un air vraiment inspiré : *Un*
ange m'est apparu en songe, et les destinées de la France m'ont
été révélées ; malheur aux juges pervers ! malheur à ceux qui
les conseillent ! malheur aux Français aveuglés ! Heureuse-
ment que je ne serai point témoin du plus grand des crimes... Le
silence régna quelques secondes; chacun se regardoit d'un air
étonné et surpris ; mais les hommes de sang détruisirent dans
un moment l'intérêt que ce vieillard inspiroit : ils l'accu-
sèrent d'être le chef de la secte des illuminés, d'avoir constamment par ses écrits et par ses actions, cherché à rallier à la
cause du *roi,* un grand nombre de vrais républicains, ... mais
foibles. Ce qui aujourd'hui éternise sa mémoire, fut la cause
dans ces momens pervers de sa fin malheureuse.... Ce
vieillard respectable mourut le 25 septembre 1792, à sept
heures du soir ; il montra jusqu'à sa fin une présence d'esprit et un *sang froid admirables.* — Revoyez la note 62,
pag. 87. Tout ce qu'il a prédit est arrivé.

(226) pag. 241. *Durosoy.*

Du Rosoy, auteur de la Gazette Française, fut condamné à mort par le tribunal du 17 août.

Quand il monta sur l'échafaud, il s'écria : Il est beau pour un royaliste comme moi de mourir le jour de *Saint-Louis.* Il fut assassiné à neuf heures du soir, et l'exécution se fit aux flambeaux.

(227) pag. 241. *Ninon de Lenclos.*

Anne, dite Ninon de Lenclos, naquit à Paris en 1615, de parens nobles. Sa mère vouloit en faire une dévote; son père, homme d'esprit et de plaisir, réussit beaucoup mieux à en faire une épicurienne. Ninon perdit l'un et l'autre à quinze ans : maîtresse de sa destinée dans une grande jeunesse, elle s'appliqua à perfectionner ses talens et à orner son esprit; elle savoit parfaitement la musique, et dansoit avec beaucoup de grâce. La beauté sans les grâces étoit, suivant elle, un hameçon sans appât.

Elle avoit eu pendant quelque temps pour protecteur un petit homme noir, qui lui avoit prédit qu'elle seroit belle jusqu'à une extrême vieillesse; que lorsqu'il lui apparoîtroit de nouveau, elle ne tarderoit pas à finir sa carrière.

Elle mourut suivant les uns, comme elle avoit vécu; suivant d'autres, dans des sentimens plus chrétiens. Elle avoit alors 90 ans : le petit homme noir lui apparut deux mois auparavant, mais elle n'en fut point effrayée; elle conserva jusqu'au dernier soupir les agrémens de son esprit. *Si l'on pouvoit croire*, disoit-elle, *quelquefois comme madame de Chevreuse, qu'en mourant on va causer avec tous ses amis dans l'autre monde, il seroit doux de penser à la mort.*

(228) pag. 242. *M. de Montmorin.*

M. de Montmorin, ministre des affaires étrangères, après avoir été jugé et acquitté par le tribunal du 17 août, fut réintégré aussitôt en prison; il ne put échapper aux massacres affreux de septembre 1792. Interrogé par *Maillard*, M. de *Montmorin* répond : qu'il ne reconnoît point les membres de la commission pour ses juges, qu'ils n'en ont point le caractère. Un des assistans l'interrompt, et dit brusquement : M. le président, les crimes de Montmorin sont connus, je demande qu'il soit envoyé à la Force. Oui, oui, à la Force! crièrent les juges. Vous allez donc être transféré à la Force, dit ensuite le président. M. le président, puisqu'on vous appelle ainsi, réplique M. de Montmorin du ton le plus ironique, M. le président, je vous prie de me faire avoir une voiture. — Vous allez l'avoir, lui répond froidement Maillard. Un de ceux qui étoient là, fait semblant de l'aller chercher, sort, et revient un instant après dire à M. *de Montmorin :* Monsieur, la voiture est à la porte : il faut partir et promptement. M. *de Montmorin* réclame alors des effets, un nécessaire, une montre, etc. On lui répond qu'ils lui seront envoyés. Il se décide à aller trouver la fatale voiture qui l'attendoit.....; au bout de quelques minutes, il n'existoit plus. (*La Vérité tout entière sur les vrais acteurs de septembre 1792.*)

(229) pag. 242. *D'Affri.*

M. d'Affri, colonel des gardes Suisses, a survécu quelques années à la chute de la monarchie.

(230) pag. 242. *Tronchet.*

Dans le nombre des pièces qui figurent au procès de l'infortuné Louis XVI, Sa Majesté aperçut la déclaration qu'elle fit à son retour de Varennes, lorsque MM. *Tronchet, Barnave* et *Duport,* furent nommés à l'assemblée constituante

pour la recevoir. Cette déclaration étoit signée du roi et des
députés : Vous reconnoissez cette pièce pour authentique,
dit le roi à M. *Tronchet :* voilà votre signature ; (des témo'ns
dignes de foi ont entendu dire à M. Tronchet lui-même,
que ce mot de Louis XVI avoit porté en lui un trouble
difficile à décrire, et que jamais le regard de *son roi* ne
sortiroit de sa mémoire.....)

M. *Tronchet* fut l'un des défenseurs de l'auguste victime.
Il s'éleva avec force contre le décret qui avoit statué que la
majorité absolue et d'une seule voix, suffiroit pour prononcer
la condamnation à mort. Il paroîtra inconcevable, dit-il,
que le plus grand nombre de ceux qui ont prononcé la peine
terrible de la mort, aient pris pour base le Code pénal, et
qu'on ait invoqué contre l'accusé ce qu'il y a de plus rigoureux dans la loi, tandis que l'on écartoit tout ce que l'humanité de cette même loi avoit établi en faveur de l'accusé.

Malgré le zèle et les talens distingués de l'orateur, le sang
innocent a coulé ; Louis XVI s'est offert comme un holo-
causte en expiation, et l'affreux régicide a été consommé.

(231) pag. 242. *Le vertueux ami de son roi.*

Ce fut M. *de Malesherbes* qui le premier annonça au
vertueux Louis XVI son arrêt de mort. Ce monarque étoit
dans l'obscurité, le dos tourné à une lampe placée sur la
cheminée, les coudes appuyés sur la table, le visage couvert
de ses mains. Le bruit que je fis, dit M. *de Malesherbes,* le
tira de sa méditation ; il me fixa, se leva et me dit : Depuis
deux heures je suis occupé à rechercher si, dans le cours
de mon règne, j'ai pu mériter de mes sujets le plus léger
reproche. Eh bien, M. *de Malesherbes, je vous le jure dans
toute la vérité de mon cœur, comme un homme qui va paroître
devant Dieu, j'ai constamment voulu le bonheur du peuple, et
jamais je n'ai formé un vœu qui lui fût contraire.*

Ce généreux défenseur de Louis XVI périt sur l'échafaud,
âgé de soixante-douze ans. Il montra dans ses derniers

momens le même courage qu'il avoit inspiré à son auguste client. Ce M. de Malesherbes, dit une femme du peuple, étoit un honnête homme; on ne pouvoit lui reprocher d'autre tort que d'avoir défendu ce pauvre tyran.

Ce mot mérite d'être conservé ; il caractérise admirablement l'esprit du peuple dans la révolution.

(*Printemps d'un Proscrit.*)

(232) pag. 248. *L'estimable Beauharnois.*

Le comte Alexandre *de Beauharnais* fut condamné à mort par le tribunal révolutionnaire, et périt sur l'échafaud le 23 juillet 1794.

La bienfaisante Joséphine survécut à son époux quatre lustres moins cinquante-sept jours. Elle mourut dans son château de la Malmaison, le 29 mai 1814. (Quel rapprochement du nombre quatorze, et quel étonnant contraste dans leurs destinées!.....)

(233) pag. 259 *Madame de B....*

Cette femme aimable périt d'une manière aussi cruelle qu'elle fut prématurée ; depuis un certain temps une inquiétude secrète la dominoit, elle avoit de ces douloureux pressentimens intimes ! elle écrivoit même à sa sœur, quelques momens avant son horrible catastrophe, *je crains de ne plus le revoir*, je crains..., et le jour même, en examinant la chute d'eau qui formoit une cascade, tombant sur des rochers, elle veut traverser rapidement un petit espace : le pied lui glisse , elle tombe tout à coup dans un gouffre dont elle ne put être retirée qu'au bout de trente minutes; hélas ! cette femme si jeune et si bienfaisante n'existoit déjà plus.

Sa meilleure amie en fut inconsolable : elle fit transporter sur-le-champ ses restes précieux à S. L. ; là, elle lui a fait ériger un tombeau, où chaque jour elle se rend, et pleure la douce compagne de son enfance, celle qui surtout connoissoit l'amitié.....

(234) pag. 260. *Le Couvreur.*

La célèbre actrice le Couvreur, ayant appris que le maréchal de Saxe, son amant, avoit besoin d'argent pour soutenir ses droits sur la *Courlande*, ne balança pas à faire le sacrifice de ce qu'elle avoit de plus précieux. Elle mit en gage ses bijoux, en retira une somme de quarante mille francs, et la fit passer au maréchal.

. . . .

. . . .

La mort subite de mademoiselle le Couvreur, le 20 mars 1730, laissa ses tristes restes exposés à toute la rigueur des lois ecclésiastiques. *Voltaire*, pour consoler ses mânes errans leur consacra un temple d'architecture païenne, dans ces vers si connus :

Non , ces bords désormais ne seront plus profanes,
Ils contiennent ta cendre; et ce triste tombeau,
Honoré par nos chants, consacré par tes mânes,
    Est pour nous un temple nouveau.
Voilà mon Saint-Denis; oui , c'est là que j'adore
Ton esprit, tes talens, tes grâces, tes appas;
Je les aimois vivans, je les encense encore
    Malgré les horreurs du trépas,
    Malgré l'erreur et les ingrats,
Que seuls de ce tombeau l'opprobre déshonore.

La moderne *le Couvreur* n'est plus: pleurez, *Melpomène et Thalie*, *votre cour est en deuil*. L'inimitable *Médée* possédoit un talent réel (non comme celui de la perfide épouse de *Jason*). Mademoiselle *Raucour* pouvoit paroître armée de sa baguette magique; elle étoit toujours certaine d'enlever tous les suffrages. Mais hélas ! cette actrice célèbre vient de nous être ravie au moment où elle alloit recueillir les fruits de sa haute

réputation. Sa bienfaisance, son honorable et constante opinion, les fers glorieux qu'elle porta sous le règne de la terreur pour la plus belle et la plus noble des causes; tout lui
avoit conquis l'estime publique. *Qui pourroit croire qu'au
terme fatal de son grand voyage, mademoiselle Raucour a vu
du haut de l'empyrée un moment la terre refuser les honneurs de
la sépulture à ses malheureux restes !* Devant l'Eternel, cette
actrice célèbre sera jugée selon ses œuvres ; *mais un ministre
du Tout-Puissant, et rempli de la dignité de son état, doit se
contenter de prier pour les pauvres pécheurs.....*

Je connoissois cette femme immortelle dans son art. Que
de fois je lui ai dit : *La fin de votre brillante carrière sera le
plus grand bruit dans le monde* (et ma prédiction s'est réalisée)!
Si l'un de ces matins il prenoit fantaisie à la parque de couper
la trame de mes jours, j'aurois tout à craindre pour ma dépouille mortelle. Mademoiselle *Raucour* a parfaitement joué
le rôle de *magicienne* ; mais, moi, qui, aux yeux d'un stup'de
vulgaire, passe pour la moderne *Médée*, une triple barrière
s'élèveroit entre le temple et moi ; mais par un grand bonheur je vivrai *vingt-quatre lustres et près d'une olympiade.*
Alors, dans ce temps, dégagée de toutes affaires temporelles,
ne m'occupant que de choses purement spirituelles, me rendant recommandable par mes aumônes , et surtout mes
offrandes... je serai particulièrement protégée de saint Roch.

(235) pag. 260. *Clairon.*

La célèbre Hippolyte *Clairon* raconte dans ses Mémoires
qu'elle avoit un fantôme invisible qui la suivoit journellement.

Une fois, dit-elle, je venois de chanter de fort jolies mou-
tonades, dont mes amis étoient dans le ravissement, lorsqu'au coup de onze heures succéda le cri le plus aigu. Sa
sombre modulation et sa longueur étonnèrent tout le monde .

Je me sentis défaillir, et je fus près d'un quart-d'heure sans
connoissance.

Uu jour le président de B..., chez lequel j'avois soupé,
voulut me reconduire, pour s'assurer qu'il ne m'étoit rien
arrivé en chemin. Comme il me souhaitoit le bonsoir à ma
porte, le cri partit entre lui et moi. Ainsi que tout Paris, il
savoit cette histoire : on le remit dans sa voiture plus mort
que vif.

Sept ou huit jours après, causant avec ma société ordinaire, la cloche de onze heures fut suivie d'un coup de fusil
tiré dans l'une de mes fenêtres. Tous, nous entendîmes le
coup ; tous, nous vîmes le feu ; la fenêtre n'avoit nulle
espèce de dommage. L'intendant vola chez M. de Marville,
alors lieutenant de police, et son ami. On vint tout de suite
visiter les maisons vis-à-vis la mienne. Les jours suivans, elles
furent gardées du haut en bas : on visita toute la mienne ; la
rue fut remplie par tous les espions possibles ; mais quelques
soins qu'on prît, ce coup, pendant trois mois entiers, fut
entendu, vu, frappant toujours à la même heure, dans le
même carreau de vitre, sans que personne ait jamais pu voir
de quel endroit il partoit. Ce fait est constaté sur les registres
de la police.

Accoutumée à mon revenant, que je trouvois assez bon
diable, puisqu'il s'en tenoit à des tours de passe-passe, ne prenant pas garde à l'heure qu'il étoit, ayant fort chaud, j'ouvris
la fenêtre consacrée, et l'intendant et moi nous appuyâmes sur
le balcon ; onze heures sonnent : le coup part, et nous jette
tous les deux au milieu de la chambre, où nous tombons
comme morts. Revenus à nous-mêmes, sentant que nous
n'avions rien, nous avouant que nous avions reçu, lui sur
la joue gauche, moi sur la joue droite, le plus terrible
soufflet qui se soit jamais appliqué, nous nous mîmes
à rire comme deux fous. Le lendemain rien. Le surlende-
main, priée, par mademoiselle Dumesnil, d'être d'une petite

37.

fête nocturne qu'elle donnoit à sa maison de la Barrière-
Blanche, je montai en fiacre à onze heures, avec ma femme-
de-chambre. Il faisoit le plus beau clair de lune, et l'on nous
conduisoit par les boulevards, qui commençoient à se garnir
de maisons: nous examinions tous les travaux qu'on faisoit
là, lorsque ma femme-de-chambre me dit: N'est-ce pas ici
qu'est mort M. de S....? — D'après les renseignemens qu'on
m'a donnés, ce doit être, lui dis-je en les désignant avec mon
doigt, dans l'une des deux maisons que voilà devant nous.
D'une des deux partit ce même coup de fusil qui me poursuivoit ; il traversa notre voiture ; le cocher doubla son train,
se croyant attaqué par des voleurs ; nous arrivâmes au rendez-vous, ayant à peine repris nos sens, et, pour ma part,
pénétrée d'une terreur que j'ai gardée long-temps, je l'avoue ;
mais cet exploit fut le dernier des armes à feu.

M. de S..... l'avoit beaucoup aimée ; mademoiselle Clairon
avoit cessé et refusé de le voir dans ses derniers instans. Ce
malheureux jeune homme, dans un moment de désespoir,
prit la main d'une dame respectable par son âge, et qui étoit
son amie... La barbare, dit-il..., elle n'y gagnera rien, je la
poursuivrai autant après ma mort, que je l'ai poursuivie pendant ma vie !....

(236) pag. 264. *Sésostris.*

Le moderne *Sésostris*, qui nous gouverne, veut ferme-
ment le bonheur de la *France*, il le fera. Ce *prince*, le digne
successeur de Louis XVI, préviendra dans sa haute sagesse des
orages intérieurs, il apaisera des tempêtes violentes ; mais
le calme universel doit renaître pour tous ; les fils égarés
reviendront à leur père, et l'enfant prodigue reconnoîtra
ses erreurs..... Louis XVIII nous fera oublier les maux
inséparables d'une longue révolution. Il surpassera la clémence *d'Auguste* ; ce *digne monarque* se fera adorer. Son
règne *annonce plus d'un grand miracle.* La France deviendra

pour toute *l'Europe* la terre promise .... Notre union seule
fera notre force. De 1815 à 1819, tout sera accompli.....
même le vœu du *bon Henri IV*; les laboureurs, les artisans,
mettront la poule au pot ; et même parfois dans leurs réunions de famille, la *dinde* aux truffes ne sera point un mets
tout-à-fait inconnu à ces classes laborieuses et toujours si
utiles...

Ainsi soit comme il est prédit.

(237) pag. 265 *Lavater.*

En 1778, M. de B....., maréchal de camp, fut chargé, par
M. de Maurepas, ministre, d'écrire la vie de Louis XVI.
Quand il avoit terminé un chapitre, il le portoit au ministre
qui, après en avoir pris lecture, le remettoit au roi. Ce bon
et vertueux prince rayoit tout ce que sa modestie trouvoit
de trop flatteur. Le roi vint à l'Opéra, M. de B.... étoit dans
une loge en face avec le célèbre *Lavater.* Dans une conversation très-animée, ce savant dit à M. de B.... Le roi est
le plus honnête homme de son royaume, mais il ne mourra
pas d'une mort ordinaire à un roi de France. Ce propos
frappa tellement M. de B...., que rentré chez lui, il en fit une
note, qu'il mit par inadvertance dans le cahier de la vie
du roi, qu'il devoit porter au ministre, qui, parcourant le
cahier à la hâte, n'y fit pas attention, et le remit au roi. Le
roi lut la note à plusieurs reprises, la remit dans le cahier
sans en parler au ministre ni à l'auteur ; mais au 10 août,
si funeste à la France, M. de B..... ayant été député par les
princes auprès du roi, cet infortuné monarque fixa M. de B....
et lui dit avec calme et bonté : Il avoit raison, l'oracle s'ac-
complira, j'y suis résigné. — Sur les instances de M. de B....
de s'expliquer, le roi lui rappela la note de *Lavater,* trouvée
par lui dans un des cahiers de sa vie. Quel coup pour M. de
B....! mais quelle bonté dans l'infortuné monarque qui em-

ploya ses soins à consoler M. de B...., désespéré de sa mé-
prise involontaire !

(*Cet article qu'on ne peut révoquer en doute, m'est communiqué
par un témoin irrécusable.*)

(238) pag. 268 *Hermès.*

Les anciens, et surtout les sectateurs de Pythagore, ne manquèrent pas d'attribuer une infinité de propriétés mystérieuses
aux nombres : l'unité qui en est le principe génératif étoit
aux yeux de ces philosophes, le caractère sublime de la divinité ; ils n'aimoient pas le nombre deux, le nombre impair est consacré aux choses divines. *Numero deus impare*
gaudet ; ce qui explique pourquoi les victimes offertes aux divinités célestes étoient toujours en nombre impair, tandis
que celles qu'on offroit aux dieux infernaux étoient en nombre pair. Le nombre 3 est le nombre par excellence ; les
anciens faisoient trois fois par jour des sacrifices à Jupiter,
afin d'invoquer son secours pour le commencement, le milieu, et la fin de toutes choses. Le nombre 4 étoit en
grande vénération parmi les Pythagoriciens : il est le cube
de la perfection..... En presque toutes les langues le nom de
Dieu est de quatre lettres. Les Hébreux l'appellent *Adonaï*,
Jehova, Eheich, noms qui sont de quatre lettres en leur langue : les Assyriens, *Aded ;* les Perses, *Styré* ou *Syré ;* les
Mages, *Orsi ;* les Egyptiens, *Theuth* (l'h n'est point lettre
et ne marque qu'une inspiration) ; les Grecs, *Theos* (th ne
forme en grec qu'une lettre *theta*) ; les Latins, *Deus ;* les
Arabes, *Alla ;* les Turcs, *Aydi ;* les Espagnols, *Dios ;* les
Allemands et les Flamands, *Gott* ou *Goth ;* quelques habi-
tans du Nouveau-Monde, *Zimi ;* et les Français enfin, *Dieu.*
Il est fâcheux que l'Italie ait dérogé à cette règle admirable,
Dieu s'y nomme *Dio* ou *Iddio.*

Le nombre 5 contient de grands secrets dans la nature.
On ne dit pas grand'chose du nombre 6 : mais le septième

a été extrêmement bien accueilli par les anciens et les modernes ; les médecins y ont trouvé toutes les vicissitudes de la vie humaine : il a toujours passé pour un des plus mystérieux dans les sciences et dans les religions ; il est consacré dès la naissance du monde. Le nombre 8 n'est pas heureux ; il n'en est pas de même du nombre 9 ; le nombre 10 marque le haut point du bien et du mal ; le nombre 13 est le présage de toutes les calamités ; le nombre 40 est sacré pour les Russes ; mais la mystérieuse cabale ne compte que cinq nombres vraiment heureux : 7, 10, mais 9, 19, 99, les surpassent encore.　　　　　　　　　　　(*Science des Signes.*)

(239) pag. 268. *Paracelse.*

Quiconque possède l'épée du fameux *Paracelse* si célèbre par ses rares connoissances sur la haute cabale, doit être invulnérable à tous les coups du sort : il peut même hardiment se défaire de tous ses ennemis, sans craindre la malice de ceux qui leur survivent ; mais il faut l'examiner avant de la mettre à l'épreuve : sa lame est d'une trempe tout extraordinaire ; sur sa poignée se trouvent divers hiéroglyphes : en prononçant *trois mots*, l'épée se dirige d'elle-même sur la personne que l'on veut frapper. Il faut en dire *sept*, pour qu'elle rentre à l'instant dans son fourreau. Cette arme merveilleuse, et qui possède encore d'autres propriétés, n'étoit point inconnue des anciens. J'ai vu un homme de beaucoup d'esprit m'assurer l'avoir touchée en *Allemagne ;* mais je n'affirme, ni ne révoque ce qu'il avance, j'aime mieux en douter.

(240) pag. 268. *Apollonius de Tyane.*

Ce philosophe si célèbre, ce grand physionomiste, entrant d'une manière triomphante à Alexandrie, comme il traversoit une rue, entouré de son cortége, on vit s'avancer douze hommes que l'on conduisoit au supplice, et qu'on disoit faire partie d'une troupe de voleurs, qui, depuis quelque temps, étoient recherchés et poursuivis par la justice : marchant à la file les uns des autres, tous les douze passèrent successivement sous ses yeux ; il s'arrêta pour les regarder.

Mais la surprise fut extrême quand on le vit en montrer un du doigt, et dire que celui-là n'étoit pas coupable ; physionomiste habile, sans doute, il avoit découvert sur le visage de ce malheureux quelques uns de ces traits distinctifs qui sont le partage de l'innocence, qu'elle conserve jusque dans ces terribles momens, et que l'œil attentif sait, quand il est exercé, y démêler plus ou moins.

Les soldats chargés d'escorter les criminels marchoient toujours sans faire attention aux discours du voyageur ; il leur adressa la parole, insista, demanda qu'on suspendît le supplice de cet homme jusqu'à ce qu'on eût pris sur lui de nouvelles informations. Enfin dans sa douleur il en vint jusqu'à prier les bourreaux de le réserver au moins pour le dernier.

Cette mesure qui ne paroissoit propre qu'à prolonger l'agonie de l'infortuné, et ajouter à sa peine une peine nouvelle, fut cependant son salut. Déjà les coupables étoient arrivés à l'échafaud, déjà même huit d'entr'eux venoient de périr, quand tout à coup on entend au loin une voix forte crier, *grâce, grâce!* Chacun se retourne, et l'on voit accourir à toute bride un cavalier qui annonce que les juges ont reconnu l'innocence de *Pharion*, et que, en leur nom, il vient le redemander pour le ramener devant eux.

Pharion étoit celui-là même qu'avoit désigné *Apollonius.* Le peuple s'en empare, on le conduit avec mille cris de joie vers son sauveur, et toute la ville retentit du nom de l'étranger.   (*Vie d'Apollonius de Tyane.*)

(241) pag. 268. *Nicolas Flamel.*

Il étoit né sans bien, de parens obscurs, et sa profession d'*écrivain* ne l'avoit pas mis à portée d'acquérir de grandes richesses. On le vit tout à coup par ses libéralités, déceler une fortune immense; l'usage qu'il en fit est bien rare: il fut riche pour le malheureux. Une honnête famille tombée dans l'indigence, une fille que la misère auroit, peut-être, entraînée dans le désordre, le marchand et l'ouvrier chargés d'enfans, la veuve et l'orphelin étoient les objets de sa munificence. *Naudé* attribue les richesses de Flamel à la connoissance qu'il avoit des affaires des Juifs, et ajoute que lorsqu'ils furent chassés de France en 1394, et que leurs biens furent acquis au *roi*, *Flamel* traita avec leurs débiteurs pour la moitié de ce qu'ils devoient, et leur promit de ne pas les dénoncer.

Flamel, d'après le dire de plusieurs historiens, possédoit le secret de la transmutation des métaux; nul doute que ce grand *alchimiste* n'ait fait tourner ses rares connoissances à son singulier avantage.

On ne sait pas positivement s'il fut enterré à Saint-Jacques-de-la-Boucherie ou sous les charniers des Innocens; *Paul Lucas* semble même douter qu'il soit mort.....; il dit l'avoir rencontré dans ses voyages; et *Paul Lucas* voyageoit par ordre de Louis XIV.

Dans mes loisirs, je m'occuperai sérieusement de la recherche du grand œuvre; car il est très-agréable, au moyen de cette divine poudre de projection, de pouvoir se rendre immortel, et ne jamais paroître avoir plus de sept lustres.

(*Essais sur Paris.*)

(242) pag. 268. *Le comte de Saint-Germain.*

Grand *cabaliste* ayant possédé, selon plusieurs *illuminés*, le secret de l'œuvre hermétique....., son cabinet renfermoit les choses les plus rares et les plus curieuses; il avoit comme *Socrate* un génie familier, et à entendre ses admirateurs enthousiastes...., il doit renaître sept fois.

(243) pag. 269. *Livres sibyllins.*

Les sibylles étoient en grande vénération chez les Grecs et les Romains; l'on ne doutoit pas qu'elles ne connussent à fond tout ce qui concernoit les rois, leurs sujets, les grands de l'Etat, les héros, etc. Rien n'est plus célèbre que la manière dont les Romains devinrent possesseurs des livres sibyllins. Une de ces antiques prophétesses vint trouver le roi Tarquin l'ancien, et lui proposa d'acheter neuf cahiers de ses prédictions; mais elle en demanda un prix si exorbitant, que le prince crut qu'elle radotoit; la sibylle jeta aussitôt trois cahiers au feu, et demanda la même somme pour les six autres. Comme le monarque persistoit toujours à rire de ses propositions, elle brûla encore trois cahiers, et sans rien rabattre de ses prétentions, lui demanda fièrement s'il vouloit acheter les trois derniers pour le même prix. Alors le prince, étonné de cette fermeté, soupçonna du mystère, et crut devoir convoquer le conseil des augures; ils furent tous d'avis qu'il falloit donner à la sibylle l'argent qu'elle demandoit, et Tarquin obéit.

(*Erreurs et Préjugés.*)

(244) pag. 272. *Nouvel Icare.*

Icare, fils de *Dédale.*

(245) pag. 283. *Monk*.

Le célèbre Monk, officier-général sous Cromwel, fut celui qui rétablit le trône; il commandoit en Ecosse l'armée qui avoit subjugué le pays. Le parlement de Londres ayant voulu casser quelques officiers de l'armée, ce général se résolut à marcher en Angleterre pour tenter la fortune.

Les trois royaumes étoient alors plongés dans l'anarchie. Monk, ne se sentant pas assez puissant pour succéder aux deux protecteurs, forma le dessein de rétablir la famille royale; il y parvint en ne disant son secret à personne, en craignant bien plus le zèle des amis, que l'opposition des ennemis; il embrouilla tellement les affaires, qu'il augmenta l'anarchie, et mit la nation au point de désirer un roi; à peine y eut-il du sang de répandu. Lambert, un des généraux de Cromwel, et un des plus ardens républicains, voulut en vain renouveler la guerre; il fut prévenu avant qu'il eût rassemblé un assez grand nombre des anciennes troupes de Cromwel, et fut battu et pris par celles de Monk.

Ce grand général et fidèle sujet reçut de son souverain légitime une digne récompense, et il parvint aux plus grands honneurs.

De la mort de Charles 1er au rétablissement de son fils, l'intervalle est de onze ans.

(246) pag. 283. *Cromwel*.

Ce fut le treizième jour de septembre 1658, qui lui avoit été si heureux par le gain des deux batailles de *Dombar* et de *Vorchester*, que finit sa prospérité avec sa vie, pleine de tout ce qui peut donner de la célébrité à un homme plus grand par ses crimes que par ses vertus. On dit que le cardinal *Mazarin* le définissoit un fou heureux : mais cette définition est loin d'être exacte. Cromwel parvint par un parricide, par de grandes victoires, par tous les raffinemens d'une délicate politique, à la souveraine puissance qu'il conserva par des voies pareilles, et en possession de laquelle il mourut. Un tel homme est moins un heureux fou qu'un fort habile politique. Croira-t-on que Cromwel, en signant le terrible arrêt rendu contre Charles Ier, fut si peu ému, qu'après l'avoir signé, il barbouilla d'encre le visage de son voisin qui lui rendit la pareille ?

(*Ephémérides.*)

(247) pag. 286. *Sylla.*

Lucius Cornelius Sylla, d'une maison illustre, naquit avec très-peu de fortune. Nicopolis, riche courtisane, le fit héritier de ses biens ; sa belle-mère lui laissa de grandes richesses; il parut alors avec éclat parmi les chevaliers romains. *Marius* l'employa en Afrique en différentes rencontres; il y fit ses premières armes.

On raconte qu'un homme de la suite de l'ambassadeur des Parthes, ayant envisagé et considéré avec grande attention tous les mouvemens de son esprit et de son corps, et ayant ensuite appliqué aux règles et aux hypothèses de son art ce qu'il connoissoit de sa complexion et de son naturel, dit : *C'est une nécessité absolue que cet homme devienne très-grand, et je m'étonne comment dès à présent il peut souffrir de n'être pas le premier du monde.* Sylla convenoit lui-même que la fortune eut toujours plus de part à ses succès, que la prudence et la conduite; il aimoit à s'entendre appeler *l'heureux Sylla.* Ce titre n'étoit guère compatible avec les passions dont son âme étoit agitée. *Plutarque* observe que la fortune voulut demeurer avec lui jusqu'à la fin pour achever ses obsèques; le jour du convoi, le temps fut si couvert dès le matin qu'on attendoit à tout moment une grosse pluie, ce

qui fit qu'on n'enleva le corps qu'avec peine et fort tard,
vers la neuvième heure (à trois heures après midi) ; mais
il ne fut pas plus tôt transporté, qu'il s'éleva un vent très-
fort , qui souffla sur le bûcher, et qui y alluma une si grande
flamme, que le corps fut entièrement consumé sans aucune
pluie.

(248) pag. 304. *Tour du Temple.*

Monseigneur le duc d'Angoulême, en sa qualité de grand-
prieur de France , étoit propriétaire du palais du Temple.
Monseigneur le comte d'Artois (MONSIEUR, frère du Roi)
l'avoit fait meubler, c'étoit sa résidence lorsqu'il venoit à
Paris. La grande tour, éloignée du palais de deux cents pas,
étoit située au milieu du jardin, c'étoit le dépôt des archives
du Temple.

Quelques jours avant la démolition du Temple, un respect
religieux me le fait parcourir de nouveau. A l'aspect des
tourelles, des guichets, de cet escalier où l'on entroit dans
chaque étage en franchissant deux portes, la première en
bois de chêne fort épais et garni de clous, la seconde en fer,
je me disois à moi-même (car j'aime à me parler) : Voilà
donc le lieu où cette famille infortunée a gémi si long-temps...
hélas ! tous ont péri... La timide violette est restée cachée sous
les ailes de la Providence ; un soleil trop ardent ne l'a point
desséchée, elle a survécu à de grands désastres, et est demeu-
rée seule pour faire des heureux et consoler les siens......
Bientôt une sombre douleur s'empare de moi....; mais quand
je pénètre dans l'appartement qu'avoit occupé le meilleur des
souverains, un trouble extraordinaire assiége mon âme, et
je m'écrie par un mouvement prophétique :

ICI, SERA ÉLEVÉ UN MONUMENT DURABLE,
QUI ATTESTERA A LA POSTÉRITÉ LA PLUS RECULÉE
LES VERTUS ET LE MARTYRE DE LOUIS XVI,
ET LA PERVERSITÉ DU SIÈCLE OÙ IL VIVOIT.

ERRATA.

Page 6, ligne 11 de la Préface, j'ai vu, *lisez* j'ai conversé.

Page 7, ligne 15 (*item*), d'entre, *lisez* parmi.

Page 1 (de l'ouvrage), ligne 10, annaux, *lisez* anneaux.

Page 3, ligne 13, tout. *lisez* toute.

Page 10, ligne 10, divineresse, *lisez* devineresse.

Page 11, ligne 3, et que, *lisez* dans.

Page 14, ligne 4, l'on, *lisez* on.

Page 21, ligne 15, qu'nu, *lisez* qu'un.

Page 28, ligne 6, dans, *lisez* a.

Page 36, ligne 1 de la note, *lisez* placer.

Page 37, ligne 12, des, *lisez* les.

Page 44, ligne 13, me disant, *lisez* me disent.

Page 46, ligne 12, d'un étonnement, *lisez* d'une surprise.

Page 55, ligne 19, attendant, *lisez* en attendant.

Page 56, ligne 4, bureau, *lisez* bureaux.

Page 58, ligne 19, les escaliers, *lisez* l'escalier.

Page 59, ligne 8, u, *lisez* au.

Page 61, ligne 2. sembre, *lisez* sombre.

Item, ligne 4, supprimez comme.

Page 62, ligne 21, le sieur, *lisez* monsieur.

Page 64, ligne 9, contractée, *lisez* contrainte.

Page 67, ligne 10, et ou, *lisez* dans laquelle.

Page 68, ligne 4, qui a, *lisez* qui avez.

Page 69, ligne 4, sembloient, *lisez* semblent.

Page 71, ligne 2, exactement, *lisez* hermétiquement.

Item, ligne 5, de conjectures en conjectures, *lisez* et me jetant dans le pays des conjectures.

Page 79, ligne 16, auprès de qui, *lisez* auprès de laquelle.

Page 102, ligne 7, se lève, *lisez* s'élève.

Page 103, ligne 8, quelque, *lisez* à quelque.

Page 111, ligne 3, contractée, *lisez* décomposée.

Item, ligne 18, fai, *lisez* fait.

Page 122, ligne 10, Merlusine, *lisez* Melusine.

Page 140, ligne 2, les poings, *lisez* le poing.

Page 140, ligne 4, (a), *supprimez*.

Page 145, ligne 8, conduit, *lisez* conduisent.

Page 148, ligne 18, animateur, *lisez* créateur.

Page 151, ligne 12, rappel, *lisez* appel.

Page 160, ligne 8, pétilloient, *lisez* étincelloient.

Page 162, ligne 1, étendre, *lisez* à étendre.

Page 164, ligne 4, parut, *lisez* il m'apparut.

Page 173, ligne 6, nombre, *lisez* beaucoup.

Page 182, ligne 16, les, *lisez* ces.

Page 183, ligne 25, qn'un jour enfin, *supprimez* enfin.

Page 187, ligne 4 de la note, de me, *lisez* de dissimuler.

Item, ligne 9, *item* de la note, directemen, *lisez* directement.

Page 188, ligne 8, nommément, *lisez* surtout.

Page 201, ligne 6, payon, *lisez* payons.

Page 203, ligne 18, imposoient, *lisez* en imposoient.

Page 207, ligne 24, bonnement, *lisez* franchement.

Page 212, ligne 19, embellis, *lisez* embelli.

Page 213, ligne 11, les veines, *lisez* le calice.

Item, ligne 14, renverser, *lisez* reverser.

Page 219, ligne 9, célcbré, *lisez* célèbre.

Page 224, ligne 1, Bourbon, *lisez* Bourbons.

Page 237, ligne 11 (a), supprimer, c'est une erreur.

Page 240, ligne 3, avel, *lisez* aved.

Page 251, ligne 20, le beau, *lisez* au beau.

Page 255, ligne 1, constamment, *lisez* toujours.

Page 257, ligne 5 de la note, décernés, *lisez* décernée.

Page 265, ligne 1, Gentil-Bernard, *lisez* Parni.

Page 268, ligne 17, écueil, *lisez* écueils.

Page 273, ligne 16, demeure, *lisez* se fixent.

Page 282, ligne 9, succomberoit, *lisez* succomberois.

Page 288, ligne 23, enfin, *lisez* enfin de cette pensée.

Page 290, ligne 4, vu qu'on, *lisez* on s'y occupe.

Page 292, ligne 22, honni, *lisez* trahi.

Page 293, ligne 6 de la note, lorsqu'elle, *lisez* lorsqu'il.

Page 304, ligne 9, elle est, *lisez* elle a.

ERRATA des Notes.

Page 312, ligne 5, di, *lisez* dit.

Item, ligne 6, sa, *lisez* de la.

Item, ligne 24, tant (supprimé).

Page 313, ligne 3, précieuse, *lisez* précieux.

Item, ligne 4, se trouve, *lisez* se trouvent.

Page 330, ligne 11, vu depuis, *lisez* vu les campagnes.

Page 333, ligne 3, 156, *lisez* 1556, il avoit.

Page 335, ligne 5, ait, *lisez* fait.

Page 339, ligne 1, ièce, *lisez* pièce.

Page 353, ligne 20, ussi, *lisez* aussi.

Page 372, ligne 22, naissance, *lisez* vit le jour.

Page 380, ligne 24, même, *lisez* ni même.

Page 388, ligne 24, arcus, *lisez* marcus.

Page 400, ligne 16, celle, *lisez* celles.

Page 401, ligne 13, bonne, *lisez* de la bonne.

Page 416, ligne 27, sou, *lisez* sous.

Page 417, ligne 6, la, *lisez* le.

Page 422, ligne 27, acrifié, *lisez* sacrifié.

Page 423, ligne 13, S......., *lisez* F.......

Page 435, ligne 14, persuader, *lisez* à persuader.

Item, ligne 20, Ei, *lisez* Europe.

Page 439, ligne 6, tout, *lisez* toute.

Page 460, ligne 16, mettes.

Page 461, ligne 9, *supprimez* sans pudeur.

Page 462, ligne 2, sois, *lisez* fusse.

Page 465, ligne 8, ex-prêtre, *lisez* ex-prêtre, ex-juré.

Page 467, ligne 5, le même, *lisez* est le même.

Page 469, ligne 10, il devint, *lisez* devint.

Page 497, ligne 2, heu, *lisez* heures.

Page 504, ligne 21, *supprimez* la.

Page 511, ligne 33, d, *lisez* de.

Page 513, ligne 7, le jour s'étant passé dans l'arbre, *lisez* ayant passé le jour dans l'arbre.

Page 516, ligne 3, plus tot, *lisez* plutôt.

Page 525, ligne 16, fidélité, *lisez* dévouement.

Item, refugeirent, *lisez* réfugièrent.

Page 526, ligne 23, de ne le, *lisez* de ne pas.

Page 532, ligne 10, la, *lisez* sa.

Page 538, ligne 19, valet-de-chambre, *lisez* premier.

Page 539, ligne 17, au, *lisez* en.

Page 561, ligne 25, nombre, *lisez* beaucoup.

Page 564, ligne 19, est, *lisez* a.

Page 572, ligne 19, supprimez surpris.

Page 584, ligne 1, quelque, *lisez* quelques.

Item, ligne 2, et que en leur uom, *lisez* en leur nom.

Item, ligne 31, l'éranger, *lisez* l'étranger.

Page 585, ligne 1, bien, *lisez* biens.

Page 587, ligne 3, de, *lisez* à.

Page 588, ligne 26, don, *lisez* dont.

CPSIA information can be obtained at www.ICGtesting.com
Printed in the USA
BVOW02*0303010515

398536BV00010B/91/P